国家豁免法的域外借鉴与实践建议

车丕照 何志鹏 主编
孙劼 都青 耿斯文 副主编

清华大学出版社
北京

本书封面贴有清华大学出版社防伪标签，无标签者不得销售。

版权所有，侵权必究。举报：010-62782989，beiqinquan@tup.tsinghua.edu.cn。

图书在版编目（CIP）数据

国家豁免法的域外借鉴与实践建议 / 车丕照，何志鹏主编 . -- 北京：清华大学出版社，2024.8. -- ISBN 978-7-302-66899-2

Ⅰ . D922.281

中国国家版本馆 CIP 数据核字第 2024JH7225 号

责任编辑：刘　晶
封面设计：徐　超
责任校对：宋玉莲
责任印制：刘海龙

出版发行：清华大学出版社
网　　址：https://www.tup.com.cn，https://www.wqxuetang.com
地　　址：北京清华大学学研大厦 A 座　　　　邮　编：100084
社 总 机：010-83470000　　　　　　　　　　邮　购：010-62786544
投稿与读者服务：010-62776969，c-service@tup.tsinghua.edu.cn
质 量 反 馈：010-62772015，zhiliang@tup.tsinghua.edu.cn
印 装 者：大厂回族自治县彩虹印刷有限公司
经　　销：全国新华书店
开　　本：170mm×240mm　　印　张：17.75　　字　数：336 千字
版　　次：2024 年 8 月第 1 版　　印　次：2024 年 8 月第 1 次印刷
定　　价：168.00 元

产品编号：107126-01

本书为司法部法治建设与理论研究部级科研项目《国家豁免立法的域外借鉴与规范建议》(项目编号：20SFB1010)研究成果。

前言

从国际法整体的学科架构上看，国家豁免（或称"国家及其财产豁免""主权豁免"）问题处于国际公法、国际私法和国际经济法的交汇点上。它既是国际社会所共同关注的与国家利益息息相关的问题，也是国家在从事经济管理和交易的过程中不能忽视和回避的原则与制度，更是一个国家的司法机构对涉及国家的民事诉讼是否拥有管辖权的核心问题。因而，国家豁免问题长期获得不同方向和领域的国际法学者的高度关注。

而从国际关系的角度，国家豁免问题至少与两个领域的国家立场与活动息息相关。第一，国家豁免的立场和行动涉及受理诉讼的法院与涉诉的国家之间的关系。就中国的立场看，每当有机构或私人在国外的法院对中国提起诉讼，中国政府都会认真研讨：这种诉讼行为对于受理诉讼的法院所在国和我国之间会产生哪些影响？由此，规划和设计我国的国家豁免主张以及是否参与诉讼的立场，并设计具体对策。由此推之，对任何其他的国家也不例外。一国法院是否考虑给予另一个国家豁免的待遇，在一定程度上会成为两国之间关系的晴雨表。进而言之，也就可以理解，如果A国的法院总是对B国国家进行民事管辖，而B国的法院却由于立法原因对A国的国家无可奈何，或者以绝对豁免的原则完全排除外国国家的诉讼地位，无疑会造成两国国家之间的不对等，这会影响国际关系的健康持续发展。第二，国家豁免的立场和行动还涉及诉讼各方之间的关系，无论是当事人个人或法人诉一个国家，还是国家参与关涉当事人的诉讼，能否有效地维护处于相对弱势一方的当事人的利益，是现代司法最重要的关切之一，也是现代法治价值的重要方面。更为明确地说，何种意义上的司法救济才是我们所认可的真正正义？在什么样的程度上应当赋予当事人诉权？在何种情况下主张国家豁免，剥夺当事人通过司法程序获得救济的资格？这是现代化的法治国家必须思考、无法回避的问题。进而，它们会进一步转化和升华为如何实现国际法公正的问题。由此可以说明，国家豁免牵连着国际制度安排的正义性，是我们不应当忽视、也无法回避的国际法基础问题、重大问题、前沿问题。

本书的写作团队由车丕照教授带领的清华大学法学院部分国际法研究者和何志鹏教授带领的吉林大学法学院部分国际法研究者共同组成。这个团队从2014年开始接受外交部条法司的委托，对于各国国家豁免的法律制度进行比较分析，并在此基础上研讨中国国家豁免所应秉持的立场，并且在后续的工作中，为《中华人民共和国外国国家豁免法》的基本条文提供了几版草案，参加了关于国家豁免的部际协调会、立法论证会。

这个团队体现了国际法研究的传承与跟进。早在20世纪90年代，车丕照教授在吉林大学任教之时，就曾经重点探讨过国家及其财产豁免的问题。通过列举相关国家的立法和一些案例，阐述和分析不同国家、学者在这个问题上的不同理论主张。当时的课堂上就有后来在吉林大学法学院任教的何志鹏。这种研讨体现出思想的锐度和智慧的力量。通过国家豁免这个具体而明晰的切入点，联结到了背后更为深刻和复杂的法学理论，尤其需要深入探究的是国家及其财产豁免这一特殊制度背后的基本原理。

国家及其财产豁免所体现的法律理念是什么？是什么样的价值选择塑造了国家豁免的理念、规范、实践和变革？

从真正公平正义的角度，我们需要什么样的国家豁免制度？

进而，在纯粹的公平正义不可获得的前提下，适宜构建什么样的国家豁免制度？

对于这些问题的观察和思考不仅有助于理清国家及其财产豁免制度的规范和理念，而且有助于对国际法价值体系的整体认知与分析。何志鹏的一些相关观点和看法后来经过陆续积累完善，结合不同时代的实践节点，整合成了在期刊上发表的数篇学术论文。这些论文受到了学者的认可，也获得了实践专家的关注。

基于上述的思考和研究基础，我们得到了国家相关部门委托进行比较规范分析和设计立法草案的机会。我们团队的国家及其财产豁免研究分为如下几个阶段。

第一阶段，对各国的国家豁免立法、相关国际规范（例如联合国层面的豁免公约和欧洲的豁免公约）进行单独剖析和比较研究。

第二阶段，在比较分析之后，提出我国在当代社会环境之下应当秉持的国家豁免立场。

第三阶段，在此种立场基本确定之后，对中国的国家豁免立法的条文给出初步的建议。

第四阶段，研究总报告的整理和编订。

随着时间的推移，不同工作阶段的工作重点不同、内容不同，要求也会出现差异。

整个团队随着工作的推进而有新的成员加入。变化的成员组成跟进研究的团队，相继完成工作目标。不同阶段、不同工作期的参加人有：白晓航、戴欣然、都青、鄂俊方、耿斯文、洪靖、姜晨曦、姜明坤、李璐、李若曦、李祖嘉、林小雅、刘力瑜、马文飞、孟凡宇、申天娇、孙劼、王惠茹、王彦志、王艺罂、魏晓旭、邢西莹、杨墨茹、杨曦、赵健舟、张笑然、周萌、周子涵、朱雨芃等。

在与外交部密切沟通中得出了一些初步的思路和成果之后，本研究项目非常幸运地得到了司法部"法治建设与法学理论研究部级科研项目"的支持。这一项目以车丕照教授为领衔专家，力求深入全面地研讨当代中国所面对的国家豁免法理论和实践问题。我们这个相对稳定而成熟的团队借此机会对于既往的研究进一步总结、延伸、深化，在信息、观念、立场上都有所进益。特别值得欣喜的是，《中华人民共和国外国国家豁免法》得以通过，成为中国法律的一部分，中国原有的绝对豁免的基本立场有了让很多专家和实践者都高度关注的变化。这是中国涉外法治的重要举措。此时，我们的课题团队又进一步研究了中国豁免立法的体系、内容、功能，使得本研究项目的内容更为完整，逻辑更为严谨。

星霜更替，春华秋实。国家豁免问题也从初步的学术兴趣、思想观念，经过一步步收集资料、研究规范和实践，发展到努力建构规范草案、说服实践部门认可限制豁免的基本原则，完成了生根、发芽、开花、结果的过程。涉外法治的宏大体系，就是在这样一个又一个具体领域的坚实作业中建构起来的。

经过长期的理论研讨、学术准备和实践分析，《中华人民共和国外国国家豁免法》终于颁布。这是在既往的立法司法和外交实践的基础上做出的慎重选择。尽管每一个法律规范制度选择都很难做到十全十美，但是中国制定外国国家豁免法，还是一项值得欢欣鼓舞的重要举措。它不仅意味着中国对于国家豁免的了解和把握日益深入，而且意味着中国的司法机构有机会、有能力对于涉及外国国家的诉讼进行管辖。更进一步，这意味着中国在涉外法治的进程中有了更为丰富的工具。无论是作为制度竞争主动性的争取，还是对于外国法院管辖我国国家情况的对冲，乃至对我国企业和公民合法利益的保护，都有着不可忽视的重要意义。

从车丕照教授到包括何志鹏在内的学生们，再到何志鹏教授的学生们，这个国际法的工作团队形成了良好的学术理念和知识接力：通过知识传承、方法示范、理念借鉴、思想启迪实现学术嬗递，让国际法的智慧之光不断向前延伸，让国际法的研究兴趣不断赓续，让国际法的研究水平持续完善，更新升级。

作为国际法的学习和研究者，能够在学习、研究、工作的过程中对接国家的战略需求，为国家的外交事业、涉外法治建设作出自己涓滴的贡献，显然是书生报国的一件乐事，也是身处国际法职业之中，真正切入本领域实践的一个重要表现。我们生逢其时，成为历史大潮中的一朵小浪花，亦足堪快慰矣。

目 录

引言 ··· 1

第一编　美国的国家豁免理论与实践及其对中国的启示

第一章　立法前美国国家豁免理论的相关实践 ······················· 5

第一节　美国国家豁免理论的起源与初步发展（1812 年至 1952 年）······· 5
一、美国国家豁免理论的起源："交易号案" ······················· 5
二、美国早期绝对豁免理论的司法实践及其发展 ··················· 6

第二节　美国从绝对豁免向限制豁免理论的转变（1952 至 1976 年）······· 9
一、美国限制豁免理论的初步形成："泰特公函" ··················· 9
二、"泰特公函"后美国的司法实践 ································· 10

第三节　美国限制豁免理论的最终确立 ······························· 13

第二章　美国国家豁免的立法实践 ······································ 15

第一节　美国《外国主权豁免法》关于国家豁免的一般规定 ········ 15
一、美国《外国主权豁免法》中的豁免主体 ······················· 15
二、美国《外国主权豁免法》的适用范围 ··························· 19

第二节　美国《外国主权豁免法》关于国家豁免例外的规定 ········ 24
一、放弃豁免 ·· 24
二、商业活动例外 ··· 26
三、财产权利取得例外 ··· 34
四、非商业侵权行为例外 ··· 36
五、恐怖主义例外 ··· 36
六、仲裁例外 ·· 38

第三节　美国《外国主权豁免法》关于执行豁免的规定 ·················· 39
　　一、关于执行豁免的原则性规定 ······································ 39
　　二、不享有执行豁免的财产 ·· 39
　　三、享有执行豁免的财产 ·· 42
　　四、关于执行豁免的典型案件 ·· 44

第四节　美国国家豁免立法后行政部门在司法实践中的影响 ············ 46

第三章　立法后美国法院受理的涉及中国及其国家财产的主要案件 ········ 49

第一节　美国法院受理的以中国为被告的案件 ·························· 50
　　一、湖广铁路债券案 ·· 50
　　二、莫里斯旧债券案 ·· 50
　　三、马绍尔群岛第一投资公司案 ······································ 51

第二节　美国法院受理的以中国政府机构或地方政府为被告的案件 ······ 52
　　一、中国银行拒付信用证案 ·· 52
　　二、仰融案 ·· 52
　　三、天宇公司案 ·· 55

第四章　美国国家豁免理论与实践对中国的启示 ·························· 58

第二编　欧洲部分国家的国家豁免理论与实践及其对中国的启示

第五章　英国的国家豁免理论与实践 ···································· 63

第一节　英国国家豁免的司法实践与发展历史 ·························· 63
　　一、英国早期国家豁免理论 ·· 63
　　二、英国限制豁免理论的司法实践发展 ································ 68

第二节　英国国家豁免的立法实践 ···································· 74
　　一、英国《国家豁免法》的立法概况 ·································· 74
　　二、英国《国家豁免法》关于管辖豁免的规定 ························ 76
　　三、英国《国家豁免法》关于执行豁免的规定 ························ 82
　　四、英国《国家豁免法》规定的其他事项 ···························· 83

第六章　法国的国家豁免理论与实践 ··············· **85**

第一节　法国国家豁免理论的发展历史 ················ 85
第二节　法国国家豁免实践中的豁免主体 ·············· 86
　一、国家 ································· 86
　二、国家元首 ······························ 89
　三、国家实体 ······························ 91
　四、法官 ································· 92
第三节　法国国家豁免实践中的放弃豁免 ·············· 93
　一、放弃豁免的方式 ························ 93
　二、仲裁协定与放弃豁免 ···················· 93
第四节　法国国家豁免实践中的管辖豁免例外情形 ······ 95
　一、商业行为例外 ·························· 95
　二、征收行为例外 ·························· 95
　三、雇佣合同例外 ·························· 96
第五节　法国国家豁免实践中的执行豁免 ·············· 97
　一、国家财产的执行豁免 ···················· 98
　二、诉讼过程中的执行豁免 ·················· 99

第七章　荷兰的国家豁免理论与实践 ··············· **100**

第一节　荷兰国家豁免理论与实践的发展历史 ········ 100
第二节　荷兰国家豁免实践中的豁免主体 ············ 103
第三节　荷兰国家豁免实践中的管辖豁免 ············ 106
　一、荷兰国家豁免实践中管辖豁免的基本原则 ···· 106
　二、荷兰国家豁免实践中管辖豁免的放弃 ········ 107
　三、荷兰国家豁免实践中管辖豁免的例外 ········ 107
第四节　荷兰国家豁免实践中的执行豁免 ············ 110
　一、荷兰国家豁免实践中执行豁免的基本原则 ···· 111
　二、荷兰国家豁免实践中执行豁免的放弃 ········ 112
　三、荷兰国家豁免实践中执行豁免的例外 ········ 112

第八章　瑞典的国家豁免理论与实践 ··············· **113**

第一节　瑞典国家豁免理论与实践概述 ·············· 113
第二节　瑞典国家豁免实践中的豁免主体 ············ 113
　一、瑞典国王及王室成员的豁免 ················ 113

二、国家机构及国家工作人员的豁免 ························· 114

　第三节　瑞典国家豁免实践中的管辖豁免 ························· 114

　　一、瑞典国家豁免实践中管辖豁免原则的历史发展 ············· 114

　　二、瑞典国家豁免实践中管辖豁免的放弃 ····················· 118

　　三、瑞典国家豁免实践中管辖豁免的例外 ····················· 120

　第四节　瑞典国家豁免实践中的执行豁免 ························· 121

第九章　意大利的国家豁免理论与实践 ································ 123

　第一节　意大利国家豁免理论与实践的基本立场 ··················· 123

　第二节　意大利国家豁免实践中的豁免主体 ······················· 123

　　一、国家 ··· 123

　　二、国家机关 ··· 124

　　三、国际组织 ··· 125

　　四、其他国际实体 ··· 125

　第三节　意大利国家豁免实践中的管辖豁免 ······················· 126

　　一、意大利国家管辖豁免的发展历史 ························· 126

　　二、意大利国家豁免实践中军队的管辖豁免 ··················· 127

　　三、意大利国家豁免实践中国有化行为的豁免 ················· 128

　　四、意大利国家豁免实践中的雇佣关系例外 ··················· 128

　　五、意大利国家豁免实践中的管辖豁免放弃 ··················· 129

　第四节　意大利国家豁免实践中的执行豁免 ······················· 130

第十章　瑞士的国家豁免理论与实践 ·································· 132

　第一节　瑞士国家豁免理论与实践的发展历史 ····················· 132

　第二节　瑞士国家豁免实践中的豁免主体 ························· 133

　　一、国家政府机关 ··· 134

　　二、国家机构、部门或其他实体 ······························ 134

　　三、国家代表 ··· 135

　第三节　瑞士国家豁免实践中的管辖豁免 ························· 136

　　一、瑞士国家豁免实践中管辖豁免的基本原则 ················· 136

　　二、瑞士国家豁免实践中管辖豁免的商业交易例外 ············· 136

　　三、瑞士国家豁免实践中管辖豁免的领土联系要求 ············· 137

　　四、瑞士国家豁免实践中管辖豁免的政府公债例外 ············· 138

　　五、瑞士国家豁免实践中管辖豁免的放弃 ····················· 138

第四节　瑞士国家豁免实践中的执行豁免······139
　　一、瑞士国家豁免实践中执行豁免的基本原则······139
　　二、瑞士国家豁免实践中执行豁免的例外······140

第十一章　俄罗斯的国家豁免理论与实践······**143**

第一节　苏联时期的国家豁免理论与实践······143
　　一、苏联国内立法中的国家豁免相关规定······143
　　二、苏联时期国家豁免实践中的放弃豁免······144
　　三、苏联时期关于商务代表处的豁免问题······144

第二节　俄罗斯联邦时期国家豁免的立法实践······145
　　一、绝对豁免主义时期的相关立法规定（2016年以前）······145
　　二、限制豁免主义时期的立法实践（2016年以后）······146

第三节　俄罗斯联邦时期俄罗斯国家豁免的司法实践与挑战······149
　　一、俄罗斯国家豁免的典型司法实践······149
　　二、俄罗斯国家豁免实践中前任国家领导人的豁免问题······151
　　三、乌克兰危机后俄罗斯国家豁免面临的新挑战······151

第十二章　欧洲部分国家的国家豁免理论与实践对中国的启示······**152**
　　一、在立法必要性方面的启示······152
　　二、在国家豁免立场方面的启示······153
　　三、在国家豁免主体方面的启示······154

第三编　亚洲和非洲部分国家的国家豁免理论与实践及其对中国的启示

第十三章　日本的国家豁免理论与实践······**159**

第一节　日本国家豁免理论与实践的发展历史······159
第二节　日本国家豁免立法实践中的豁免主体······160
　　一、日本未予承认之实体······161
　　二、国家的分支机构或部门······162
　　三、驻日美军······162

第三节　日本国家豁免立法实践中的豁免例外······163
　　一、日本国家豁免立法实践中的管辖豁免例外······163

  二、日本国家豁免立法实践中的执行豁免例外·················167

 第四节 日本国家豁免立法关于民事诉讼的特别规定·················168

  一、日本国家豁免案件的诉状送达·················168

  二、日本国家豁免案件的缺席判决·················168

  三、日本国家豁免案件的其他程序规定·················169

第十四章 韩国的国家豁免理论与实践·················170

 第一节 韩国国家豁免理论与实践的概况·················170

 第二节 韩国国家豁免理论与实践的发展历史·················170

  一、绝对豁免主义时期的实践（1998年以前）·················170

  二、限制豁免主义时期的实践（1998年以后）·················170

 第三节 韩国国家豁免实践中的豁免例外·················172

  一、商业活动例外·················172

  二、违法活动例外·················172

第十五章 非洲国家的国家豁免理论与实践·················173

 第一节 前殖民地时代非洲国家的法律背景·················173

 第二节 非洲英语国家的国家豁免理论与实践·················174

  一、早期英属非洲国家的国家豁免理论与实践·················174

  二、当代非洲英语国家的国家豁免理论与实践·················176

 第三节 非洲法语国家的国家豁免理论与实践·················181

  一、早期法国殖民地非洲国家的国家豁免理论与实践·················181

  二、当代非洲法语国家的国家豁免理论与实践·················181

第十六章 亚洲和非洲部分国家的国家豁免理论与实践对中国的启示·················183

  一、在国内法与国际条约关系方面的启示·················183

  二、在立场选择与经济发展关系方面的启示·················184

  三、在处理历史遗留问题方面的启示·················186

第四编 国家豁免的国际条约实践

第十七章 欧洲的国家豁免条约实践·················191

 第一节 《欧洲国家豁免公约》的相关规定与实践·················191

一、《欧洲国家豁免公约》的造法过程…………………………………………191
　　二、《欧洲国家豁免公约》的体系特征…………………………………………192
　　三、《欧洲国家豁免公约》中不予豁免的情形…………………………………194
　　四、《欧洲国家豁免公约》中的豁免主体………………………………………195
　　五、《欧洲国家豁免公约》中的判决承认………………………………………198
　　六、《欧洲国家豁免公约》中的判决执行………………………………………199
　　七、《欧洲国家豁免公约》规则与外交和领事的特权与豁免间的关系………200
　　八、《欧洲国家豁免公约》的条约实践小结……………………………………201
　第二节　《欧洲人权公约》与欧洲人权法院的相关实践……………………………201
　　一、欧洲人权法院的管辖权………………………………………………………202
　　二、欧洲人权法院的审判与国家豁免……………………………………………202
　　三、欧洲人权法院判决的执行……………………………………………………202
　　四、欧洲人权法院在国家豁免方面的司法实践…………………………………203

第十八章　联合国国家豁免的国际造法实践……………………………………205

　第一节　联合国对国家豁免专题的工作与公约形成…………………………………205
　　一、确定研究主题与条款草案的形成（1949年至1991年）……………………205
　　二、成立新的机构与公约的通过（1991年至今）………………………………206
　　三、《联合国国家及其财产管辖豁免公约》的结构……………………………208
　第二节　《联合国国家及其财产管辖豁免公约》的适用范围………………………208
　　一、《联合国国家及其财产管辖豁免公约》适用的主体………………………208
　　二、《联合国国家财产及其豁免公约》适用的情形……………………………209
　　三、《联合国国家管辖豁免公约》适用的时间…………………………………210
　　四、《联合国国家管辖豁免公约》不适用于刑事诉讼程序……………………210
　第三节　《联合国国家及其财产管辖豁免公约》中的豁免主体……………………211
　　一、国家豁免主体的基本问题……………………………………………………211
　　二、《联合国国家管辖豁免公约》中享有管辖豁免的"国家"………………212
　第四节　《联合国国家及其财产管辖豁免公约》中的管辖豁免……………………217
　　一、《联合国国家及其财产管辖豁免公约》关于管辖豁免的规定模式………217
　　二、《联合国国家及其财产管辖豁免公约》中管辖豁免的一般原则…………218
　　三、《联合国国家及其财产管辖豁免公约》中不得援引国家豁免的诉讼……219
　第五节　《联合国国家及其财产管辖豁免公约》中的执行豁免……………………230
　　一、国家执行豁免的基本问题……………………………………………………230
　　二、《联合国国家及其财产管辖豁免公约》中执行国家财产的条件…………231

三、《联合国国家及其财产管辖豁免公约》中强制措施的其他问题⋯⋯⋯⋯232

　第六节　《联合国国家及其财产管辖豁免公约》中的争端解决⋯⋯⋯⋯⋯233

第五编　国家豁免的国际趋势与中国实践建议

第十九章　国家豁免的国际趋势总结⋯⋯⋯⋯⋯⋯⋯⋯⋯⋯⋯⋯⋯⋯⋯237

　　一、国家豁免的基本原理及其重要意义⋯⋯⋯⋯⋯⋯⋯⋯⋯⋯⋯⋯⋯237

　　二、走向限制豁免主义已成为明显国际趋势⋯⋯⋯⋯⋯⋯⋯⋯⋯⋯⋯238

第二十章　国家豁免的中国立场与建议⋯⋯⋯⋯⋯⋯⋯⋯⋯⋯⋯⋯⋯⋯245

　第一节　中国在国家豁免方面的既有实践概况⋯⋯⋯⋯⋯⋯⋯⋯⋯⋯⋯245

　第二节　中国制定国家豁免立法的原因背景与立场选择⋯⋯⋯⋯⋯⋯⋯246

　　一、中国制定国家豁免立法的原因与背景⋯⋯⋯⋯⋯⋯⋯⋯⋯⋯⋯⋯246

　　二、中国制定国家豁免立法的立场选择及其依据⋯⋯⋯⋯⋯⋯⋯⋯⋯248

　第三节　中国国家豁免立法的新发展：《外国国家豁免法》⋯⋯⋯⋯⋯252

　　一、中国《外国国家豁免法》的实践推进⋯⋯⋯⋯⋯⋯⋯⋯⋯⋯⋯⋯252

　　二、《外国国家豁免法》的基本框架结构与重要意义⋯⋯⋯⋯⋯⋯⋯253

　　三、《外国国家豁免法》的解释适用重点问题⋯⋯⋯⋯⋯⋯⋯⋯⋯⋯261

结语⋯⋯⋯⋯⋯⋯⋯⋯⋯⋯⋯⋯⋯⋯⋯⋯⋯⋯⋯⋯⋯⋯⋯⋯⋯⋯⋯⋯⋯⋯268

引　言

19世纪以前，国家很少进入私的领域进行活动。因此，各国根据"平等者间无管辖权"（*par in parem non habet jurisdictionem*）的基本理念，对国家的一切行为和财产都给予豁免。然而，19世纪以后，随着经济的不断发展，政府的经济职能不断扩展，对外经济往来不断增多，国家豁免原则受到挑战，出现了限制国家豁免的呼声，一些国家通过立法方式对国家豁免施加了限制。《联合国国家及其财产管辖豁免公约》（以下简称《国家豁免公约》）是联合国大会在国际法委员会研究基础上编纂的公约，试图对国家豁免这个古老的习惯国际法进行编纂，使之成文化。该公约对国家豁免的概念、适用主体、不适用国家豁免的情形等问题作出了规定。公约的内容体现了各国在国家豁免问题上的看法，公约的编纂和修改过程体现了近四十年来国家豁免问题的发展趋势。从公约的最终文本中，我们可以看到持不同立场的国家在国家豁免问题上的交锋和妥协。

在中国，亦不乏国家豁免问题的零散相关立法和国家实践，总体上体现出的是绝对豁免的立场。[1]近年来，适时采纳限制豁免立场的呼声逐渐高涨。中国的开放发展、建设现代化强国的现实需求凸显了制定全面规定国家豁免问题的专门法律的紧迫性。2023年9月1日，第十四届全国人民代表大会常务委员会第五次会议通过了《中华人民共和国外国国家豁免法》（以下简称《外国国家豁免法》）。[2]《外国国家豁免法》确定了中国在国家豁免立场上由绝对豁免向限制豁免的重大转变，实现了在国家豁免研究领域立法上的重大突破，因此，一系列的重大理论和实践研究任务摆在我们面前。例如，如何实现从绝对豁免的既往实践向限制豁免立场的过渡？如何实现国家豁免与我国民事诉讼制度的衔接？以及如

---

[1] 2011年，全国人民代表大会常务委员会针对香港终审法院在"FG半球联营有限责任公司诉刚果民主共和国案"中的提请，对《中华人民共和国香港特别行政区基本法》作出了相关解释，而在针对该法律解释的草案说明中，全国人大常委会法制工作委员会副主任李飞对我国国家豁免的国家实践进行了高度概括："我国坚持奉行国家豁免这一维护国家间关系正常发展的重要法律原则，即我国法院不管辖、实践中也从未处理以外国国家为被告或针对外国国家财产的案件；同时，我国也不接受外国法院对以我国国家为被告或针对我国国家财产的案件享有管辖权。我国采取的这种国家豁免立场，通常被称为'绝对豁免'。"参见全国人大常委会法制工作委员会副主任李飞：《全国人民代表大会常务委员会关于〈中华人民共和国香港特别行政区基本法〉第十三条第一款和第十九条的解释（草案）的说明》，2011年8月24日。

[2] 2021年4月，外交部会同最高人民法院等单位起草了《中华人民共和国外国国家豁免法（送审稿）》并上报国务院。司法部按程序进行立法审查时，征求了有关中央国家机关、地方政府和国有企业的意见，形成《中华人民共和国外国国家豁免法（草案）》（以下简称《外国国家豁免法草案》）。2021年12月29日，国务院第160次常务会议讨论并原则通过《外国国家豁免法草案》。2022年12月20日，全国人大公布了《外国国家豁免法草案》并向社会公开征求意见。参见全国人民代表大会：《关于〈中华人民共和国外国国家豁免法（草案）〉的说明》，2022年12月20日。

何解释该部法律中的"商业活动"等重要概念？对于上述问题的解决，其他国家的立法、司法和执法实践显然具有重要的借鉴价值。

本书对美国、欧洲部分国家、亚洲部分国家以及非洲部分国家在国家豁免方面的立法和相关实践进行了系统梳理，力求在认识其共性的基础上归纳出不同国家实践的个性，并从对各国实践的分析中提取对我国具有借鉴价值的经验，以不断完善我国的国家豁免法律制度，并促进该项制度的顺利实施。

第一编
美国的国家豁免理论与实践及其对中国的启示

本编绪言

美国在国家豁免方面的国家实践,无论是司法实践还是立法实践,都走在了很多国家的前面。美国是较早在司法实践中提出限制豁免主义的国家之一,也是全球范围内第一个制定国家豁免专门立法的国家。其国内规范中的立场转向和立法实践还导致了在国家豁免问题上的决定权从行政部门向司法部门转移的过程。因此,对于美国在国家豁免方面的理论和实践的分析、研究对中国在《外国国家豁免法》立法初期的立场转向的解释、法律的解释和适用等方面都有着重要的借鉴意义。

此外,在美国法院关于国家豁免的长期实践中,大量案件涉及中国及中国国家财产。其案件数量无论是在美国法院受理的国家豁免案件中的比例,还是在所有涉及中国及中国国家财产的国家豁免案件中的比例,都占据了较大的部分。简言之,涉及中国及中国国家财产的国家豁免案件主要发生在美国法院。而2020年新冠疫情发生以来,美国法院中针对中国及中国国家财产的诉讼更加泛滥。这样的现实也让我们无法回避对美国的国家豁免相关理论与实践的分析与研究。

本编针对美国国家豁免的理论与实践,从三个方面展开研究:(1)立法前相关理论的司法实践;(2)立法实践及其解释适用;(3)立法后涉及中国及中国国家财产的案件。试图在此研究基础上总结其对中国解释适用相关法律的借鉴意义以及在涉外法律斗争中妥善利用法律工具应对美国法院诉讼的路径与方法。

第一章 立法前美国国家豁免理论的相关实践

美国国家豁免制度在发展过程中经历了从行政部门到司法部门的权力交替。[1] 早期，美国通过判例法明确了在国家豁免问题上采取绝对豁免主义的立场。19世纪晚期，随着全球贸易自由化趋势凸显与美国自身经贸实力的提升，美国意识到坚持绝对豁免主义、强调国家的特殊地位将损害本国私人利益。[2] 1952年美国国务院（State Department）发表了代理法律顾问泰特（Tate）致司法部长的公函，即著名的泰特公函（Tate letter），转向了限制主义的立场；其后，又通过1976年《外国主权豁免法》（The Foreign Sovereign Immunity Act of 1976，FISA）实现了限制豁免规范的成文化，在承认主权豁免原则的前提下，确认了商业例外、侵权例外等多种例外情形，将主权豁免问题纳入国内司法管辖的范围。

第一节 美国国家豁免理论的起源与初步发展（1812年至1952年）

一、美国国家豁免理论的起源："交易号案"

1812年，美国联邦最高法院对"交易号帆船诉麦克法登案"（The Schooner Exchange v. McFaddon，以下简称"交易号案"）的判决被认为是确立美国国家豁免原则的最重要的早期国内法院判例之一，也被普遍认为是美国有关国家豁免法理论的起源。[3] 在该案中，"交易号"原是一艘美国公民拥有的纵帆船。其于1810年在公海上被法国军队拿捕，后成为法国的一艘公船，取名"巴拉乌号"。在其后的一次航行中，由于天气恶劣，该船被迫进入美国宾夕法尼亚州费城港。于是该船的原所有人在联邦地区法院提起诉讼，要求法院将原"交易号"判归他们所有。该船没有派人出庭应诉，但宾州检察官代表美国政府到庭陈述意见，认为该船即便是从原告手中非法没收的，其所有权也已于没收当时转属法国皇帝，因此请求法院驳回原告起诉并释放该船。联邦地区法院因此驳回了原告的请求。原告上诉至联邦巡回法院，联邦巡回法院否定了地区法院的判决。宾州检察官遂上诉至联邦最高法院。联邦最高法院于1812年作出判决，撤销了巡回法院的判

---

[1] 参见孙劼：《论国家主权豁免与我国民事诉讼管辖制度的衔接》，载《武大国际法评论》2018年第4期，第40页。
[2] 参见张超汉、刘静：《美国国家主权豁免商业例外条款研究》，载《中国国际私法与比较法年刊》2020年第1期，第332页。
[3] See *Republic of Austria v. American*, 541 U. S. 677, 688 (2004).

决，并确认了地区法院的判决。[1] 最高法院首席法官马歇尔（Marshall）在其制作的判词中指出：

国家在其领土内的管辖权必然是排他的和绝对的。其不受任何非自身强加的限制。对其的任何源于外部的有效性的限制，都意味着其主权在限制的程度上受到减损，并将同样程度的主权授予可以施加这种限制的主体。

这种完全和绝对的领土管辖权是每一个主权国家的特性……其似乎不会将外国主权者及其主权权利视为其客体。一个主权者在任何方面都不从属于另一个主权者，其负有不把自己或其主权权利置于另一主权者管辖之下，从而贬损其国家尊严的最高义务……

主权国家的这种完全平等和绝对独立，以及促使它们相互交往和彼此通好的共同利益，引起了这样一种情形，即每个主权者都被认为放弃行使作为其国家特性的完全排他的领土管辖权的一部分。

第一，其中一项被承认的是主权者在外国领土内免于被逮捕或拘留。

第二，基于相同的原则，所有文明国家都允许外交部部长享有豁免权。

第三，主权国家被认为在允许外国军队通过其领土时，放弃其部分领土管辖权。

因此，在法院看来，作为一项公法原则，外国军用船舶进入对其开放的友好国港口，应被视为在该国同意的情况下不受其管辖。

如果前述推理是正确的，"交易号"作为一艘军用船舶，为与美国政府和平相处的外国主权国家服务，并依照军用船舶通常被允许进入友好国家港口的条件，进入了一个对其开放的美国港口。其应当被视为依照默许进入了美国领土，如果其在领土内以友好的方式行事，其应该免于国家管辖。[2]

尽管在上述"交易号案"中，法院受理的仅仅是关于外国船只的管辖豁免诉讼，但是，随着时间的推移，联邦和州法院逐渐将国家豁免扩大到外国国家的任何相关诉讼中。[3]

二、美国早期绝对豁免理论的司法实践及其发展

（一）美国早期绝对豁免理论的司法实践

美国是一个判例法国家，其判例尤其是最高法院的判例对之后类似的诉讼具

---

[1] See *The Schooner Exchange v. McFaddon*, 11 U. S. 116 (1812).
[2] See *The Schooner Exchange v. McFaddon*, 11 U. S. 116 (1812).
[3] See Gamal Moursi Badr, *State Immunity: An Analytical and Prognostic View*, pp. 9-20 (1984); Joseph W. Dellapenna, *Suing Foreign Governments and Their Corporations*, p. 3 (2nd ed., 2003); Restatement (Third) of the Foreign Relations Law of the Foreign Relations Law of the United States, pt. IV, ch. 5, 390-91, intro. note (1987), quoted from Curtis A. Bradley, *International Law in the U. S. Legal System*, Oxford University Press (2013), p. 229.

有法律效力。联邦最高法院判决"交易号案"之后，美国在国家豁免问题上主要采取了绝对豁免主义，即所有的国家行为包括纯粹的商业行为都应该被豁免。[1]

在美国联邦最高法院1897年审理的"昂德希尔诉赫南德兹案"（Underhill v. Hernandez）中，原告是美国公民，而被告是于1896年委内瑞拉政变中成功的将军（曾任美国承认的委内瑞拉政府首领）。原告控告被告对其非法强制扣留，要求被告赔偿因其当局的不当监禁所遭受的损失。地方法院驳回了原告的诉讼请求，认为被告的行为属于指挥官的行为，是代表政府执行任务，因此他不应对此负责。上诉法院维持了地方法院的判决，认为这种行为是代表委内瑞拉政府的行为，不应当在其他国家法院作为裁判对象。案件最终被上诉到联邦最高法院。首席大法官富勒（Fuller）作了如下经典的表述："每一个主权国家有尊重其他所有主权国家独立的义务，一个国家的法院对另一个国家的政府在其本国领土内所为的一切行为，无权审判。对于此类行为造成的冤屈的补偿，应通过主权之间可行的方式进行。"[2]

在1899年的"哈萨德诉墨西哥案"（Hassard v. United States of Mexico）中，由于墨西哥共和国[3]是一个主权国家，因此法院认为其对于诉讼中的3 075 000美元的债券（bond）没有管辖权。法院判决认为："作为一种长期建立并普遍遵循的国际法公理，一国并不能在没有同意的情况下在本国或者他国法院被诉。"[4]

此外，美国法院早期采取的绝对豁免理论在1926年联邦最高法院审理的"皮萨罗号案"（Berizzi Bros. Co. v. The Pesaro）[5]中得到了更好的体现，即国家豁免不仅适用于主权行为，也适用于国家或政府的商业行为。在该案中，商船皮萨罗号在意大利和美国之间运输货物的过程中由于没有按约定履行交货义务而被诉扣押，后来该船提供了在法院具有管辖权且原告的主张成立时返回或赔偿的保证，继而该船被释放。此时，意大利驻美国大使出面主张："该船是由意大利政府拥有和经营的，故在美国法院享有豁免。"在庭审过程中，法院发现该船与意大利军事力量毫无关系，但确为意大利政府享有所有权和控制权并进行出租，在意大利港口和包括纽约在内的其他港口之间从事商业运输活动。意大利方面主张，此种运输经营并非为了任何私人或者个别政府机构的利益，而是为了意大利整个国家。初审法院承认了豁免的理由，签发了驳回起诉的令状。原告上诉。上诉过程中，法官范·德万特（Van Devanter）在认真分析了"交易号案"的判决之后指

---

[1] See Curtis A. Bradley, *International Law in the U. S. Legal System*, Oxford University Press (2013), P. 229.
[2] *Underhill v. Hernandez*, 168 U. S. 250, 18 S. Ct. 83 (1897).
[3] 塔毛利帕斯州和圣路易斯波托西属于墨西哥共和国。
[4] *Hassard v. United States of Mexico*, 61 N. Y. S. 939 (46 A. D. 1899).
[5] *Berizzi Bros. Co. v. The Pesaro*, 271 U. S. 562, 46 S. Ct. 611 (1926).

出：政府从事商业运输活动在以往的法院审理过程中未曾遇到，"交易号案"的判决中也没有提到。这并不奇怪，因为1812年的时候，只有私人才从事商业运输，政府介入商业活动是很晚才出现的。不过，"交易号案"的判决原则并不意味着排除了商用船舶的豁免权。在没有美国政府与其他政府签署的不同目的条约的情况下，政府所拥有的船舶，即使是从事商业活动，也应当享有与战舰一样的权利。[1] 法院认为，当一国政府为了发展其人民的贸易，或为增加财政收入而获得、配备和经营船舶并从事贸易活动时，这些船舶如同军舰一样属于公共船舶。没有任何国际惯例承认在和平时期维持并增加人民的经济福利比维持和训练海军更缺少公共目的。因此，外国政府拥有和使用的商船与战舰一样享有国家豁免。[2]

（二）美国早期国家豁免司法实践的后续发展

虽然，美国法院在这一时期（1812至1952年）总体上坚持绝对豁免主义，但是，有时法院也会通过一些裁判来限制豁免。[3] 例如，1938年审理的"西班牙海事有限责任公司诉内瓦马尔号案"（Compania Espanola De Navegacion Maritima, S. A. v. The Navemar）[4] 中，法院基于被诉的船舶并未表现出由国家占有且并未由外国政府用于从事公共服务这一事实，否定了其所主张的豁免。美国法院指出，"皮萨罗案"的权威在以后的审判中受到了严重的削减。[5]

在美国法院审理的有些案件中，由于外国国家作为被告被起诉，后者便通过外交途径向美国国务院提出主权豁免要求。在这种情况下，国务院一般通过司法部门向法院发出同意豁免主张的证明。1943年的"秘鲁案"（Ex parte Republic of Peru）便是其中一例。在该案中，秘鲁政府向美国联邦最高法院提出请求，要求发出一份禁止令或强制执行令，以禁止地方法院的法官对涉及一艘秘鲁公船的物权诉讼进一步实施管辖权，并指示地方法院宣布该船享有豁免。秘鲁政府在此之前已通过谈判获得了国务院对其豁免要求的承认。美国副国务卿向司法部长发出了公函并被转呈法院，但法院以秘鲁放弃豁免为由加以拒绝。为此，美国联邦最高法院首席法官斯通（Stone）裁决说："国务院已经允准了该豁免要求，并已将它的决定通过适当的渠道向地方法院发出证明。法院必须将此项宣布该船享有豁免的证明作为政府政治部门的终结性决定。继续扣留该船将干扰妥善地处理我们的对外关系。"他并且指出："根据这一既定原则，法院有义务释放该船并且停止诉讼程

---

[1] 参见何志鹏：《对国家豁免的规范审视与理论反思》，载《法学家》2005年第2期，第110页。

[2] See *Berizzi Bros. Co. v. The Pesaro*, 271 U. S. 562, 46 S. Ct. 611 (1926).

[3] The Jurisdictional Immunity of Foreign Sovereigns, 63 *Yale L. J.* 1148, p. 1150 (1954).

[4] *Compania Espanola De Navegacion Maritima, S. A. v. The Navemar*, 303 U.S. 68, 58 S. Ct. 432 (1938).

[5] 参见何志鹏：《对国家豁免的规范审视与理论反思》，载《法学家》2005年第2期，第110页。

序。"〔1〕从该案判决中可以看出,美国行政部门在国家豁免案件中对司法部门的作用与影响已达到一个新的高峰。经过最高法院的具有立法性质的确认,国务院的意见不仅具有拘束力,而且是终极性的。所有的法院都需自动地尊重这种意见。〔2〕

另一方面,如果国务院对外国政府提出的豁免请求置之不理,或对法院进行的诉讼程序保持沉默,同样是行政部门的有拘束力的意见表示。〔3〕在1945年的"墨西哥诉霍夫曼案"(Republic of Mexico v. Hoffman)中,美国联邦最高法院认为涉案船舶虽然为墨西哥政府所有,但该船是用于私人航行,因此拒绝了墨西哥政府提出的国家豁免的辩护,裁定墨西哥政府不享有豁免。美国联邦最高法院首席法官斯通在拒绝给予豁免的裁决中说:"我们只能得出这样的结论:即不按所要求的方式扩大豁免是一项国家的政策,并且,在如此紧密地与我国对外政策息息相关并能对之产生深远影响的事务中,法院的义务是不将豁免扩大到政府认为不适当的程度。因此,法院不能拒绝一项我国政府已经允准并认为是适当的豁免,或者以新的理由允准一项我国政府没有允准并认为是不适当的豁免。"〔4〕

上述两个典型案例充分显示了在这一阶段后期,美国行政部门在国家豁免实践中的主导地位。而行政部门的这种主导地位也对美国法院在国家豁免问题上采取的规则产生了重要影响。尽管上述两案中,无法从法院裁决中总结出美国关于国家豁免的明确规则,而更多的是体现行政部门对司法裁决结果的影响,但是,这样的司法实践发展也为美国之后从绝对豁免主义向限制豁免主义的转变做好了铺垫。此外,同一时期,美国与若干国家之间的友好、通商与航海条约也规定了缔约国放弃在对方国家从事商业、工业和贸易活动方面要求豁免的条款,〔5〕表明了美国逐步抛弃绝对豁免主义走向有限豁免主义的倾向。但是,总体而言,美国这一阶段在国家豁免问题上仍然倾向于主张绝对豁免主义。

第二节　美国从绝对豁免向限制豁免理论的转变（1952至1976年）

一、美国限制豁免理论的初步形成:"泰特公函"

决定法律内容的主要因素是社会经济原因。19世纪末之前,资本主义处于

---

〔1〕 *Ex parte Republic of Peru*, 318 U. S. 578, 63 S. Ct. 793 (1943).
〔2〕 参见李适时:《美国行政部门在国家豁免实践中的作用与影响》,载《外交学院学报》1984年第2期,第75页。
〔3〕 See Philip C. Jessup, Has the Supreme Court Abdicated One of Its Functions?, 40 AM. J. Int'l L. 168 (1946).
〔4〕 *Republic of Mexico v. Hoffman*, 324 U. S. 30, 65 S. Ct. 530 (1945).
〔5〕 例如,美国1949年与意大利缔结的《友好、通商与航海协定》。

自由竞争阶段。亚当·斯密（Adam Smith）的自由放任的经济思想强调经济活动的完全自由放任，市场由"看不见的手"进行调节。他主张实行有限政府，国家应少参与经济活动，国家的行为主要是政治行为。他认为国家之间的关系主要是政治关系，绝对豁免主义有其存在的土壤。"一战"到"二战"期间，由于大量征用私人船舶及战后一些国家建立了大规模的政府所有的商船队，使得政府拥有或占有的商船在国内法院被诉情况增加，导致在该方面出现限制豁免趋向，承认国家豁免原则的国家增多，但关于该原则的分歧和对立也越来越明显和复杂。[1]

与美国早期采取的绝对豁免主义不同，限制豁免主义是指国家只对其公法行为或统治权行为（acta jure imperii）享有豁免，而对其私法行为、商业行为或管理权行为（acta jure gestionis）不享有豁免。基于这种理论，外国国家直接参与的经济贸易等商业活动的行为不能予以豁免。[2] 20世纪50年代，美国放弃了长期奉行的绝对豁免主义，转而积极采用限制豁免主义。

1952年，美国国务院法律顾问泰特（Tate）在致司法部的信函中说："一个时期以来，国务院在考虑政府在外国国家作为美国法院的被告的诉讼中对外国国家给予豁免的做法是否应予改变。现在国务院决定在某些情况下将不再给予此种豁免。""根据主权者豁免限制说，仅对公法性质的国家行为才承认豁免，而对私法性质的行为则不然……"[3] 该公函即著名的"泰特公函"，其标志着美国政府由绝对豁免转向限制豁免的立场变化，并明确表明了为了保护与外国从事交易的美国公民与法人的利益，美国应当采取限制豁免理论。

二、"泰特公函"后美国的司法实践

在"泰特公函"之后，外国国家想要在美国法院的诉讼中主张国家豁免，主要有两种途径：其一，外国政府向美国国务院提出豁免要求，如果国务院予以承认，便通过司法部向地方法院发出"豁免建议"。在这种情形下，即使外国的行为不符合"泰特公函"的要求，外国政府也可以享受豁免；其二，外国政府直接向法院要求豁免。在这种情形下，法院一般参照"泰特公函"确定的限制豁免原则，或者参照国务院在先前的类似案件中作出的决定，对外国政府的豁免主张予以确定。[4]

1966年，宾夕法尼亚州最高法院审理的"化学资源公司诉委内瑞拉案"

---

[1] 参见龚刃韧：《国家豁免问题的比较研究——当代国际公法、国际私法和国际经济法的一个共同课题》（第二版），北京大学出版社2005年版，第93-96页。

[2] See Curtis A. Bradley, *International Law in the U. S. Legal System*, Oxford University Press (2013), p. 231.

[3] Letter from Jack B. Tate, Acting Legal Adviser, U. S. Dept. of State, to Gen. Philip B. Perlman, Acting U. S. Att'y (May 19, 1952), reprinted in 26 Dept. St. Bull. 984, 985 (1952).

[4] See Curtis A. Bradley, *International Law in the U. S. Legal System*, Oxford University Press (2013), p. 232.

（Chemical Natural Resources Inc. v. Republic of Venezuela）[1]是有关上述第一种途径的实践。该案涉及一项对委内瑞拉政府因撤销与原告的合同，并没收原告的财产和财产权造成的损害的求偿诉讼，并涉及扣押一艘委内瑞拉政府的商船。为此，委内瑞拉政府请求美国国务院进行干预。在该案审理初期，国务院法律顾问曾于1964年1月13日向美司法部长发出公函，美国司法部向地方法院发出了"豁免建议"，地方法院予以拒绝。宾夕法尼亚州最高法院复审时裁决："国务院的建议具有拘束力，"并驳回了起诉。首席法官贝尔（Bell）在判决中指出："外国政府的主权豁免首先是由政府部门即国务院确定的事务；如国务院作出决定并适当地提交给法院，它的决定对法院具有拘束力并且是终极性的。"其还在引证美国联邦最高法院的判例时重申："不论国务院的确定对受损害的美国公民和美国大多数人民或美国法院来说是多么不英明，在特定的条件中多么不公平或不公正，都是终极性的。"[2]

1961年的"哈里斯广告公司诉古巴共和国案"（Harris & Co. Advertising Inc. v. Republic of Cuba）[3]是有关上述第二种途径的实践。在该案中，美国佛罗里达一家公司对古巴提起诉讼，并通过法院扣留了属于古巴政府的一些财产，包括几架飞机。上诉法院拒绝了古巴驻迈阿密领事提出的豁免要求，理由是只有外交官而非领事官可以提出豁免要求。另外，美国国务院没有建议给予豁免。依据"泰特公函"的限制豁免原则，法院判定该案系商业性质，不适用国家豁免。

诚如前述，美国国务院在是否给予外国国家管辖豁免的问题上的"建议"具有举足轻重的作用。而这种"豁免建议"往往是美国国务院根据不同时间、具体情况、特定国家对象，以美国对外政策利益的需要为依据，采取或者背离"泰特公函"的限制豁免原则的政策的具体表现。因此，可以认为，这一阶段在决定外国国家是否享有豁免权的问题上，决定性的因素是美国的国家利益和美国对外政策的需要；行政部门仍然起着举足轻重的作用，只要国务院承认、允许或拒绝外国国家的豁免要求，司法部门最终总是听从不违的。[4]

上述种种原因便导致了绝对豁免理论和限制豁免理论在美国法院的一些案件中交替使用。并且案情相近的案件也会出现不同的豁免结果。例如，在1964年的"胜利运输公司诉供应和运输委员会案"（Victory Transport Inc. v. Comisaria

---

[1] *Chemical Natural Resources, Inc. v. Republic of Venezuela*, 420 Pa. 134, 215 A. 2d 864 (1966).
[2] See Noyes E. Leech, Covey T. Oliver, and Joseph Modeste Sweeney, *The International Legal System: Cases and Materials*, Mineola, New York: The Foundation Press, Inc. (1973), p. 346.
[3] *Harris & Co. Advertising Inc. v. Republic of Cuba*, 127 F. 2d 678 (1961).
[4] 参见李适时：《美国行政部门在国家豁免实践中的作用与影响》，载《外交学院学报》1984年第2期，第76页。

General de Abastecimientosy Transportes）[1]中，联邦第二巡回上诉法院拒绝了被告国家的豁免要求，因为涉案船舶虽然属于西班牙政府，却从事商业活动，并且国务院没有表示承认和允许这种豁免。而1971年的"伊斯布兰德辛油轮公司诉印度总统案"（Isbrandtsen Tankers, Inc. v. President of India）[2]中，印度公司却获得了豁免。与"胜利运输公司诉供应和运输委员会案"相同，虽然法院认为被诉行为是印度政府的私人商业行为，但是由于国务院已经作出了豁免的决定，所以最后仍然适用豁免。甚至有时，两个性质相同、案情相似而且在同一法院审理的案件，由于行政部门的干预与影响，也会导致截然相反的判决。在"伯恩斯坦诉冯·海汉兄弟公司案"（Bernstain v. Van Heyghen Freres Societe Anonyme）[3]中，原告要求回复一项据称由于原告是犹太人而被纳粹德国政府剥夺的受让财产。美国第二巡回法院虽然承认该国家行为的恶劣性质，但拒绝认为这一行为是无效的。同时，由于没有行政部门表示美国法院应拒绝承认这种外国法令的效力的证据，法院驳回了起诉。正是同一个法院，在稍后的案情与性质和前案相似的"伯恩斯坦案"（Bernstein v. N. V. Nederlandsche-Amerikaansche, Stoomvaart-Maatschappij）[4]中，原告律师获得了国务院副法律顾问的公函，公函指出："美国政府历来反对德国对它统治下的国家和人民的歧视性和没收的强制剥夺行为。"公函认为美国法院在审理纳粹分子的这类行为的合法性而行使管辖权时，不受任何限制。由此，法院确立了对该案的管辖权，并作出了有利于原告的判决。

综观这一时期美国法院在国家豁免问题方面的司法实践，我们要搞清楚为什么美国行政部门会发挥支配性的作用、施加决定性的影响，就必须探究国家豁免问题的实质与美国行政部门的宪法权限和职能。国家豁免问题法律上的判决，包含着政治上的考虑，反过来又对政治因素产生影响。在当前世界各国经济与政治关系互相依赖、日趋紧密的情况下更是如此。特别是在国家豁免问题上存在着两种对立的理论与实践，即绝对豁免与限制豁免的情况下，美国顽固地坚持限制豁免，在实践中带来的后果直接影响到美国对外关系和对外政策的利益，也就是美国的切身利益。[5]同时，根据美国宪法，行政部门担负处理对外关系的职责。国务院直接与外国打交道，通盘考虑美国对外政策的执行，并掌握丰富的资料与情报。因此，在国家豁免这样一个极为敏感、利益重大的问题上，由行政部门提供指导性的意见、施加影响便是极为自然的了。

[1] *Victory Transport Inc. v. Comisaria General de Abastecimientos y Transportes*, 336 F. 2d 354 (1964).
[2] *Isbrandtsen Tankers, Inc. v. President of India*, 446 F. 2d 1198 (1971).
[3] *Bernstein v. Van Heyghen Freres Societe Anonyme*, 163 F. 2d 246 (1947).
[4] *Bernstein v. N. V. Nederlandsche-Amerikaansche, Stoomvaart-Maatschappij*, 210 F. 2d 375, (1954).
[5] 李适时：《美国行政部门在国家豁免实践中的作用与影响》，载《外交学院学报》1984年第2期，第77页。

第三节　美国限制豁免理论的最终确立

1976 年，美国最高法院在处理"伦敦艾尔弗雷德·邓希尔股份有限公司诉古巴共和国案"（Alfred Dunhill of London, Inc. v. Republic of Cuba）[1]中，明确肯定了限制豁免主义。在该案中，古巴政府征收了五家制造雪茄烟的外国公司，这些公司的前所有者们在美国法院以古巴为被告提起诉讼。联邦最高法院在判决中明确指出："美国放弃绝对主权豁免的理论，改而接受限制豁免的原则。限制豁免是指法院只给予外国国家的公共行为或政府行为以豁免，而商业行为或者与财产有关的行为则不能予以豁免。从那时候开始，此项政策已成为我国政府的官方政策。"[2]美国采取并遵守了减少主权豁免范围的政策，对外国政府的商业行为不予豁免，其理由是："首先，这一情况已经为国际社会的很多国家所接受；其次，美国政府已经准备当其行为与商务行为和商务船舶有关时，在外国法院被诉；最后，由于国家在国际社会上参与商务活动大量增多，所以应当允许私人与国家从事交易，并在法庭上获得他们的权利。"[3]在美国，限制豁免理论取代绝对豁免理论的主要原因是基于以下几个方面：

其一，世界经济格局的变化。19 世纪末 20 世纪初，随着自由资本主义向垄断资本主义的过渡，统一的资本主义世界经济体系形成了。然而，俄国十月革命的胜利打破了资本主义世界经济体系。从此，出现了社会主义和资本主义两种经济制度并存与斗争的新的世界经济格局。"二战"后，随着中国和其他社会主义国家的建立，形成了社会主义阵营。20 世纪 60 年代以来，世界经济格局又发生了变化，亚、非、拉及大洋洲将近 100 多个国家获得了政治独立。这些发展中国家和社会主义国家为发展民族经济，保护国家利益，采取了一系列征收、国有化措施，发展全民所有制企业，对外贸实行管制，对外汇实行管理，废弃各种不平等条约和协议。这段时期，发达国家采取限制豁免主义的部分原因是为了应对发展中国家和社会主义国家。

其二，国家职能的变化。"二战"后，发达资本主义国家已摒弃了市场由"看不见的手调节"的自由放任的经济思想，普遍采用凯恩斯主义。该理论一方面推动了国家垄断经济的快速发展，另一方面指导国家对经济进行广泛的调节。资本主义国家的经济职能明显增强。社会主义国家除了南斯拉夫之外，几乎都对国家的经济职能予以肯定，20 世纪 30 年代，苏联对内镇压的国家职能消亡后，

---

[1] *Alfred Dunhill of London, Inc. v. Republic of Cuba*, 425 U. S. 682, (1976).
[2] *International Law Report*, Vol. 66, p. 212.
[3] *Alfred Dunhill of London, Inc. v. Republic of Cuba et al* (Certiorari to the United States Courts of Appeals to the Second Circuit), 425 U. S. 682, 702.

斯大林说:"国家机关的经济组织工作和文化教育工作的职能仍然保持着,而且得到了充分的发展。"国家职能的变化是主张限制豁免主义的原因之一。

其三,商品经济规律的要求。商品经济规律要求在商业交易中应当遵守私法平等、自治原则。此时,作为当事人一方的国家不应对自己的商业行为主张豁免权。

其四,对绝对主权观的摒弃。绝对豁免主义和绝对主权观密切相关。18世纪下半叶至19世纪中叶,绝对主权观达到了顶点,"一战"后受到了质疑。对绝对主权观的质疑是绝对豁免主义遭到否定的部分原因。[1]

同年,美国最高法院判决"伦敦艾尔弗雷德·邓希尔股份有限公司诉古巴共和国案"之后,美国制定了《外国主权豁免法》,将限制豁免理论以立法的方式加以肯定,采用统一和确定的限制豁免立场。由此,美国在国家豁免方面的限制豁免理论最终得以确立。

---

[1] 参见张贵玲:《国家及其财产豁免的新发展》,载《西北民族大学学报》2006年第5期,第78页。

第二章 美国国家豁免的立法实践

20世纪以来，美国在国家豁免方面从绝对豁免理论逐渐向限制豁免理论转变。在"泰特公函"之后，美国国务院曾经持续就外国主权者的申请决定豁免问题。这种程序当时旨在把外交政策的考虑纳入国家豁免的裁定，并且避免将来在执行上发生困难。其后果不仅是前后不一致，而且从外交方面的利益来说，在效果上也是适得其反的。1976年，美国制定了《外国主权豁免法》，正式以法律的形式明确地确立了限制豁免理论，并将作出豁免决定的机构由行政机关变更法院。[1] 该法的指导原则是：其一，外国主权提出的关于豁免的请求，应当由法院专属解决；其二，对于商业活动以及该法规定的其他某些情况，不予豁免；其三，在某种情势下取消关于执行上的豁免。[2] 该法总体上规定了国家豁免的一般情形及其例外。本章将针对美国《外国主权豁免法》的规定及其适用进行分析研究。

第一节 美国《外国主权豁免法》关于国家豁免的一般规定

一、美国《外国主权豁免法》中的豁免主体

美国《外国主权豁免法》将习惯国际法上国家豁免的原则及其例外引入其国内法中，确立了美国公民起诉外国政府、行使追索权的标准以及外国政府享受主权豁免的原则及例外。美国《外国主权豁免法》中的外国国家是一个多维度的概念，根据该法第1603（a）款的规定，外国国家不仅指国家本身，还包括某一外国的政治区分单位或第1603（b）款所指的机构或部门，但第1608条规定的除外。其中，第1603（b）款规定的"外国国家机构或部门"是指符合下列条件的实体：

（1）独立的法人、公司或其他实体；

（2）外国国家或其政治区分单位的机关，或外国国家或其政治区分单位持有大部分股权或拥有其他所有权权益的实体；

（3）既非第1332条第（c）和（e）款所述美国一州的公民，亦非依照任何第三国法律建立的实体。

---

[1] See *Republic of Austria v. Altmann*, 541 U. S. 677, 691 (2004); *Verlinden B. V. v. Cent. Bank of Nigeria*, 461 U. S. 480, 488 (1983).

[2] [奥]克里斯托夫·施鲁厄尔：《美国国家豁免的新发展：美、英、西德立法、判例与国际法的比较》，载《环球法学评论》1981年第2期，第18页。

由此可见，美国《外国主权豁免法》对于作为国家豁免主体的"外国政府"的界定较为宽泛，包含了国家机关的行政区分单位、代理机构及附属机构，并且明确规定独立法人、公司、国家及其行政区分单位拥有多数股份或其他所有权权益的实体都在该范围之内。由此，美国也成为世界上唯一一个通过法令将国家对企业的所有权作为豁免标准之一的国家，[1]尽管这一点历来为学者所诟病。

在美国的司法实践中，关于这一规定衍生出许多问题。第一，国家间接所有的机构是否属于该法所规定的"外国国家"？第二，判断一个实体是否属于"外国国家"的时间是以行为时间为准还是以诉讼时间为准？第三，国家机关人员是否属于"外国国家"而享有豁免？

针对前两个问题，在2003年"都乐食品公司诉帕特里克森案"（Dole Food Co. v. Patrickson，以下简称"都乐案"）[2]中，美国最高法院作出了回答。本案中，美国最高法院指出：要想将以色列所有的公司认定为《外国主权豁免法》所称的"外国国家"，则以色列必须要持有该公司的大部分股权。而在此案中，在多尔（属英国）的两个化工企业间接归属于以色列，以色列并没有直接拥有其大部分股权，因此两个企业并不能视为该法之下的"外国国家"。因而，由于主体不适格，《外国主权豁免法》也无法适用于本案。此外，对于原告提出的以色列对企业享有的间接所有权及实际控制应当视为该法所称的"其他所有权权益"，美国最高法院并未予以支持。最高法院认为"控制"与"所有权"是两个不同的概念，只有具备了所有权，才能被称为该法项下的"外国国家"。主审该案的肯尼迪（Kennedy）大法官从公司法的思维出发来解释股权分层的问题，认为在公司法中，母公司和子公司是互相独立的实体，外国政府控股的公司指的是母公司，子公司的股份是由母公司拥有的，而不是外国政府直接拥有的，因此得出结论认为，《外国主权豁免法》只适用于外国主权（政府）直接拥有的公司，即母公司，而不适用于第二层及其以下的子公司，即间接拥有的公司。至于"其他所有权权益"，肯尼迪大法官认为合理的解释应该是"其他类似股票的直接所有权权益"，从而排除了间接所有权。[3]除此之外，针对第二个问题，美国最高法院还指出，认定一个实体是否在该法所称"外国国家"的范围内，其时间节点在于原告提起诉讼之时，而不是所诉行为发生之时。[4]

这一新的解释对今后在美国被诉的外国国有公司（包括中国的国有企业）将

---

[1] William C. Hoffman, The Separate Entity Rule in International Perspective: Should State Ownership of Corporate Shares Confer Sovereign Status For Immunity Purposes?, 65 *Tul. L. Rev.* 535 (1991).

[2] See *Dole Food Co. v. Patrickson*, 558 U. S. 468, 479 (2003).

[3] 参见尹玉杰：《浅析国家及其财产管辖豁免中关于国有企业和商业行为判断的问题》，载《天津市政法干警管理干部学报》2005年第4期，第54页。

[4] See *Dole Food Co. v. Patrickson*, 558 U. S. 468, 479 (2003).

产生不利的影响。长期以来，外国国有公司包括其拥有大部分股份的子公司在美国一州的法庭被起诉后，通常可以根据《外国主权豁免法》享有特殊保护，将案件转移到联邦法庭由法官审理，以避开州法庭和由当地平民百姓组成的陪审团，免遭许多无谓的纠缠。而"都乐案"确立的原则使得这些间接国有公司在美国被起诉后再也不能享受《外国主权豁免法》的保护，必须面对各州法庭，其间接结果就是国有控股子公司将来在美国被起诉的可能性会大大增加，而且由于陪审团的原因，不利裁决的可能性也会增加。而目前我国的许多大型国有企业都采取了国有控股的方式，由国家拥有第一层的母公司，母公司再控股子公司。通常在国际经济往来中交往频繁的往往不是第一层的控股母公司，而是其下属的子公司。中国石化集团公司、中国石油天然气集团公司、宝山钢铁股份有限公司、中国化工进出口公司等大型国有企业都是如此。因此，我国国有企业需要对此问题予以高度注意。

在中美就相关问题的法律实践中，我们可以看到中国的立场是坚持国家豁免的同时，原则上不承认国有企业的豁免主体资格，国有企业以其法人资产对其业务行为承担责任。如"白云机场空难案"中，从西安起飞的中国民航202号飞机在广州白云机场降落前突然起火，造成三名美国人死亡。在此次空难中受伤的康海姆夫人在美国加州高等法院对中华人民共和国、中国民航起诉索赔。外交部退回了美方法院发来的对我国政府的起诉书，决定以中国民航作为企业法人应诉。最终，美国法院以该案不适于审理为由驳回诉讼。再如"美国空难家属诉民航总局案"中，美国人巴克尼克和福克斯乘坐的中国民航的飞机在途中因恶劣天气导致坠毁，机上人员全部丧生，他们的家属在纽约地区法院提起诉讼，要求中国民航总局就此案支付赔偿金。该案进入了二审，最后美国最高法院驳回了中国民航总局提出的主权管辖豁免主张。[1]

针对第三个问题，美国的司法实践则一直有所争议。美国第九巡回上诉法院在"垂典诉菲律宾国家银行案"（Chuidian v. Philippine National Bank）[2]中第一次基于《外国主权豁免法》将外国主权豁免的主体扩展到了外国银行官员。在该案中，外国官员就主张其能够基于《外国主权豁免法》而享有豁免权，因为他符合"外国国家的代表或者机构"（agency or instrumentality of a foreign state）这一条件；而作为原告的垂典先生则认为该法只能有限地适用，该官员作为个人，不能被视为一个"公司"或者"联盟"，并不能被《外国主权豁免法》包括在内，从而不能享有豁免权。与此同时，菲律宾政府则认为该官员可以基于美国《对外关系法重述（第二次）》第66条中所表述的这一基本原则而享有豁免权。审理该案

---

[1] *International Law Report*, Vol. 90, 1992, pp. 228-259.
[2] *Chuidian v. Philippine Nat'l Bank*, 912 F. 2d 1095 (9th Cir. 1990).

件的法官考虑了各方的观点，重新审查了《外国主权豁免法》的内容和国会当时的立法意图，并重新审视了美国《对外关系法重述（第二次）》的有关内容。法院最终裁定，尽管《外国主权豁免法》之中关于外国官员是否适用该法的用语是模糊的，但是法院最终没有采纳上述任何一方的观点。为了与该法的立法目的一致，即为了该法得到广泛的适用，法院认定起诉一个官员职权范围之内的行为之时就如同直接起诉该官员所属的国家；当该法没有明确表示其是否适用于外国官员之时，该法适用于外国国家银行官员在其职权范围之内的行为。遵循同样的道理，哥伦比亚特区巡回上诉法院在"拜耳哈斯诉亚阿隆案"（Belhas v. Ya'alon）[1]中基于《外国主权豁免法》给予了以色列前军队官员（former head of Army Intelligence）亚阿隆以豁免权。2008年的"关于2001年9月11日的恐怖袭击案"（In re Terrorist Attacks on September 11, 2001）中，美国第二巡回法院认定沙特阿拉伯的官员们在《外国主权豁免法》下享有豁免权。第二巡回法院认为，这些官员应被视为该法第1603（b）款中规定的"外国国家机构及其部门"，因而适用《外国主权豁免法》。[2]相反，在2009年的"优素福诉萨曼塔尔案"（Yousuf v. Samantar）中，美国第四巡回法院认定索马里的政府官员不享有豁免。第四巡回法院指出根据《外国主权豁免法》第1603条的表述以及该法结构，只有实体才可能符合第1603（b）款规定的"外国国家机构及其部门"，任何个人不可能被解释到其中。[3]第四巡回法院的主张于2010年被最高法院所支持。在该案中，最高法院指出，《外国主权豁免法》并不适于代表国家的政府官员。[4]

如前文所述，在《外国主权豁免法》正式出台之前，美国国务院的豁免意见在决定一国是否享有豁免的问题上发挥了重要的作用。与此同时，美国最高法院也同样裁定行政部门的决定是终局性的，法院是不能询问的。[5]而当《外国主权豁免法》通过之后，美国国会就明确表示应该由美国法院来决定外国国家在美国法院是否享有免于被起诉的权利，这也有助于实现正义，同时保护外国国家和诉讼参与人在美国法院的利益。由此可见，《外国主权豁免法》的立法目的便是将这方面的纠纷交给法院来解决，此类纠纷不再是由行政机构解决的行政问题。也就是让国务院不再干预这一类问题。[6]但是，外国官员豁免的本质是和对外关系息息相关的，而处理对外关系的权利是被划分给行政部门的。因此，行政机构的意见，尤其是美国国务院的意见，或多或少应该被考虑或者采纳。这一观点即使

---

[1] *Belhas v. Ya'alon*, 515 F. 3d 1279 (D. C. Cir. 2008).
[2] *In re Terrorist Attacks on September 11, 2001*, 538 F. 3d 71 (2d Cir. 2008).
[3] *Yousuf v. Samantar*, 552 F. 3d 371 (4th Cir. 2009).
[4] *Samantar v. Yousuf*, Oyez, www.oyez.org/cases/2009/08-1555. Accessed 1 Dec, 2023.
[5] See *Ex Parte Peru*, 318 U. S. 578, 589 (1943).
[6] H. R. REP. No. 94-1487, 1976 U. S. C. C. A. N. 6604, 6605-06.

在《外国主权豁免法》出台之后，有时也被法院所采纳。例如，在"都诉罗马天主教加尔维斯顿-休斯敦教区案"（Doe v. Roman Catholic Diocese of Galveston-Houston）[1]中，法院就认定一旦国务院决定应该给予豁免，并将此决定作为一个建议提交给法院之时，这一案件的处理方式便是外交的方式，而不再是司法的解决方式了，该案件因此被驳回。这一判决也可能重开国务院干预此类官员豁免案件的大门。既然针对外国官员的法院判决在很大程度上会影响到美国与该官员所属国之间的外交关系，而行政部门又是有专属的权力来处理这种国际关系的，那么国务院的相关意见就应该被法院予以高度的重视。法院应该尽量避免其所作出的判决给其他行政部门或者立法部门甚至是整个民族带来不必要的冲突。

二、美国《外国主权豁免法》的适用范围

在大多数情况下，《外国主权豁免法》并不解决一外国国家是否需要负国家责任的实体问题，而更多涉及法院是否有管辖权的问题。在"麦克森公司诉伊朗伊斯兰共和国案"（Mckesson Corp. v. Islamic Republic of Iran）中，哥伦比亚特区巡回法院就指出："美国《外国主权豁免法》仅仅涉及程序上的管辖权问题，而不会为行为提供论据。"[2]

除此之外，《外国主权豁免法》是美国法院对外国国家享有管辖权的唯一法律依据来源。1989年"阿根廷共和国诉阿拉美达赫斯航运公司案"（Argentine Republic v. Amerada Hess Shipping Corp.）即是例证之一。该案大致情况是，在1982年英国和阿根廷的马岛战争中，阿根廷的军事飞机轰炸了国际水道中的一艘油轮。油轮的所有权人和特许油轮的公司（均为利比亚的法人）将阿根廷告上了纽约联邦法院，要求阿根廷赔偿船和燃料的损失。它们认为阿根廷对中立油轮的袭击违反了国际法，并且根据美国《外国人侵权法》的规定，"联邦地区法院对任何外国人从事的有违美国法律或美国缔结的条约的民事侵权行为，具有初始管辖权"，[3]即美国联邦法院对此享有管辖权。而美国最高法院作出了撤诉的命令，其指出国会的立法目的在于让《外国主权豁免法》成为法院获得对外国国家管辖权的唯一法律依据。[4]因此，法院不可能根据《外国人侵权法》而取得对阿根廷的管辖权。

（一）国家豁免与管辖权的判断："直接影响"的确定

至于如何判断一个诉讼中美国法院是否具有管辖权，主要看地域联系和直接

---

[1] Doe v. Roman Catholic Diocese of Galveston-Houston, 408 F. Supp. 2d 272 (S. D. Tex. 2005).
[2] Mckesson Corp. v. Islamic Republic of Iran, 672 F. 3d 1066, 1075 (D. C. Cir. 2012).
[3] 28 U. S. C. §1350.
[4] Argentine Republic v. Amerada Hess Shipping Corp., 488 U. S. 428, 433 (1989).

影响。美国《外国主权豁免法》中采取了特别的模式，规定了外国国家豁免与美国司法管辖权的联系，将在美国对外国国家之诉中所适用的豁免规则与审判管辖规则统一于同一法律之中。[1] 即在私人诉外国国家的案件中，美国法院在考察对其是否有管辖权时，除了管辖豁免因素之外，还要考虑案件是否与美国存在地域上的联系。具体的联系因素一般包括：行为地、涉诉财产所在地、被告营业地、法律事实发生地等，这些联系因素实际上是事实问题，比较容易确定。此外，美国还采用了比较独特的"直接影响"标准，[2] 即只要被告实施的商业行为在美国产生了直接影响，即使其行为发生在美国境外，美国法院仍然享有管辖权。有学者指出，美国法院以所谓"直接影响"来确立其对案件的管辖权，乃长臂管辖的一种体现。[3]

在过程论上，限制豁免原则、商业活动的界定等核心问题的确立，是考虑"直接影响"的前提和基础。一旦进入"直接影响"考量程序，法院考察的重点则是被告的行为对美国的影响。因此，"直接影响"问题本身并不是国家豁免的实体问题，其关涉的是被告的行为与美国的联系。就如前文所述的1985年"美国空难家属诉中国民航总局案"中，纽约地区法院一审认为原告在美国购买机票但并没有确认航班，且在中国境内的航班号也是由于其个人原因进行了变更，并且中国政府所属飞机飞行在中国境内发生了空难，这与中国民航在美国的商业活动无实质的联系。根据《外国主权豁免法》，美国法院无管辖权。但二审上诉法院认为，损害发生地在中国，但受害人的机票是从美国购买的，与美国有着非常重要的联系，因此要求地区法院重审。案件的重审结果是，上诉法院根据纽约州最高法院的一些判例，例如1972年"纽梅尔诉库纳案"（Neumeier v. Kuehner）[4]、1985年"舒尔茨诉美国童子军公司案"（Schultz v. Boy Scouts of America, Inc.）[5] 等案件肯定了地区法院一审关于适用中国法的判决，裁定维持地区法院的判决。然而，《外国主权豁免法》并没有对"直接影响"的标准予以明确，几乎完全依赖法官的自由裁量，在确定外国被诉的案件的管辖权时，美国联邦法院的法官们经常被"直接影响"问题所困扰，早期司法实践中的做法也非常不统一。

对此，在美国国家豁免司法实践当中，通过一系列的判决，逐渐形成了一些

---

[1] 参见王静：《"仰融案"中的豁免与诉讼》，载《河北法学》2006年第4期，第142页。
[2] 《外国主权豁免法》第1605(a)(2)条规定："该诉讼是基于该外国在美国进行的商业活动而提出的；或者基于在美国实施的某行为提出的，而该行为与该外国在其他国家从事的商业活动有关；或者基于在美国领土外实施的行为提出的，而该行为与该外国在其他国家从事的商业活动有关且在美国引起直接影响"。
[3] [英]詹宁斯·瓦茨：《奥本海国际法·第一卷第一分册》，王铁崖等译，北京，中国大百科全书出版社1995年版，第348页。
[4] See *Neumeier v. Kuehner*, 31 N.Y.2d 121 (N.Y. 1972).
[5] See *Schultz v. Boy Scouts of America, Inc.*, 65 N.Y.2d 189 (N.Y. 1985).

确定"直接影响"的方法。其中，影响比较深远的是美国联邦最高法院1992年在"阿根廷诉威尔特欧尔公司案"（Republic of Argentina v. Weltover）[1]中所做的有关"直接影响"的推理。在该案之前，对于"直接影响"的判定，主要借用《对外关系法重述（第二次）》第18条中的"在美国产生直接的、可预见的和实质性的效果"的标准。[2]在审理该案时，联邦最高法院对此前适用《对外关系法重述（第二次）》第18条的标准来认定"直接影响"的司法正当性提出了质疑，并认为，从措辞上来看，很显然，此条款涉及的是立法管辖权问题，而不是司法管辖权问题，并且其是一种缺乏前提的推理。因此，将"直接的、可预见的和实质性的"的标准挪用到涉及国家豁免的诉讼实践中并用以解释"直接影响"的做法并不合适。最后，联邦最高法院支持上诉法院对"直接影响"的判定标准，即"直接影响"就是指被告的商业活动的直接后果。[3]这句认定"直接影响"的判词至今仍然被很多法院所引用，其已成为分析是否构成"直接影响"的最主要的标准。例如，2011年11月28日纽约南部地区法院判决的"冷杉树资本机会母基金公司诉英国爱尔兰银行有限公司案"（Fir Tree Capital Opportunity Master Fund, LP v. Anglo Irish Bank Corporation Limited）[4]中，针对被告的商业活动的"直接影响"的判断，法院仍然采纳了"阿根廷诉威尔特欧尔公司案"中的标准。

从一系列有关判决来看，"直接影响"条款的适用条件有两个：一是影响必须是"直接的"；二是影响必须发生"在美国"，二者缺一不可。所谓"直接的"影响，指的是此种影响必须与被告的行为之间"没有任何介入因素，沿着一条没有任何偏离或中断的直线发生"；[5]换言之，如果后果只是间接造成的，即使是"实质性"的影响，也不能判定构成"直接影响"。而要确定影响"在美国"，有两个因素非常重要：一是原告的国籍；二是合同中确定的合同履行地。[6]具体来说，如果原告是外国自然人或公司，保护本国公民权益的必要性的缺失，使得法院更倾向认定"在美国"没有影响。在"天宇公司诉四川省政府案"（Big Sky Network Canada, Ltd.v. Sichuan Provincial Goverment）中，原告天宇公司系美国内华达州的一家母公司的全资子公司，在英属维京群岛注册，总部设于加拿大阿尔

---

[1] *Republic of Arg. v. Weltover Inc.*, 504 U. S. 607 (1992).
[2] 美国《对外关系法重述（第二次）》第18条规定："美国的法律没有域外适用效力，除非某行为在美国产生直接的、可预见的和实质性的效果。"
[3] See *Republic of Arg. v. Weltover Inc.*, 504 U. S. 607 (1992).
[4] *Fir Tree Capital Opportunity Master Fund, LP v. Anglo Irish Bank Corporation Limited*, No. 11-955 (PGG) (S. D. N. Y. 2011).
[5] 肖永平、张帆：《从天宇公司案看美国法院关于"直接影响"的认定》，载《河南省政法管理干部学院学报》2009年第2期。第145页。
[6] 肖永平、张帆：《从天宇公司案看美国法院关于"直接影响"的认定》，载《河南省政法管理干部学院学报》2009年第2期。第145页。

伯特省。尽管其实际的投资者是美国公民,但无论是原告自己还是法院,都将天宇公司视为"外国公司",法官就是考虑到原告是外国人而不是美国人,从而判定被告的行为在美国没有造成直接影响。另外,如果合同履行地在美国境内,被告的违约行为对美国的影响较大,法院可能认定在美国产生了"直接影响"。在"阿根廷诉威尔特欧尔公司案"中,联邦最高法院认为,纽约是阿根廷债券的最终合同履行地,因此认为"在美国"产生了直接影响。但在"天宇案"中,天宇公司获得支付的履行地是中国而不是美国,天宇公司蒙受的损失也没有发生在美国,因此法院认定被告的违约行为在美国没有产生直接影响。[1]

总结而言,"直接影响"的有无在外国国家被诉的案件管辖权的确定中起着非常重要的作用。对于被诉的外国国家来说,即使其行为可能被认定为商业行为,也并不一定遭受败诉的结果,该外国国家可以充分主张其行为在美国没有造成"直接影响",以最大限度地争取案件被驳回。

(二)国家豁免与特别管辖权的判断

国家豁免案件的适用范围涉及的另一个问题是:如果一个诉讼中,已知美国法院享有管辖权,那么具体哪一级法院享有管辖权?该问题涉及民事诉讼管辖制度上的"特别管辖权"问题。为了国家豁免问题专门增订的《美国法典》第1330条第1款规定:"对本法典第1603(a)款中所指的以外国为被告的非经陪审团审判的民事诉讼,不论争议的标的额的大小,只要按照本法典第1605条至第1607条或者任何可以适用的国际协定的规定,该外国在对人求偿问题上不能享受豁免的,联邦地区法院对其即具有初审管辖权。"从该条文的措辞来看,至少可以得出如下结论:美国联邦地区法院对外国国家被诉的案件享有初审管辖权,从而排除了美国各州法院对此类案件的管辖权。并且,与其他普通异籍案件[2]不同,该条特别强调"不论争议的标的额的大小",意在排除州法院对任何(即使案件争议标的额少于75 000美元)涉及国家豁免问题的案件的管辖权。从外国国家被诉的司法实践来看,除了个别案件因被告未及时提出移送管辖请求而在州法院审判之外,绝大多数案件均是在联邦法院体系内得到裁判的。[3]

事实上,实践中对《美国法典》第1330条第1款的适用难题主要集中在外国人诉外国国家的管辖权的确定上,因为此条文并没有明确限制原告的身份。在

---

[1] 参见宋锡祥、高大力:《从"天宇案"透视国家主权豁免问题》,载《东方法学》2010年第1期,第12页以下。
[2] 依据《美国法典》第1332条的规定,联邦地区法院有权管辖争议标的在75 000美元以上的异籍案件(diversity cases)。此处异籍案件是指民事诉讼双方当事人的住所地在不同的州或一方是外国人的案件。See 28 U.S.C. § 1332.
[3] 参见王卿:《美国私人诉外国国家的国内管辖实践》,载《河北法学》2014年第4期,第151页。

美国司法实践中，出现过一些外国人诉外国国家的案件，联邦法院对此类案件是否有管辖权呢？之所以产生这种疑问，是因为美国司法实践对于"异籍案件管辖权"的解释通常是限制性的，其中的"异籍"专指诉讼当事人双方的住所地在不同州或一方是外国人，而且此类管辖权不适用于两个外国人之间的诉讼。[1]若将第1330条第1款置于"异籍案件管辖权"之范畴中，则美国联邦地区法院是不能受理外国人诉外国国家的案件的。反之，若将第1330条第1款的立法原意解释为主要是出于国家豁免问题的考虑，鉴于涉及国家豁免问题的诉讼对美国全境（而非某个特定州）的对外关系的影响极大，故而联邦法院对此类案件也应有管辖权。对第1330条第1款的两种不同的理解和解释，直接决定着外国人诉外国国家案件的管辖权的确定。

此种理解分歧在早期表现得尤为突出。我们可以从1980年"尼日利亚中央银行被诉案"（Verlinden BV v. Central Bank of Nigeria）[2]的审理过程窥见一斑。本案的原告是一家荷兰公司，属于外国人，其与美国的关联只是因为相关银行位于纽约。双方律师和法官围绕着联邦法院是否有管辖权展开了论辩。审理该案的纽约南部地区法院在判决中并未强调原告的外国人身份，也没有讨论联邦法院对外国人诉外国国家是否有管辖权的问题；该法院只是基于被告的行为属于管辖豁免的范围而驳回了原告的起诉。联邦第二巡回法院在上诉审中也驳回了上诉人的诉讼请求，虽然裁判结果相同，但理由与纽约南部地区法院的完全不同。联邦第二巡回法院认为，《美国法典》第1330条第1款的立法本意并没有赋予联邦法院对外国人起诉外国国家的案件行使管辖权，并据此判定联邦法院对此类案件无管辖权。接着，原告又向联邦最高法院提起上诉。联邦最高法院最终推翻了第二巡回法院的判决。联邦法院认为，如果符合美国《外国主权豁免法》的实质性标准，则不管原告是何国公民，联邦法院都有管辖权。"尼日利亚中央银行被诉案"的终审判决对其后的案件产生了重要影响。尽管联邦最高法院并没有详细解释《美国法典》第1330条第1款，但从其判决理由来看，我们不难发现，联邦最高法院认为第1330条第1款的真正目的是出于对国家豁免问题的关切，而非其他原因。只要符合《外国主权豁免法》的实质性条件，原则上联邦法院对任何人提起的诉外国国家的案件都有专属管辖权。自20世纪80年代末，美国联邦最高法院逐渐确立了《外国主权豁免法》是起诉外国国家的唯一法律依据，即使原告是外国人。对于这一点，也可以在"天宇公司诉四川省政府案"的裁判过程中得到证实，虽然犹他联邦地区法院认定原告（加拿大天宇公司）是一家"外国公

---

[1] 参见齐树洁：《美国民事司法制度》，厦门，厦门大学出版社2011年版，第48-49页。
[2] Verlinden BV v. Central Bank of Nigeria, 488 F. Supp. 1284 (S. D. N. Y. 1980), 647. F. 2d. 320 (2d Cir. 1981), 461 U. S. 480 (1983).

司",但并非仅因为原告是一家外国公司而径直判定本法院没有管辖权,而只是将原告的外国公司身份作为衡量"直接影响"的一个重要因素。

(三)美国《外国主权豁免法》的溯及效力与其他适用问题

美国《外国主权豁免法》的适用是具有可追溯性的。[1]对于发生在法案颁布之前的行为,《外国主权豁免法》同样适用。2004 年"纳粹劫掠艺术品案"(Republic of Austria v. Altmann)便是其中的例证。本案中,原告起诉奥地利政府和奥方国家所有的艺术展览馆。原告主张其艺术品都是在纳粹时期偷窃而来。[2]法院需要解决的问题是,对于这些发生在 1952 年"泰特公函"时期(美国主要倾向绝对豁免主义的时期)的行为,是否追溯适用《外国主权豁免法》。在美国以往的实践中,大多对追溯适用采取反对态度。因为溯及既往很有可能与现有设定的保护利益产生冲突。然而,美国联邦最高法院指出这样的反对态度和《外国主权豁免法》并没有太大联系,因为《外国主权豁免法》并不规制实体权利,也就没有违反保护利益之说。因此,美国联邦最高法院认定《外国主权豁免法》可以溯及既往。

有关国家责任的承担范围,《外国主权豁免法》提到,当一外国国家在法案所列的豁免例外中时,该国家应该承担同其他独立实体一样的责任。但其承担的国家责任不包括惩罚性赔偿。[3]

第二节 美国《外国主权豁免法》关于国家豁免例外的规定

美国《外国主权豁免法》除了有豁免主体、适用范围等一般规定之外,在第 1605 至 1607 条还规定了外国国家不能免于美国联邦法院和各州法院管辖的例外情形。这些例外规定恰恰是限制豁免主义的有力体现,也是限制豁免主义在规则方面的细化规定,对其后作出相关专门立法的国家产生了一定的影响。

一、放弃豁免

美国《外国主权豁免法》第 1605(a)(1)项规定:"该外国已明确地或默示地放弃其豁免权。关于此项弃权,除根据弃权的条件予以撤回者外,该外国可能声称的任何撤回均属无效。"

其中,"明确放弃"通常体现为在一条约或合同中直接提及放弃豁免问题。

---

[1] See Curtis A. Bradley, *International Law in the U. S. Legal System*, Oxford University Press, 2013, p. 229.
[2] See *Republic of Austria v. Altmann*, 541 U. S. 677 (2004).
[3] See 28 U. S. C. § 1606.

而这类放弃条款也通常在一外国国家向银行借款或向公司购买设备物品时缔结。[1] 相较于明确放弃,"默示放弃"的范围和界定更加值得关注,也引起了激烈的争论。从《外国主权豁免法》的立法历史来看,美国法院认为默示放弃包括以下三种情形:一是外国国家同意在另一国的仲裁;二是外国国家同意受一特定国家的法律管辖;三是外国国家没有提出国家豁免的主张而直接应诉。[2] 对以上的情形,有些法院表示要作出进一步的狭义解释,[3] 即被诉的外国被告必须表明同意受美国法院管辖;选择适用美国法可以被视为对国家豁免的放弃,而选择适用任何其他外国法律则不被视为放弃。[4]

除了以上的一般放弃外,《外国主权豁免法》第1607条规定的"反诉"也被视为落入放弃豁免的广义范畴之中。该条规定:"如某外国在联邦法院或州法院提起诉讼或参加诉讼,则该外国对下述任何一项反诉不得享受豁免:1. 如果此项反诉已在控诉该外国的另一诉讼中提出,而按照本章第1605条或第1605A条的规定该外国对于此项反诉是无权享受豁免的;2. 反诉系由该外国所提出的作为权利要求主体部分的事件或事务所引起的;3. 反诉索赔的范围在数额上不超过该外国索赔额,或在种类上和该外国索赔也无不同。"尽管《外国主权豁免法》有这样的规定,但是,近年来的美国司法实践对反诉是否构成放弃豁免仍持有不同态度。

(一)选择适用美国法与同意受美国法院管辖的情形

在"法尔杭诉印度理工学院案"(Farhang v. Indian Inst. of Tech)[5] 中,加利福尼亚地方法院针对保密协定(NDA)中规定的"适用美国和加利福尼亚州法"及"同意州法院和联邦法院属人管辖"是否足以构成《外国主权豁免法》下规定的"放弃豁免"进行了分析。加利福尼亚地方法院认为,前述默示放弃的三种情形要进行狭义解释,其认为NDA中的法律选择条款构成了前述第二种情形中规定的"外国国家选择适用美国法",而同意管辖的条款同样构成默示放弃,因为它显示了双方将得到的美国法院判决。[6]

在"国营农场互助汽车保险公司诉英属哥伦比亚保险公司案"(State Farm Mut. Auto. Ins. Co. v. Ins. Corp. of British Columbia)中,俄勒冈州地方法院则指出,英属哥伦比亚法调整州际保险项目。因此,被告被视为默示放弃豁免管辖,

---

[1] See *Capital Ventures Int'l v. Republic of Argentina*, 552 F. 3d 289 (2d Cir. 2009); *Gulf Res. America. Inc. v. Republic of the Congo*, 370 F. 3d 65 (D. C. Cir. 2004).

[2] See H. R. REP. No. 94-1487.

[3] See *Heroth v. Kingdom of Saudi Arabia*, 565 F. Supp. 2d 59, 64 (D. D. C. 2008).

[4] See *Eckert Int'l, Inc. v. Fiji*, 32 F. 3d 77 (4th Cir. 1994).

[5] See *Farhang v. Indian Inst. of Tech.*, C-08-02658 RMW, 2010 WL 519815, at *3 (N. D. Cal. Jan. 26, 2010).

[6] See *Joseph v. Office of the Consulate General of Nigeria*, 830 F. 2d at1023 (9th Cir. 1987).

因为它势必会在美国提出诉讼请求。[1] 然而，由于英属哥伦比亚法是由第三方制定的，被告并没有对它的保险进行实质性的应诉和抗辩，[2] 因此法院最终认定，被告的豁免权利并没有放弃，本案并不属于《外国主权豁免法》第1605（a）（1）项规定的放弃豁免的情形。

（二）反诉的情形

在以往的美国司法实践中，美国法院就将反诉作为放弃豁免的情形之一，而不予外国国家豁免。例如，在1992年的"西德曼诉阿根廷共和国案"（Siderman de Blake v. Republic of Argentina）中，第九巡回法院就承认了反诉作为放弃豁免含义范畴的一部分，认为外国国家在美国法院提起诉讼将落入《外国主权豁免法》第1605（a）（1）项放弃豁免的范围内。[3] 这一主张，一直到2003年的"布拉克斯兰诉英联邦检察长案"（Blaxland v. Commonwealth Dir. of Pub. Prosecutions）依然被适用。[4]

然而，在2010年的"UNC李尔服务公司诉沙特阿拉伯案"（UNC Lear Services, Inc. v. Kingdom of Saudi Arabia）中，得克萨斯州的地方法院针对被告在诉讼中提出的反诉是否构成国家豁免的默示放弃进行了不同观点的讨论。[5] 该地方法院指出，在美国各级法院中，没有法院是仅凭反诉的主张而将其认定为国家豁免的默示放弃的。为了论证这一观点，得克萨斯州的地方法院援引了1999年第二巡回法院关于"卡比里诉加纳共和国政府案"（Cabiri v. Gov't of Republic of Ghana）的判决，当时的第二巡回法院就对前述1992年"西德曼案"得出的"反诉属于默示放弃范畴"的结论提出了质疑，其认为外国国家这样的做法实质上是一种对起诉手段改进的方式，而并非对出于国家主权的维护，并不符合国家豁免背后的法理。[6] 基于以上的论证，得克萨斯州的地方法院最终认定被告的反诉并不构成《外国主权豁免法》第1605（a）（1）项涉及的放弃豁免。

二、商业活动例外

"商业活动例外"一直是国家豁免诉讼中最常见的豁免例外情形，也被视为

---

[1] See *State Farm Mut. Auto. Ins. Co. v. Ins. Corp. of British Columbia*, CV-09-762-ST, 2010 WL 331786, at 11 (D. Or. Jan. 25, 2010), quoted from Crowell & Moring LLP, The Foreign Sovereign Immunities Act: 2010 Year in Review, *Law and Business Review of the Americas*, Vol. 17, Fall 2011, No. 4.

[2] See *State Farm Mut. Auto. Ins. Co. v. Ins. Corp. of British Columbia*, CV-09-762-ST, 2010 WL 331786, at 12 (D. Or. Jan. 25, 2010), quoted from Crowell & Moring LLP, The Foreign Sovereign Immunities Act: 2010 Year in Review, *Law and Business Review of the Americas*, Vol. 17, Fall 2011, No. 4.

[3] See *Siderman de Blake v. Republic of Argentina*, 965 F. 2d 699 (9th Cir. 1992).

[4] See *Blaxland v. Commonwealth Dir. of Pub. Prosecutions*, 323 F. 3d 1198, 1206 (9th Cir. 2003).

[5] See *UNC Lear Services, Inc. v. Kingdom of Saudi Arabia*, 720 F. Supp. 2d 800, 803 (W. D. Tex. 2010).

[6] See *Cabiri v. Gov't of Republic of Ghana*, 165 F. 3d 193, 202 (2d Cir. 1999).

是限制豁免主义的核心。根据美国《外国主权豁免法》第 1605（a）（2）项的规定，当一诉讼是"基于该外国在美国进行的商业活动而提出的，或者基于与该外国在别处的商业活动有关而在美国完成的行为提出的，或者基于与该外国在别处的商业活动有关，而且在美国领土以外进行但在美国引起直接影响的行为提出的"，则该外国国家不享有国家豁免。

（一）商业活动例外三个要素的界定

根据上述法律条文的表述，"商业活动例外"有三种具体情形，而每一种情形均涉及"商业活动"，因此"商业活动"的定义和界定显得尤为重要。美国《外国主权豁免法》在第 1603（d）款中将"商业活动"定义为：某种经常性的或特殊的商业活动或交易，判断该行为是否为商业活动的标准是行为的性质而非其目的；《外国主权豁免法》在第 1603（e）款中将"在美国进行的商业活动"定义为进行的与美国有实质交往的商业活动。在以上法律规定的前提下，仍存在着不够明确之处：其一，美国《外国主权豁免法》没有对"商业"作出明确的界定，即某种行为具备何种要素才能被判断为"商业"活动；其二，某个商业活动和提出的诉讼之间应当具有何种程度的联系才能被判断为诉讼是"基于"（based on）该商业活动提起，以及在美国以外发生的商业活动具备何种联系才能被判断为对美国产生了"直接影响"。这两个问题也需要予以明确。

1. 对"商业活动"（commercial activity）的界定

对于"商业活动""基于""直接影响"定义不够明确的问题，美国法院的司法实践作出了相应的阐释。其中，具有里程碑意义的判例是前文提及的"阿根廷诉威尔特欧尔公司案"，该案解释了"商业活动"的含义。该案中，威尔特欧尔公司购买了阿根廷中央银行发行的债券，并约定在美国纽约用美元或者其他类似美元的货币进行支付。阿根廷中央银行基于稳定货币政策的考虑，违反合同的规定单方面延长了该债券的支付期间，威尔特欧尔公司就其延长支付期间这一违反合同的行为对阿根廷及其中央银行提起了相关诉讼。纽约州地区法院认为，其对该案件具有管辖权，驳回了阿根廷及其中央银行关于法院缺乏管辖基础的抗辩。作为上诉法院的美国第二巡回法院支持了初审法院的观点，认为阿根廷及其中央银行这一发生在美国之外的违反合同的行为构成美国《外国主权豁免法》中的"商业活动"，并且该行为对美国有直接的影响，故美国法院基于《外国主权豁免法》中的商业活动例外享有对该案的管辖权。阿根廷及其中央银行遂诉至美国联邦最高法院。[1]

---

[1] 参见陆寰：《美国国家豁免法管辖豁免中的商业例外及其新发展》，载《学习与实践》2011 年第 9 期，第 77 页。

美国联邦最高法院认为本案的争议焦点在于：一是阿根廷中央银行发行债券并单方面决定延长支付期间的行为是否构成商业活动；二是如果该行为是商业活动，是否对美国产生了直接影响。[1]美国联邦最高法院认为，美国《外国主权豁免法》的基础在于1952年被美国所接受的限制豁免主义，所以判断行为的商业属性必须从限制豁免理论出发。而限制豁免理论将国家行为分为主权行为和非主权行为，认为仅有国家的主权行为才能享受另一国的管辖豁免，非主权行为则不能享有管辖豁免。因此当某一国家行为背后并没有体现主权权力，而仅仅体现了私人主体也能够行使的权利时，该行为就应当被认定为商业活动，也就是说当国家以同私主体类似的方式参与市场活动，而非作为一个市场的管理者时，国家所为的行为就构成《外国主权豁免法》中的商业活动。[2]该案中，阿根廷中央银行发行债券并单方面决定延期支付的行为，就是阿根廷作为一个私主体所为的行为，因此构成《外国主权豁免法》中的商业活动。[3]美国联邦最高法院通过在该案中适用限制豁免理论主权行为与非主权行为的区分来界定"商业活动"为其后的案件提供了重要指引。

2. 对"基于"（based on）的界定

在后来的"沙特阿拉伯诉纳尔逊案"（Saudi Arabia v. Nelson）中，法院持有与上述相同的观点，同时对"基于"（based on）的界定进行了阐释。[4]在该案中，沙特阿拉伯国有医院通过美国医院社团（Hospital Corporation of American）招聘一名从事仪器设备监管的工作人员。纳尔逊在美国看到了招聘广告与其接洽并在沙特阿拉伯开始了他的职业生涯，他的工作是监控医院的仪器、设备和生命维持系统以确保医院工作人员和病人的安全，在工作期间，纳尔逊发现了医院的输氧管线等仪器存在安全隐患并向医院的管理人员进行了汇报，医院的管理人员指示他忽略这些安全隐患。一段时间后，沙特阿拉伯政府宣布对他进行逮捕，在逮捕期间，纳尔逊受到了各种非人道的待遇并造成了人身伤害。回到美国后，纳尔逊夫妇以人身伤害向美国法院提起诉讼。美国纽约州南部地区法院认为，根据美国《外国主权豁免法》的规定法院对本案没有管辖权，上诉法院也支持了初审法院的决定。纳尔逊夫妇遂诉至美国联邦最高法院。美国联邦最高法院认为，该案的争议焦点在于判断纳尔逊的诉求是否是"基于"商业活动提起。法院首先要解决的问题是《外国主权豁免法》中所缺少的关于"基于"的定义。在查阅了《布莱克法律词典》（*Black's Law Dictionary*）等字典类工具书后，美国联邦最高法院认

---

[1] See *Republic of Arg. v. Weltover Inc.*, 504 U. S. 607 (1992).

[2] See *Republic of Arg. v. Weltover Inc.*, 504 U. S. 607 (1992).

[3] See *Republic of Arg. v. Weltover Inc.*, 504 U. S. 607 (1992).

[4] See *Saudi Arabia, King Faisal Specialist Hospital and Royspec, Petitioners v. Scott Nelson et ux.*, 113 S. Ct1471 (1993).

为"基于"的最为基本的含义应当理解为，如果某项请求是"基于"某种因素提起的，则一旦该因素被证实，请求人就应当实现其请求中所要求的救济。[1] 就本案的实际情况而言，与纳尔逊的诉求有关联的有两个行为：医院的雇佣行为和沙特阿拉伯政府的非法监禁行为。根据前述"阿根廷诉威尔特欧尔公司案"中所确立的商业行为的阐释，医院的雇佣行为构成商业活动，而沙特阿拉伯政府的非法监禁行为则是一种国家主权权力的体现，是一种主权行为而非商业行为；又根据对"基于"的理解，如果医院的雇佣行为构成本案的基础，则纳尔逊所要求的人身损害赔偿将无法实现，因为医院的雇佣行为与人身损害赔偿之间并没有直接的联系；但如果沙特阿拉伯政府的非法监禁行为构成本案的基础，则该非法监禁行为一经证实，在不考虑管辖权的情况下，纳尔逊的诉求就可以实现。所以，在本案中，纳尔逊的诉讼并不是基于商业行为提起的，故美国法院对该案件不享有管辖权。

3. 对"直接影响"（direct effect）的界定

关于"直接影响"的界定，我们在前节"国家豁免与管辖权的判断"一部分已经作出了较为详细的介绍，在此不再赘述。在该问题上，美国联邦法院的法官们经常被其所困扰，早期司法实践中的做法也非常不统一。影响比较深远的是前美国联邦最高法院1992年在"阿根廷诉威尔特欧尔公司案"所作的判决，该判决得到了其后一些判例的支持。

（二）商业活动例外实践的新发展

有关美国《外国主权豁免法》在商业活动例外实践方面的新发展，主要体现在"商业活动的认定"和"对美国的直接影响"两个方面。

1."商业活动"认定方面的新发展

美国《外国主权豁免法》在"商业活动"的认定方面的新发展，主要集中在军事合同、慈善行为、与外国政府健康计划有关的行为、雇佣行为和与医疗保险有关的行为等方面。

（1）军事合同。

涉及美国《外国主权豁免法》中"商业活动"的军事合同可分为两类，即与私人公司缔结的合同和政府计划合同。在"UNC 李尔服务公司诉沙特阿拉伯案"（UNC Lear Services, Inc. v. Kingdom of Saudi Arabia）中，沙特阿拉伯政府与一个美国公司缔结了提供F-5战斗机等军事物资的合同。[2] 得克萨斯州西部地区法院指出，尽管有关军事装备的行为是一种典型的主权行为，但由于沙特政府的行为

---

[1] See *Saudi Arabia, King Faisal Specialist Hospital and Royspec, Petitioners v. Scott Nelson et ux.*, 113 S. Ct1471 (1993).

[2] See No. SA 04-CA-1008, 2008 WL 2946059 (W. D. Tex. July 25, 2008).

是私人主体在市场从事的交易活动,所以应当认定为商业行为。

而在"赫欧茜诉沙特阿拉伯案"(Heroth v. Kingdom of Saudi Arabi)中,沙特阿拉伯政府是通过美国政府主持的外国军事物资项目,与美国一私人公司签订了军事物资买卖合同。[1] 本案中,华盛顿地区法院认定,由于沙特阿拉伯政府并不是直接与私人公司缔结军事合同,而是通过外国军事物资项目这一由美国政府控制,且仅针对外国政府的项目进行的。因此这并不属于一个私人主体能够参与的活动,故该合同的性质不应当被认定为《外国主权豁免法》项下的"商业活动"。

军事合同的"商业活动"定性这一问题在其后的案件中得到了进一步的发展。[2] 美国法院认为即使在美国政府对外军事物资销售计划外的合同也要结合具体情况认定其是否构成商业行为。在前述"UNC李尔服务公司诉沙特阿拉伯案"的上诉审中,第五巡回法院认为该公司与沙特阿拉伯政府的合同实际上应当被分成两个部分:一个部分是检查和维护沙特皇家空军飞机的合同;另一个部分是为沙特皇家空军培养飞行员的合同。沙特皇家空军在公共市场上购买用于维护飞机的物资的行为,显然是私人主体也能够从事的,应当被认定为商业行为;而为皇家空军培养战斗机飞行员是私人主体无法通过市场进行的,所以该合同应当被认定为非商业行为。

(2) 慈善行为。

涉及美国《外国主权豁免法》中"商业活动"的慈善行为可分为三类,即慈善机构购买物资合同、向慈善机构的捐助行为以及慈善机构的登记考核行为。在"海拉图拉斯·米尔公司诉伊拉克案"(Hilaturas Miel, S.L. v. Republic of Iraq)[3] 中,伊拉克与原告签订购买药品的合同,但由于伊拉克无法履行合同,因此原告对伊拉克提起诉讼。伊拉克主张,该合同属于联合国石油换食品计划的一部分,是一种人道主义援助计划,因此不属于"商业活动"例外。然而,法院对这一主张不予支持。美国法院指出,不管这个合同的目的是什么,伊拉克已经像其他私人主体一样进行了商业交易,那么就应认定为商业活动。

而政府向慈善机构捐款的行为应当被认定为非商业行为。在"关于2001年9月11日的恐怖袭击案"[4] 中,第二巡回法院在其意见中表示,虽然私人也能够进行捐助行为,但其捐助行为没有市场属性,所以应当被认定为非商业活动。[5]

---

[1] See *Heroth v. Kingdom of Saudi Arabia*, 565 F. Supp. 2d 59 (D. D. C. 2008).
[2] Laurel Pyke Malson, Katherine Nesbitt, Aryeh Portnoy, Birgit Kurtz, John Murino, Joshua Dermott, Beth Goldman, Marguerite Walter and Howard Yuan, The Foreign Sovereign Immunities Act: 2009 Year in Review, *Law & Business Review of the Americas*, Winter 2011, at 50.
[3] See *Hilaturas Miel, S.L. v. Republic of Iraq*, 573 F. Supp. 2d 781 (S. D. N. Y. 2008).
[4] See *In re Terrorist Attacks on September 11, 2001*, 538 F. 3d 71 (2d Cir. 2008).
[5] See *In re Terrorist Attacks on September 11, 2001*, 538 F. 3d 71 (2d Cir. 2008).

有关第三类行为，即慈善机构的登记考核行为，在"达比里诉美国联邦州医疗委员会案"（Dabiri v. Federation of States Medical Boards of the United States）[1]中，达比里医生起诉医疗委员会，认为委员会的错误登记行为损害了他的权利，但法院认为登记医生执业情况是专属于国家的权力，所以该行为应当被认定为非商业活动。

（3）与外国政府健康计划有关的行为。

涉及美国《外国主权豁免法》中"商业活动"的与外国政府健康计划有关的行为可分为两类，即为外国政府健康计划服务的合同和与外国政府健康计划有关的政府雇员服务。关于为外国政府健康计划服务的合同，在"拉辛诉卢米斯公司案"（Lasheen v. Loomis Co.）[2]中，加利福尼亚东部地区法院认为，外国政府为其健康计划寻求服务的提供者，并没有体现出外国政府的主权权力，与私人雇佣没有本质区别，所以应当认定为商业活动。

关于与外国政府健康计划有关的政府雇员服务，在"英国-伊比利亚承销管理公司诉洛德豪斯案"（Anglo-Iberia Underwriting Mgmt. Co. v. Lodderhouse）[3]中，美国法院认为虽然外国政府有雇佣行为，但这一行为并不涉及与外国医生签订合同或是提供海外保险。相反，这一行为在于促进印度尼西亚国家的社会保障制度，是私人无权进行的行为。因此单纯的雇佣行为并不能体现商业活动属性，[4]故应当认定为非商业活动。

（4）雇佣行为。

涉及美国《外国主权豁免法》中"商业活动"的雇佣行为可分为两类，即公务员的雇佣行为和非公务员的雇佣行为。在"赫加齐诉沙特阿拉伯常驻联合国代表团案"（Hijazi v. Permanent Mission of Saudi Arabia to the United Nations）[5]中，一个员工以性骚扰、性别和国籍歧视以及不合法的打击报复等罪名起诉沙特阿拉伯的政府部门，双方就管辖权问题产生争议。美国法院指出，不管如何分析，沙特政府都是在进行主权行为，因此不属于《外国主权豁免法》中的商业活动，法院不具有管辖权。[6]

---

［1］ See *Dabiri v. Fed'n of States Med. Bds. of the United States*, 08-CV-4718 (EK) (E.D.N.Y. May. 31, 2023).
［2］ See *Lasheen v. Loomis Co.*, No. Civ. S-01-227, 2008 WL 295079 (E. D. Cal. Feb. 1, 2008).
［3］ See *Anglo-Iberia Underwriting Mgmt. Co. v. Lodderhouse*, No. 97-0084, 2008 WL 190364 (S. D. N. Y. Jan. 22, 2008).
［4］ See *Anglo-Iberia Underwriting Mgmt. Co. v. Lodderhouse*, No. 97-0084, 2008 WL 190364 (S. D. N. Y. Jan. 22, 2008).
［5］ See *Hijazi v. Permanent Mission of Saudi Arabia to the United Nations*, No. 10-0904-cv, 2010 WL 5174946 (2d Cir. Dec. 22, 2010).
［6］ See *Hijazi v. Permanent Mission of Saudi Arabia to the United Nations*, No. 10-0904-cv, 2010 WL 5174946 (2d Cir. Dec. 22, 2010).

(5) 与医疗保险计划有关的行为。

涉及美国《外国主权豁免法》中"商业活动"的与医疗保险计划有关的行为可分为两类,即使馆签订的医疗保险合同和对享受国民医疗保险的员工的监督行为。在"埃及大使馆诉拉辛案"(Embassy of the Arab Republic v. Lasheen)[1]中,美国第九巡回法院认为,埃及政府与美国公司签订的管理使馆的医疗利益计划和同意赔偿美国公司的行为,是从事了商业活动。埃及使馆曾经扩大过埃及在美访问学者的医疗保险覆盖的范围。而一个访美的埃及学者在此项目下,却被拒绝支付相关费用并且因此死亡。他的家属因此起诉这一美国医疗保险公司,主张它违反了美国1974年制定的《职工退休所得保障条例》。这个保险公司相应地向埃及政府主张赔偿。美国第九巡回法院主张,在与一个公司缔结旨在获得医疗利益的合同中,埃及政府作为被告,并没有进行主权行为;埃及政府反而是作为市场中的法人的存在。此外,法院认为,根据美国《外国主权豁免法》,一个行为的性质(在本案中即有关医疗保险合同的缔结行为)比这一行为的目的更加重要。而该案中合同缔结行为的性质决定了该行为的商业特点。其后,法院在"拉辛诉卢米斯公司案"中,针对相类似的问题提出了类似的建议,认为这样的行为应当被认定为商业行为。[2]

关于对享受国民医疗保险的员工的监督行为的定性,可参考"英国-伊比利亚承销管理公司诉社保基金(公有股份制)有限公司案"(Anglo-Iberia Underwriting Management Company v. P. T. Jamsostek (Persero))[3],该案被告是一家印度尼西亚的国有保险公司,原告以其疏于对自己员工的监督审查为由将其起诉。原告主张那些员工与该公司有着违法的联系。美国法院认为,首先,该公司是一家在印度尼西亚社会保障体系下的医疗保险公司;其次,公司的相关规定也是印度尼西亚社会保障体系下的,有关公司行政部门的行为在本质上也是主权行为。因此,法院认定该公司雇佣、监督审查其员工也是政府计划下的行为,是非商业性的。

2. "直接影响"认定方面的新发展

如前述所提,《外国主权豁免法》第1605(a)(2)项中第三个因素涉及的对美国有"直接影响"是该法有关管辖豁免的商业例外中较为模糊的规定,既没有立法上的明确标准,也没有司法实践中的绝对权威的判例。进入21世纪后,美国法院在合资企业间合同的违反、通过美国银行进行支付、对母公司的损害、

---

〔1〕 See *Embassy of the Arab Republic v. Lasheen*, 603 F. 3d 1169, 1171 (9th Cir. 2010).
〔2〕 See *Lasheen v. Loomis Co.*, No. Civ. S-01-227 LKK/PAN, 2010 WL 3448601, at *2 n. 3 (E. D. Cal. Sept. 1, 2010).
〔3〕 See *Anglo-Iberia Underwriting Management Company v. P. T. Jamsostek (Persero)*, 600 F. 3d 171 (2d Cir. 2010).

经济损害的严重程度等特殊问题方面的"直接影响"的判定提出了新的意见。

（1）合资企业间合同的违反：在"法尔杭诉印度理工学院案"[1]中，原告成功地主张法院对国有研究机构具有管辖权，认为被告并没有达到其承诺的要求。美国法院认为，被告的行为和商业行为有联系，且对美国有"直接影响"。法院进一步指出，被告应当支付到指定地区的金额没有准时提交，这是一种对美国没有直接影响的行为；但由于原告在预期合资企业的协定中，应当支付72%，而主权实体对从属协定的违反造成了合资企业的破裂，这一行为对美国造成了直接影响。[2]

（2）通过美国银行进行支付：在司法实践中出现的情况是，交易双方的当事人均位于美国境外，双方的交易也在美国境外进行，但他们往往约定通过美国银行进行支付。很多原告认为，通过美国银行支付相应款项构成"对美国产生直接影响"，并基于此向美国法院提起诉讼。美国法院审查的重点是支付行为和造成结果的联系程度。不同案件呈现的联系程度不同，因此是否有直接影响的结果也不相同。在"海拉图拉斯·米尔公司诉伊拉克案"（Hilaturas Miel, S.L. v. Republic of Iraq）[3]中，伊拉克政府没有偿付美国银行开具的信用证，纽约州南部地区法院认为，由于本案原告需要按照美国银行的要求提供相关文件，所以本案对美国产生了直接影响，美国法院应当管辖。但美国纽约州法院则持不同看法。在"乐莱斯贸易有限责任公司诉加纳塔银行案"（Lalasis Trading PTE, Ltd. v. Janata Bank）[4]中，合同的双方约定通过美国银行履行被告的支付义务，但法院认为信用证中并没有明确的语言表明该合同的履行地在美国，即对美国银行的选择并不必然地表示选择美国为合同履行地，故该行为对美国并没有直接影响，美国法院无权管辖。

（3）对母公司的损害：在"天宇公司诉四川省政府案"[5]中，原告天宇公司为位于美国境内的公司，该公司的子公司在加拿大与中国地方政府合作进行广播业务，天宇公司认为由于中国地方政府违反合同，导致其子公司遭受了相当数量的金钱损失。原告以受损者母公司的身份向美国法院提起诉讼，但美国第十巡回法院认为，仅有一外国公司在国外受损的事实并不构成对美国产生直接影响，因此美国法院不具有管辖权。

（4）经济损害的严重程度：美国法院总体认为，该问题与界定"直接影响"没有联系。在前述"天宇公司诉四川省政府案"中，原告主张有严重的经济损害

---

〔1〕 See *Farhang v. Indian Inst. of Tech.*, No. C-08-02658 RMW, 2010 WL 519815, at *8 (N. D. Cal. Jan. 26, 2010).
〔2〕 See *Farhang v. Indian Inst. of Tech.*, No. C-08-02658 RMW, 2010 WL 519815, at *8 (N. D. Cal. Jan. 26, 2010).
〔3〕 See *Hilaturas Miel, S.L. v. Republic of Iraq*, 573 F. Supp. 2d 781 (S. D. N. Y. 2008).
〔4〕 See *Lalasis Trading PTE, Ltd. v. Janata Bank*, 860 N. Y. S. 2d 109 (1st Dep't 2008).
〔5〕 See *Big Sky Network Canada, Ltd. v. Sichuan Provincial Govt.*, Case No. 2:06-CV-00265 PGC (D. Utah Aug. 9, 2006).

因而具有直接影响。但法院在承认母公司受到严重损害的同时，提出美国《外国主权豁免法》第1605（a）（2）项并没有提及严重性，而是强调"直接"（direct）与"在美国"（in the United States）。如果一损害不是直接影响美国，那么它再怎么严重也不在《外国主权豁免法》的规定范围内。美国大多数法院都认为，仅有位于美国境内的公民或公司的经济和财产损失不构成对美国的直接影响。但也有法院提出了不同意见，例如，美国联邦最高法院在审理华盛顿特区巡回法院的一起上诉案件时认为，对美国公民造成财产损失构成对美国的直接影响，美国法院对此案享有管辖权。[1]

三、财产权利取得例外

美国《外国主权豁免法》第1605（a）（3）项规定了有关财产权利取得的例外情形。其规定指出，"违反国际法取得的财产，其财产权利尚有争议，并且该项财产或者用该项财产换得的任何财产现在美国境内且与该外国在美国进行的商业活动有关的；或者该项财产或者用该项财产换得的任何财产是属于该外国在美国从事商业活动的某一机构所有或者属于该机构的经营者所有的"，则外国国家不能享有国家豁免而免于联邦法院或各州法院的管辖。

换言之，在适用该项例外时，原告为了确立相关的管辖权，必须证明案件属于下列两种情形之一：一种情形是该违法取得的财产权利必须是在美国境内，且与该外国进行的商业行为有关；另一种情形是如果该财产权利并非位于美国境内，则必须是被一外国机构所有且所有者必须是在美国境内从事商业活动。除了这两种情形之外，在司法实践中，法院也经常参照美国《对外关系法重述（第三次）》中相关的描述，即"国家要为以下情形下的损害负责：（1）取得属于他国国民所有的财产。（a）取得不是基于公共目的；（b）歧视性的；（c）不是基于正当赔偿取得的"。

有关适用该例外的案件通常涉及的是有形资产，对于其是否适用于无形资产，还处在一个模糊的领域，尚未有权威的判例予以支持。近年来，更多的诉讼是涉及"二战"期间遗失的工艺品和文物。[2] 1965年美国国会出台的《文物扣押豁免法》（The Immunity from Seizure Act，IFSA）对该类案件有相关的规定。《文物扣押豁免法》第2459条规定，为了一国国民利益，外国艺术品或其他文

---

[1] Laurel Pyke Malson, Katherine Nesbitt, Aryeh Portnoy, Birgit Kurtz, John Murino, Joshua Dermott, Beth Goldman, Marguerite Walter and Howard Yuan, The Foreign Sovereign Immunities Act: 2009 Year in Review, *Law & Business Review of the Americas*, Winter 2011; Crowell & Moring LLP, The Foreign Sovereign Immunities Act: 2010 Year in Review, *Law and Business Review of the Americas*, Vol. 17, Fall 2011, No. 4.

[2] See Curtis A. Bradley, *International Law in the U. S. Legal System*, Oxford University Press (2013), p. 242.

物的所有者可以凭借政府部门的鉴定，将文物租借给相关文化和教育机构，并且不需要将文物受于政府的扣押之下。《文物扣押豁免法》这一规定的目的在于鼓励交换和共享文物的文化与教育价值，同时促进国家间的友好外交。[1] 然而，根据前述提及的《外国主权豁免法》第1605（a）（3）项的规定，不营利的文物展览也都是与商业行为有联系的，因而不享有豁免。这极大限制了外国国家政府租借文物在美国进行短暂的艺术展览。换言之，《外国主权豁免法》的规定限制了《文物扣押豁免法》作用的发挥。2007年的"马莱维奇诉阿姆斯特丹市案"（Malewicz v. City of Amsterdam）便是其中一例。在该案中，法院指出，即使这些文物在程序中能免于扣押，它们位于美国境内这一事实仍然能够满足管辖的条件，因为，它们符合《外国主权豁免法》第1605（a）（3）项有关财产权利取得的豁免例外的相关规定。[2]

有关《文物扣押豁免法》和《外国主权豁免法》在这一问题上的矛盾，2014年3月25日，美国第113次国会又出台了《外国文化交流管辖豁免澄清法》（Foreign Cultural Exchange Jurisdictional Immunity Clarification Act），给相关文化机构和教育机构带来了福音。该法对《外国主权豁免法》作出了适当的调整，保持了《文物扣押豁免法》立法当初想要为文物设立的保护程度，从而实现了两部法律之间的平衡。[3] 该法指出，外国政府租借的文物将继续享受美国联邦法院的扣押豁免。并且基于国家利益的文物展示也不能被一国元首或元首指派人员所没收。而被用于非营利性展览的租借文物也将不受美国法院的管辖。没有这一立法的保护，相关文物是不能够进口到美国进行短期展览的。而外国政府只要拒绝出口它们的文物就可以避免美国法院的管辖。换言之，一旦外国政府担心自己的文物会在美国卷入诉讼，则美国民众就会失去观赏这些文物的机会。

然而，虽然《外国文化交流管辖豁免澄清法》致力于保证外国国家继续愿意将文物租借给美国相关机构进行展览，然而它依旧受到了以下限制：其一，该豁免权仅适用《外国主权豁免法》例外规定中的个别例外，即没收征用的例外；其二，该豁免权只适用于外国政府所有的、在《文物扣押豁免法》下授权有扣押豁免权的历史文物，因此，若外国文物没有相关授权，则该法规定的豁免权不适用；其三，对于"二战"时期与德国纳粹政府掠夺文物相关的诉讼，美国《外国主权豁免法》以及主权豁免的限制理论可以追溯适用。[4]

---

[1] See H. R. Rep. No. 89-1070, at 2.
[2] See *Malewicz v. City of Amsterdam*, 517 F. Supp. 2d 322 (D. D. C. 2007).
[3] See H. R. Rep. No. 113-435, at 6.
[4] See Shira T. Shapiro, How Republic of Australia v. Altman and United States v. Portrait of Wally Relay the Past and Forecast the Future of Nazi Looted-Art Restitution Litigation, 34 *Wm. Mitchell L. Rev.*, 1163-1166 (2008).

四、非商业侵权行为例外

美国《外国主权豁免法》第 1605（a）（5）项规定了非商业侵权行为例外。根据该项规定，"在上述第（2）项（即商业活动例外）所未包括的其他情况，即某外国或者该外国任何官员或雇员在职务或雇佣范围内的行动中发生侵权行为或过失，从而在美国境内造成人身伤害、死亡或者财产损害或丧失，（受害一方）为此向该外国追索损害赔偿金的"情形下，外国国家不能享有国家豁免而免于联邦法院或各州法院的管辖。

该条规定表明，非商业侵权行为例外要求损害必须是发生"在美国境内"的，因此大量发生在美国境外的侵权行为不包括在内。根据这一条款的立法背景，其最初立法的目的在于解决海陆交通事故，[1]1989 年的"阿根廷共和国诉阿拉美达赫斯航运公司案"（Argentina Republic v. Amerada Hess Shipping Co.）[2]便体现了这一立法目的。

但是，根据其规定，《外国主权豁免法》有关非商业侵权行为例外的规定不适用于下列情况："（1）基于行使和履行或者不行使和履行自由裁量权能而提起的任何权利要求，不管此项自由裁量是否被滥用；（2）由于诬告、滥用程序、文字诽谤、口头诽谤、歪曲、欺骗，或者干涉契约权利而引起的任何权利要求。"这一规定是以《联邦侵权法》为蓝本而制定的。

五、恐怖主义例外

美国《外国主权豁免法》中"恐怖主义例外"的规定目的在于保护与震慑。一方面，该例外规定为受害者及其家属提供了司法救济；另一方面，该例外规定也是美国面对恐怖主义时的一种非武力回应，对支持和资助恐怖主义的国家能够起到震慑作用。[3]

1996 年，美国国会修改了《外国主权豁免法》，增加了该条恐怖主义例外。这一条款规定虐待行为、法外残杀、航空妨害等行为都不能享有豁免的权利，其目的在于给这些案件中的原告一个机会对进行支持恐怖主义活动的政府组织及外国国家提起诉讼。但是，这一例外仅适用四个国家，即古巴、伊朗、苏丹和叙利亚。这些国家是被列在支持恐怖主义国家的名单之上的。然而，即使范围限制在仅有的四个国家，出于对《外国主权豁免法》可能超越已有的国际实践以及对美国对外关系的危害的担忧，美国国务院最开始对这一例外持反对态度。

---

[1] See H. R. REP. No. 94-1487, at 20-21.
[2] See *Argentina Republic v. Amerada Hess Shipping Co.*, 488 U. S. 428, 439 (1989).
[3] 参见王蕾凡：《美国国家豁免法中"恐怖主义例外"的立法及司法实践评析》，载《环球法律评论》2017 年第 1 期，第 177 页。

2008年，美国国会再次修订了这一例外规定。将其单独列在一条之中，归属于损害诉讼章节中。[1] 这一规定明确适用于相关的官员、雇员以及外国国家。而提前诉讼的主体只有美国国民、美国军队成员与美国政府的雇员。此外，诉讼有10年的诉讼时效，且原告需要给外国国家在国际仲裁规则下，提出一个合理的仲裁诉求的机会。

2016年，美国国会通过了《反对恐怖主义资助者的正义法》（*Justice Against Sponsors of Terrorism Act*），将其作为"恐怖主义例外"之后的一项条款。"恐怖主义例外"仅适用于被美国列入"支持恐怖主义国家"名单的国家，以便反映其外交导向。[2]

迄今为止，美国已经审理了几件有关国家支持恐怖活动导致美国人死亡的诉讼案件。

1994年，泛美航空在苏格南洛克比上空爆炸，遇难者的家属在联邦纽约东区地方法院提出诉讼，控告利比亚政府在幕后支持该项恐怖活动，当时法院基于侵权行为发生地不在美国境内而宣告其不具备管辖权。但由于国会通过了修正案，所以原告又针对该案重新提起诉讼，寻求救济。结果法院在判决中指出，国会通过《外国主权豁免法》的修正案，赋予法院对外国国家从事恐怖活动的管辖权并给予溯及既往的效力是合法的，并强调基于《外国主权豁免法》的要求而确定一个国家为支持恐怖主义国家，并不违反该国家的正当程序权利。基于利比亚的行为造成了189名美国人遇难和上诉的法理，法院认为其对本案拥有管辖权。[3]

在"西西皮欧诉伊朗案"中，三位美国青年被伊朗支持的恐怖组织绑架，时间长达1908天。法院认为，基于以下事实，其对本案有管辖权并判决伊朗共和国赔偿原告6 500万美元：第一，原告遭到绑架的事实；第二，这些恐怖行动是一个由伊朗提供金钱资助的恐怖组织所为；第三，伊朗官员是在其"职务范围"内提供对该组织的支持和援助；第四，在为该项行为时，伊朗已被依法认定是一个支持恐怖活动的国家；第五，受害人是美国公民。[4]

1995年4月9日，一名美国女大学生搭乘的巴士遭到巴勒斯坦极端组织"吉哈达"的自杀炸弹攻击而当场死亡。1997年2月26日，死者的家人依据1996年《反国家恐怖活动法》提起诉讼。伊朗政府并未出庭，而法院基于以下

---

[1] Jennifer K. Elsea, Suits against Terrorist States by Victims of Terrorism, CRS Report for Congress, Order Code RL31258 (August 8, 2008).
[2] 参见王蕾凡：《美国国家豁免法中"恐怖主义例外"的立法及司法实践评析》，载《环球法律评论》2017年第1期，第174页。
[3] 参见陈纯一：《国家豁免问题之研究——兼论美国的立场与实践》，台北，三民书局1997年，第240页。
[4] 参见陈纯一：《国家豁免问题之研究——兼论美国的立场与实践》，台北，三民书局1997年，第240-242页。

事实认定伊朗政府应当负责：首先，其认定"吉哈达"组织有意地从事该项恐怖活动，而该组织唯一的金钱来源是伊朗政府；其次，其认定美国国务院已经将伊朗列为一个恐怖活动国家，而所有参与该项活动的伊朗官员都是职务范围内的行为；最后，其认为被害人是死于一个故意的而非法律途径的谋杀。[1]

虽然美国法院在1996年以后，审理了上诉一系列与国家恐怖活动有关的案件，但在相关诉讼的执行问题上，法院仍然没有突破原有立法的界限。在1999年的"弗莱托诉伊朗案"中，哥伦比亚地区法院判决，除非在法律规定的例外范围内（如国家的财产被用于商业活动），外国国家的财产享有不被执行的豁免权。同时，参议院也于1999年提出了对《外国主权豁免法》进一步修改的法案，该法案的主要目的是允许对所谓支持恐怖主义国家的财产进行查封和扣押，但国会没有通过该法案。[2]

六、仲裁例外

除前述主要的国家豁免例外情形，美国《外国主权豁免法》中还列举了其他一些例外，例如，通过继承或者受赠而获得位于美国境内的不动产的、双方同意将该争议交由仲裁机构进行仲裁以及海事租赁等。其中，美国《外国主权豁免法》第1605（a）（6）项规定："提起诉讼的目的是执行外国国家与私人当事方或为了私人当事方的利益订立的协议，该协议将当事方之间就特定的法律关系而言已产生或可能产生的所有或任何相关的争端提交仲裁，不论该争端是否为契约性，所涉诉讼标的根据美国法律可以通过仲裁解决，或为了确认根据该仲裁协议作出的仲裁裁决，如果（A）该仲裁在美国或意图在美国进行；（B）该仲裁协议或仲裁裁决受或可能受美国生效的有关要求承认和执行仲裁裁决的一项条约或其他国际协定支配；（C）若无仲裁协议，私人当事方的主要诉讼请求可根据本条或第1607条在美国法院提起，或（D）本条（即第1605条）第（1）项应适用的其他情形。"

上述规定反映了美国法院对外国仲裁协议的监督管辖权，一国接受了商业仲裁就意味着接受该仲裁国法院对仲裁协定的监督管辖。同意仲裁并不等于放弃原应有权对仲裁事项进行管辖的法院的豁免权。但是，同意接受商业仲裁必定意味着同意接受有关此种商业仲裁所产生的一切后果。虽然美国《外国主权豁免法》对于仲裁的范围没有明确规定，但是从相关司法实践以及《外国主权豁免法》的立法目的来分析，《外国主权豁免法》中有关仲裁的规定应当主要限于涉及商业交易的仲裁，且为国家与外国自然人或法人之间订立的仲裁协定。国家之间或者

---

[1] See *AJIL*, Vol. 94 No. 1 (2000), p. 118.

[2] See *AJIL*, Vol. 94 No. 1 (2000), p. 123-124.

国家与国际组织之间订立的仲裁,以及国家间的条约中有关解决争议的条款或者是有关解决国家与他国国民之间争议的条约不应包含在此列。

第三节　美国《外国主权豁免法》关于执行豁免的规定

前述第一节与第二节所涉美国《外国主权豁免法》的相关立法内容主要侧重的是国家豁免的管辖豁免方面,而本节所涉之执行豁免的相关规定则是与管辖豁免不同的另一个问题。如果外国国家不享有管辖豁免,则原告胜诉后还将面临执行豁免障碍,故执行豁免被称为"国家豁免的最后堡垒"。[1]美国《外国主权豁免法》在执行豁免方面共有3条主要规定,其中,第1609条规定了"外国国家财产扣押或执行的豁免"的原则性条款;第1610条对"扣押或执行豁免的例外"作了详细规定;第1611条则就"特定种类财产的执行豁免"进行了特别规定。

一、关于执行豁免的原则性规定

美国《外国主权豁免法》第1609条规定:"基于在本法制定时美国为其缔约国之一的某些现行国际协定,某一外国在美国的财产应当免于扣押和执行,但本章第1610条和第1611条所规定的除外。"本条原则性地规定了外国国家在美国法院免于执行豁免,确立了美国法院以给予外国国家执行豁免为原则,以不给予执行豁免为例外的基本制度。

二、不享有执行豁免的财产

美国《外国主权豁免法》第1610条在前述第1609条以执行豁免为原则的规定的前提下,较为详细地规定和列举了"扣押或执行豁免的例外"情形。[2]

(a)本章第1603(a)款中所规定的外国在美国的财产用来在美国进行商业活动的,不得就本法生效以后联邦法院或者州法院所作的判决而在辅助执行的扣押问题上或者在执行问题上,在下列情况下,享受豁免:

(1)该外国在辅助执行的扣押问题上或执行问题上已明确地或默示放弃其豁免权。关于此项弃权,除根据弃权的条件予以撤回者外,该外国可能声称的任何撤回均属无效。

(2)此项诉讼请求所根据的财产是现在用于或者过去用于商业活动的财产。

---
[1] 参见李庆明:《美国的外国主权豁免理论与实践》,北京,人民日报出版社2021年版,第263页。
[2] 由于美国在《外国主权豁免法》制定后对第1610条之规定作了多次修改,而国内尚未有对该条最新规定较为全面的中文翻译版本。因此,本部分根据美国《外国主权豁免法》最新版本将第1610条之完整规定中文内容呈现在正文之中。

（3）此项执行是关于某项确认下述财产权的判决的：此项财产权是违反国际法取得的，或者已经同违反国际法而取得的财产进行了交换的。

（4）此项执行是关于确认下述财产权的判决的：

（A）此项财产权是通过继承或者赠与取得的；

（B）此项财产权为不动产并坐落在美国：如果它不是用作某外交或领事使团的用房或者该使团团长的住宅。

（5）此项财产包括某项契约义务或由此而生的任何收益，它们是按照汽车保险、其他责任保险或者意外保险等保险单赔偿外国及其雇员或者使其不受损害并且用来满足判决书中所载的权利要求的。

（6）判决是基于确认针对外国国家作出的仲裁裁决的命令，如果辅助执行的扣押或者执行不会与仲裁协议中的任何条款不一致，或者

（7）判决涉及外国国家根据第1605A条或第1605（a）（7）项（该项于2008年1月27日生效）不能豁免的诉讼请求。至于该财产是否与诉讼请求所依据的行为有关在所不问。

（b）除第（a）款规定外，凡外国代理机构或媒介在美国的财产用来在美国进行商业活动的，不得就本法生效以后联邦法院或州法院所作的判决而在辅助执行的扣押问题上或者在执行问题上，在下列情况下，享受豁免：

（1）该代理机构或媒介在辅助执行的扣押问题上或执行问题上已明确地或默示放弃其豁免权。关于此项弃权，除根据弃权的条件予以撤回者外，该外国可能声称的任何撤回均属无效。

（2）该判决有关的诉讼请求是该代理机构或媒介根据本章第1605（a）（2）（3）或（5）项或第1605（b）款规定不得享受豁免的。至于此项诉讼请求所根据的财产究系现在或过去用于商业活动则在所不问。

（3）判决涉及根据本章第1605A条或本章第1605（a）（7）项（该项于2008年1月27日生效）该代理机构或媒介不能豁免的诉讼请求。至于该财产是否涉及或曾经涉及诉讼请求所依据的行为在所不问。

（c）如果法院断定已过合理期限而在判决书正式作成和依据本章第1608（e）款规定发出法定通知后，即可作出本条第（a）和（b）款所涉的扣押和执行，在此以前，不许扣押或执行。

（d）凡本章第1603（a）款所规定的在美国用于商业活动的外国财产，在联邦法院或州法院提起的任何诉讼中，如遇下述情况，即不得在作成正式判决书之前，或者在本条第（c）款所规定的期限届满之前享受扣押豁免：

（1）该外国的判决前已明确放弃其扣押豁免权。对此项弃权，除根据弃权的条件予以撤回者外，该外国可能声称的任何撤回均属无效。

（2）该项扣押的目的在于保证履行某项已经作出或最终可能作出的对该外国的判决，而不是为了取得管辖权的。

（e）外国国家船舶不得免于第1605（d）款规定的对物扣押、中间出售和为排除优先抵押权而提起诉讼中的执行。

（f）（1）（A）尽管有任何其他法律规定，包括但不限于《外国使团法》第208（f）款，且除第（B）子项另有规定外，依据《与敌国贸易法》第5（b）款、1961年《外国援助法》第620（a）款、《国际紧急经济权力法》第202和203条或据此发布的任何其他公告、命令、法规或许可所禁止或监管的金融交易有关的任何财产，应执行或辅助执行而扣押与诉讼请求有关的任何判决，如果该诉讼请求所涉财产的外国国家（包括任何代理机构或媒介或该国）依据第1605（a）（7）项（在第1605A条制定之前有效）或第1605A条的规定不能豁免。

（B）如果财产在被该外国国家征收或扣押时，该财产曾由自然人持有所有权，或者该财产如果以信托形式曾为自然人的利益而持有，则第（A）子项不适用。

（2）（A）根据第1605（A）（7）项（在第1605A条制定之前有效）或第1605A条的规定，外国不能豁免的诉讼请求，应任何一方的要求已就诉讼请求作出有利于其的判决，财政部长和国务卿应尽一切努力充分、即时和有效地协助任何胜诉债权人或已发布任何此类判决的任何法院识别、定位和执行该外国国家或该国任何代理机构或媒介的财产。

（B）在提供这种援助时，财政部长和国务卿：

（i）可以保密的方式向法院提供此类信息；和

（ii）应尽一切努力以足够的方式提供信息，使法院能够指示美国马歇尔办公室迅速且有效地执行该财产。

（3）放弃：总统可出于国家安全考虑放弃第（1）款的任何规定。

（g）某些诉讼中的财产：

（1）一般规定：在符合第（3）项规定的情况下，根据第1605A条对其作出判决的外国国家的财产，与该国的代理机构或媒介的财产，包括作为独立法人实体的财产或在独立法人实体中直接或间接持有的权益，均应根据本条规定的判决被辅助执行而扣押和执行，无论

（A）该外国政府对财产的经济控制水平；

（B）财产的利润是否归该政府所有；

（C）该政府官员管理财产或以其他方式控制其日常事务的程度；

（D）该政府是否是该财产利益的唯一受益人；或

（E）将财产作为一个单独的实体是否会使该外国国家有权在美国法院获得

利益而同时逃避其义务。

（2）美国主权豁免不适用于：第（1）款适用的任何外国国家或外国代理机构或媒介的财产，不得免于辅助执行的扣押或执行，如果判决是根据第1605A条作出，因为该财产由美国政府根据《与敌国贸易法》或《国际紧急经济权力法》对该外国国家采取的行动进行监管。

（3）第三方共同财产持有人：本款中的任何规定均不得解释为取代法院的权力，以适当防止在导致判决的诉讼中不承担责任的人所持有的、该诉讼涉及的辅助执行的扣押或执行的财产权益受到损害。

上述条款对于不能豁免于扣押或执行的财产情形作了详细的规定，而作为一般的情形，在实行有限豁免的国家，一般的划分标准是：公共的、政府的、官方的或主权的财产享有执行豁免，而商业的、经济性的或工业用财产则均无权享有。根据《外国主权豁免法》的规定，执行用于商业活动的财产还必须具备另一项前提条件，即诉讼请求的提起也必须基于该商业活动。换言之，用于与本案诉讼请求无关的其他商业活动的财产，应当免于扣押或执行。然而，值得注意的是，为执行国际投资争端解决中心（International Centre for Settlement of Investment Disputes，ICSID）的裁决，美国于1988年对《外国主权豁免法》作出了修订。修订案文规定，如果法院判决的根据是一份外国国家作为当事方的仲裁裁决，则不要求财产与诉讼请求之间存在特定联系。也就是说，任何用于商业活动的财产均可成为执行对象。与此同时，美国《仲裁法》（Arbitration Act）也作了相应修订：在此类判决的执行中，禁止使用"国家行为理论"。[1] 在时间关系上，《外国主权豁免法》规定"过去用于或现在用于"商业活动的财产可以成为执行豁免的例外，但未提及"意图用于"商业活动的财产。在领土联系上，美国《外国主权豁免法》规定使用外国财产所进行的有关商业活动须具有领土联系，该项财产才可予以被扣押或执行。

三、享有执行豁免的财产

在前述第1610条所列举的"扣押或执行豁免例外"的基础上，美国《外国主权豁免法》第1611条又特别规定了对如下几类的财产享有执行豁免：某些国际组织的财产；外国中央银行或货币主管部门自己账户所有的财产；用于或意图用于与军事活动相关用途的财产；美国政府认可的外交使团为公务目的使用的财产；外国国家的文化财产。具体规定如下。

---

[1] 参见李万强、徐群：《国家财产的执行豁免问题新探》，载《西北师大学报》2002年第5期，第117页。

（a）尽管有本章第1610条的规定，但总统指定可以享受《国际组织豁免法》所规定的特权、免除和豁免的那些机构的财产，不应当由于在联邦法院或各州法院提起诉讼而遭扣押或受任何其他阻止向该外国付款或者阻止按该外国的付款通知付款等司法程序的管辖。

（b）尽管有本章第1610条的各项规定，如有下述情况，外国国家的财产仍应享受扣押和执行豁免：

（1）此项财产是某外国中央银行或者货币主管部门自己账户所有的，除非该银行或主管部门或者它们的政府已经在辅助执行的扣押问题上或者在执行问题上明确放弃其豁免权。对此项弃权，除根据弃权的条件予以撤回者外，该银行、主管部门或政府可能声称的任何撤回均属无效。

（2）此项财产现在用于或者意图用于与军事活动有关，并且

（A）属于军事性质的，或者

（B）在军事当局或国防机构控制之下的。

（c）尽管有本章第1610节的各项规定，外国国家的财产应在根据1996年《古巴自由与民主团结法》（LIBERTAD）第302条提起的诉讼中享有扣押和执行豁免，只要该财产是经认可的外交使团用于公务目的的设施或装置。

该条款之规定是作为前述第1610条"例外"的排除条款而规定的。从立法构造的逻辑上来看，前述第1610条是第1609条原则性规定的"例外"，而本条作为第1610条规定之"例外"，似乎从形式上而言构成了第1609条原则性规定的"例外的例外"。如果单纯从逻辑上来看，"例外的例外"似乎是回到了"原则"本身，因此，有些学者在研究或介绍美国关于执行豁免制度时，将第1611条的规定内容提到第1610条之前，而作为第1609条原则性规定的列举，共同构成"概括+列举"的规范结构。[1] 但是，如果仔细考察美国《外国主权豁免法》中关于执行豁免3个条文的关系，就不难发现，其实美国《外国主权豁免法》并没有意图通过第1609条和第1611条去构造一种"概括+列举"的规范结构；其本身的规范结构仍然如前述管辖豁免一样，是一种"原则+例外"的规范结构。只是，由于国家财产本身具有复杂的属性，而第1610条的例外主要是从"商业活动"的使用目的角度进行了规定，不免将"例外"的范围规定的偏大。因此，考虑到某些特定财产虽然可能落入"商业活动"的使用目的范畴但仍应当享有豁免，美国《外国主权豁免法》又在第1611条针对国际条约和特别法的规定及其他特殊财产进行了进一步排除性规定，将此类可能符合第1610条例外规定的财产拉回豁免的范畴。

---

[1] 例如，李庆明：《美国的外国主权豁免理论与实践》，北京，人民日报出版社2021年版，第269页以下。

四、关于执行豁免的典型案件

"沃尔特斯夫妇诉工商银行案"（Walters v. Industrial and Commercial Bank of China, Ltd, et al.）是美国关于执行豁免的案件中较为典型的一例。该案起源于在此之前的"沃尔斯特夫妇诉北方公司和中国政府案"。[1]原告沃尔特斯夫妇购买了中国北方公司生产出口的SKS半自动步枪，在1990年的一次狩猎活动中，由于该步枪卡弹，造成原告儿子去世。为此，原告于1993年在美国密苏里西区地区法院（以下简称密苏里法院）以北方公司和中国政府等为被告提起诉讼，中国政府坚称其享有主权豁免，拒绝出庭。然而，密苏里法院却于1996年作出缺席判决，要求中国政府向沃尔特斯夫妇赔偿1 000万美元。

鉴于美国密苏里法院不合法地对中国行使管辖权并作出缺席判决，中国一直没有履行该判决确定的赔偿款。对此，沃尔特斯夫妇于1998年向密苏里法院提出申请，希望法院发布命令可以概括性地扣押和执行中国的财产，但法院以没有指定满足《外国主权豁免法》执行豁免例外的具体的中国财产为由而拒绝。[2]2001年，沃尔特斯夫妇要求对中国借给位于华盛顿特区的国家公园的两只大熊猫进行执行，美国政府以大熊猫并非商业性的为由而进行干涉，[3]最终这一要求被撤销。[4]由于判决作出10年之后仍然未得到执行，沃尔特斯夫妇申请将该缺席判决的执行期限再延长10年，2006年10月，密苏里法院同意这一申请。[5]

此后，沃尔特斯夫妇将执行转向中国的国有企业。2009年10月，沃尔特斯夫妇在纽约南区地区法院（以下简称纽约法院）提出申请，要求法院命令中国工商银行、中国银行、中国建设银行等三家银行的纽约分行禁止转移中国的任何资产并且提供相关的文件，以执行之前密苏里法院作出的缺席判决。在随后的文件和口头辩论中，沃尔特斯夫妇澄清说其寻求的只是冻结在美国境外的中国财产。对此，中国三家银行提出反对，要求撤销该申请。

中国政府致函美国国务院，坚称其对沃尔特斯夫妇的请求"享有主权豁免"，并且"不接受美国法院的管辖以及所谓的缺席判决"。2009年12月2日，纽约法院西德尼·H.斯坦（Sidney H. Stein）法官同意中国三家银行的请求，认定《外国主权豁免法》的豁免例外并不适用于位于美国境外的中国财产。

2009年12月24日，沃尔特斯夫妇在纽约法院提起诉讼，向中国三家银行

---

[1] See *Walters v. Industrial and Commercial Bank of China, Ltd, et al.*, Dkt. No. 10-806-cv (2d. Cir. July 2011).

[2] See Order, *Walters v. Peoples Republic of China*, No. 93-5118-CV-SW-1 (W. D. Mo. Dec. 18, 1998).

[3] See *Statement of Interest of the United States Concerning Plaintiffs*, Motion for Authority to Collect Judgment Pursuant to Foreign Sovereign Immunity Act, 28U. S. C. §1610 (c).

[4] See Order, *Walters v. Peoples Republic of China*, No. 93-5118-CV-SW-1 (W. D. Mo. Aug. 5, 2002).

[5] See Order, *Walters v. Peoples Republic of China*, No. 93-5118-CV-SW-DW (W. D. Mo. Oct. 18, 2006).

送达了移交令申请书，并且要求中国司法部送达给中国政府，寻求"完全履行密苏里法院作出的缺席判决所必要的任一或所有银行所持有的在美国境内外的中国资金"。在致沃尔特斯夫妇代理人的信函中，中国司法部拒绝送达该申请书，声称"执行该请求将侵犯中华人民共和国的主权或安全"。2010年2月2日，纽约法院陈卓光（Denny Chin）法官裁定撤销沃尔特斯夫妇的申请，但又裁定"不妨碍沃尔特斯夫妇提出一个严格符合属于第1610（a）（2）范围内的新申请"。然而，沃尔特斯夫妇并没有提出新的申请，而是向第二巡回上诉法院提起上诉。经过审理之后，第二巡回法院认为地区法院的判决不存在滥用自由裁量权的情形，因此于2011年7月7日作出判决，驳回上诉，维持原判。

在沃尔斯特夫妇案中，对于沃尔特斯夫妇的申请书送达，中国政府在相关的许多外交函件中反复重申，中国政府及其财产享有主权豁免。据此，银行完全可以援引执行豁免以避免指向其所保存的主权财产的移交令。中国政府一贯以来都是主张主权豁免的，虽然密苏里法院不顾中国的反对，执意作出了缺席判决，不承认中国的管辖豁免的主张。然而，管辖豁免和执行豁免是两个不同的问题，即使密苏里法院不承认中国的管辖豁免，也并不意味着该缺席判决就构成了中国放弃执行豁免抗辩的理由和依据。正如美国《对外关系法重述（第三次）》第456条第1款第2项所指出的，"一国可以放弃针对其财产的扣押或执行，但是放弃诉讼豁免并不意味着放弃财产的扣押豁免，而放弃财产的扣押豁免并不意味着放弃诉讼豁免"。[1] 因此，不能以密苏里法院的缺席判决来要求承认中国政府放弃了执行豁免。

至于中国在本案中不出庭，这更不能说明中国默示地放弃了执行豁免。美国《外国主权豁免法》第1610条规定了执行豁免的放弃，但是从其立法历史表明，国会考虑的是放弃执行豁免是需要由外国主权者的积极行为来完成的。众议院的报告指出："外国国家可以通过条约规定、合同、官方声明或者在导致判决或执行的程序中外国国家所采取的某些行为的方式来放弃执行豁免。"[2] 美国《对外关系法重述（第三次）》在"放弃豁免"的评论中指出："一国或其媒介出庭但不提起豁免抗辩，可以被视为是放弃豁免，但不出庭或没有申请移送或延期并不是放弃豁免。"[3] 因此，只是不出庭并不足以表明故意放弃豁免，特别是在中国一直通过外交途径坚称其享有管辖和执行豁免的情形下，更是如此。[4]

---

[1] See Restatement (Third) of Foreign Relations Law of the United States, §456 (1) (b) (1987).
[2] See H. R. Rep. No. 94-1487, at 28 (1976).
[3] See Restatement (Third) of Foreign Relations Law of the United States, §456 (1) (b) Comment b (Form of Waiver) (1987).
[4] 参见李庆明：《中国国家财产在美国的执行豁免——以沃尔斯夫妇诉中国工商银行案为例》，载《武汉大学学报》，2013年第4期，第62页。

第四节　美国国家豁免立法后行政部门在司法实践中的影响

如前所述，在美国《外国主权豁免法》出台之前，美国行政部门在很长一段时间内对于美国的国家豁免实践的影响非常大，甚至可以说起到了决定性的作用。1976年《外国主权豁免法》的出台开启了美国国家豁免实践的新阶段。美国参议院关于《外国主权豁免法》的司法报告称："本法案的主要目的是将主权豁免的确定权从行政部门转移至司法部门……它将解除国务院因外国政府要求承认它们的诉讼豁免主张的压力，并且将避免任何因国务院不愿支持该项豁免主张而导致的有害后果。"[1] 美国国务院法律顾问门罗·雷于1976年6月2日在众议院关于《外国主权豁免法》提案的听证会上作证时列举了该法案的四个目标，而其中之一就是"将确定主权豁免的权力专授予法院，由此终止由国务院这一政治机构来决定许多这类问题的绝无仅有和过时的做法"。[2] 同年11月2日，门罗·雷在写给司法部长的公函中也指出："该项由我们两个部（指国务院和司法部）起草的立法提案，其目的之一就是终止国务院目前在作出主权豁免决定中所负的责任。为了与其他大多数国家的实践一致，该项法律将确定主权豁免问题的责任专授予法院。"但是，这是否意味着美国行政部门在此问题上便完全退出舞台？它的作用与影响是否真正如西方一些法学家所认为的那样"彻底清除"了呢？在门罗·雷于11月2日写给司法部长的公函中同时指出："在《外国主权豁免法》生效后，国务院当然仍将在主权豁免的案件中发挥与它在其他种类诉讼中相同的作用，例如，在对美国政府具有重大利益的案件中作为"法院之友"（amicus curia）出庭，司法部门在实施新法律中的解释一般都会引起国务院的兴趣……如果法院错误地实施法律，美国政府有理由将自己关于该法律问题的观点通知上诉法院……此外，行政部门希望在《外国主权豁免法》未包括的案件中向法院表明自己的见解。"[3] 据此，我们可以得出初步的结论，即《外国主权豁免法》仅免去了国务院在第一线确定国家豁免问题的责任，并未消除国务院在此问题上可能而且在某些时候必须发挥的作用与影响。

1976年以后，美国的国家豁免相关实践能够很好地说明这一问题。1980年6月16日，美国司法部在美国国务院的要求下就"利美石油公司诉利比亚案"（Libyan American Oil Co. (LIAMCO) v. Libya）[4] 向美国哥伦比亚特区巡回上诉法院提交了一份"法院之友"意见。该案的争论焦点是外国国家在第三国签订的仲

---

[1] See *U. S. Department of State Bulletin*, 1976. Vol, 12, p. 64.
[2] See *U. S. Department of State Bulletin*, 1976. Vol, 12, p. 64.
[3] See *U. S. Department of State Bulletin*, 1976. Vol, 12, p. 64.
[4] See *Libyan American Oil Co. (LIAMCO) v. Libya*, 17 I. L. M. 3 (1978), 4 Y. B. COM. ARB. 177 (1979).

裁协定是否在美国构成放弃豁免,由此而产生的仲裁裁决能否在美国强制执行。"意见"首先指出,在制定《外国主权豁免法》时,国会明确表示将仲裁协定看作放弃豁免的表示。因此,"意见"不仅将规定美国为执行裁决的法院地的仲裁协定看作放弃豁免的表示,而且认为只要仲裁是在《承认及执行外国仲裁裁决公约》(New York Convention on the Recognition and Enforcement of Foreign Arbitral Awards,以下简称《纽约公约》)的任一缔约国发生,就是放弃了豁免,美国法院就因此可强制执行。针对利比亚的争辩,美国司法部于同年11月7日又作为"法院之友"向该上诉法院发出"补充备忘录"(supplemented memorandum),坚持按照《纽约公约》在美国强制执行该裁决。由于司法部的干预,法院确立了对该案的管辖权,并判决强制执行仲裁裁决。

在另一个案件中,由于美国对外政策的需要,美国行政部门则提出了截然相反的意见,导致了结果完全不同的判决。1981年2月9日,由于国务院的请求,司法部代表美国在"国际海事代理人公司诉几内亚案"(Maritime International Nominees Establishment v. Republic of Guinea)[1]中提交了一份"关心建议"(suggestion of interest)。该案被上诉人是一家伦敦公司,它于1981年1月12日在哥伦比亚特区地区法院取得一项判决,地区法院认为自己对案件拥有管辖权,确认了美国仲裁协会的裁决,并下达了执行由几内亚支付2 700万美元求偿费的命令。几内亚提出上诉,要求上诉法院在上诉审议前停止执行地区法院的命令。上诉法院同意在作出上诉判决之前停止执行。为此,被上诉人要求上诉法院重新审议它的停止执行令。对此,几内亚驻美大使和几内亚国际合作部长根据几内亚总统指示,向美国国务院提出了正式外交抗议。国务院确定,如果在上诉审议前就执行地方法院判决,或如果在美国法院最后处理这一诉讼前就要求几内亚提交保证金,将会严重损害美几关系。此外,其还认为如果上诉法院在复审前停止执行和提交保证金,将符合美国对外政策利益。因此,美国政府敦促上诉法院不要改变其1月23日发出的停止执行令,也不要允诺被上诉人提出的取得保证金的申请。其后,上诉法院遵循了国务院的建议。

除此之外,在某些案件中,特别是在对《外国主权豁免法》的解释上,美国国务院已超出它提供"法院之友"意见的形式,而径直在其意见中作出确定性的结论,意图使其意见具有拘束力。例如,在1978年的"叶塞宁-沃尔平诉俄罗斯新闻社案"(Yessenin-Volpin v. Novosti Press Agency)[2]中,国务院一反常态,对被告关于提供外交协助的要求作出了直接回答,并声明它同意被告辩护律师关

---

[1] See *Maritime International Nominees Establishment v. Republic of Guinea*, 693 F. 2d 1094 (1982).
[2] See *Yessenin-Volpin v. Novosti Press Agency*, 443 F. Supp. 849, 852. (S. D. N. Y. 1978).

于《外国主权豁免法》的适用具有追溯效力的观点。地区法院参考并实际上接受了国务院的见解。而同一时期的"湖广铁路债券案"中,在重审时,中国政府在和美国政府协商的基础上,通过聘用当地律师向法院提出"撤销判决"和驳回起诉的动议。与此同时,美国国务院和司法部也分别向美国地方法院表示支持中国的动议。最终,美国地方法院以美国1976年的《外国主权豁免法》不应追溯适用于法律生效前的国家行为为由,撤销了之前做的缺席判决,驳回了原告的诉讼请求。同一时期的相似案件,由于美国行政部门的不同意见,出现了截然相反的结果。由此可见,在1976年《外国主权豁免法》颁布之后,美国行政部门对于美国国家豁免的实践依然有举足轻重的影响。

第三章 立法后美国法院受理的涉及中国及其国家财产的主要案件

美国在司法判例中不断解释发展豁免理论，并积累了丰富的实践。美国法院处理国家豁免问题的实践中不乏针对中国及其国家财产的诉讼。自1976年美国制订《外交主权豁免法》，在国家豁免问题上全面确定"限制豁免主义"以来，美国各级法院屡屡受理以中国为被告或以中国国家财产为诉讼标的物的案件，甚至对我国作出缺席判决。在这些案件中，有的是美国公民直接对中国提起诉讼，有的是将中国国家机构被列为被告，甚至有的起诉中国国家政党，绝大部分则是美国公民或公司因与中国国有企业的商业纠纷而牵连起诉中国或是指控中国。

这种滥诉的情形在新冠疫情期间尤其泛滥。2020年3月以来，美国抗疫不力，其国内人民的安全与健康遭遇严重威胁，美国非但未积极采取措施解决问题，反而想方设法追究中国等其他国家的过错和疏忽。[1]一些美国政客提议修订《外国主权豁免法》，以便敞开起诉中国政府的闸门。[2]美国公民、机构甚至是州政府陆续以疫情索赔为由向中国发起诬告滥诉，要求中国为新冠疫情承担国家责任，这引起了中国国内对于国家豁免立场的审思。[3]如一些学者指出的，中国对于滥诉的应对不能仅仅是停留在舆论或政治批判上，而是应当在法律的层面进行分析解读。[4]2020年，全国人大代表呼吁加紧制定国家豁免法，"平等保护我国国民和外国投资者合法权益，同时对等反制以新冠肺炎疫情为由向中国提出的恶意指控"。[5]中国近年、当下及未来可预见的国家豁免案件主要发生在美国法院。[6]

本章站在中国角度和价值立场，整理美国历年来涉及中国或中国国家财产的主要案件，试图从时间维度、涉案形式维度等多方面全景展示美国法院对于中国及其国家财产所采取的立场、态度和审判方式，为中国在当下与未来更好地确立自己的国家豁免立场以及应对美国法院的管辖提供参考与思路。

---

[1] 参见何志鹏：《非常时期的国际法价值——困顿与突破》，载《中国法律评论》2020年第4期，第16页。
[2] 参见李庆明：《美国新冠疫情诬告滥诉的违法性分析》，载《法律适用》2020年第21期，第59页。
[3] 参见霍政欣、汤净：《美国法院涉新冠疫情诉讼的主要法律问题》，载《武大国际法评论》2020年第3期，第117页。
[4] 参见沈伟：《民粹国际法和中美疫情法律之困》，载《中国法律评论》2020年第4期，第97页。
[5]《全国人大代表建议制定国家豁免法》，载《北京商报》2020年5月28日，第2版。
[6] 参见孙昂：《国家豁免案件的法律适用问题研究——在司法与外交复合语境中的探讨》，载《国际法研究》2021年第2期，第4页。

第一节　美国法院受理的以中国为被告的案件

一、湖广铁路债券案

1979年1月，美国公民杰克逊等人在美国联邦阿拉巴马北部地区法院（以下简称联邦地区法院）向中华人民共和国法院提起集团诉讼，声称其是中国清朝政府于1911年发行的"湖广铁路债券"持有人，要求中国赔偿债券1亿美元外加利息和诉讼费。联邦地区法院于1979年11月13日向中国外交部部长送达传票。外交部拒绝接受传票并将其退回。1982年9月1日，美法院作出缺席判决，认定其已经通过外交照会完成送达，判决中华人民共和国赔偿原告损失4 100万美元，外加利息和诉讼费。

针对该案，我国拒绝应诉，并通过外交途径提出交涉，阐明我国坚持"国家豁免"和"恶债不予继承"等国际法原则的立场，要求美国政府予以干预。双方经过多轮交涉，引起最高层领导关注，并进行了专家谈判，中国政府聘请当地律师作了一次特别出庭，对美国法院管辖进行抗辩，并提出撤销"缺席判决"和驳回起诉的动议。与此同时，美国国务院和司法部也分别向美法院提出两份"利益陈述"，支持中国的动议。

1984年2月27日，美国法院以1976年《外国主权豁免法》没有溯及力为主要理由，撤销了1982年作出的缺席判决。原告提出上诉。在上诉审理期间，中国拒绝再次出庭，继续通过外交交涉保持压力，1986年7月25日，美国第十一巡回上诉法院判决驳回上诉，维持原判。最高法院拒绝调案审理。

二、莫里斯旧债券案

2005年5月6日，美国公民莫里斯在美国纽约南区联邦法院提起针对中华人民共和国及所谓"中华民国"的诉讼，要求中国政府就旧中国1913年发行的债券赔偿本息约1.8亿美元。

在该案之前，2004年，美国最高法院在"阿特曼诉奥地利案"中，裁定《外国主权豁免法》可以溯及既往。这实际上否认了中国在"湖广铁路债券案"中胜诉的理由，这一判决使美国旧债券投机商重新看到了胜诉的希望，因此试图通过司法程序进行追偿。

为避免美国法院作出对中国不利的缺席判决，经国务院批准，在不卷入案件实质审理的前提下，中方委托律师向法院抗辩管辖，重申中国"主权豁免"和"恶债不予继承"的原则立场和法律主张：第一，中国享有主权豁免，且涉案债券的发行和销售对美无直接影响，《外国主权豁免法》中"商业活动例外"不适用于本案；第二，诉讼时效已过，原告无权通过诉讼赔偿；第三，旧债问题已为

《1979年中美关于解决资产问题的协议》彻底解决。最终法庭完全采纳了中方提出的上述理由，驳回原告诉讼请求。

三、马绍尔群岛第一投资公司案

2003年9月15日，马绍尔群岛第一投资公司（First Inv. Corp. of the Marshall Islands，FIC）与福建省马尾造船股份有限公司（以下简称马尾公司）、中华人民共和国福建船舶重工集团公司（以下简称福船集团）签订了造船合同，约定两被申请人不可撤销地同意与FIC或其指定人签订最多8艘船的《选择船建造合同》，因协议产生的或与其有关的争议应在伦敦仲裁。同年，《选择权协议》生效后，因马尾公司与福船集团未在约定的期限内签署《选择船建造合同》，双方发生纠纷。2004年5月3日，FIC向两公司发起仲裁通知。2006年6月19日，经英国伦敦临时仲裁庭裁决，马尾公司与福船集团应向FIC进行赔偿。2006年12月5日，FIC请求厦门海事法院依据《纽约公约》的规定，承认该仲裁裁决在中国境内具有法律效力并予以执行。被申请人马尾公司、福船集团对申请人的申请提出异议，认为根据《纽约公约》的有关规定，申请人提交的仲裁裁决在中国不应得到承认和执行。2008年5月11日，厦门海事法院发布裁定，因仲裁庭的组成不符合双方签署的协议而拒绝执行该仲裁裁决。

2009年5月27日，FIC在美国路易斯安那州东区地方法院依据美国《外国主权豁免法》第1602条起诉马尾公司、福船集团和中国政府，要求确认该仲裁裁决。2010年1月26日，美国法院针对马尾公司、福船集团和中国政府作出缺席判决。2010年8月9日，由于未按照美国《联邦民事程序规则》（Federal Rules of Civil Procedure）第4（h）款、《外国主权豁免法》和《关于向国外送达民事或商事司法文书和司法外文书的公约》的规定进行送达，该判决被撤销。2011年3月22日，法院作出第二份缺席判决。2011年4月15日，马尾公司与福船集团提出复议动议，并于2011年7月12日请求驳回或拒绝确认仲裁裁决。2011年6月28日，美国地区法院批准了马尾公司与福船集团的复议动议；并撤销了缺席判决。2012年3月12日，路易斯安那州法院以缺乏属人管辖为由撤销了FIC对中国政府的诉讼。2012年4月11日，FIC对此提出上诉。2013年1月17日，美国第五巡回上诉法院驳回FIC的上诉，确认地区法院对中国政府不具备属人管辖权。

美国第五巡回上诉法院指出，当事方之间对于中国政府享有豁免且该案中唯一可能排除豁免的选项就是《外国主权豁免法》第1605（a）(6)项中的仲裁例外没有争议。[1] 法院认为，中国并不是FIC与马尾公司、福船集团之间的仲裁

---

〔1〕 See *First Investment Corporation of the Marshall Islands v. Fujian Mawei Shipbuilding, Ltd.*, 703 F.3d 742, 756 (2012).

协议的一方。因此，路易斯安那州法院考虑了中国是否可以通过马尾公司与福船集团受到仲裁协议的约束。路易斯安那州法院认定，马尾公司与福船集团并非中国政府的"另一个我"（alter ego），因此中国不受仲裁协议的约束，第1605（a）（6）项的仲裁例外在该案中不适用。[1]

第二节　美国法院受理的以中国政府机构或地方政府为被告的案件

一、中国银行拒付信用证案

1995年10月20日，美国福斯特 - 阿尔派因（Voest-Alpine）贸易公司在美国休斯敦向德克萨斯南部地区的地区法院就中国银行拒付信用证提起诉讼，中国银行依据《外国主权豁免法》提出管辖异议。1997年6月30日，美国联邦地区法院否决了中国银行的动议，中国银行随之提起上诉。1998年6月12日，美国上诉法院依据商业活动例外的原则，确立了美国法院的管辖权。得克萨斯州地区法院于2000年3月13日判决中国银行没有对单证中的不符点作出明确拒绝支付表示，判中国银行因不兑付信用证而违约。中国银行提起上诉。2002年4月23日，美国第五巡回上诉法院判决，支持美国联邦地方法院的判决，中国银行败诉。

二、仰融案

1991年，仰融与辽宁省沈阳市共同成立了一家生产汽车的合资企业。该合资企业名为沈阳金杯客车制造有限公司（以下简称沈阳汽车公司），其主要合作方是由仰融全资拥有的在香港设立的华博财务公司（以下简称华博公司）和沈阳市政府拥有的金杯汽车控股有限公司（以下简称金杯公司）。合资企业设立之时，金杯公司拥有沈阳汽车公司60%的股权，华博公司拥有25%的股权，另一合作方海南华银国际信托投资公司（以下简称海南公司）拥有15%的股权。华博公司随后收购了海南公司的股权，使得沈阳汽车公司的股权结构变为金杯公司控股60%，华博公司控股40%。

为进入美国资本市场从而扩大企业规模，合作方准备将沈阳汽车公司在纽约证交所上市。仰融作为沈阳汽车公司的首席执行官和经理，在百慕大成立了百慕大控股有限公司（以下简称华晨中国）作为沈阳汽车公司在纽约证交所上市的

---

[1] See *First Investment Corporation of the Marshall Islands v. Fujian Mawei Shipbuilding, Ltd.*, 703 F.3d 742, 756 (2012).

融资工具,并将其40%的股权转让给了华晨中国。金杯公司亦将其在沈阳汽车公司的11%股权转让给华晨中国,至此,华晨中国拥有沈阳汽车公司51%的权益。作为转让11%股权的回报,金杯公司取得了华晨中国21.57%的股份,使仰融在华晨中国的股份减至78.43%。在向美国证券交易委员会登记股票,筹备在美国的首次公开发行以及纽约证交所上市过程中,中国政府高层官员通知仰融,上市公司的大股东应是一家中国实体,而非某香港私人企业,这样将是50年来中国公司首次在美国登记和上市。仰融理解如果该上市公司的大股东由一家中国非政府组织担任即可满足中国政府的要求。1992年5月,华博公司、中国人民银行及另外几家中国政府机构成立了一家非政府组织——中国金融教育发展基金会(以下简称基金会)。中国人民银行副行长尚明担任基金会主席,仰融任副主席。

1992年9月,华博公司将其在华晨中国的股份转让给了基金会。最终,仰融与尚明同意"基金会将为华博公司托管股份,事实上作为华博公司的被指定人",仰融全权管理、控制和支配基金会在华晨中国的股份。被转让的华晨中国的股份以基金会的名义持有。在这一安排下,加之2002年10月华晨中国出售了28.75%的股权,基金会拥有了华晨中国55.85%的股权,金杯公司拥有15.37%的股权。根据仰融的指示,华博公司支付了华晨中国股票登记和上市的费用,并为基金会支付了各项管理费用。仰融还负责华晨中国的主要股东在沈阳汽车公司的工作,安排为丰田和通用汽车公司生产汽车。沈阳汽车公司的所有生产设施均在辽宁省。

与此同时,2002年初,辽宁省政府成立了一个由省长助理领导的"工作小组"。2002年3月,工作小组宣布基金会名下的所有股权,包括仰融在华晨中国的权益,均为国有资产,要求他将这些股份转让给省政府。仰融拒绝之后,工作小组通知仰融和华晨中国董事会,基金会不再承认华博公司在华晨中国的受益权益。根据辽宁省政府的指示,华晨中国董事会解除了仰融总裁、首席执行官和董事的职务,将工作小组成员安排在这些职务和其他管理职务上。2002年10月,新组建的华晨中国董事会不再支付仰融工资,并于次月解除了其经理职务,终止其劳动合同。辽宁省政府还成立了华晨汽车集团控股有限公司(以下简称新华晨公司),任命省政府官员作为新公司的管理人员。大约两个月后,新华晨公司以市场价格的6%,即1800万美元收购了名义上由基金会为华博公司托管的华晨中国的股份。新华晨公司与华晨中国董事会对剩余的华晨中国的股份,包括纽约证交所交易的股份进行了要约收购,导致2002年12月18日至19日华晨中国股票在纽约证交所停牌。

当工作小组进行收购时,仰融代表华博公司在各级法院寻求救济。2002年9

月 27 日，华博公司财务向北京市高级人民法院起诉中国金融教育基金会，要求确认其在基金会的投资权益，包括华晨股权。2002 年 10 月 14 日，北京市高级人民法院经济庭正式受理该案。2002 年 10 月 18 日，辽宁省检察院以涉嫌经济犯罪为名批准逮捕仰融。2002 年 12 月 2 日，华博公司收到一份通知称，北京市高级人民法院驳回起诉，并本着"先刑事后民事"的原则将此案移交辽宁省公安厅调查。至此，在北京高级人民法院的起诉结束，仰融出走美国。

2002 年 12 月 18 日，华晨中国在香港发布公告称，辽宁国有独资公司华晨汽车集团控股有限公司同基金会就基金会所持有的 39.4% 股权正式签署收购协议。2003 年 1 月，仰融以基金会股权不明为由，提请百慕大法院发出禁止令，禁止华晨中国出售其股权。百慕大高等法院经过调查于 2 月 12 日宣布驳回禁止令诉求。针对仰融在百慕大起诉华晨中国汽车控股有限公司、中国金融教育发展基金会和华晨汽车集团有限公司一案，2003 年 12 月 31 日，百慕大法院已做出判决，驳回仰融的诉讼。

在百慕大的诉讼是仰融以华博财务有限公司的名义提出的。华博公司声称其"拥有的华晨中国中的股权，被中国辽宁省政府拥有的华晨集团错误征收"。百慕大法院经对本案事实、证据全面审理，作出判决认定："华博公司从未拥有华晨中国的任何股权"。法院还认为，华博公司的诉讼不是"可信的诉讼"；华博公司提出"其以信托方式将华晨中国的股权交给基金会"的主张构成"滥用法院程序"；华博公司是在"蓄意误导法院"，其没有向法院说明华博公司从未拥有华晨中国股权的证据，是对"重大"事项未作披露的"严重"行为；华博公司"故意向法院隐瞒事实"。据此，菲利普·斯托尔（Philip Storr）大法官在判决书中警告仰融，如果他本人以个人名义重新起诉，就意味着他在此前向法院提交的所有证言都是谎言，希望他不要再做浪费法律资源的事情。

虽然仰融对该判决可以上诉，但熟悉此案的律师都认为，上诉根本没有成功的可能。百慕大法院的判决实际上彻底宣判了仰融对华晨中国资产图谋的破灭。

在百慕大法院驳回禁止令诉求后，2003 年 8 月 7 日，仰融在美国华盛顿联邦法院以个人名义起诉辽宁省政府，此案在当地时间 8 月 7 日一经受理便在海内外引起了巨大反响。一些观察人士认为，事实上，仰融正在将这场私人产权纠纷案作为"人质"，向中国地方政府"挑战"。

2003 年 8 月 8 日凌晨 5 点（纽约东部时间 8 月 7 日下午），美国华盛顿哥伦比亚特区联邦地区法院立案受理新中国历史上首例美国公民状告中国地方政府的诉讼案，即华晨中国汽车控股有限公司的前主席仰融在美国起诉中国辽宁省政府。

"起诉书"称，原告仰融及华博财务（仰融持 70% 股权）等因辽宁省不正当行为，财产被不当剥夺。其有关请求包括：辽宁省政府将华晨汽车和其他产权利益还给华博公司或以此股份现值补偿原告；废止华晨汽车的交易，命令将此股份和其他产权交还华博公司或以此股份现值补偿原告；依华博公司股份权益金额判决赔偿金，金额由审判证明；废止华博公司在华晨股份的交易（指华博公司将39.45%的股权交给基金会），被告将此股份交还华博公司或以此股份现值补偿原告；依原告被辽宁省政府转换的华晨股份及其他产权权益金额判决赔偿金，金额由审判证明；律师费及该案诉讼费，等等。

8月21日，美国联邦法院哥伦比亚特区分庭，就仰融等起诉辽宁省政府非法侵占财产一案，正式向辽宁省政府发出民事案传票，并以特快形式寄往中国司法部，由司法部传送辽宁省政府。该传票称："被告方需在送达后的60日内答辩，如被告未按时送达答辩，法庭将以缺席判决被告方败诉，并按原告方诉状要求的赔偿请求作出判决。"

中国司法部拒绝了仰融律师提出的司法文书送达请求。司法部有关人士指出，根据国际法和公认的国际关系准则，任何外国司法机构都不能对另一主权国家、国家机构行使管辖权。根据《海牙送达公约》第13条第1款"执行请求将损害被请求国家主权或利益"的不予送达的规定，中国司法部拒绝了仰融的律师的送达请求，拒绝函已经寄送请求方，并退回仰融的律师的请求及其所附的司法文书。

中国司法部10月8日拒绝仰融在美国法院诉辽宁省政府产权纠纷案的律师司法文书的送达请求后，次日，美国律师即通过哥伦比亚地方法院，以外交途径将文件递交到美国国务院，由其下属的特殊领事服务司负责，将该案的法律文书送往中国外交部。

收到美方通过外交途径转递的传票后，辽宁省政府积极出庭应诉，请求美法院驳回仰融的诉讼请求。美国哥伦比亚地区法院审理后认为，辽宁省政府征收华晨中国的股份是主权行为，辽宁省政府享有豁免。地区法院根据美国《联邦民事诉讼规则》在2005年作出判决，驳回仰融的起诉。仰融随后提出上诉，对地区法院拒绝适用商业行为例外提出质疑。

美国上诉法院哥伦比亚特区巡回法庭在2006年7月7日就仰融的上诉作出判决，维持地区法院因缺乏管辖权而驳回起诉的裁定。

三、天宇公司案

本案的原告加拿大天宇网络有限公司（以下简称天宇公司），是一家在英属维京群岛注册，由美国犹他州股东在内华达州投资的一家名为"中国宽带"（China Broadband）的公司的全资子公司。其总部位于加拿大阿尔伯特省的卡尔加利市。2000年,天宇公司与成都华宇信息产业股份有限公司(以下简称华宇公司)合资成立了一家企业,共同为四川成都市提供有线电视网络服务。华宇公司拥有一种光学纤维网络——"华宇光纤同轴混合网"(Huaya HFC Network),华宇公司同时有权使用该网络在成都市内进行互联网和数据传输业务。华宇公司以该网络作为出资,天宇公司则拿出 1 875 000 美元作为出资成立合资企业。双方约定首期合资期限为 20 年,合资企业在这期间的预期盈利是 20 000 000 美元以上。

然而,2001 年 5 月 11 日,中国国家广播电影电视总局发布了《关于制止广播电视有线网络违规融资的紧急通知》(广发计字[2001]428 号),通知明文规定:"严禁外商独资、合资、合作经营广播电视有线网络;严禁私人资本经营广电有线网络;严禁未经批准擅自转让或者出售有线电视网络资产及其相关权益、擅自组建股份有限公司上市。"2001 年 6 月 4 日,中共四川省委宣传部、四川省广播电影电视局也发布了《关于坚决制止违规融资建设、经营有线电视网络的紧急通知》,其中第二条明确规定:"融资建设经营有线电视网络,必须符合相关的规定和政策,必须按照规定的程序报批,严禁未经省委宣传部、省广播电影电视局批准前以任何方式融资建设经营有线电视网络,正在策划的要立即停止,已经签署了合作协议的要坚决纠正,继续违规运作的,将追究领导责任。"尽管政府严令禁止外资参与经营广电有线网络,但华宇公司并没有立即对合资企业的资金进行任何处理。

在签订合资协议之时,天宇公司显然不知道华宇公司并不是"华宇光纤同轴混合网"的唯一拥有者。四川华西文化发展有限公司(以下简称华西公司)也拥有"华宇光纤同轴混合网"的一部分权利。华西公司是一家由成都市青羊区政府控股的国有企业。因为政府已经发布通知禁止私人资本经营广电有线网络,华西公司决定依照 6 月 4 日的通知强行取得对华宇公司的控制权。2002 年 12 月 12 日,华宇公司和华西公司签订分立协议,华西公司取得"华宇光纤同轴混合网"的所有权利。

对此,起初华宇公司在 2002 年 12 月 16 日给天宇公司的一封信中声称合资企业仍有权使用"华宇光纤同轴混合网"。华宇公司还向天宇公司承诺如果合资企业不得不解散时,双方将协商确定解决方案。尽管作出了以上承诺,但是 2003 年 7 月,华宇公司还是通知天宇公司,由于政府执行广电总局的通知,其不得不终止合资协议,合资双方并没有协商解决财产分配等相关问题。

天宇公司遂于 2005 年在美国犹他州地方法院对四川省政府及成都市青羊区政府提起诉讼。起初双方对被告收到传票和起诉状的时间有不同意见。最后双方达成一致意见,确认天宇公司成功送达传票和起诉状的时间是 2006 年 2 月 6 日。

天宇公司在起诉书中诉称："被告四川省政府及成都市青羊区政府为了获取利润诱使成都华宇信息产业股份有限公司违反合资协议；被告政府因原告对合资企业的巨额投资而获取不当得利；原告的母公司和股东丧失了从合资企业中可以取得的预期利润，并导致其母公司不得不重组。"因此，原告要求赔偿。

2006年3月30日，被告提交一项动议要求延长移送管辖期限并移案至联邦地方法院审理。一般来说，被告在收到传票和起诉状30天内可以要求移案至联邦法院。但是如果被告被认定为《外国主权豁免法》定义下的外国主权国家，移送期限可以因"事由"（cause）而延长。美国犹他州地方法院查明被告政府提供了充分事由证明其共计约3周的移送管辖时间是合理的，因此该案被移送至美国犹他中部联邦地方法院审理。

被告政府接着又提出一项动议要求驳回案件，理由是依据《外国主权豁免法》，美国法院对该案没有管辖权。作为替代选择，如果法院不驳回案件，被告要求将本案移送美国哥伦比亚特区法院审理。经过审理，法院认为，依据《外国主权豁免法》，被告政府的行为没有对美国造成直接影响，美国法院对被告没有管辖权，所以判决驳回案件。

原告不服，随即向美国第十巡回上诉法院对一审法院的上述两项判决提起上诉，上诉法院于2008年7月15日作出判决，维持了地方法院的两项判决，以国家豁免为由驳回了原告的起诉。

第四章　美国国家豁免理论与实践对中国的启示

在国家豁免方面,美国作为全球范围内第一个制定相关专门立法的国家,主导了在国家豁免方面国际法规则的转变。美国《外国主权豁免法》不仅为其后许多国家提供了立法样板,也影响了联合国关于国家豁免的公约的制定,并由此导致了绝对豁免主义与限制豁免主义的直接冲突,而这种冲突的常见焦点在于一国从事商业活动时是否当然地丧失豁免资格。我国政府在处理"湖广铁路债券案"等涉及我国的案件过程中,反复表明了我国在国家豁免方面的立场。而更重要的问题是如何在实践中解决绝对豁免主义和限制豁免主义的冲突。对此,我们有如下观点。

第一,在许多国家,特别是那些在国际经济领域中比较活跃的国家已明确表示采取限制豁免主义的今天,我们很难继续将国家主权的绝对豁免认定为一项普遍适用的国际法准则或规范。当一些国家提出或转向限制豁免主义时,尽管其他一些国家提出了异议,但整个国际社会并未认为限制豁免主义是对国际法强行规则的违反,因而我们不能证明国家主权绝对豁免是一项国际法强行规范。而如果一项国际法规范不是强行规范,那么其只能是国家之间通过明示或默示的行为所约定的规范,并只在有约定的国家之间施行。因此,应该认为,绝对豁免主义和限制豁免主义都属特别国际法规范,只在分别承认其一的效力的国家之间适用。任何国家都有权决定在国家主权豁免问题上采取何种立场。

第二,正因为绝对豁免主义和限制豁免主义都只是特别国际法规范,而非普遍适用的国际法准则,所以,就像坚持绝对豁免主义的国家不能指责那些以国内立法表明其限制豁免主义立场的国家违反国际法一样,持限制豁免主义立场的国家也不能依据其所承认的特别国际法规范,更不能依据其国内立法来对坚持绝对豁免主义的国家行使管辖权。

第三,由于坚持绝对豁免主义的国家仅仅是拒绝接受其他国家单方面施加的司法管辖,而不是拒绝承担其依据条约或契约所产生的义务和责任,因此,绝对豁免主义和限制豁免主义在实践中直接冲突的机会并不是很多。而且,这种冲突会因为下列措施的采用而大大减少:首先,坚持绝对豁免主义的国家通常并不主张所有国家财产在国际经济交往中都享有豁免的资格,对于那些国家所有但由法人经营的财产,各国一般并不主张外国司法管辖的豁免;其次,坚持不同立场的国家可以通过条约就某些特定领域中的国家豁免问题做出规定,逐步减少两种立场之间的分歧;最后,私人在同国家签署契约时可要求国家就此次交易放弃主张国家主权豁免的权利。如果国家接受这种交易条件,便是准备接受某一对此类交易有管辖权的外国法院的管辖。

诚如前述，在国家豁免问题上绝对豁免主义与限制豁免主义的冲突由来已久，而我们上述对于两种主义的冲突的认识以及解决冲突的方式能够在多大程度上影响各国的行为需要更长时间的考察。将思维拉回到国家豁免的中国立场上，我们更需要回答这样一个问题，即在考察了美国在国家豁免方面的司法与立法实践以及那些针对中国的案件后，中国应该如何做？在上述考察的基础上，我们认为站在中国立场上至少应当认识到如下几点。

第一，一味通过外交途径主张国家立场，对于维护国家利益而言并没有收到太好的效果。一方面，在美国法院中以中国或其政治区分、代理机构或媒介等为被告的案件数量甚多，如果每一个案件都要通过外交部或驻美使馆与美国政府交涉，再通过美国政府与美国法院沟通，效率很低，且给外交部门增加了过多压力。另一方面，虽然在美国《外国主权豁免法》出台以后，美国行政部门在国家豁免案件中产生的影响相较立法前已经大大降低，但是《外国主权豁免法》仍然为美国行政部门对司法部门在国家豁免案件上施加影响留下了法律缺口。然而，在一系列案件中，我们不难发现，尽管美国行政部门根据《外国主权豁免法》仍然能够施加一定影响，但是每当中国外交部门与美国行政部门进行交涉时，美国行政部门总是以司法部门在国家豁免案件中具有决定权为由进行推诿。因此，一味通过外交途径主张国家豁免效果不彰。

第二，坚持主张绝对豁免主义的国家立场，对于维护国家利益而言效果亦不是太好。一方面，尽管从理论角度来说，绝对豁免主义与限制豁免主义都只是特别国际法规范，因而持限制豁免主义立场的国家不能依据其所承认的特别国际法规范，更不能依据其国内立法对坚持绝对豁免主义的国家行使管辖权。然而，美国法院的司法实践告诉我们，美国法院在审理国家豁免案件时并不会太多考虑作为国际法规范的国家豁免规则以及他国的国家豁免立场，而是坚持适用其《外国主权豁免法》。因此，即使最后判决中国等主体享有国家豁免，也不是因为中国坚持绝对豁免主义的成功，而是因为没有符合美国国内法下豁免的例外情形等法律适用的原因。所以，坚持绝对豁免主义的国家在持限制豁免主义立场的国家法院中并不能得到支持。另一方面，从新中国成立以后的一系列美国法院涉中国案件来看，我国除了坚持主张国家豁免的绝对主义之外，还反复强调"报复措施"或"对等原则"。而"报复措施"或"对等原则"适用的结构很有可能就是在对美国相应的问题上我们采取相类似的措施，即限制豁免主义的规则。因此，对等原则的适用对于坚持绝对豁免主义的国家而言，很有可能导致在对待持限制豁免主义立场的国家时采用限制豁免主义的规则。

第三，由于过去很长时间中国在美国法院中不出庭主张国家豁免，给美国法院创造了很多缺席判决的机会,也因此作出了很多不利于中国及其国家利益的判决。这些不利判决并没有因为中国不承认或不能执行而逐渐被人们遗忘,而是在美国这个判例法国家被作为先例而反复援引。这样的先例对中国及其国家利益的维护是极其不利的。我们需要在之后的案例中通过出庭应诉主张国家豁免将该问题阐释清楚,或者在中国法院适用我国《外国国家豁免法》在适当的案件中对他国国家或执政党在国家豁免法上的地位予以澄清。

第二编
欧洲部分国家的国家豁免理论与实践及其对中国的启示

本编绪言

欧洲是近现代法律发展的核心区域之一。普通法系的代表国家之一英国、大陆法系的代表国家法国、德国等都位于欧洲。这些法律发达的国家在国家豁免的立法与司法实践领域，同样处于主要的先行者的位置。在国内立法、国际造法和司法实践方面，除了本书第四编涉及的《欧洲国家豁免公约》外，英国作为全球范围内第二个制定国家豁免专门立法的国家，法国作为大陆法系的代表国家之一在国家豁免方面也有着丰富的司法实践，这些国家的理论与实践中所体现出的立场及其转向、规则及其适用等，对中国而言都有着重要的借鉴意义。

此外，俄罗斯作为中国的重要邻国，其历史上的前身——苏联曾与中国在政治和意识形态等方面具有重要的相似性和紧密联系。从苏联时期和俄罗斯联邦时期两个阶段考察其国家豁免实践与发展，对于中国具有更为特殊的借鉴意义与影响。

本编针对英国、法国、荷兰、瑞典、意大利、瑞士和俄罗斯等欧洲代表国家的国家豁免理论与实践，从四个方面展开研究：(1) 各国在国家豁免问题上的基本立场及其发展历史；(2) 各国国家豁免实践中的豁免主体；(3) 各国国家豁免实践中的管辖豁免及其例外；(4) 各国国家豁免实践中的执行豁免及其例外。本书试图在此基础上总结其对中国解释适用相关法律的借鉴意义。

第五章 英国的国家豁免理论与实践

第一节 英国国家豁免的司法实践与发展历史

"国王永远不会做错事"(Kings can do no wrong)是流行于英国17、18世纪的格言。[1] 在此时的英国,外国主权绝对豁免是最高原则。英国学者戴西在其所著的《冲突法》(*The Conflict of Laws*)中认为,在19世纪以及20世纪的大部分时间中,绝对豁免规则盛行,外国国家和主权国的所有活动,不管是政府的还是商业上的,均获得豁免;随着国家贸易在20世纪的增长,若干国家开始就主权行为(*acta jure imperii*)与管理行为或商业行为(*acta jure gestionis*)之间作出区分,即一般所谓的限制豁免主义。按照该限制豁免主义,国家在主权行为上是能够获得豁免的,但在管理行为或商业行为上则不然。

在英国,国家豁免的相关概念是从大使、军舰和国家元首的豁免权演变而来的。保护外国国家代表的需要是外交豁免得以发展的原因。友好国家对国内港口访问时要求确认军舰不受当地法院的管辖;君主个人访问时要求个人、随行物品和随从不受侵犯和不受当地法院的管辖。在1978年《国家豁免法》确立限制豁免主义之前,有关国家豁免的案例实践经历了从绝对豁免到相对豁免的转变。

一、英国早期国家豁免理论

英国的诉讼程序明确分为对人诉讼(action in *personam*)和对物诉讼(action in *rem*)两类。20世纪70年代之前,英国法院在对人诉讼方面承认外国君主的绝对豁免。在关涉外国船舶的对物诉讼方面,英国法院并未表现出明确一贯的绝对豁免主义或限制豁免主义的倾向。

(一)弗雷德里克王子号案(1820年)

发生于1820年的"弗雷德里克王子号案"(*The Prins. Frederik*)是第一个关于国家豁免的案件。[2] "弗雷德里克王子号"是一只荷兰海军的军舰,其在从东印度到荷兰的航行中运载了调味品等货物,遇到了海浪并受到损失。一艘英国船只前来救助并将其引入英国的港口,而且船主和船员要求支付救助费用。海事法院不得不对其是否具有管辖权作出决定。海事法院认为:该军舰应当免于捕获,

---

[1] See Geoge W. Push, Historical Approach to the Doctrine of Sovereign Immunity, *Louisiana Law Review*, Vol. 13, 1953, pp. 477, 480.

[2] See International Law Commission, Second report on jurisdictional immunities of States and their property, A/CN.4/331 and Add.1, 1980, Vol. II (2), p. 216, para. 68.

因为用于公共目的的公共财产不受制于私权和个人诉讼；如果允许对这些财产提起诉讼，对这些财产的捕获、留置和拍卖将使其公共用途发生转移。

最终，海事法院没有对此案作出判决，而是要求当事人将救助费用的请求交由仲裁庭处理。可见，对"弗雷德里克号"的豁免是基于与该船本身有关的事实的考虑，即该军舰是用于公共目的，而不是基于该军舰主声称的主权豁免。二者之间存在微妙区别，因而能否将该案作为绝对豁免的先例值得考虑。

（二）不伦瑞克公爵诉汉诺威国王案（1848年）

另一个案件是1848年的"不伦瑞克公爵诉汉诺威国王案"[*Brunswick (Duke of) v. Hanover (King of)*]。原告于1830年被废黜王位，并对汉诺威国王对他的财产和资金的监护人的指定提出异议。被告同时具有君主和英国贵族的身份。被告的辩护理由有二：第一，作为一个独立的君主，其豁免权不受他同时也是女王陛下的臣民这一情况的影响，不应在英国法院被起诉；第二，被控事项不属于法院管辖范围，这些事项要么是国家事务，要么是政治交易，根据公共政策原则，不能在英国法院被审理。[1]

该案大法官注意到，该行为具有外国国家的主权特征。他认为，外国君主不可能在这里对他在自己国家内的主权行为承担责任。不论君主的行为对错与否，是否符合他的国家的宪法，英国的法院均不能对其主权行为进行审判。[2]

（三）查基号案（1873年）

另一个重要的判决是1873年的"查基号案"（*Charkieh*）。一艘正在从事海上贸易的属于埃及总督的船只在泰晤士河上发生了撞船事件，被撞坏船只的船主提出对物诉讼。

法官一度驳回豁免权抗辩，因为总督不是君主（埃及当时是奥斯曼帝国的一个省）。但菲利莫尔（Robert Phillimore）法官在判决中提出了第二个理由：因为船只是在从事商业活动，不是为主权目的服务，因此不能给予豁免。

当时的著名国际法学者菲利莫尔法官的以下陈述被经常引用："据我所知，没有一项国际法原则，没有一个案件，没有一位法学家的论断，可以允许一位享有统治权的侯爵同时具有商人资格，并直接从中取得好处。而且，侯爵对私人承担了义务，则我可以认为，他就应脱去他以君主身份出现的面饰，直截了当地放

---

[1] See C. Clark and W. Finnelly, *Reports of Cases Heard in The House of Lords, and Decided during the Sessions 1848-50*, Volume II, p. 996.

[2] See C. Clark and W. Finnelly, *Reports of Cases Heard in The House of Lords, and Decided during the Sessions 1848-50*, Volume II, pp. 998-999.

弃他作为君主资格的要求，而退处一个私人的地位。"[1]

（四）"比利时国会号案"（1880年）

"比利时国会号案"（*The Parlement Belge*）也是船舶碰撞案件。属于比利时国王的船"比利时国会号"作为渡船行驶于英国的多佛和比利时的奥斯坦之间。该船经常装载邮件，但也载乘客和私人货物，船只在多佛港发生碰撞。英国上诉法院在1880年"比利时国会号案"中得出该案中外国政府邮船应与外国军舰一样享有管辖豁免的结论。菲利莫尔法官则持不同的态度，他基于该船部分从事贸易活动又一次驳回豁免权抗辩。

上诉法院确认了豁免权，理由是既然承认军舰不受法院管辖，就应当扩大适用于属于外国所有并为该外国公用事业服务的船只。法院认为运输邮件就是为公用事业服务；上诉法院撤销一审判决的根据是该船为公共事业服务这个关键事实，但它不认为外国国家的商业或私人行为也享有豁免。[2]显然，上诉法院的判决仍然不能等同于绝对豁免主义的观点，因为法院强调的是：外国的公共财产必须用于公共目的。按照这一见解，如果该船主要从事商业交易，而不是次要和部分地从事商业交易，豁免的抗辩就很有可能被驳回。[3]

英国上诉法院对"比利时国会号案"的判决承认该船享有豁免，法院在判决中指出，外国政府邮船和军舰一样，都是外国的公共财产，由于各国君主绝对独立，以及每个主权国家尊重其他主权国家的独立和尊严，其结果导致每一国都拒绝通过其法院对任何君主个人或任何其他国家大使，或任何国家指定用于公共用途的公共财产行使领土管辖权。

（五）亚历山大号案（1919年）

如上所述，尽管"比利时国会号案"的上诉法院确认了外国政府的财产必须用于公共目的，但同一上诉法院在"亚历山大号案"（*The Porto Alexandre*）中将豁免权扩展至完全用于贸易活动的政府船舶。[4]

在该案中，亚历山大号是葡萄牙政府的商船。初审法院和上诉法院均给予该船舶豁免权。法官们认为，在早期的判决中，政府船舶几乎全部是军舰。但是现

---

[1] United Nations Publication, *Materials on Jurisdictional Immunities of States and their Property*, ST/LEG/SER.B/20 (1982), p. 458.
[2] See United Nations Publication, *Materials on Jurisdictional Immunities of States and their Property*, ST/LEG/SER.B/20 (1982), p. 224.
[3] See United Nations Publication, *Materials on Jurisdictional Immunities of States and their Property*, ST/LEG/SER.B/20 (1982), p. 376.
[4] See United Nations Publication, *Materials on Jurisdictional Immunities of States and their Property*, ST/LEG/SER.B/20 (1982), p. 225.

在，主权者和国家也拥有船舶，这些船舶作为普通的商船从事普通的贸易活动。如果这些船舶不承担任何责任，许多商务活动都将变得十分困难。尽管如此，法院仍然给予该船舶豁免权。"亚历山大号案"被认为是英国法院接受绝对豁免的判例，这挑战了"比利时国会号"案的权威性。

（六）达弗发展有限公司诉吉兰丹政府及其他案（1924年）

该案（*Duff Development Co. Lid. v. Government of Kelantan and Another*）是英国法院在对人诉讼方面首次审理的涉及外国政府机关管辖豁免的案件。[1] 1912年，吉兰丹政府与达弗发展有限公司签订了一个协议，几年后双方发生争执，争端被提交到在伦敦的仲裁法庭裁决。仲裁法庭作出有利于公司的裁决，英国高等法院还据此发出两个执行仲裁裁决的命令。但后来，英国上诉法院将这两个命令撤销，认为英国法院对该案没有管辖权。

（七）克里斯蒂娜号案（1938年）

1938年，英国法院在"克里斯蒂娜号案"（*Compania Naviera Vascongado v. Steamship Cristina*）的判决中也确认了绝对豁免主义的原则。[2] 在该案中，被西班牙政府征用的私人船舶到达了英国的港口，原船主在英国法院提起了对物诉讼。本案争议的焦点是西班牙政府是否实际拥有和控制该船。法院认为，西班牙政府对船舶的征用产生了使船舶用于公共目的的效果。

阿特金（Atkin）法官支持绝对豁免的原则并进一步阐述了该原则的基本要素：第一，一国法院不得对外国主权者进行诉讼，即法院不得违反外国主权者的意志而使其成为诉讼程序的当事人；第二，无论外国主权者是否为诉讼关系的当事人，法院都不得没收、扣押其所有的、占有的或实际控制的财产。阿特金法官在判决中对英国有关国家豁免法律的总结被多次引用。

但是，并非所有的法官都赞同以上观点，大多数法官同意征用产生了使船舶用于公共目的的效果，并只接受阿特金法官提出的绝对豁免的第二个基本要素。塞克托法官和麦克米利法官对"亚历山大号案"的正确性持明确的保留意见。麦克米利法官认为，在赞同绝对豁免原则甚至可以适用于全部或部分从事贸易活动的船舶方面，国际上并不存在一致的观念和实践。这一在司法上对绝对豁免原则的不满最终导致英国法院在立法采用限制豁免原则之前就抛弃了绝对豁免主义。

（八）克拉吉纳诉塔斯社和其他案（1949年）

"克拉吉纳诉塔斯社和其他案"（*Krajina v. Tass Agency*）涉及是否应当予国

---

[1] See House of Lords, *Duff Development Co. Lid. v. Government of Kelantan and Another*, [1924] A.C. 797.
[2] See United Nations Publication, *Materials on Jurisdictional Immunities of States and their Property*, ST/LEG/SER.B/20 (1982), pp. 242-243.

有或国家控股的贸易公司豁免权的问题。法院下令撤销向塔斯社英国分社送达的文书，原告对此提起上诉。上诉法院维持了原判，认为尽管苏联法律规定塔斯社（Tass Agency）应享有法人的所有权利，但该机构是苏联政府的一个部门（agency），应享有主权豁免。[1]

该案中，法官的裁决主要依据苏联大使的证明，即塔斯社是苏联的电报局，是国家的一个部门。与此同时，塔斯社成立章程的译文也表明"苏维埃社会主义共和国联盟的电报机构和各加盟共和国的电报机构享有法人的一切权利。"然而，对于"法人"（legal entity or juridical person）在苏联法律中的含义则没有进一步的证据。对此，大多数法官赞同科恩（Cohen）法官的意见，即"证据远远不足以证明塔斯社是苏联成立的法律实体，从而剥夺了根据国际法确立并得到本国承认的礼让原则属于主权国家的一个部门的豁免权。他认为，即便塔斯社具有独立的法人实体地位，也没有必要因此而剥夺塔斯社的豁免权。[2]

（九）卡汉诉巴基斯坦联邦案（1951年）

"卡汉诉巴基斯坦联邦案"（Kahan v. Pakistan Federation）中，原告基于合同对包括巴基斯坦联邦（最初被列为"巴基斯坦政府"）在内的若干被告请求救济。巴基斯坦政府要求撤销将其列入其中令状。主事官发布命令，要求对第一被告的名称进行修改，由"巴基斯坦政府"改为"巴基斯坦联邦"，并将令状中涉及联邦的部分搁置。

原告向法官提出上诉，法官征求了英联邦关系国务大臣的意见。国务大臣指出，巴基斯坦是英联邦内的一个自治国家，在对外和对内事务中拥有主权，与联合王国有联系，但在其他方面独立于联合王国。因此，巴基斯坦是一个独立的主权国家。法官将此作为巴基斯坦地位的确凿证据，驳回原告的上诉。

詹金斯（Jenkins）法官认为，尽管原被告签订的合同第19条规定，巴基斯坦政府同意为本协议之目的接受英国法院的管辖，但这本身并不足以构成豁免权的放弃以及对法院管辖权的接受。[3]

（十）巴克斯有限公司诉国家小麦供应公司案（1956年）

"巴克斯有限公司诉国家小麦供应公司案"（Baccus S.R.L. v. Servicio Nacional del Trigo）中，被告是西班牙农业部的下属机构，根据西班牙农业部的命令在西

---

[1] See United Nations Publication, *Materials on Jurisdictional Immunities of States and their Property*, ST/LEG/SER.B/20 (1982), p. 376.

[2] See Krajina v. The Tass Agency, 44: 1 *The American Journal of International Law* 204 (1950), p. 205.

[3] See Decisions, 1:1 *The International and Comparative Law Quarterly* 103 (1952), pp. 103-104.

班牙经营小麦买卖。[1] 被告从原告（一家意大利公司）处购买货物。纠纷后原告在英国提起诉讼，因为双方此前商定，如果发生纠纷，将根据英国法律或惯例解决。提起诉讼后，该机构负责人科内罗（Conero）先生，在英国出庭并发出了诉讼费担保传票，法院签发了同意令。科内罗并不知道豁免权会受到影响，并在部长或其他任何有权放弃豁免的国家代表不知情或未授权的情况下行事。尽管原告认为，被告在诉讼提起后采取了进一步措施，放弃了豁免权，法院还是批准了撤销令状和其他诉讼程序的命令。

在对该命令提出上诉时，法院认为被告作为西班牙的一个国家部门，有权享有主权豁免。理由如下：（1）即使拥有法人权力，被告仍是一个国家部门；（2）所采取的措施并没有损害被告的主权豁免。

二、英国限制豁免理论的司法实践发展

在1978年立法之前，法院逐渐转变了从前坚持绝对豁免原则的立场，这无疑为拒绝给予独立的商业实体豁免权做好了充分的准备。随着1947年《皇室诉讼法》（*Crown Proceeding Act*）的颁布，英国开始抛弃绝对豁免理论。[2] 1958年，丹宁法官在案件中挑战绝对豁免论，认为它是一种"欠妥"的理论。[3] 1976年"菲律宾海军上将号案"是英国法院实践中确立限制豁免论的标志性案件。[4]

（一）拉辛图拉案（1958年）

在1958年的"拉辛图拉案"中，丹宁法官（Denning）坚决反对绝对豁免原则，他同意法庭的判决，但他所根据的理由与其他法官完全不同。在该案中，丹宁法官回顾了菲利莫尔法官在"查基号"案中的观点，他赞同菲利莫尔法官所提出的限制国家豁免的观点，即只能在法庭的审判有损外国国家代表的尊严和阻碍其履行职务时才给予豁免权。他指出："根据这一原则，我认为是否给予豁免权取决于争议的性质而不是取决于外国政府是否直接或间接被诉，如果争议涉及外国政府的立法或行政政策，则法庭应当应外国国家的要求而给予豁免权，因为由其他国家的国内法院来审判这样的争议的确损害了一个主权国家的尊严。但是，如果争议涉及外国政府的商业交易（无论是通过外国政府的部门和机构或通过建

---

[1] See United Nations Publication, *Materials on Jurisdictional Immunities of States and their Property*, ST/LEG/SER.B/20 (1982), p. 227.

[2] See Reinhard von Hennins, European Convention on State Immunity and Other International Aspects of Sovereign Immunity, *Willamette Journal of International Law and Dispute Resolution*, Vol. 9, 2001, p. 189.

[3] See *Rahimtoola v. Nizam of Hyderabad*, 1958 App. Cas. 379, 422 (1957); see also Joseph W. Dellapenna, Foreign State Immunity in Europe, *New York International Review*, Vol. 5, 1992, p. 52.

[4] 参见陈纯一：《国家豁免问题之研究——兼论美国的立场与实践》，台北，三民书局1997年，第61-62页。

立独立的法人来实施的商业交易），则应当在我国法院管辖的范围内，因此没有理由给予豁免权。"

（二）菲律宾海军上将号案（1975 年）

第一个清楚地裁决赞成有限制的豁免主义的案件是"菲律宾海军上将号案"。1975 年，英国法院审理的"菲律宾海军上将号案"标志着英国法院在对物（in rem）诉讼判例法方面转向明确的限制豁免。[1]

该案是由于不服从香港最高法院判决，上诉到英国枢密院的案件。该案是对菲律宾政府拥有的、完全供商务使用的船舶提起的对物诉讼。该诉讼的内容是有关为该船提供的物品和支出款项。1976 年，枢密院的布里格（Briggs）法官认为该船并非用于公共目的，而是从事普通的商业交易，菲律宾人民从该船的经营中得到的唯一利益就是分期支付的购船价款。枢密院在"菲律宾海军上将号案"中，明确地表示赞成限制豁免主义。枢密院认为，即使是坚持绝对豁免主义的"比利时国会号案"也并没有认定国家对其拥有的全部或实质上用于商业目的的船舶享有豁免权。枢密院还指出了全世界范围内采取有限制的豁免原则的趋势。最后他们还作出结论认为，限制的豁免主义更符合正义。[2]

随后，大法官威尔伯福斯（Wilberforce）在一起案件的判决中认为，在对物诉讼中，"菲律宾海军上将号案"所确认的限制豁免原则已经成为英国法律的一部分。

（三）泰欧股份有限公司诉巴基斯坦政府案（1975 年）

1975 年，英国上诉法院判决的"泰国欧洲股份有限公司诉巴基斯坦政府案"是一个关于控告巴基斯坦政府违反租船合同的诉讼案件。劳顿和斯卡曼两名审判官作出结论，认为由于先前的权威意见和法院适用遵守判例的理论，不能背离旧的惯例。另外，大法官丹宁对主权豁原则提出四种例外情况：其一，关于位在英国的土地的诉讼；其二，关于在英国的信托资金或者为付给债权人而存储的款项而进行的诉讼；其三，由于对外国在英国的财产提供劳务而产生债务的诉讼；其四，关于商业交易并且从事贸易的人在英国的诉讼。但是，在具体事件中，丹宁同意判决驳回该项诉讼，因为成为问题的交易行为同英国管辖权没有关系。

---

[1] See United Nations Publication, *Materials on Jurisdictional Immunities of States and their Property*, ST/LEG/SER.B/20 (1982), p. 457, para. 12.
[2] 参见 [奥] 克里斯托夫·施鲁厄尔：《国家豁免法的新发展——美、英、西德立法、判例与国际法的比较》，潘汉典译，《环球法律评论》1981 年第 2 期，原载国际法学研究中心《比较法年鉴》1978 年第 2 卷，1979 年荷兰出版。

（四）欧洲塞皮卡服务有限公司案（1975 年）

在 1975 年的"欧洲塞皮卡服务有限公司"一案中，丹宁法官认为商业交易是国家豁免的例外，但是他宣称，如果缺乏与英国的管辖联系，豁免的例外则不适用。

（五）特兰德斯贸易公司诉尼日利亚中央银行案（1977 年）

在 1977 年的"特伦德克斯公司诉尼日尼亚中央银行案"中，具体的争议来自尼日利亚国防部同一家英国的公司订立的关于购买 24 万吨波特兰水泥的合同。尼日利亚的中央银行给一家伦敦的银行发出了一封信用状来抵补水泥的价格和船舶滞留费用。该信用状经中央银行确认是不能取消的。英国公司则从一家瑞士公司特兰德斯购买了所需数量的水泥，并且把该信用状转给它。特兰德斯一共把 6 批水泥送到尼日利亚。全部水泥经过相当迟延之后卸货。其中，前 4 批水泥的货价已支付完成；而其余 2 批水泥的货价以及全部 6 批水泥因延期卸货而给船方造成的船舶滞留费则被拒绝支付。尼日利亚中央银行已经撤回了信用状。特兰德斯提起诉讼尼日利亚中央银行要求支付上述货价和船舶滞留费，以及由于没有承兑仍未付款的大部分汇票而遭受的损失。伦敦银行奉命保留其为尼日利亚中央银行存款保有的 1400 万美元。

英国上诉法院同意，尼日利亚中央银行原来是作为一个单位的法律实体设立的，而不是尼日利亚国家的分支、机构或者部门。即使根据旧的豁免理论，其结论本身足以拒绝被告人提出的关于豁免的请求。但是，法院的 3 名审判官全体讨论此项行为的商务性质能否作为拒绝豁免的正当理由。这次只有 1 名审判官，即斯蒂芬生，认定自己必须坚持古老的绝对豁免的惯例。他表示毫无疑问，其本人愿意选择有限制的豁免的原则因为它是更加符合正义的，但是他作出结论说，在议会、行政部门或者贵族院通过这个新的理论之前，他必须"忠诚地，但是顽强地支持旧的理论和旧的判例"。

大法官德林（Delling）和肖（Shaw）审判官并不赞同这个观点。他们认为遵守判例的理论并不适用于国际法。在这一案件中，上诉法院的绝大多数法官认为，在目前，国际法已经不承认政府从事区别于政府行为的普通商业行为仍然享有豁免权。英国法院必须适用在当前发展阶段中的国际法。德林进一步指出，交易行为是否享有豁免权的决定因素是性质而不是目的。肖法官也认为，当代国际法所支持的原则是有限的豁免权，在确定豁免权时不仅要考虑到当事人作为国家的身份，还应当考虑到行为的性质。

上诉法院做出了拒绝给予商业交易的行为豁免权的判决。这个案件标志着英国法院在对人诉讼中也开始坚持限制豁免的立场。

翌年，英国国会制定了1978年《国家豁免法》，并于1979年颁布《国家豁免（海外属地）令》，使该法规能够适用于包括香港在内的英国海外属地。英国1978年《国家豁免法》规定："除本法另有规定者外，外国国家不受联合王国法院的管辖。"[1] 该等例外情况包括：有关的国家已接受该司法管辖区管辖；该等法律诉讼是与在联合王国的商业交易或合同有关；雇佣合同；人身伤害与财产损害；等等。

（六）党代会一号案（1983年）

1983年审结的"党代会一号案"（I Congreso Del Partido）对国家行为的区分标准问题具有重要意义，[2] 即区分政府行为和商业行为。这个案件是由于古巴一个国营企业（Cubaucar）向一家智利公司出售蔗糖的合同引起的。1973年9月，两船蔗糖送交"普拉雅·拉尔加号"和"云石岛号"。而这两条货船，是智利公司从古巴另一个国营企业马姆比沙租用的。1973年9月11日，智利的阿连德政府被取代。当时"普拉雅·拉尔加号"已经卸下部分货物，正停泊在瓦尔巴拉西奥，而"云石岛号"则仍然在公海上。根据哈瓦纳发来的指示，"普拉雅·拉尔加号"没有结关就离开，于是被追逐并受到破坏，但是最终逃脱了。该船在公海上同"云石岛号"相遇。智利当局方面企图通过其他渠道取得交货，但没有成功。该项货物一部分运回古巴，另一部分则送给越南人民。但是这两船货都已经付款了。1975年9月，古巴国营企业马姆比沙在英国提取一艘新船"党代会一号"。该智利公司即对马姆比沙和古巴共和国提起关于对物的诉讼，而古巴主张豁免。

在本案中，古巴共和国违反普通商业合同义务而受到起诉。法院认为这是一起商业交易，该交易牵涉普通的商业协议，而且由这个案件所引发的一系列诉请在本质上都属于私法领域。至于实施产生诉请的行为的目的是否是政治性的，则无关紧要。

威尔伯福斯（Wilberforce）大法官在1983年的"党代会一号案"中阐述英国国家豁免原则的变化时认为，根据所谓的"限制理论"将相关的例外或限制嫁接到国家豁免原则，缘于国家愿意与个人订立商业上或其他私法上的交易。这似乎有两个主要基础：一是个人与国家进行这种交易，为对此等人公平，必需容许他们就这种交易诉诸法院；二是要求一国就基于这种交易的诉讼作出答辩，并不涉及挑战或查讯该国的任何主权行为或政府行为。而这样的行为，并不构成对另一国在尊严及主权职能的任何干预。

---

[1] 参见英国1978年《国家豁免法》第1条。
[2] See *I Congreso Del Partido*, 1983, AC 244, House of Lords. Reported in Lloyd's Rep., Vol. 1, 1980, p. 23.

本案的重点在于，法院认为在确定一个行为是具有私法性质的行为还是公法性质的行为时，最重要的是看该行为的性质而不是目的。而且，"如果法院是采取目的性标准的话，那么一旦法院需要考察该交易行为的动机时，很可能就会异化成为对于政治的考量，司法的公正性就有可能遭到减损。"最后，法院以多数认为，古巴政府作为该船的物主违反了其所承担的对于两柜货物的物主的义务，而不管其政治意图为何。因此，该案确立了英国法院在判断行为是否属于"主权行为"时的"行为性质"标准。[1]

（七）瑞典石油开采公司诉立陶宛案（2006年）

2006年的"瑞典石油开采公司诉立陶宛案"[Svenska Petroleum Exploration AB v. Government of the Republic of Lithuania and Another（No. 2）]是英国法院的又一个重要案例。[2] 在本案中，原告为一家瑞典的原油开采公司。原告与立陶宛国家政府和立陶宛的国有公司EPG三方签订了一份"合资协议"，协议约定由原告与EPG共同开采立陶宛的油田，所得利润平均分配。立陶宛政府在合资协议上作为一方当事人签字，而且声明该合资协议是由国家批准并且对立陶宛政府具有法律上的约束力，各方当事人后因合资协议纠纷到国际商会仲裁院仲裁，裁决书作出后原告请求英国法院执行。[3]

法院面临的问题有二：其一，此合资协议是否属于英国《国家豁免法》第3条规定的"商业交易"，其重点在于考察此合资协议是否为个人就有能力订立或只有国家有权订立；其二，立陶宛政府在合资协议中明示放弃的主权豁免是否及于仲裁裁决执行。最后，英国上诉法院确认合资协议为商业交易，认为主权国家同意仲裁应视为放弃在英国与仲裁有关的法院程序的豁免。[4]

（八）英国保险公司诉委内瑞拉案（2022年）

2020年3月，委内瑞拉政府所有的海军巡逻舰与葡萄牙籍RCGS Resolute号游轮发生碰撞并沉没。RCGS Resolute号游轮由英国船东互保协会的分支机构承保。2020年，委内瑞拉针对RCGS Resolute号游轮的所有人、管理人以及英国船东互保协会提起民事赔偿诉讼。2021年2月，保险人要求仲裁地法院即英国高

---

[1] 参见杨玲：《欧洲的国家豁免立法与实践——兼及对中国相关立场与实践的反思》，载《欧洲研究》2011年第5期，第136-137页。

[2] 参见杨良宜、莫世杰、杨大明：《仲裁法——从开庭审理到裁决书的作出与执行》，北京，法律出版社2010年版，第804页。

[3] 参见杨玲：《欧洲的国家豁免立法与实践——兼及对中国相关立场与实践的反思》，载《欧洲研究》2011年第5期，第137页。

[4] See Svenka Petroleum Exploration AB v. Government of the Republic of Lithuania and Another (No. 2), Court of Appeal, [2006] EWCA Civ 1529.

等法院对委内瑞拉作出禁诉令,理由是 RCGS Resolute 号游轮所有人与保险人在《保险合同》中并入了"2020 船东协会规则",而该规则中载有仲裁条款。该案的主要争议是,委内瑞拉是否应在伦敦接受仲裁,以及根据英国 1978 年《国家豁免法》(State Immunity Act),委内瑞拉是否对禁诉令享有豁免。[1]

委内瑞拉主张,根据《委内瑞拉海上贸易法》(Venezuelan Maritime Trade Law and Articles)和《委内瑞拉民法》(Venezuelan Civil Code),其有权向船东互保协会进行直接索赔,起诉不受《保险合同》中仲裁条款的规制。[2] 此外,委内瑞拉还主张对禁诉令的主权豁免。在库拉索法院的诉讼程序中,委内瑞拉最终认可了仲裁管辖,但要求英国高等法院继续处理禁诉令申请。

英国的《国家豁免法》中对诉讼豁免(adjudicative immunity)与执行豁免(enforcement immunity)进行了分别规定。英国高等法院考察了相关规则在本案的适用。

在诉讼豁免方面,英国法院首先考察了商业活动例外的可适用性。委内瑞拉主张,由于索赔涉及海军巡逻舰的损失以及对委内瑞拉环境的损害,提起的诉讼具有主权性质。英国高等法院认为,委内瑞拉提起的诉讼是私法意义上的民事诉讼。与此同时,虽然委内瑞拉遭受的损失可能与军事装备有关,但赔偿责任的基础是商业保险合同。因此,委内瑞拉的求偿具有商业性质,应当适用《国家豁免法》第 3(1)(a) 项中的商业例外,法院裁定委内瑞拉不享有《国家豁免法》第 1 条规定的诉讼豁免。针对仲裁例外,由于委内瑞拉已经接受了仲裁条款,应视为已书面同意将争议提交第 9 条所指的仲裁,依据《国家豁免法》第 1 条的规定,其不享有豁免。

在执行豁免方面,互保协会提出,第 13(2)(a) 项下对禁诉令的豁免仅适用于主权行为。英国法院在考察了国家豁免方面的国际公约与国家立法之后得出结论,认为限制国家执行豁免的规则尚未成为习惯国际法。互保协会的主张实际上会构成对《国家豁免法》的修订而非是对其的解释。[3]

2022 年 6 月 28 日,美国高等法院最终判定,委内瑞拉应当受到《保险合同》的约束,必须提交伦敦仲裁。根据《国家豁免法》第 13(2)(a) 项的规定,互保协会无权就委内瑞拉在外国法院提起的诉讼程序寻求发布永久禁令。

---

[1] See Royal Courts of Justice, *UK P&I Club N.V. United Kingdom Mutual Steam Ship Assurance Association Ltd v. República Bolivariana de Venezuela*, Claim No. CL-2021-000075, June 28, 2022, para. 2.

[2] See Royal Courts of Justice, *UK P&I Club N.V. United Kingdom Mutual Steam Ship Assurance Association Ltd v. República Bolivariana de Venezuela*, Claim No. CL-2021-000075, June 28, 2022, para. 28.

[3] See Royal Courts of Justice, *UK P&I Club N.V. United Kingdom Mutual Steam Ship Assurance Association Ltd v. República Bolivariana de Venezuela*, Claim No. CL-2021-000075, June 28, 2022, paras. 98, 115.

第二节　英国国家豁免的立法实践

一、英国《国家豁免法》的立法概况

（一）英国《国家豁免法》的立法背景

早在英国以立法的形式确认限制豁免主义之前，绝对豁免主义在英国的适用就越来越引起人们的不满，英国枢密院甚至宣称，他们并不认为绝对豁免主义已经在英国被最终确立起来。但是，由政府直接来改变法律的尝试以失败告终。

1950年，以大法官萨默维尔（Somerville）为主席的部际委员会建立起来。该委员会以商讨国家豁免为目的，由于委员会内部的分歧太大，无法达成一致的意见，委员会在1951年提出的中期报告也没公开发表。因而，委员会并没有成功地改变英国的有关法律。此外，英国还进行了其他许多限制绝对豁免原则的创新。这些创新包括：第一，将为豁免目的的"国家"的定义限为中央政府及其部门，而将政治区分单位和国家机构排除在外；第二，放宽自愿服从当地法院管辖的条件，只要事先的协议或国家明确的行为能显示出愿意放弃豁免权，就足以证明国家同意服从当地法院的管辖；第三，对豁免的内容进行限制，将国家的贸易活动排除在豁免的范围之外。首先是在不针对国家本身的对国家财产的对物诉讼中拒绝给予豁免权，其次是国家直接参与商业活动时拒绝给予豁免权。虽然这些创新大部分都是由法院来实施的，但是这些改革的方法为限制豁免原则得到广泛的肯定打下了基础，最终导致了1978年的立法。

美国的《外国主权豁免法》对于英国这部立法是一个重要的辅助的动力，[1]同时，其也受到欧洲公约各项规定的强烈影响。[2]枢密院对其他国家法院的司法实践进行了深入的研究后，英国《国家豁免法》最终于1978年完成。[3]该法律在事实上，全部或部分内容是为批准欧洲公约所设计的，[4]在一定程度上遵循了其语言和灵感，[5]但该法在许多方面显示出比欧洲各项公约更进一步的限制。[6]

---

[1] 当时英国害怕，关于这个问题联合王国的法律如果仍然普遍地继续存在不确定状态，就可能使大批交易从伦敦转到纽约，结果在经济上造成看不见的重大损失。

[2] 这个法律宣告的目的是，同时使联合王国能够批准《欧洲国家豁免公约》和1926年4月10日《关于国有船舶豁免的统一若干规则的公约》及1934年5月24日的补充议定书。

[3] 这部法律于1977年12月13日在贵族院提出，经过一系列的修正，最后在两院通过，于1978年7月20日取得英王批准，1978年11月22日生效。

[4] See Ian Brownlie, *Principles of Public International Law*, 8th Edition by James Crawford, Oxford University Press, p 489.

[5] See Earnest K. Bankas, *The State Immunity Controversy in International Law: Private Suits Against Sovereign States in Domestic Courts*, Springer Berlin Heidelberg 2005, p88.

[6] See G. R.Delaume, The State Immunity Act of the United Kingdom, 79 (1979) *AJIL* 185; Mann, The State Immunity Act 1978, (1978) 49 *BYIL* 45.

（二）英国《国家豁免法》的基本原则

英国 1978 年《国家豁免法》（*State Immunity Act*）正式采纳了限制豁免主义。该法确立的一般规则是国家仍享有管辖豁免，但受到下列例外的限制：商业交易、雇佣合同以及其他类型的商业案件。换言之，如果主权国家的行为与一般民事主体无异，则不享有豁免；如果主权国家的行为与其主权职能相关，则享有豁免。[1]

国家豁免主要包括两方面内容：管辖豁免和执行豁免。管辖豁免，是指未经一国同意，不得在另一国法院对其提起诉讼或将该国财产作为诉讼标的；执行豁免，是指一国财产免于在另一国法院诉讼中所采取包括查封、扣押和执行等强制措施。由于管辖豁免涉及的主要是有法律人格的国家，而执行豁免涉及的主要是国家财产，所以有些西方学者根据这一区分而将管辖豁免称为属人理由的豁免，将执行豁免称为属物理由的豁免。[2] 尽管管辖豁免与执行豁免作为国家豁免的两项内容而存在着区别，但二者都源于国家主权平等原则，共同构成了国家豁免这项重要的国际法规则，都是国家主权完整保护中不可分割的部分。

（三）英国《国家豁免法》的规范结构

英国 1978 年《国家豁免法》采取了"原则+例外"的立法结构，从豁免的一般原则开始（第 1 条），其后规定关于原则的一系列例外情形（第 2 至 11 条）。例外规定中最重要的例外是关于外国国家在联合王国从事的商业行为与合同（除雇佣合同、在外国领土上订立的并且受其行政法支配的合同外）的例外规定（第 3 条）。此外，从前述案件中，我们也不难发现，英国法院受理的国家豁免方面的案件中有很大一部分涉及对船舶的"对物诉讼"。这是英国法院相较于其他国家法院内较为特殊的一类诉讼。因此，作为商业活动例外的补充，该法还规定，在控诉属于外国的船舶和货物的"对物诉讼"以及在要求实现有关此项船舶和货物的请求权的"对人诉讼"这两类案件中，对于为商业目的使用的船舶和货物不得豁免（第 10 条）。

除了关于商业活动例外的核心规定之外，该法还列举了一系列关于豁免的例外。总体而言，这些例外效仿了《欧洲国家豁免公约》的相关规定。这些例外包括：自愿接受管辖（第 2 条）；雇佣合同（第 4 条）；人身伤害与财产损害（第 5 条）；财产的所有、占用及适用（第 6 条）；专利、商标等（第 7 条）；法人等团

---

[1] 参见杨玲：《欧洲的国家豁免立法与实践——兼及对中国相关立场与实践的反思》，载《欧洲研究》2011 年第 5 期，第 135-137 页。

[2] 参见鲍切兹（L. J. Bouchez）：《国家之豁免与执行豁免的性质和范围》，载《荷兰国际法年刊》1979 年（英文版），第 3 页。

体的成员资格（第 8 条）；仲裁（第 9 条）；增值税、关税、为商业目的而占有房屋的房地产税（第 11 条）。

关于执行豁免的相关内容主要规定在了第 13 条之中。英国《国家豁免法》第 13 条比美国《外国主权豁免法》和《欧洲国家豁免公约》走得更远，其将扣押、留置等强制措施与执行作为诉讼程序的一部分赋予了外国国家作为当事人时的豁免与特权。而其中关于执行豁免的内容也采取了"原则＋例外"的规范结构。第 13（2）款，尤其是其中的（b）项规定了执行豁免的原则，而在第 13（3）和（4）两款中指出，针对国家财产的执行豁免有如下两种例外情形：书面同意 [第 13（3）款]；正用于或拟用于商业目的的财产 [第 13（4）款]。但是，与美国《外国主权豁免法》相同，属于国家中央银行或其他金融机构的财产不得采取强制措施或执行 [第 14（4）款]。

该法第二编针对承认《欧洲国家豁免公约》成员国法院针对联合王国所作判决的原则及不予承认的例外情况进行了规定。第三编规定了关于国家元首的相关内容与其他及补充规定。

英国《国家豁免法》中关于不予豁免的例外情形，大体上是依照主权行为和管理权行为的区分而予以规定的。由于其没有像《欧洲国家豁免公约》那样规定了诸如要求外国国家在法院地国必须有事务所、代理机构或者其他设施这样的限制条件，因此，权利请求人在英国法下提起诉讼更为容易。但是，针对商业活动的判断标准，英国《国家豁免法》并没有明确采纳行为性质标准，因此，在司法实践中仍然为商业活动的判断留下了解释的空间。

二、英国《国家豁免法》关于管辖豁免的规定

（一）英国《国家豁免法》关于管辖豁免主体的规定

英国《国家豁免法》第 14 条题名为"享有豁免权与特权的国家"，其针对管辖豁免的主体"国家"进行了规定和解释。该条共有 6 款，主要将能够享有豁免权与特权的广义的"国家"解释为 4 类主体，分别是狭义的"外国国家"（foreign State）、"独立实体"（separate entity）、"国家中央银行或其他金融主管当局"（State's central bank or other monetary authority）与"联邦国家组成区域"（constituent territories of a federal State）。特别需要予以注意的是，其他已有专门立法的国家在其国内法中通常将"豁免主体"或对"国家"等核心概念的解释放在法律条文的前部予以规定或说明；而英国《国家豁免法》的立法体例则不同，其在规定了豁免原则与例外规则后，在法律条文的后部作为附则或者补充规定（supplementary provisions）对相关概念进行了解释和规定。

1. 外国国家

英国《国家豁免法》第14条第1款针对享有豁免权与特权的"外国国家"的范围作出了如下规定。

（1）本法本篇规定的豁免权和特权，适用于任何外国或英联邦内联合王国以外的国家，其所指国家，还包括：

（a）该国行使公职的君主或其他元首；

（b）该国政府；以及

（c）该国政府各部，

但不包括同该国家政府行政机构有别并具有起诉、被诉能力的任何实体。

就该条款而言，国家及其政府机关是各国公认的最基本的豁免主体，因为其是国家的当然代表，他们的行为当然地归属于国家行为。政府一般指中央政府；政府各部门指部或副部级部门、署和局以及附属机构等，其一般都可归属于中央政府。一般而言，只有中央政府代表国家，而地方政府，若无特别授权通常并没有这种代表地位。

该条款第（a）项中的"君主或其他元首"具有双重身份，其既是国家机关，也是国家的最高代表。国家元首以官方身份从事的涉外或域外活动，无疑构成国家行动，有权主张豁免，此处适用"属物事由"（ratione materiae）；而对于他们私人行为的特权与豁免应按国际习惯法规则处理，此处适用"属人理由"（ratione personae）。英国《外国国家豁免法》第20条特别针对国家元首的豁免问题作出了补充规定。

（1）除本条规定以及必要的修订外，《1964年外交特权法》应适用于

（a）君主或其他国家元首；

（b）组成其眷属的家庭成员；以及

（c）其私人仆从，

适用于外交使团团长的外交特权，亦适用于组成其眷属的家庭成员及私人仆从。

（2）依本条上述（1）款（a）（b）项赋予的豁免与特权，不受《1964年外交特权法》第三十七条（1）款或第三十八条表1中提到的国籍或居所的限制。

（3）除国务大臣有相反的指示，依本条（1）款规定享有豁免权与特权的人，亦享有《1971年移民法》第八条（3）款所规定的免责权。

（4）除涉及增值税和关税或执照税外，本条对有关的人在所涉诉讼中是否免征或豁免纳税不产生影响。

（5）本条适用于依本法第一篇享有豁免和特权的国家君主或其他国家元首，并在适用本篇于任何行使公职的君主或国家元首时，不致减损其权利。

该条规定是英国《国家豁免法》从外交豁免的角度对国家元首豁免权的补充,即国家元首根据"属人理由"而享有的豁免权的强调。

在英国,应当事人和法院的要求,外交部将按照1978年《国家豁免法》的规定,签发一个确认外国国家或政府身份的证书。中央政府及其部门和机构均具有享有豁免权的身份;另外,法院还将豁免权延伸到由国家建立的机构以及代表国家行事的个人,将其行为也归于国家行为并受到国家豁免的保护。对这些机构和个人的豁免是由于其履行了国家的主权功能。由此可见,除了前述"君主或其他元首",即国家元首外,国家代表也可以包括在豁免的主体范围内,如包括政府首脑、部级行政部门的首长以及其他经授权代表国家行事的人。《奥本海国际法》指出:"代表国家行事的人员或团体作为代表或官员在外国法院就他所代表的国家的行为被诉时(可以)在某些情况下有权主张国家豁免,因为在这种情况下,对该人员提起诉讼可以被视为是控告国家的。"[1]

2. 独立实体

英国《国家豁免法》第14条第(2)款、第(3)款针对享有豁免权与特权的"独立实体"的范围作出了如下规定。

(2)独立实体仅在下述条件下,不受联合王国法院的管辖:

(a)诉讼涉及该独立实体为国家行使代理权所为的行为;且

(b)该国家于同样情况下可享有豁免(或者,在适用上述第10条规定的诉讼中,该国不是《布鲁塞尔公约》成员国)。

(3)如独立实体(非国家中央银行或金融主管当局)在依上述第(2)款可享有豁免权的诉讼中,自愿接受管辖,则上述第13条第(1)-(4)款适用于国家的规定,亦适用于它们。

就该条款而言,独立实体包括与国家相区别并有能力起诉或被诉的机构或其他实体。结合第1款的规定进行理解,这些独立实体显然不是政府或政府部门,而是政府或政府部门之外,为国家行使代理权的机构或实体。政府或政府部门因其职能或职权而天然的具有代表国家行使某些国家主权的地位,因此,在第1款规定中,对于政府和政府部门享有国家豁免并没有附加任何条件。而独立实体不同,其并不天然的具有代表国家的法律地位,仅在代表国家行使某些国家的权力时,其才享有豁免,因此,独立实体享有国家豁免是有条件限制的。

3. 国家中央银行或其他金融主管当局

英国《国家豁免法》第14条第(4)款针对享有豁免权与特权的"国家中央银行或其他金融主管当局"的范围作出了如下规定。

---

[1] 参见[英]詹宁斯·瓦茨修订:《奥本海国际法》,王铁崖等译,北京,中国大百科全书出版社1995年版,第278页。

（4）国家中央银行或其他金融主管当局的财产，不得认为是上述第13条第（4）款所指用于或拟用于商业目的的财产；在此种银行或主管当局为独立实体时，第13条第（1）（2）款适用于国家的规定，亦适用于它们。

就该条款而言，国家中央银行或其他金融主管当局属于第14条第（2）款、第（3）款所涉"独立实体"，但因其与国家财产的特殊关系而被单独规定。国家中央银行具有双重身份，其既具有独立的法律人格，占有一定的国家财产，同时其也是一国货币发行或金融监管部门，行使着部分国家主权权力。因此，其在国家豁免问题上具有特殊的地位，其财产也在特定情形中享有执行豁免。而从条文的用语进行解释，其他金融主管当局应当在一国内处于与其他国家的中央银行具有相当地位的独立实体，其亦因为在金融方面行使一定的国家主权而使得其财产享有豁免。

4.联邦国家组成单位

英国《国家豁免法》第14条第（5）款、第（6）款针对享有豁免权与特权的"联邦国家组成单位"的范围作出了如下规定：

（5）上述第12条的规定，亦适用于对联邦国家组成区域提起的诉讼；女王陛下并得以枢密院的命令，将本法本篇其他适用于国家的条款，适用于枢密院命令所特别指明的这种组成区域。

（6）本法本篇的规定，依枢密院的命令，不适用于某一组成区域时，本条上述（2）（3）款将把它当作独立实体而予以适用。

就该条款而言，一国的政治区分单位是否能够享有豁免的问题，对于各国而言实践和规定并不统一。有些国家承认国家的政治区分单位，如中国的省级行政单位及其政府，享有国家豁免，因为省级这样的一级行政单位及其政府有时也享有国家的部分权能并代表国家从事行为；有些国家则不承认国家的政治区分单位同国家一样享有豁免，因为他们认为国家的政治区分单位通常不能代表国家。在英国，对于政治区分单位的豁免，其也设置了较为严格的限制适用的条件。首先，其将有可能在英国享有豁免的国家的政治区分单位限定在联邦国家的组成区域，如美国的州、俄罗斯联邦的加盟共和国等，而其他类型的国家的政治区分单位则不享有；其次，联邦国家的组成区域也不必然享有豁免，而同时受到英国枢密院命令的影响。但是，即使从一般意义上，国家的政治区分单位并不能依据本款规定而当然享有国家豁免，在其符合前述第（2）款、第（3）款规定时，也有可能作为"独立实体"而享有豁免。

（二）英国《国家豁免法》关于管辖豁免例外的规定

如前所述，英国《国家豁免法》在管辖豁免的问题上采取的总体是"原则＋例外"的立法模式，即在该法第1条明确规定了"司法管辖的一般豁免"，而后在第 2 条至第 11 条列举了 10 种"豁免的例外"。这 10 种例外可大致分为两类,即因国家自愿接受管辖而放弃豁免和 9 种因国家行为或涉诉法律关系的类型而不享有管辖豁免。

第 1 种例外"自愿接受管辖"有时也被称为"自愿放弃豁免",根据英国《国家豁免法》的规定,做出"接受"表示既可以是明示的,也可以是默示的。英国《国家豁免法》第 2 条第(2)款规定了明示的自愿接受管辖,即"国家在引起诉讼的争议发生后或发生前的书面协议中,均可表示接受管辖",但其同时指出法律选择条款并不能视为自愿接受管辖;第 2 条第(3)款规定了默示的自愿接受管辖的两种方式,即"视为"自愿接受管辖的情形,包括"提起诉讼"和"已介入诉讼或已在诉讼中采取行动",但是,国家在诉讼中"主张享有豁免"或"在诉讼中对该国提起它有权取得豁免的条件下,出面维护其财产权益"则不视为其自愿接受管辖。此外,自愿接受管辖的法律效果具有延伸性,即国家自愿接受管辖的表示也会扩大到两类诉讼中:一类是自愿接受管辖扩大适用于上诉,另一类是当反诉是就本诉的同一法律关系或事实提出时,自愿接受管辖扩大适用于反诉。

另外,9 种因国家行为或涉诉法律关系的类型而不享有管辖豁免的情形包括商业行为和契约[1]、雇佣契约[2]、人身伤害与财产损害[3]、财产的所有、占有及

---

[1] 英国《国家豁免法》第 3 条规定:
(1) 国家在涉及下列情事的诉讼中,不得享有豁免:(a) 国家参加的商业行为,或 (b) 国家根据契约所承担的义务(不管是否为商业行为),其全部或部分应在联合王国境内履行的。(2) 如争议双方均为国家,或另有书面协议,本条即不得适用;如契约(非商业行为)是在有关国家境内缔结,其发生争议的义务又受该国行政法支配时,上述(1)(b)项不得适用。(3) 本条"商业行为"系指:(a) 任何提供货物或服务的契约;(b) 任何贷款或其他提供资金和保证的行为,或有关此等行为的补偿,或其他金融债务;以及 (c) 国家除行使主权外所参加或从事的任何其他行为或活动(不论是否为商业的、工业的、金融的、职业性的或其他类似性质的行为或活动);但本条上述(1) 款中两项,均不适用于国家与个人订立的雇佣契约。

[2] 英国《国家豁免法》第 4 条规定:
(1) 在联合王国境内与个人订立雇佣契约,其工作的全部或部分要在联合王国境内履行,在关于这种契约的诉讼中,国家不得享有豁免。(2) 除(3)(4) 款情况外,本条不适用于:(a) 提起诉讼时,该人是所涉国家的国民;或 (b) 在订约时,该人既非联合王国的国民,亦非联合王国的常住居民;或 (c) 契约双方当事人另有书面约定。(3) 如工作是为该国家出于商业目的而设立于联合王国境内的机关、代理机构或组织所进行的,上述(2)(a)(b) 两项不得排除本条的适用,但其人于订约时就是该国的常住居民则不在此限。(4) 依联合王国的法律,要求诉讼应在联合王国法院提起时,上述(2)(c) 项不得排除本条的适用。(5) 上述(2)(b) 项中"联合王国的国民",是指联合王国及其殖民地的公民,《1948 年不列颠国籍法》第二条、第十三条和第十六条,或《1965 年不列颠国籍法》所规定的不列颠臣民,或属于上述 1948 年国籍法所称不列颠的保护民或南德西亚的公民。(6) 本条"关于雇佣契约的诉讼",包括这种契约的当事人间涉及他们有资格享有或承担法定权利或义务的诉讼,或涉及作为雇主或雇员的问题的诉讼。

[3] 英国《国家豁免法》第 5 条规定:国家在涉及下列情事的诉讼中,不得享有豁免:(a) 死亡或人身伤害;或 (b) 有形财产的损害或灭失,只要此等情事是因在联合王国境内的作为或不作为引起的。

用[1]、专利和商标等[2]、法人等团体的成员资格[3]、仲裁[4]、用于商业目的的船舶[5]和增值税与关税等[6]。由此可见，9 种因国家行为或涉诉法律关系的性质而不予豁免的情形主要涉及商业行为等私法行为或私法关系。其中，有几点需要予以注意：第一，英国《国家豁免法》和其他部分国家的国内立法不同，其以列举的方式规定了"商业行为""关于雇佣契约的诉讼"等重要概念的定义，为明确实践中这些行为或诉讼指明了方向；第二，英国《国家豁免法》强调"例外"的私法

---

[1] 英国《国家豁免法》第 6 条规定：
(1) 在涉及下列情事的诉讼中，国家不得享有豁免：(a) 国家对位于联合王国的不动产所享有的权利，或对此种不动产的占有或使用；或 (b) 因国家享有对这种财产的权利，或因其占有或使用这种财产而产生的义务。(2) 国家在涉及其因继承、赠与或无主物占有等方式而取得的对动产或不动产的任何权利的诉讼中，不享有豁免。(3) 国家对任何财产享有权利或主张权利的事实，不得排除法院行使涉及死亡人，精神不健全的人，或破产或结业的公司，或信托管理的财产的管辖权。(4) 法院可以受理对个人而不是对国家提起的诉讼，即令此等诉讼涉及：(a) 国家占有或控制的财产；或 (b) 国家主张享有权利的财产，只要诉讼向该国家提出它无权取得豁免；或在 (b) 项情况下，该国家对财产的权利主张，无初步证据可资证实或允许的。
[2] 英国《国家豁免法》第 7 条规定：
国家在涉及下列情事的诉讼中，不得享有豁免。(a) 在联合王国登记或受保护的属于该国家的，或该国家已向联合王国提出申请的专利、商标、设计或植物品种培育者的权利；(b) 指控该国家在联合王国侵犯专利、商标设计、植物品种培育者权利或著作权的；或 (c) 在联合王国使用某一商号或店名的权利。"
[3] 英国《国家豁免法》第 8 条规定：
(1) 在涉及国家作为法人团体、非法人团体或合伙的成员资格的诉讼中，如此等法人团体、非法人团体或合伙有下列情况者，国家不得享有豁免：(a) 有国家以外的其他成员；以及 (b) 依联合王国法律组成或创设，或受联合王国控制，或其主营业所在联合王国的；只要这种诉讼发生于该国家和团体或他的成员之间，或发生于该国家与其他合伙人之间。(2) 如争议的当事人间于书面协议中有相反约定，或于设立或调整该团体或合伙的章程或其他文件中有相反规定，则本条不予适用。
[4] 英国《国家豁免法》第 9 条规定：
(1) 国家把已发生或可能发生的争议，以书面协议提交仲裁时，在联合王国法院涉及该项仲裁的诉讼中，该国家不得享有豁免。(2) 本条于仲裁协议中有相反约定时亦属有效，但不适用于国家间的仲裁协议。
[5] 英国《国家豁免法》第 10 条规定：
(1) 本条适用于：(a) 海事诉讼；以及 (b) 其权利主张构成海事诉讼标的的诉讼。(2) 在下列诉讼中，国家无豁免权：(a) 对属于该国家所有的船舶提起的对物之诉；或 (b) 为执行与船舶有关的请求而提起的对人之诉。(3) 如对国家的某一船舶提起对物之诉，是为了执行对该国家另一船舶对人之诉的请求时，上述 (2)(a) 项的规定不适用于首先提到的那一船舶，但如对上述另一船舶提起诉讼时，该两船舶均用于或拟用于商业目的的，不在此限。(4) 在下列诉讼中，国家无豁免权：(a) 对属于该国家的船货提起的对物之诉，只要该船货及载运这货物的船舶于诉因发生时，均用于或拟用于商业目的者；或 (b) 为执行对该船货的请求而提起的对人之诉，只要运载该船货的船舶如前所述，当时是用于或拟用于商业目的者。(5) 前面所指属于国家的船舶或船货，也包括处于国家占有或控制之下的，或国家主张有权利的船舶或船货；且于适用上述 (4) 款时，第 (2) 款的规定，如适用于船舶一样，也适用于船舶以外的财产。(6) 在本条 (1) 款所指的诉讼中，如该国为布鲁塞尔公约成员国，而且诉讼请求又涉及该国家所有或控制的船舶，涉及这种船舶的货物或旅客的运输，或涉及其他船舶载运的为该国家所有的船货，则本法第 3 条至第 5 条的规定不得适用。
[6] 英国《国家豁免法》第 11 条规定："国家在涉及因下列情事而承担责任的诉讼中，不得享有豁免：(a) 增值税、任何关税或执照税或农业税；或 (b) 为商业目的而占有房屋的房地产税。

性质，因此，在规定中其通过列举明确排除争议双方均为国家的情形、发生争议的义务同时受到行政法支配的情形；第三，英国对于商业行为的判定采取的是"行为性质"标准，而不是"行为目的"标准；第四，英国对外国国家在例外情形进行管辖时强调行为与英国领土的联系，例如，其要求国家根据契约所承担的义务全部或部分在英国境内履行、在英国境内与个人订立的雇佣契约且工作的全部或部分在英国境内履行、有形财产的损害或灭失是因在英国境内的作为或不作为引起，等等。

三、英国《国家豁免法》关于执行豁免的规定

英国《国家豁免法》关于执行豁免的规定类似《欧洲国家豁免公约》。[1] 执行豁免，也被称为强制措施豁免，是国家豁免的重要组成部分。其是指国家财产免于在外国法院的诉讼中被采取强制措施。强制措施一般指扣押和执行等。各国国内法院对外国国家财产采取的强制措施可分为3种情形：第一，在法院立案前为确立法院管辖而采取的查封或扣押外国财产的临时性保全措施；第二，法院在审查案件过程中为确保履行预期的判决而对外国财产采取的查封或扣押措施；第三，在法院判决后，法院为了执行判决而对外国国家财产采取的执行措施。但是，英国《国家豁免法》中并没有诉前保全豁免和诉中保全豁免的规定，而只有强制执行法院判决或仲裁裁决的豁免，即执行豁免。

执行程序与法院和管辖程序不同，管辖程序是法院确定诉讼当事人的权利和义务的过程，也就是法院通过确定原告请求主张的权利关系是否存在而作为解决争端基础的程序；执行程序的采取是在经过管辖程序之后败诉者不履行其义务的情形下，在事实上作成使胜诉者的索赔请求获得满足状态的程序。[2] 因此，执行措施实际上比管辖措施对外国国家而言侵犯的程度更加深入，其既涉及外国国家的国家财产和利益，也会对法院地国与涉诉外国国家之间的国家关系带来严重后果。因而，如果说涉诉外国国家对法院确定诉讼当事人权利和义务关系的管辖程序可以置之不理的话，那么对法院涉及其国家财产采取强制执行措施则不会置之不理。法院地国基于外交考虑，对其法院是否对外国国家财产采取强制执行措施也总会慎重裁量。正如英国学者福克斯指出的："各国之所以承认执行豁免与管辖豁免之间的区别，或者说承认执行豁免更具有'绝对性'，与其说是根据国际法或国内法律原则，不如说是基于更为实际的理由。其中，各国政府对外交关系

---

[1] See Earnest K. Bankas, *The State Immunity Controversy in International Law: Private Suits Against Sovereign States in Domestic Courts*, Springer Berlin Heidelberg 2005, p. 104.
[2] 参见龚刃韧：《国家豁免问题的比较研究——当代国际公法、国际私法和国际经济法的一个共同课题》（第二版），北京，北京大学出版社2005年版，第351页。

的考虑是最重要的实际理由。"[1]因此,英国《国家豁免法》也将执行豁免与管辖豁免分别予以规定。

在执行豁免方面,如前所述,英国《国家豁免法》也采取了"原则+例外"的规定模式。在第13条中,其规定了"诉讼程序上的其他特权",其中第2款就规定了执行豁免的原则,即"(a)对国家不得以发布禁令,或发布为特定履行,或返回土地或其他财产的命令,作为司法救助。(b)国家的财产不得作为法院判决或仲裁裁决强制执行的标的,或在对物之诉中,不得作为扣押、留置或拍卖的标的。"其后,在第13条第(3)(4)款中,其规定了执行豁免的两种例外情形,即"经有关国家的书面同意而采取任何司法救助方法或开始任何程序"和"对正用于或拟用于商业目的的财产采取任何程序"。其中,英国《国家豁免法》特别强调,对于第1种执行豁免例外"同意",应当区分管辖豁免和执行豁免,即仅表示接受法院管辖的条款不能被认为书面同意采取强制措施;对于第2种执行豁免例外"用于商业目的的财产",根据第14条的规定,应当将国家中央银行或其他金融主管当局的财产排除在商业目的的财产之外。

四、英国《国家豁免法》规定的其他事项

除前述关于豁免主体、管辖豁免和执行豁免的相关规定外,英国《国家豁免法》还针对豁免权的限制与扩大和程序事项作了特别规定,在此作简要介绍。

第一,英国《国家豁免法》第15条对豁免权的限制与扩大作出了特别规定,让英国国家豁免的范围具有一定的弹性。其赋予了英国女王以在特定情形下通过枢密院命令的方式缩减或扩大豁免与特权的范围。此处特定情形主要包括两类:其一是"对等原则";其二是履行条约义务。就对等原则而言,该条弹性规定赋予了英国在外国国家限制英国的豁免与特权超过英国限制该外国国家的豁免与特权时可以缩减英国给予该外国国家的豁免与特权的范围以达到"对等"的权利;就履行条约义务而言,该条弹性规定赋予英国在与外国国家共同参加的条约所要求的豁免与特权超过英国《国家豁免法》规定时,可以扩大豁免与特权的范围以符合条约要求。但是,该类枢密院命令受到上议院或下议院决议的限制。

第二,英国《国家豁免法》第12条、第18条和第19条规定了一系列程序或针对英国判决的承认的事项。其中,第12条涉及文件送达与缺席判决的程序规定。

(1)对国家提起诉讼所要求送达的诉讼文书或其他文件,应由外交与联邦事务部送交该国外交部,一经该国外交部收受,即视为有效送达。

---

[1] 参见中国国际法学会主编:《中国国际法年刊(1995)》,北京,中国对外翻译出版公司1996年版,第432-433页。

（2）出庭期限（无论法院规则有无规定）为诉讼文书或文件依上述规定收受之日起的两个月内。

（3）已出庭的国家不得在诉讼中以未遵守上述（1）款规定而表示反对。

（4）除证明已遵照上述（1）款的规定送达，并依上述（2）款规定，出庭时期已经届满，得对一个国家作缺席判决。

（5）对国家作出的缺席判决，其副本应由外交与联邦事务部送交该国外交部，驳回判决的期限（无论法院规则有无规定）为该国外交部收受判决副本之日起的两个月内。

（6）上述（1）款的规定，无碍于使用该国同意的诉讼文书或其文件的任何送达方式，并凡依此等方式已有效送达者，上述（2）（4）款的规定即不得适用。

（7）本条不得解释为同样适用于对国家提出的反诉或对物之诉，上述（1）款的规定不得解释为赞同国外送达需取得同意的法院规则。

至于判决的承认问题对于国家豁免问题也尤为重要，但也恰恰是许多已有专门成文立法的国家的国内法中没有涉及的部分。因为，各国制定国家豁免的国内法大多基于扩大本国法院管辖权的目的（或至少是目的之一），而承认他国针对本国的判决则是基于一种互惠（或对等）和自我限制。因此，英国虽然规定了承认他国针对本国的判决，但是其条件也较为苛刻，主要包括以下条件：第一，作出判决的国家必须是《欧洲国家豁免公约》成员国；第二，须是在英国根据其《国家豁免法》的例外而不享有管辖豁免的情形的诉讼中作出的；第三，判决须是终局判决；第四，承认判决的效力不会显然违反公共政策；第五，判决不是在诉讼的任一方当事人无充分出庭机会的情况下作出；第六，判决的作出符合英国《国家豁免法》关于文件送达与缺席审判的规定；第七，相同当事人根据相同实施为了相同目的没有其他诉讼或其他结果不相一致的判决；第八，作出判决的法院依英国的法律对案件享有管辖权且依英国国家私法规则所指引的法律将得到相同的判决结果。

第六章 法国的国家豁免理论与实践

第一节 法国国家豁免理论的发展历史

法国是一个传统的大陆法系国家,其法律多以成文法典的形式规定。但是,在有关国家豁免的问题上,法国没有统一的专门立法,其对于国家豁免问题的立场主要体现在相关的法院判决之中。

20世纪以前,法国一直都是绝对国家豁免理论的坚定支持者。1849年法国对"西班牙政府诉朗贝戈和皮诺尔案"的判决首先确立了法国坚持主权国家拥有绝对豁免的立场。在该案件中,西班牙政府与法国商人订立购买军靴的合同,但没有按期付款。对此,法国商人要求法国法院扣押由第三者在法国所持有的西班牙政府财产。在一审中,巴约法院肯定了原告的请求,后来该案又被上诉到法国最高法院,最高法院撤销了下级法院的判决,承认了西班牙政府及其财产在法国的管辖豁免。[1] 可以看出,在本案中,法国法院没有就外国政府的行为区分为主权行为与非主权行为,即使属于非主权行为的合同行为,只要合同行为的一方属于主权国家,那么根据"平等主体之间无管辖"的基本法理念,法国照样不能要求外国国家履行责任。这种国家豁免理论是无条件的国家绝对豁免。除此之外,法国法院严格区分外国人与外国政府。根据《法国民法典》第14条的规定:"不居住在法国的外国人,曾在法国与法国人订立契约者,由此契约所产生的债务履行问题,得由法国法院受理;其曾在外国订约对法国人负有债务时,亦得被移送法国法院受理。"[2] 由此可见,法国对待与法国人建立私法关系的外国人一律适用本国法律,在这一问题上的立场同对外国国家的立场有着截然相反的态度。

然而,到了20世纪以后,法国这种严格的绝对国家豁免主义在一定程度上出现了动摇。在1918年的"亨格福德号案"中,法国原告因船舶碰撞事故向英国政府所拥有的运输谷物和羊毛的"亨格福德号"的船长提起要求损害赔偿的诉讼。南特商事法院认为被告从事的是非主权行为,因而具有管辖权。但这一判决被雷恩上诉法庭撤销。上诉法院认为该船为法国政府和英国政府运输谷物和羊毛的行为,并非普通的商业行为,而是用于国防的目的,所以法国法院没有管辖权。[3]

---

[1] 参见龚刃韧:《国家豁免问题的比较研究——当代国际公法、国际私法和国际经济法的一个共同课题》(第二版),北京,北京大学出版社2005年版,第15页。
[2] 参见《法国民法典》(1804年颁布)第14条。
[3] 参见龚刃韧:《国家豁免问题的比较研究——当代国际公法、国际私法和国际经济法的一个共同课题》(第二版),北京,北京大学出版社2005年版,第6页。

再如，由马赛商事法院裁判的1924年"罗马尼亚诉帕斯卡莱案"。在该案中，以盈利为目的的法国公司同罗马尼亚签订了一个合同，在该合同中，罗马尼亚购买法国公司的商品货物并将商品销售给罗马尼亚的公民。发生纠纷后，法国法院判决罗马尼亚的行为是一种私法行为而非公法行为。其依据包括两点：第一，外国国家与法国公民在法签订契约的事实可以推断为该外国放弃国家豁免的默示表示；第二，另外一种放弃豁免的标志在于交货付款合同及其有关付款的补充合同是在巴黎签订的。[1]

从上述两个案件可以看出，20世纪初法国法院对外国国家的行为不再一律予以绝对豁免的待遇。在确定是否对外国国家采取豁免时，法院将外国国家的行为分为具有国家职能性质的主权行为和以民商事为特点的非主权行为。对于前者，国家实施了相关行为具有豁免的权利；对于后者，国家行使非主权行为时具有同一般合同主体平等的地位，受合同的约束，发生纠纷时另一方合同当事人有权将其诉讼至法院。虽然法院的判决已经体现出了限制豁免主义的转向，但绝对豁免主义并没有退出法国。法国法院并未放弃原来的绝对国家豁免理论，这给司法实践带来了许多困惑。[2]

直至1969年，在"伊朗铁道管理局诉东方快速运输公司案"中，法国最高法院明确适用了限制豁免主义理论。在该案中，原告是一家法国公司，因其运往伊朗的货物遭受到损失，向伊朗铁道部提起诉讼。在上诉审中，法国最高法院指出，外国国家只有在履行公权行为时才享有豁免。由于是铁路运输行为，依伊朗国内法不是行使主权行为，属于商业行为，不享有管辖豁免。[3]该案件的意义在于法国终于改变了其20世纪初在绝对豁免和限制性豁免之间摇摆模糊的态度，从坚持严格的绝对豁免主义的慢慢地转向了限制豁免主义。这种转变对于克服法庭判决的不一致性与矛盾性有着重要的意义，表明了法国的国家豁免实践不断地走向成熟。

第二节 法国国家豁免实践中的豁免主体

一、国家

（一）法国国家豁免实践中国家的界定

"国家"或者"外国国家"作为法国国家豁免实践中的适用主体，其地位

---

[1] See Sovereign Immunity - Waiver and Execution: Arguments from Continental Jurisprudence, 74 *Yale L. J.* 887 (1964-1965), p. 897.

[2] See Xiaodong Yang, *State Immunity in International Law*, Cambridge University Press, 2012, p. 15.

[3] 参见龚刃韧：《国家豁免问题的比较研究——当代国际公法、国际私法和国际经济法的一个共同课题》（第二版），北京，北京大学出版社2005年版，第92页。

是毋庸置疑的。这一点最直接体现在 19 世纪法国国家绝对豁免理论在具体案例中的运用。在现代，国家也仍然是豁免制度的主要适用主体，尽管法国已经从坚持绝对豁免主义转向了限制性豁免主义，但是有关国家获得豁免地位的情况在法国法院审理的案件中仍然不占少数。根据《蒙特维多[1]国家权利义务公约》（*Montevideo Convention on the Rights and Duties of States*）第 1 条所述："具有国际法主体地位的国家应该符合以下几种条件：（1）永久的人口；（2）固定的领土；（3）有效的政府；（4）与他国建立交往关系的能力。"[2]可以说，国际社会中占主要部分的国家是符合这 4 种条件的，具有完全国际法主体地位。当然，该 4 种条件定义下的国家是狭义上的国家，可是在国家豁免制度中，国家的定义要更加复杂。根据《联合国国家及其财产管辖豁免公约》第 2 条第 1 款（b）项关于"国家"的定义，国家不仅包括狭义范围内的国家，还包括国家及其政府的各种机关、有权行使主权权力并以该身份行事的联邦国家的组成单位或国家政治区分单位、有权行使并且实际在行使国家的主权权力的国家机构、部门或其他实体，以及国家代表。本部分首先仅就狭义的"国家"在法国司法实践中的豁免情况进行讨论，有关国家机构、国家代表等的相关情况将在其后的部分进行讨论。

大多数国家豁免案例中所涉及的"国家"为主权国家。对于主权的理解在学界主要存在以下两种观点：第一种观点侧重于主权的国内方面，体现在对国家的合法统治权；第二种观点侧重于"外在主权"，意味着在国际上享有独立的地位，并且有权利进入国际社会中。[3]虽然关于国家主权的定义学界有一定的分歧，可是，这并不能影响判断一个实体是否构成国家。因此，一个具有固定领土、人口，能对内有效控制、对外独立的实体就是国家。但是，这也并不能排除在实践中出现涉及判断有关国家地位的例外情况。例如，没有被法国政府承认的国家是否享有国家豁免的权利之类的问题。

在 1971 年发生的"克莱热诉北欧商业银行案"中，巴黎劳工法院在 1965 年对原告作出缺席判决，原告克莱热主张薪水以及在由越南政府掌控的煤矿中工作的损害赔偿共计 74 123 法郎。原告要求法院扣押越南政府或其商务代表在北欧商业银行的存款，上诉法院予以拒绝。最后，法国最高法院作出判决："虽然越南没有被法国承认，可是越南作为一个主权国家，其国家财产不能被扣押，而不去考虑其财产的目的与来源。"[4]从这个案件中，我们可以作出初步判断，一个国

---

[1] 关于该公约的名称，亦有学者将其译为"蒙得维的亚"，两种译法均指向同一公约。
[2] See Peter Malanczuk, *Akehurst's Modern Introduction to International Law*, 7th Edition, Routledge, 1997, p. 75.
[3] See Hans van Houtte, The faded sovereignty of Federal States and their Immunity from Jurisdiction, 1 *Notre Dame Int'l L. J.* 1, (1983) p. 4.
[4] See Jan-Anders Paulsson, Sovereign Immunity from Execution in France, 11 *Int'l L.* 673 (1977) p. 676.

家是否被法国承认并不是其能否获得豁免权利的重要条件。即使一个国家没有被法国官方承认,在司法实践中法国也没有否认该国是一个主权国家的地位,该国仍然享有国家豁免的权利。

(二)法国国家豁免实践中国家行为的分类与标准

国家作为国际法的最主要主体,意味国家在国际社会上享有一些权利并履行自己相应的义务。无论是权利或者义务的履行都必须从国家行为中体现出来。国家的行为必须通过国家机构或者国家代表来表现。总体而言,包含国家内部的行为和国家与外国国家或其他组织的行为两个方面。国家行为也是豁免制度研究的一个重要的方面。国家从事的所有行为是否都属于豁免法所调整规范的对象?如果不是,国家从事的何种行为受到豁免的保护?

法国将国家的行为区分为主权行为与非主权行为,后者也可称为商业行为。主权行为可以理解为国家以主权者的身份行使的行为,包括外交行为、军事行为、统治行为,等等。主权行为是在国家豁免范围之内的。非主权行为,指国家以非主权者的身份进行的,从事商业贸易的行为,该行为方式与私人相类似。然而,如何判断国家从事的行为是主权行为还是非主权行为,一般存在两种标准,即"性质标准"与"目的标准"。

在各国法律与实践中,"性质标准"占据主要的位置。在如何定义"性质标准"的问题上,有学者作出了如下概括:"如果一个行为的性质是商业或私法行为,即使该行为包含主权或公共目的,该行为也不受豁免制度调整。"[1] 从该定义中可以发现,"性质标准"与限制豁免理论有着重要的联系。在这一问题上,各国的立法和实践存在不同,为了克服这种差异,明确相关概念,《联合国国家及其财产管辖豁免公约》中对所谓的"商业行为"作出如下的规定:"'商业交易'"是指:(1)为销售货物或提供服务而订立的任何商业合同或交易。(2)任何贷款或其他金融性质之交易的合同,包括涉及任何此类贷款或交易的任何担保义务或补偿义务。(3)商业、工业、贸易或专业性质的任何其他合同或交易,但不包括雇佣人员的合同"。[2] 在判断国家行为是否属于商业行为这一方面,《联合国国家及其财产管辖豁免公约》采取的标准主要是"性质标准",即双方达成合同的性质,虽然如此,公约也对合同的目的予以考虑。

第二种判断标准是"目的标准"。"目的标准"与"性质标准"的不同在于前者更关注国家行为的主观目的。换言之,根据国家从事该行为的目的来判断该行为属于主权行为还是非主权行为。比如,同样是购买粮食的行为,如果是为了

---

[1] See Xiaodong Yang, *State Immunity in International Law*, Cambridge University Press, 2012, p. 86.
[2] 参见《联合国国家及其财产管辖豁免公约》第2条第3款。

赈灾，则是主权行为，如果是为了其他的目的，则可能被认为是非主权行为。[1]该标准认为，当一个国家的行为目的在于行使其主权者职能时，则该行为属于豁免法的范围内。然而，随着国际社会的不断发展变化，该种标准逐渐不那么被人所接受，尤其在当代国家职能日益复杂、国家活动涉及商业贸易、私人领域的情况下。单从国家目的来分析国家行为是片面的且具有相当的不确定性。因此，支持"目的标准"的国家在当今国际社会中并不占有多数。

（三）法国关于国家作为豁免主体的典型案件

法国在采用两种标准时持模糊的态度。在法国法院的实践中，既有依"性质标准"作出裁判的案件，也有依"目的标准"作出裁判的案件。[2]这表现为法国法院一方面认为判断国家是否有豁免的依据是"性质标准"，另一方面却认为以公共服务为目的的行为是国家行使主权的行为，也享有豁免的权利。采用"目的标准"的情形如，在"欧洲设备公司诉科特迪瓦农业生产稳定和支持基金欧洲中心案"（*Euroéquipement v. Centre*）中，法庭认为，因为作为被告的国家实体租用房屋的目的在于纯粹的商业目的，所以其豁免权利被法庭予以否认，即便判断行为是否享有豁免权利的依据在于"性质标准"。[3]由此可见，法国法院在判断国家行为是否属于豁免范围的问题上既应用过"性质标准"又采取过"目的标准"。

二、国家元首

国家元首是国家豁免的重要主体之一。国家元首是国家的象征，享有豁免权，具体体现在两个方面：其一，职能豁免，即指国家元首在行使或履行国家职能时享有豁免的权利，任何国家、机构或个人都不能要求该国家元首承担责任；其二，国家元首的个人豁免，即指国家元首作为国家的外交代表，其个人行为，无论是民事还是刑事行为都享有豁免的权利，不被任何机构追诉。本部分将通过对法国法院审理的典型案例进行分析，以展示法国针对国家元首豁免的司法实践。

第一个典型案例是"希拉克案"，该案针对的是本国国家元首。希拉克是法国的前总统，被指控在其任巴黎市长期间涉嫌贪污罪等罪名。1999年1月22日，法国宪法委员会作出决定，该决定参考了符合法国《宪法》的《国际刑事法院罗马规约》。根据《国际刑事法院罗马规约》第68条，总统享有豁免权，除非犯叛国罪，否则不应当予以追诉。法国宪法委员会最终决定由特别最高法庭审理

---

[1] 参见刘恩媛：《在国家管辖豁免中国家行为性质的认定》，载《行政与法》2008年第8期，第121页。
[2] 参见杨玲：《欧洲的国家豁免立场与实践》，载《欧洲研究》2011年第5期，第138页。
[3] See Xiaodong Yang, *State Immunity in International Law*, Cambridge University Press, 2012, p. 103.

"希拉克案"。然而,法国最高法院的判决推翻了宪法委员会的决定。法国最高法院认为:"特别最高法庭只审理叛国罪,其他犯罪则由法国普通法庭审理。"[1]对于处在任期之内的法国总统是否有义务出庭作证或接受调查,法国最高法院与宪法委员会都认同总统在任期内无义务出庭作证或者接受任何形式的调查。[2]由此可见,法国给予本国国内最高元首的豁免的权利范围比较小,仅限制在出庭作证与接受调查等方面。当元首触犯国家法律,法院有权对其进行司法管辖,区别只在于针对元首触犯的不同罪名由不同法院进行管辖,只有叛国罪才由法国特别最高法院管辖。

对于外国国家元首的豁免,法国法院的实践与对本国国家元首有所不同。在2001年的"卡扎菲案"中,卡扎菲被指控是恐怖活动中的共犯。该恐怖活动为1989年9月19日击落了UTA航线的DC-10航空器并致其发生爆炸,造成了156名乘客和15名机组成员死亡。该指控认为卡扎菲应该对此事件负有责任。事件发生之后,在法国社会引起了强烈的反响,因为死者中包含两名法国人,人们要求法院对卡扎菲进行审判。最终,法国最高法院作出判决,判决卡扎菲拥有豁免权,并拒绝对此案进行管辖。[3]在该案中,即使外国国家元首的行为涉及国际罪行,但考虑其特殊的地位,法国法庭仍然给予其豁免权,使之免受国内法院的追诉。然而,这并不能说明法国给予外国国家元首以绝对豁免的权利,因为,法国仍然存在与此不同的实践。

在另一个案件"法国诉刚果案"中,则出现了与"卡扎菲案"相反的判决。该案发生在2001年,法国一位检察官在法国法院对刚果提起诉讼,宣称刚果政府对其境内的刚果籍的个人实施了危害人类罪与酷刑,要求包括刚果共和国总统德尼·萨苏-恩格索在内的4名国家领导人承担刑事责任。最后,法国大审法院受理了该案件,并判决认为:"法国法院对该案件享有管辖权,因为根据习惯国际法的精神,对于反人道罪和酷刑,各国法院都享有普遍管辖权。"[4]因此,法国法院认为审判刚果国家元首在内的领导人是符合习惯国际法要求的,当外国国家元首触犯国际罪行时,其并不享有豁免权。

通过上述两个案件的对比,我们可以发现,无论是恐怖主义罪行还是反人

---

[1] See Karin Oellers-Frahm, Italy and France: Immunity for the Prime Minister of Italy and the President of the French Republic, 3 *Int'l J. Const. L.* 107 (2005), p. 113.

[2] See Karin Oellers-Frahm, Italy and France: Immunity for the Prime Minister of Italy and the President of the French Republic, 3 *Int'l J. Const. L.* 107 (2005), p. 113.

[3] See Salvatore Zappala, Do Heads of State in Office Enjoy Immunity from Jurisdiction for International Crimes? The Ghaddafi Case before the French Cour de Cassation, 12 *EJIL* (2001) 596.

[4] See Kaitlin R. O'Donnell, Certain Criminal Proceedings in France (Republic of Congo v. France) and Head of State Immunity: How Impenetrable Should the Immunity Veil Remain?, 26 *B. U. Int'l L. J.* 375 (2008), p. 397.

道罪行,都属于国际罪行。但是,法国法院对待涉嫌从事国际罪行的外国国家元首的实践却大相径庭,在"卡扎菲案"中,法国法院判决卡扎菲因为国家元首身份获得管辖豁免权,而在"法国诉刚果案"中,刚果总统却因国际罪行而受到追诉。由此可见,法国法院在对待外国国家元首豁免这一问题上,判决具有不一致性,这或许同法国是大陆法系国家有关,其缺乏遵循先例的传统。

三、国家实体

国家实体(state entity)是国家机构或部门的类似概念。对于国家实体是否与主权国家享有平等的地位,进而同样享有国家豁免权的问题,法国法院在实践中也倾向将国家与国家实体相区别。法国法院认为,一个国家的主权是该国享有豁免权的依据。对于主权的定义,法国采用"对外"标准,认为判断一个国家是否享有主权在于其与他国建立关系的能力。所以,在判断国家实体是否享有豁免权的问题上,法国法院也采用了这个标准。对于主权的特征,法国科尔玛法官曾经做出如下的定义:"主权的特征包括宣战和言和的权利、任命外交代表和领事代表的权利、开展国际谈判签署国际条约的权利。"[1]

在"塞阿拉州诉多尔案"(Etat de Ceará v. Dorr)中,由于巴西的塞阿拉州拖欠贷款,被起诉到了法国法院。法国上诉法院否定了该州国家豁免的权利,其判决的理由是:"根据巴西的宪法,该国禁止州参与到国际社会中,州无权与别国建立外交关系,也不具有主权的性质。"法国最高法院认为:"由于巴西塞阿拉州没有外交代表,则推定该州不具有国际法主体的人格。"从而拒绝了该州国家豁免权利的请求。[2] 在该案中,法院最高法院再一次确定了科尔玛法官对主权特征的定义。

在"科威特通讯社诉帕罗特案"(Kuwait News Agency v. Parrott)中,法国最高法院也否认了科威特通讯社享有豁免的权利。法院认为:"即使科威特通讯社是该国的机构,但是其解雇其没有特殊职责的记者的行为仍然属于私法行为,该行为并不能减损科威特国家的司法管辖豁免权"。[3] 从该案中,我们可以得出两点结论:第一,法国法院将国家机构与国家相区分,国家机构能否享有豁免权不影响国家的司法管辖豁免权;第二,从判断国家机构从事私法行为的性质可以得知,在法国,如果一个国家机构从事非主权行为,且该种行为被认定为具有私法

---

[1] See Hans van Houtte, The faded sovereignty of Federal States and their Immunity from Jurisdiction, 1 *Notre Dame Int'l L. J.* 1 (1983), p. 4.

[2] See Diplomatic Recognition-Sovereign Immunity granted unrecognized state, 3 *N. Y. U. J. Int'l L. & Pol.* 136 (1970), p. 146.

[3] See Xiaodong Yang, *State Immunity in International Law*, Cambridge University Press, 2012, p. 285.

性质，则该国家机构不享有国家豁免的权利。

因此，"主权"的性质对判断国家实体是否享有豁免权在法国有着重要的意义。通常情况下，法国法院倾向于认为国家实体不包含主权的特征，并将国家实体同国家相区分。除此之外，我们还可以从最高法院对相关案件的判决中看出："国家财产原则上不应当被扣押，但在另外一个方面，公共实体财产的债权人有权扣押该公共实体的财产，而不论该公共实体是否具有法律人格。这点和国家财产有着区别。"[1] 当然，有关国家财产和国家机构财产这个问题只是一部分问题而已，但是，通过这一代表性的问题我们可以了解法国将国家同国家机构严格区分，国家的财产享有豁免的权利毋庸置疑，而国家机构的财产并不当然地受到豁免的保护。

四、法官

法官的豁免权在国家豁免问题上是一个特殊的方面。法官的豁免权多体现在国内的范围，法官具有司法独立性，其判决不受任何机构或者个人的干扰，同时，法官也不会因为自己的判决承担相应的责任。但是，当法官审理涉及涉外因素的案件时，法官的判决便不再局限在国内范围，这就可能涉及国际法的调整。例如，当法官的判决严重侵犯外国或者外国国民的利益时，外国国家或者其国民能否在其国内法院起诉该法官？法官又在何种程度上享有司法豁免权？

在法国，法官承担责任的范围是很有限的，根据《法国民事诉讼法典》的规定，在以下四种情况下法官才需要对案件承担责任：其一，犯欺诈、诈骗、贪污罪行；其二，控告法官；其三，法官对损害负有责任；其四，法官在审理案件中有不公正的对待。[2] 除了以上四种情况外，法官不为自己作出的任何有关审判行为承担责任。

然而，对于仲裁机构和仲裁庭，法国是否同样赋予其广泛豁免的权利呢？由于仲裁行为与司法行为具有相似性，故仲裁行为也被当作是"准司法行为"。在法国，因为仲裁员与法官的地位不同，仲裁机构与法院不同，所以仲裁员以及仲裁机构的豁免范围与法官有着较大的差异。仲裁员只对自己仲裁的裁决享有豁免的权利，且该裁决必须排除严重或蓄意的错误。对于仲裁机构的豁免问题，法国最高法院认为，国际商事仲裁不享有豁免权，其应承担作为仲裁机构的义务。[3]

---

[1] See Xiaodong Yang, *State Immunity in International Law*, Cambridge University Press, 2012, p. 398.

[2] See Matthew Rasmussen, Overextending Immunity: Arbitral Institutional liability in the United States, England and France, 26 *Fordham Int'l L. J.* 1824, (2002-2003), p. 1859.

[3] See Matthew Rasmussen, Overextending Immunity: Arbitral Institutional liability in the United States, England and France, 26 *Fordham Int'l L. J.* 1824, (2002-2003), p. 1859.

由此可见，法国将仲裁行为与司法行为严格区分，两者享有的相应豁免权利也有所不同。

第三节　法国国家豁免实践中的放弃豁免

一、放弃豁免的方式

国家豁免的放弃在国家豁免制度中是一个重要的方面。国家豁免制度在于保护其主体免受司法或行政机关的追诉，然而，国家豁免本质上是一种权利而非强制性义务，主体可以通过自己的行为放弃豁免权利，参与诉讼。放弃豁免的方式主要有两种，即明示放弃与默示放弃。

明示放弃一般以国家的声明以及书面的形式进行表示。该方式具有直接性，使对方在主体作出明示放弃承诺的同时就可以察觉。国家可以通过签订条约、合同，甚至以口头声明的方式放弃相关的豁免权利。当然，一个有效的明示放弃豁免的方式必须非常清楚明确，且出于完全自愿。此外，明示放弃可以限定放弃豁免的范围，管辖法院不得超出该范围进行管辖并要求外国国家承担相应的责任。除此之外，由于法国是《欧洲国家豁免公约》的成员国，其要受到该公约的约束，该公约第2条即是有关明示放弃豁免的规定。法国法院的判例可以说明在借贷合同领域放弃豁免的实践比较普遍。例如，法国对外银行与泰国在1978年签订的契约中就明确规定："为了管辖以及执行或实施任何判决或裁决的目的，保证人需证明他撤回并放弃在仲裁法庭或法院，以及其他当局坚持提出的基于主权豁免的任何抗辩或例外的任何权利。"[1] 由此可见，法国承认以合同的方式放弃豁免权。

默示放弃与明示放弃豁免是相对的，非以言语或书面方式表达放弃豁免权利的方式。默示豁免多见于国家直接参与诉讼过程的形式。《欧洲国家豁免公约》第1条、第3条对于默示豁免的形式都有相关规定，法国作为该公约成员国，应当遵从其规定。概括而言，默示放弃豁免的形式具体有两种：其一，提起诉讼或参与诉讼；其二，提起反诉。需要注意的是，出庭并不代表该国放弃豁免，如果出庭是为了主张其国家豁免权，则不得视为其放弃豁免。默示放弃豁免权利在各国实践中也得到了比较广泛的运用。

二、仲裁协定与放弃豁免

在涉及私法范围内的协议中具体规定放弃豁免条款时，法国在该种情形下一

---

[1] 参见张露藜：《国家豁免专论》，中国政法大学博士学位论文，2005年，第113页。

般认为外国国家放弃其豁免权利。[1] 本部分将重点分析法国对于仲裁协定与放弃国家豁免的联系持何种立场。

仲裁指双方当事人在争议发生前或发生后将涉及的争端提交给第三者裁决,其裁决结果对双方当事人都具有约束力的制度。仲裁与法院管辖是两者取其一的关系,选择以仲裁方式解决争议一般来说就必须放弃将该争议事件提交到法院由法庭审理的方式。正因为仲裁与法院判决的特殊关系,仲裁行为与放弃豁免权的关系也比较复杂。

在"伊朗伊斯兰共和国等诉欧罗蒂夫公司案"中,伊朗和法国在1975年就反应堆项目有合作协定,并规定了仲裁条款。但是,由于伊朗的伊斯兰革命,合作项目被迫中止,欧罗蒂夫公司向巴黎商事法院请求扣押伊朗在法国的财产,而伊朗则主张国家管辖豁免与执行豁免。该案经过巴黎上诉法院和法国最高法院审理。最后,法国最高法院在1984年作出决定认为:"同意上诉法院关于外国同意仲裁不等于放弃执行豁免的观点",但另一方面其又认为外国执行豁免不是绝对的,并基于上诉法院没有对有关财产的用途进行分析而撤销了上诉法院的判决。[2]

在1986年的"法国公司诉南斯拉夫政府案"中,涉案法国公司与南斯拉夫政府签订合同,负责其境内地铁线路的建设工作,双方在合同中规定了仲裁条款。但是,南斯拉夫并没有付清修建该地铁的全部款项。于是,法国公司将该案提交到仲裁机构裁决并要求执行该裁决,而南斯拉夫则以国家豁免权为由拒绝履行义务。最终,法国上诉法院驳回了南斯拉夫的诉求,并给出理由:"合同中规定的仲裁条款意味着放弃国家豁免的权利。"[3] 在这个案例中,法国法院认为外国国家订立了仲裁条款就意味着放弃国家豁免,其主体地位相当于私人,受到仲裁裁决的约束。

这两个案例从国家豁免的两个方面展现了法国法院对于仲裁协议与国家豁免的关系,即仲裁协议与管辖豁免、执行豁免的关系的态度。在后一个案件中,法国法院明确判决,签订仲裁协议即放弃国家管辖豁免;在前一个案件中,法国法院则认为仲裁协议并不能直接导致放弃国家执行豁免的权利。从这两个案件来看,我们不难发现,法国法院对外国国家以国家豁免为由不履行仲裁协定的行为持较为严谨的态度,即区分国家的管辖豁免与执行豁免。

---

[1] See Gtoran Melander, Waiver of Immunity, 45 *Nordisk Tidsskrift Int'l Ret* 22 (1976), p. 31.

[2] 参见龚刃韧:《国家豁免问题的比较研究——当代国际公法、国际私法和国际经济法的一个共同课题》(第二版),北京,北京大学出版社2005年版,第196页。

[3] See Gerhard Hafuer, Marceco G. Kohen, and Susan Breau, *State Practice Regarding State Immunities*, Martinus Nijhoff Publishers, 2006, p. 209.

第四节　法国国家豁免实践中的管辖豁免例外情形

在当今，很多国家都持限制豁免理论，尤其是已有相关专门立法的国家。虽然法国在国家豁免方面没有相关专门立法，但在司法实践中表现出了限制豁免的倾向。限制豁免主义是指在某些情形下国家不得援引豁免而拒绝管辖或执行。本部分将结合法国法院的司法实践从商业交易行为例外、征收行为例外与雇佣合同例外三种例外情形展开分析。

一、商业行为例外

法国将国家行为分为公法行为与私法行为。国家从事商业交易的行为就属于私法行为的范畴。判断国家行为性质的标准主要有两种，即"性质标准"与"目的标准"。

20世纪70年代，法国在司法实践中确立了国家限制豁免的立场，在其后的判决中，法国大量的案例拒绝外国国家在从事商业行为时享有管辖豁免权。较为有代表性的案例是"西班牙诉乔治五世饭店股份公司案"。在该案中，西班牙政府在法国租了一栋房屋，并交由西班牙旅游局使用，后来在房产所有者和西班牙政府间发生了纠纷，西班牙主张国家豁免权。然而，法国最高法院最终确定西班牙政府租借房屋行为的性质是商业行为，并驳回了西班牙政府国家豁免权利的请求，法院认为："双方的房租协议应该受私法规则的调整。"[1] 法国法院采取"性质标准"，认定西班牙政府的行为性质属于商业行为，所以不受豁免制度的保护。

虽然在实践中法国对于适用"目的标准"抑或"性质标准"并未形成一贯做法，但即便如此，法国仍然坚持外国国家从事商业行为不受豁免制度的调整，这在该案以及前文所述案件中均有体现。

二、征收行为例外

外国国家的征收行为一直是国家豁免制度中一个特殊但是不容忽略的问题。尤其在"二战"之后，殖民地纷纷独立，许多发展中国家为了维护本国经济的健康发展对在本国的外国公司财产进行征收。征收行为的性质究竟属于商业行为还是国家的主权行为，这个问题关系到国家豁免制度能否适用于该领域。有理论认为，征收行为属于公法行为，在国家豁免调整的范围之内。其理论基础在于，征收行为发生在外国国家的领土之内，是该外国的主权行为，不受他国的干涉。

---

[1] See Gtoran Melander, Waiver of Immunity, 45 *Nordisk Tidsskrift Int'l Ret* 22 (1976).

关于法国对国家征收行为的立场，本部分将通过具体案例进行分析。在1978年的"阿尔及利亚商业公司诉桑帕克案"中，阿尔及利亚通过其国有的商业公司将由两名法国人开的食品制造公司收归国有，法国公司要求赔偿并遭到拒绝。该案最后由法国最高法院审理并作出判决："最高法院支持阿尔及利亚该国有公司享有豁免权，认定其获得法国公司财产的行为是由阿尔及利亚政府直接导致的，所以法国公司的起诉行为实质上针对的是阿尔及利亚政府。"[1] 从这个案件中，我们可以分析得出，法国法院认为外国国家的征收行为属于主权行为，受到国家豁免制度的调整。即使征收行为是由国家所有的公司所从事的，其也同国家在征收问题上享有平等的地位。

但是，法国法院对于外国国家的征收行为是否能够享有国家豁免的问题，立场并非一贯不变。在前述案件判决一年后，相同的法院对类似的案件作出了截然不同的判决。在1979年的"国家公路运输公司诉阿尔及利亚转口和租船公司等案"中，法国最高法院否定了阿尔及利亚国有公司的豁免权，其依据在于，"外国国家剥夺财产的行为如果没有相应的补偿，则在法国不产生法律效力。"[2] 从这两个案例可以得知，法国对于外国国家通过国有企业进行国有化的行为的判例存在不一致性。因此，法国对国家征收行为是否适用国家豁免制度调整这一问题的态度还存在着不确定性。

三、雇佣合同例外

在传统国家实践中，一般都给予作为雇主的国家以豁免权，这一豁免权反映了国内法给予作为雇主的国家和作为雇主的私人以完全不同的待遇。同时，国家在雇佣合同中的豁免权也是基于习惯国际法的原则，即国家的内部机构由该国的国内法决定。为了保护国家的行政权力，国际法也确认下列原则，即国家的行政权力使得国家内容机构在任命代表其利益的个人时有排他的权利。这一国际习惯法原则在联合国《国家对国际不法行为的责任条款草案》中得到了确认，该草案的第4章第2条规定："国家机构包括具有与国家机构地位相同的、与国家的国内法一致的个人和实体。"[3]

但是，订立雇佣合同本质上属于一种私法行为。随着限制豁免理论被欧洲大陆国家所逐渐接受，订立雇佣合同的行为可能不再受国家豁免制度的保护，因此，雇员和雇主都可能受到国内相关法律的规制。对于雇佣合同这一问题，《欧

---

[1] See Xiaodong Yang, *State Immunity in International Law*, Cambridge University Press, 2012, p. 301.
[2] See Xiaodong Yang, *State Immunity in International Law*, Cambridge University Press, 2012, p. 301.
[3] See UNGA Resolution 56/83, 12 December 2001, Annex: Responsibility of States for Internationally Wrongful Acts, Art. 4 (2).

洲国家豁免公约》亦有相关规定。该公约第5条规定了雇佣合同作为国家豁免的例外情形，即原则上合同中的当事国不享有豁免的权利，但是，当个人在提起诉讼时是缔约国的国民，或合同订立时，个人既不是法院地国的国民，也没有在法院地国经常居住，那么雇佣国享有管辖权。

法国是该《欧洲国家管辖豁免公约》的缔约国，该公约有关雇佣合同的例外条款可以反映出法国的基本立场。但是，要探究法国对于国家雇佣行为是否享有豁免的问题，仍须通过具体案件进行分析。

法国法院通过雇员职能的性质来分析雇佣合同是否受到豁免制度的调整。在"可可诉阿根廷共和国案"（Coco v. Argentina）中，原告以一名助理的身份被阿根廷驻巴黎大使馆的新闻部所聘用，其职责在于为阿根廷政府搜集、整理和翻译相关信息。后原告被解雇，其起诉阿根廷政府。法国最高法院根据该原告的职能性质否定了阿根廷的国家豁免权，其依据在于："该雇员的职能仅限如此，他没有对公共服务承担特殊的责任，其被辞退的行为仅仅是普通的行政行为（私法行为）"。[1]

值得注意的是，《欧洲国家管辖豁免公约》第5条表明，诉讼中外国与个人之间的雇佣合同必须在法院地国家的领土内履行。这条规定涉及领土联系。而领土联系是指外国国家的行为与法院地国家领土之间的相关关系。法国法院曾经表达其观点认为："在法国领土范围的雇佣合同，如果该法国雇员在研究所从事与政府、外交或公共事务无关的活动，那么被告国家的地位相当于合同中的雇主，受私法的调整。"[2]

通过对法国法院判决观点的分析，我们可以发现：其一，如果雇佣合同的性质属于商业性质，那么合同中的国家不受豁免制度的保护；其二，只要外国国家涉及的雇佣合同与法国存在领土联系，且雇员从事与公共事务无关的事务，那么该外国国家不受豁免制度的调整。

第五节　法国国家豁免实践中的执行豁免

正如前述，法国在20世纪初逐渐从绝对豁免主义转向限制豁免主义，并在1969年"铁路运输案"中确定了限制豁免理论在实践中的主导地位。然而，此处所涉绝对豁免主义和限制豁免主义仅针对的是国家的司法管辖豁免，而对于执行豁免这个问题，法国的相关实践与司法管辖豁免的相关理论与实践并不同步。

---

[1] See Xiaodong Yang, *State Immunity in International Law*, Cambridge University Press, 2012, p. 167.

[2] See Xiaodong Yang, *State Immunity in International Law*, Cambridge University Press, 2012, p. 174.

法国一直坚持将管辖豁免与执行豁免分离开来。[1] 将管辖豁免与执行豁免分别看待意味着外国国家丧失管辖豁免的权利并不必然导致执行豁免权利的丧失，并且，如果当事人放弃管辖豁免并参与诉讼，也不能推断其必然放弃执行豁免的权利。

一、国家财产的执行豁免

国家财产能否被执行是豁免制度一个重要的问题。在"英格兰人诉捷克斯洛伐克国家银行案"（Englander v. State Bank of Czechoslovakia）中，在法国居住的英格兰人对捷克斯洛伐克国家银行享有 100 000 克朗的债权，其行使权利遭到拒绝后向法国法院提起诉讼，并要求法院扣押该银行在北欧商业银行的存款。该案经过上诉法院的审理并最后由法国最高法院作出判决。法国最高法院认为："执行豁免不应当建立在无法区分公共财产和私人财产的基础上，且在银行中只有一部分财产属于捷克斯洛伐克国家。"[2] 从这个案件可以看出，法国法院在实施执行措施时将公共财产和私人财产作出了区分，这暗示了国有企业的财产并不是国家财产的一部分，不享有豁免的权利。在判断外国国家财产是否享有免于执行的权利时，法国法院倾向于区分外国国家财产的性质并针对具体问题进行具体分析。

在"欧洲气体扩散公司诉伊朗案"（Eurodif v. Iran）中，法国法院进一步明确了国家财产执行的范围。法国最高法院作出判决："如果执行涉及的国家财产被用作经济或者商业的目的，且该种交易具有私法性质，那么国家不享有豁免权。"[3]

然而，并非所有涉及国家财产执行的案件都会区分外国国家财产与私人财产。正如前诉的"克莱热诉北欧商业银行案"中，法院直接认定国家财产享有绝对的豁免权，而不分析该财产是否有一部分具有私人的性质。对于这个问题，巴黎大学教授保罗拉格德进行了阐释，"当财产属于独立于国家的实体时（如"英格兰人诉捷克斯洛伐克国家银行案"），则推定财产不受主权豁免的保护。但是，如果财产直接属于国家，则相反"。[4] 由此可见，法国在国家财产执行豁免问题上采取的态度和立场如下：第一，管辖豁免与执行豁免不一定同步，外国国家接受法国法院管辖不等于丧失了财产执行豁免的权利；第二，在判断国家财产时严格区分国家财产与国有企业财产，并判断国家财产使用目的，如果目的不具有公法性质，则国家财产不受豁免制度的保护。

---

[1] See Xiaodong Yang, *State Immunity in International Law*, Cambridge University Press, 2012, p. 360.

[2] See Jan-Anders Paulsson, Sovereign Immunity from Execution in France, 11 *Int'l L.* 673 (1977), p. 676.

[3] See Gerhard Hafuer, Marceco G. Kohen, and Susan Breau, *State Practice Regarding State Immunities*, Martinus Nijhoff Publishers, 2006, p. 149.

[4] See Jan-Anders Paulsson, Sovereign Immunity from Execution in France, 11 *Int'l L.* 673 (1977), p. 677.

二、诉讼过程中的执行豁免

前一小节涉及国家财产的执行豁免问题,是从静态地针对执行标的(即国家财产)的适用目的或性质等方面进行的分析。而本小节将从动态的过程角度,对法国的执行豁免相关情况进行分析。

在法国,执行措施包括判决前的执行措施与判决后的执行措施。其中,判决前的执行措施,相当于中国的保全措施,其目的在于保护诉讼当事人的权利,防止债务人挥霍财产,使得最终判决不能有效的执行。因此,在法国,执行豁免亦包括判决前的执行豁免以及判决后的执行豁免两个方面,豁免制度及于临时措施和最终判决后的强制措施。

在"扎伊尔航空公司诉高蒂尔案"(Société Air Zaire v. Gauthier)中,就涉及采取临时执行措施的情形。扎伊尔(Zaire)航空公司的两名前飞行员就被解雇后的赔偿问题提起诉讼,并要求法院扣押在法国机场的该公司的飞机以便财产保全。该案中,法国上诉法院指出:"适用于外国财产的执行豁免不是绝对的,在例外情形下,只要被扣押的财产是根据该国的意愿分配用于纯粹商业目的的,就可以不予豁免。"[1] 由此可见,判决前的临时措施在法国也受到国家豁免制度的调整。在实践中,我们需要注意对判决前的和判决后的执行豁免予以区分。

---

[1] See Xiaodong Yang, *State Immunity in International Law*, Cambridge University Press, 2012, pp. 379-380.

第七章 荷兰的国家豁免理论与实践

第一节 荷兰国家豁免理论与实践的发展历史

国家豁免问题一直是国际法领域中一个非常重要的议题,其可以回溯到最初的古老法谚"平等者之间无管辖权"(*par in parem non habet jurisdictionem*)所体现的国家主权平等和主权豁免观念。[1] 由于尼德兰革命和工业革命所带动的一系列政治、经济上的深远影响,包括荷兰在内的欧洲各国的政府机关取代了君主专制下的君主而成为国家对外交往的主要代表机关。随着近现代国家交往形式的多样化,各国政府的对外交往逐渐扩大到经贸等其他领域。正是在这样的历史背景之下,国家豁免原则在荷兰逐步得到承认和发展。在这一发展历程中,工业革命为国家豁免的确立和发展奠定了经济基础,资产阶级革命为国家豁免的确立和发展奠定了政治基础,而近代各国政府的对外活动超出传统的外交领域、扩大到经济及其他领域,政府职能的扩张为国家豁免理论的发展、推动实践进步提供了直接的契机。

早在1668年,荷兰发生过一起涉及外国国家财产法律地位的事件。在西班牙国王的债权者的请求下,3艘西班牙军舰在荷兰港遭到扣押。对此,西班牙大使提出了抗议。不久荷兰议会向法院发出立即释放西班牙军舰的命令。[2] 对于该事件,荷兰的国际法学者宾刻舒克曾评论认为,荷兰没有对西班牙军舰行使管辖,与其说是根据国际法上的原则,不如说是基于国家政策的考虑。[3] 虽然这个事件很难说是有关国家豁免方面的先例,但在一定程度上反映了国家豁免的观念,同时也体现出荷兰在国家豁免问题上的特点。不同于以英、美等国为代表的英美法系国家,荷兰作为大陆法系国家,对国家豁免的承认相对于其他欧洲国家较晚,在国家豁免方面的立法发展缓慢,目前还没有专门针对国家豁免方面的立法,并且其判例受到政府意见以及国内立法影响较大。在荷兰国内立法实践中,涉及国家豁免的最重要的国内立法,是关于一般立法原则的1829年5月15日法令的第13条a项规定。1917年,荷兰议会通过了一个由荷兰政府提出的对1829

---

〔1〕 参见[法]巴托尔:《论报仇》,1354年,转引自李浩培:《李浩培文选》,北京,法律出版社2000年版,第528页。

〔2〕 参见[荷]宾刻舒克:《使节论》,牛津出版社1940年版英译本,第150-151页,转引自龚刃韧:《国家豁免问题的比较研究——当代国际公法、国际私法和国际经济法的一个共同课题》(第二版),北京,北京大学出版社2005年版,第12页。

〔3〕 参见[荷]宾刻舒克:《使节论》,牛津出版社1940年版英译本,第151页,转引自龚刃韧:《国家豁免问题的比较研究——当代国际公法、国际私法和国际经济法的一个共同课题》(第二版),北京,北京大学出版社2005年版,第12页。

年法律的修正案，即在该法律第 13 条和第 14 条之间加入一个新条款（即 a 项条款）。按照这个新条款的规定，"法官的司法权限、司法判决以及被确证的法令的执行可能性，应受国际法上所承认之例外的限制。"[1] 荷兰外交部和司法部在 1917 年曾作出一项声明：根据一般公认的国际法，一个国家通常不服从外国法院的管辖，除非该国自愿服从管辖。[2] 从荷兰的这一官方解释上看，荷兰早期遵循的是绝对主义豁免立场。从长期积累的司法实践判例来看，个别的判决也体现出限制主义豁免的倾向，但在多数有关外国国家豁免判例中，似乎都遵循荷兰政府的意见，采用绝对主义豁免的立场。

荷兰最初基本坚持绝对豁免主义的立场，在"二战"之后却又较早而彻底地转向限制豁免主义立场。荷兰在国家豁免方面的观点体现在《荷兰政府对联合国法律顾问提出的二十个问题的答复》中以及相关的判例实践之中。此外，荷兰也是许多重要的国家豁免公约的当事国。这些国家豁免公约中所体现的立场在一定程度上也体现了荷兰在豁免问题上的态度和立场。1926 年，一些欧洲国家和个别拉丁美洲国家在布鲁塞尔签订了《统一关于国有船舶豁免的某些规则的公约》（Convention for the Unification of Certain Rules Relating to the Immunity of State-owned Vessels），规定国家所有或由国家经营的从事客货运输的船舶及该国家本身均应服从与私有船舶同样的责任规则，并应适用同样的法院规则和诉讼程序。该公约的基本精神是将国有船舶区分为两大类，即外国政府商船和其他国有船舶（如军舰、巡逻船舶、医院船、辅助舰以及供应舰等），并规定外国政府商船和私人船舶一样在国内法院不享有管辖豁免。[3] 例如，该公约第 1 条规定："国家所有或国家经营的海船，国家所有货物、政府船舶所载货物或旅客，以及对此项船舶有所有权或经营此项船舶或载运此项货物所发生的要求，均应服从适用于私有船舶、货物和设备的同样的责任规则和同样义务。"[4] 第 2 条规定："为了实施此项责任和义务，应适用于私有商船和货物及其所有人所适用的同样法庭规则、同样诉讼和同样程序。"[5] 荷兰是"二战"前该公约 13 个批准国[6]之一，该公约反映了国有船舶方面出现限制政府商船管辖豁免的倾向。荷兰也是 1958 年《公

---

[1] See United Nations Publication, *Materials on Jurisdictional Immunities of States and their Property*, ST/LEG/SER.B/20 (1982), p. 587.
[2] See F. Enderlein, The Immunity of State Property from Foreign Jurisdiction: Doctrine and Practice of Netherlands, 10 *Netherlands International Law Review* 111 (1979), p. 122.
[3] 参见龚刃韧：《国家豁免问题的比较研究——当代国际公法、国际私法和国际经济法的一个共同课题》（第二版），北京，北京大学出版社 2005 年版，第 96 页。
[4] 参见《国际条约集（1924-1933）》，北京，世界知识产权出版社 1961 年版，第 236 页。
[5] 参见《国际条约集（1924-1933）》，北京，世界知识产权出版社 1961 年版，第 236 页。
[6] 《统一关于国有船舶豁免的某些规则的公约》的 13 个批准国是比利时、巴西、智利、爱沙尼亚、匈牙利、波兰、德国、荷兰、意大利、罗马尼亚、丹麦、瑞典和挪威。

海公约》(Convention on the High Seas)和《领海及毗连区公约》(Convention on Territorial Waters and Contiguous Areas)的成员国,其曾在批准该公约的法令的一份解释性备忘录中指出:"荷兰政府同英国和美国的意见一致,认为确立用于商业目的的国有船舶和私有商船的平等待遇具有一般的重要性。"[1] 1972年5月16日,荷兰会同奥地利、比利时、塞浦路斯、联邦德国、卢森堡、瑞士、英国签订了《欧洲国家豁免公约》。该公约被认为是在总体上放弃绝对豁免主义的区域性国际公约,其详细地规定了国家在何种具体情况下不得主张豁免,而法院必须审查引起争端的行为是公法上的主权行为还是私法上的管理权行为,以便决定是否给予豁免。2004年12月16日通过的《联合国国家及财产豁免公约》标志着国家及其财产豁免原则的演变进入了一个新的里程碑,迈出了国际统一立法与司法实践的实质性的一步。只是,《联合国国家管辖豁免公约》至今尚未生效。

从司法实践来看,荷兰在国家豁免上的立场摇摆不定,从总体上呈现出从绝对豁免向限制豁免转变的趋势。"荷兰莱茵银行诉穆利格联盟案"(Nederlandse Rijnbank, Amsterdam v. Mühlig Union)[2]、"凯波伦特有限公司诉伊朗国家石油公司案"(N.V. Cabolent v. National Iranian Oil Company)[3]和"欧洲自愿流动研究与实施协会诉南斯拉夫社会主义联邦共和国案"(Société Européenne d'Etudes et d'Entreprises en liquidité volontaire v. Socialist Federal Republic of Yugoslavia)[4]这三个案件体现了荷兰在"二战"后彻底转向限制豁免主义。在荷兰长期的司法实践中出现了在绝对豁免主义和限制豁免主义之间摇摆、前后矛盾的情形,例如,1900年,荷兰法院对比利时政府特许经营的铁路的一家公司增加运费而对比利时国家提起的诉讼进行判决[5];1921年,阿姆斯特丹地方法院在审理"南非诉赫曼·格罗特案"(Union of South Africa v. Herman Grote)[6]中也体现出限制豁免的立场。而在1923年,荷兰多德雷赫特地方法院在"阿德福卡特诉舒丹克和比利时案"(Advokaat v. Schuddinck and the Belgian State)中认为,外国国家管辖豁

---

[1] See C.C.A. Voskuil, The International Law of State Immunity, as reflected in the Dutch Civil Law of Execution, 10 *Netherlands Yearbook of International Law* 245 (1979), p. 266.

[2] See H. Lauterpacht, The Problem of Jurisdictional Immunities of Foreign States, 28 *British Year Book of International Law* 220 (1951), p. 263.

[3] See United Nations Publication, *Materials on Jurisdictional Immunities of States and their Property*, ST/LEG/SER.B/20 (1982), p. 344.

[4] See United Nations Publication, *Materials on Jurisdictional Immunities of States and their Property*, ST/LEG/SER.B/20 (1982), p. 355.

[5] See H. Lauterpacht, The Problem of Jurisdictional Immunities of Foreign States, 28 *British Year Book of International Law* 220 (1951), p. 263.

[6] See H. Lauterpacht, The Problem of Jurisdictional Immunities of Foreign States, 28 *British Year Book of International Law* 220 (1951), p. 263.

免原则最初只适用于外国国家的主权行为,但逐渐也被适用于这些情形,即一个国家由于职能不断扩大,并为了满足公共需要,而从事具有私法性质的行为,[1]这体现了绝对豁免的观点;1942 年,在"韦伯诉苏联案"[2]中,荷兰同样持绝对豁免的观点。但是,就荷兰司法实践的总体趋势而言,荷兰由最初的绝对豁免主义立场向战后限制豁免主义立场转变。1958 年"克罗尔诉印度尼西亚银行案"(Select Krol v. Bank Indonesia)中,阿姆斯特丹上诉法院判决外国国家银行的雇佣合同行为属于司法行为,不享有管辖豁免。[3]此外,荷兰在一些双边协议中与对方缔约国确立和发展了国家豁免中的具体问题的操作。例如,1956 年荷兰与美国缔结了《友好、通商和航海条约》,在该双边协议中确定国家所有或控制的企业从事工商业等活动不享有豁免。[4]1967 年荷兰与英国缔结了《关于民事判决承认和执行问题的条约》,该双边协议包含了涉及对国家及其财产的判决的承认和执行的条款。[5]

此外,荷兰政府在对联合国法律顾问向各国提出的关于国家豁免的二十个问题的答复中,也体现了荷兰的限制豁免主义立场。其认为,绝对主义豁免在荷兰实践中不适用;在涉及商业合同和侵权行为的案件中,外国国家在荷兰不享有豁免;区分"公共行为"和"非公共行为"的决定因素是私法调整的交易的性质,而不是实施这种交易的目的,并且认为互惠在原则上不适用于赋予豁免问题。[6]

需要注意的是,我们不能简单地依据荷兰政府的意见和司法实践所表现出的倾向,而精确地将荷兰的立场归纳为绝对豁免主义或是限制豁免主义,认为荷兰在国家豁免问题上所持的立场是一成不变的。实际上,荷兰的有关实践处于不断的发展和变动之中,在不同的时期、不同的案件中会相应地侧重某一种立场。

第二节　荷兰国家豁免实践中的豁免主体

提到国家豁免问题,不可避免要探讨的是享有豁免的主体问题。国家豁免

---

[1] See Advokaat v. Schuddinck and the Belgian State, 2 *Annual Digest of Public International Law Cases* 133 (1933), p. 133.
[2] See Weber v. Union of Soviet Socialist Republics, 11 *Annual Digest and Reports of International Law Case* 140 (1947), p. 140.
[3] See Krol v. Bank Indonesia, 26 *International Law Reports* 180 (1963), p. 180.
[4] See United Nations Publication, *Materials on Jurisdictional Immunities of States and their Property*, ST/LEG/SER.B/20 (1982), p. 134.
[5] See United Nations Publication, *Materials on Jurisdictional Immunities of States and their Property*, ST/LEG/SER.B/20 (1982), p. 264.
[6] See United Nations Publication, *Materials on Jurisdictional Immunities of States and their Property*, ST/LEG/SER.B/20 (1982), p. 355.

的主体问题主要涉及哪些机关以及个人有权在外国法院代表国家并援引管辖豁免。[1]从国际实践看，享有国家豁免的主体一般是国家及其财产、国家元首、政府首脑和外交代表；国家部队、政府船舶、军舰和航空器一般也享有国家管辖豁免。国家是享有国家豁免的当然主体，那么怎样界定享有国家豁免意义上的国家？除国家外，国际组织、特定实体或地区等其他主体是否也享有国家豁免？本部分将从国家豁免理论和实践分别对国家、国家机关、国家机构或部门、国有企业的豁免情形进行分析。

界定什么是国家是各国法院决定给予外国国家豁免的基础性前提。国家是一个抽象的概念，各国对于国家概念的认识以及各种国际公约对国家概念所下的定义各不相同。按照国际法经典学说的定义，具有一个主权的政府是国家意义上"国家"必须具备的基本要素之一。[2]根据2004年《联合国国家及其财产管辖豁免公约》第2条第2款对国家的定义，国家包括：（1）国家及其政府的各个机关；（2）有权行使主权权力并以该身份行事的联邦国家的组成单位和国家政治区分单位；（3）国家机构、部门和其他实体，但必须它们有权行使并且实际在行使国家的主权权力；（4）以国家代表身份行事的国家代表。由此可见，这一问题的关键并不在于国家这个概念的本身，而是确定到底哪些个人或实体能对外代表国家或经过国家的授权从事国家行为。根据该公约的规定，除国家外，国家机构、部门或其他实体在有权行使国家权力并实际正在行使国家主权权力时也享有国家豁免。然而，在国际实践中对于非主权实体是否享有国家豁免，各国采取的立场则各不相同，没有统一规则，具体取决于各国法院根据案件情形的自由裁量。荷兰对于非主权实体享有国家豁免是持否定态度的。在1951年"特克诉荷兰、苏里南、印度尼西亚案"（Ter K. v. State of the Netherlands, Surinam and Indonesia）中，荷兰海牙地方法院认为被告之一的印度尼西亚由于已经成为独立主权国家，因而不再服从荷兰法院的管辖。[3]

在国家作为国家豁免主体的问题上，还有一个重要方面便是国家豁免主体资格的取得与国家承认的关系。关于国内法院是否把承认作为给予外国国家豁免的必要前提，各国在学说和司法实践中也存在分歧。正如承认不单纯是一种单方法律行为更是一种政治行为一样，能否将承认作为享有管辖豁免资格的必要前提

---

[1] 参见龚刃韧：《国家豁免问题的比较研究——当代国际公法、国际私法和国际经济法的一个共同课题》（第二版），北京，北京大学出版社2005年版，第128页。

[2] [英]劳特派特修订：《奥本海国际法：上卷（第一分册）》，石蒂、陈健译，北京，商务印书馆1971年版，第96-97页。

[3] See Ter K. v. State of the Netherlands, Surinam and Indonesia, 18 *International Law Reports* 233 (1957), p. 233.

也不单纯是一个法律问题。各国在这一问题上的做法与关于承认行为性质的国际法学理论密切相关。关于承认的性质，国际法理论上主要有"宣告说"和"构成说"。荷兰在判例实践中比较明显地倾向于承认的"宣告说"，因此，在承认与国家豁免资格的关系上，荷兰采纳以外国国家的存在事实作为决定管辖与豁免的基础。荷兰的实践表明，国家豁免中所包含的"国家"的概念应在国际法范围内加以确定，法院所在国的宪法规定和行政部门的政策，甚至有关外国的法律中的概念对此均没有决定的意义。因此，荷兰行政部门事实上或法律上承认外国国家与否，并不影响法院就该外国国家豁免问题作出独立判断。阿姆斯特丹上诉法院在审理"韦伯诉苏联案"时，荷兰政府并没有承认苏联，但该法院仍确信苏联享有豁免。

至于外国国家的公共实体在荷兰是否享有豁免，荷兰认为依照国际法的现行规则它们不享有管辖豁免的特权地位。然而，在1941年阿姆斯特丹地方法院审理苏联拉脱维亚共和国被诉案时却赋予了拉脱维亚共和国豁免，理由是苏联的共和国应当享有与苏联相同的豁免权。[1]

对于外国国家机构或部门是否享有国家豁免在各国以及国际实践中是有争议的，主要有"结构主义"和"职能主义"两种代表性观点。"结构主义"认为有独立法人资格的国家机构或部门不享有国家豁免权；"职能主义"则不问是否具有独立法人资格，只要国家机构或部门所作出的行为具有行使国家权力的性质，就应该享有援引国家豁免权的资格。"结构主义"实质上是一种主体标准，而"职能主义"实质上是一种行为标准。[2] 从荷兰的判例实践看，荷兰法院在决定外国实体的管辖豁免问题上，主要采用结构主义立场，但同时也在一定程度上考虑到了行为的性质。[3] 1956年，在"卡伯伦特有限公司诉伊朗国家石油公司案"（N.V. Cabolent v. National Iranian Oil Company）[4] 中，荷兰海牙地方法院认为伊朗国家石油公司属于伊朗政府部门，缔结石油开发协定是一种主权行为，因而法院对此案无管辖权。在该案的上诉程序中，海牙上诉法院指出伊朗国家石油公司没有完全受政府的指挥或控制，经营具有独立性且资金来源不具有公共性，因而不应将其归属于伊朗的政府部门。此外，上诉法院还认为石油开发协定的签署不是主权行为，具有私法性质，因而法院对此有管辖权。

---

〔1〕 See C.C.A. Voskuil, The International Law of State Immunity, as reflected in the Dutch Civil Law of Execution, 10 *Netherlands Yearbook of International Law* 245 (1979), p. 245.
〔2〕 参见龚刃韧：《国家豁免问题的比较研究——当代国际公法、国际私法和国际经济法的一个共同课题》（第二版），北京，北京大学出版社2005年版，第148页。
〔3〕 参见龚刃韧：《国家豁免问题的比较研究——当代国际公法、国际私法和国际经济法的一个共同课题》（第二版），北京，北京大学出版社2005年版，第150页。
〔4〕 See N.V. Cabolent v. National Iranian Oil Company, 47 *International Law Reports* 138 (1974), pp. 138-139.

第三节　荷兰国家豁免实践中的管辖豁免

国家豁免的内容就广义而言应包括整个司法程序，即从诉讼的提起或成立、传票的送达、调查、审查、讯问、能够构成临时措施的命令，到作出判决之各种情况的决定，以及这些判决的执行等，但一般主要指两部分，即司法管辖豁免和执行豁免。[1] 其中，国家管辖豁免主要是指一个国家及其财产免受其他国家国内法院的司法管辖。[2] 管辖豁免涉及许多方面的问题，本节主要从荷兰在管辖豁免上所坚持的基本原则、主权行为与商业行为的区分、管辖豁免的放弃以及管辖豁免的例外等方面分析荷兰国家豁免实践中的管辖豁免情况。

一、荷兰国家豁免实践中管辖豁免的基本原则

19世纪后半叶，国家豁免原则已被国际法学者广泛承认，由于对这一原则的具体适用范围的见解不同，出现了绝对豁免主义和限制或豁免主义两种不同的理论派别。绝对豁免理论认为国内法院对外国的任何行为都没有管辖权，除非外国同意；而限制豁免理论主张将国家行为分为"统治权行为"（acta jure imperii）和"管理权行为"（acta jure gestionis），国家豁免原则只能适用于统治权行为而不适用于管理权行为。

荷兰在管辖豁免上所持的立场呈现出由绝对豁免主义向限制豁免主义转变的过程。19世纪到20世纪中期，荷兰判例支持绝对豁免主义。荷兰法院在审理涉及国家豁免的案件时受到政府意见的影响较大。1917年，荷兰外交部和司法部曾作出一项声明：根据一般公认的国际法，一个国家通常不服从外国法院的管辖，除非该国自愿服从管辖。[3] 从荷兰政府的官方解释看，荷兰法院在这一时期遵循了绝对豁免主义。1942年"韦伯诉苏联案"（Weber v. Union of Soviet Socialist Republics）[4] 是一个表明荷兰持绝对豁免主义立场的例证。在该案中，阿姆斯特丹上诉法院在判决中指出，对国家主权的承认和尊重，不允许有外国法院对一个国家行使管辖权，所谓的"统治权行为"和"管理权行为"的区分是不适当的，也是行不通的，因为公法职能和私法职能这两种要素经常是混合在同一国

---

[1] See Louis Henkin, Richard C. Paugh, Oscar Schachter et al., *International Law: Case and Materials* (3rd), West Publishing Co, 1993, p. 1127.
[2] 参见龚刃韧：《国家豁免问题的比较研究——当代国际公法、国际私法和国际经济法的一个共同课题》（第二版），北京，北京大学出版社2005年版，第1页。
[3] See F. Enderlein, The Immunity of State Property from Foreign Jurisdiction: Doctrine and Practice of Netherlands, 10 *Netherlands International Law Review* 111 (1979), p. 122.
[4] See Weber v. Union of Soviet Socialist Republics, 11 *Annual Digest and Reports of International Law Case* 140 (1947), p. 140.

家的同一行为之中的。阿姆斯特丹上诉法院还认为，国家的所有行为都是主权行为，因而拒绝对该案行使管辖权。但是，如前所述，就荷兰司法实践的总体趋势而言，荷兰已由最初的绝对豁免主义立场向"二战"后的限制豁免主义立场转变。

二、荷兰国家豁免实践中管辖豁免的放弃

管辖豁免的放弃，是指同意某一外国国家的国内法院行使管辖权。荷兰承认外国国家通过明示方式选择法院和在法院诉讼中采取足够证明接受法院管辖权的行为放弃豁免。一个明确表示同意选择法院接受管辖的国家，不可能又在被选择的荷兰法院成功地主张豁免。尽管如此，荷兰法院可以把外国国家同意法院选择作为事实问题，即指明有关法律关系是私法性质的，因而确定该国进入这种法律关系是从事管理权的行为。例如，荷兰法院把外国国家与私人缔结仲裁协议的情况视为表明与仲裁合同相联系的法律关系具有私法性质。[1]

三、荷兰国家豁免实践中管辖豁免的例外

管辖豁免的例外有许多情形，从国家实践和国际公约的规定看，有商业行为的例外、雇佣合同的例外、国家同意、人身损害和财产损害例外等情形。其中商业行为的例外是主要的豁免例外情形。随着限制豁免主义在实践中受到越来越多国家的接受，许多国家的法院主张对国家的"管理权行为"进行管辖，从而形成了一些不得援引国家豁免原则的诉讼，即管辖豁免的例外情形。

2004年《联合国国家及其财产管辖豁免公约》第三部分列举了8种管辖豁免的例外情形，这八种情形是各国判断管辖豁免例外的重要参考：第一，国家与外国自然人或法人从事的商业交易，但国家之间进行的商业交易或者该商业交易的当事方另有明确协议的情况则不在此限；第二，雇佣合同，但是如果国家间另有协议，或者雇佣是为了履行政府权力方面的特定职能或者被雇佣者是外交代表、领事官员或常驻国际组织的代表则不受此限；第三，人身伤害和财产损害；第四，财产的所有权、占有和使用；第五，知识产权和工业产权；第六，参加公司或者其他集体机构，但是该机构的参加者不限于国家或国际组织，而且该机构是按照法院地国法律注册或组成的；第七，国家拥有或经营船舶，只要在诉讼事由产生时该船舶是用于商业性目的；第八，仲裁协定的效力，即国家与外国自然人或法人订立关于将商业交易争端提交仲裁解决的协议，关于仲裁协议的有效性、解释或适用、仲裁程序或者裁决的确认或撤销的诉讼。

---

[1] See C.C.A. Voskuil, The International Law of State Immunity, as reflected in the Dutch Civil Law of Execution, 10 *Netherlands Yearbook of International Law* (1979), p. 302.

(一)商业交易行为例外

从世界多数国家法院的实践看,一般把外国国家及其政府的行为分为两类:一类为国家的政治、军事和外交行为,也称为"统治权行为";另一类为经济、商业和贸易行为,也称为"管理权行为"。在英美法系国家,相应地称为"主权行为"和"商业交易行为";在大陆法系国家通常以"统治权行为"和"管理权行为"相区分,也相应地称为"公法行为"和"私法行为"。因荷兰属大陆法系国家,因而在荷兰,"商业交易行为"被称作"管理权行为"或"私法行为"。这里的商业交易行为有着特定的适用范围和界限,通常只限于一国政府与另一国自然人或法人之间的合同或交易行为,而不包括两国政府之间或者国家与其他国际法主体之间的商业贸易活动。

对于限制豁免主义立场而言,界定"商业交易行为"是实践中必然面临的重要问题。从各国实践看,商业交易始终都是限制豁免的核心内容和主要对象,然而判定商业交易行为的标准却没有统一的规则。关于判断某一国家行为是否属于商业交易行为,各国实践有的根据该行为的"目的"来判断,有的根据该行为的"性质"来判断。在商业交易行为的界定上,荷兰认为,区分"公法行为"和"私法行为"的决定因素是司法调整的交易行为的性质,而不是实施这种交易行为的目的。[1] 由此可见,荷兰采用的是"行为性质"标准。需要注意的是,有时在实践中可能出现单纯地用性质标准或目的标准难以确定的国家行为。例如,一国订立军需品合同行为,若按照行为性质标准应视为商业交易行为,但按照行为目的的标准似乎又不能仅将其视为商业交易行为,因为该国订立军需品合同的目的是服务于该国军队。由此可见,根据案件具体情况以及各国具体的司法实践,综合两种标准的适用并非易事。这种双重标准一方面使得国内法院对外国行为的判定似乎更加稳妥,另一方面却由于主管法院裁量余地增加而可能造成各国实践的更加不稳定。[2] 随着国家参与经济活动的深度和广度的增加,经济活动的复杂程度超乎寻常,在商业行为和主权行为之间若想划出一道非常清晰的界限越来越困难,区分两种行为不能单纯依靠一种标准,而是需要综合情况以及多重标准,并以其他的一些方法作为补充。

(二)雇佣合同例外

在雇佣合同方面,主要涉及使领馆雇员提起的诉讼、与军事机构有关的雇佣合同诉讼和与其他国有实体有关的雇佣合同诉讼。

---

[1] See United Nations Publication, *Materials on Jurisdictional Immunities of States and their Property*, ST/LEG/SER.B/20 (1982), p. 355.

[2] 参见龚刃韧:《国家豁免问题的比较研究——当代国际公法、国际私法和国际经济法的一个共同课题》(第二版),北京,北京大学出版社 2005 年版,第 215 页。

在使领馆雇员提起的诉讼方面,荷兰所采取的立场随着1988年《欧洲国家豁免公约》的批准而有所转变。1988年批准《欧洲国家豁免公约》以前,荷兰在审理涉及外国使领馆雇佣合同的诉讼案件时,对雇员的职位以及职务的高低并没有什么特别的关注。[1]在"古特杰斯诉比利时王国案"(Gootjes v. Kingdom of Belgium)[2]中,鹿特丹地方法院认为,雇员虽然是荷兰国民,在比利时领事馆从事行政服务工作,但领事馆是"比利时政府从事公共职能的一个政府实体",因此法院判决对此案无管辖权。但是,在"MK诉土耳其案"(MK v. Turkey)[3]中,法院却对由一个外国大使馆低级官员提起的诉讼案件有管辖权,该雇员在土耳其大使馆担任秘书。法院认为,要确定被告是否享有豁免权,就要弄清大使馆的行为是主权行为还是商业行为。对大使馆作为工作场所的特殊性,法院没有过多地考虑。法院指出,雇员虽然受雇于大使馆,但没有外交人员或公务员的身份,且其职位并没有使他承担任何政府责任。法院最后得出结论:大使馆与该雇员之间签订的雇佣合同和一般民事主体之间订立的合同没有本质上的区别。1988年之后,荷兰的立场虽然有所转变,但是实践中仍然存在不论雇员职位等因素而给予外国国家豁免的情形。例如,1990年,荷兰最高法院审理的"范·豪斯特诉美国案"(Van Hulst v. United States of America)[4]中,法院在分析案情时没有从雇员的职位、身份、地位入手,而是强调使领馆作为外国政府机构的敏感性,从而认定法院对此无管辖权。法院指出:"涉及大使馆和领事馆的雇佣合同是个例外,因为雇主往往出于安全的原因终止合同……对此类案件的管辖意味着要对涉及外国主权的敏感资料进行调查,这显然是有违国际法的。"[5]

在军事机构的雇员提起的诉讼方面,荷兰没有典型的案例表明其观点或立场。在这一方面,各国的实践不尽相同,但普遍赞成这样一个观点,即在外国设在法院地国的军事基地上工作的雇员提起的诉讼,无论该雇员是军事人员还是普通平民,雇佣国都保留管辖豁免权。[6]

在其他国有实体的雇员提起的诉讼方面,其他国有实体主要包括国家为实现某政治目的而设立和经营的机构,如信息与商业办事处、文化代理机构、教育机构(如学院、大学等)以及贸易公司等。[7]荷兰阿姆斯特丹地区法院审理的"BV

---

[1] 参见夏林华:《不得援引国家豁免问题的诉讼》,广州,暨南大学出版社2011年版,第151页。
[2] See *International Law Reports*, Vol. 101, 1995, pp. 505-553.
[3] See *International Law Reports*, Vol. 91, 1993, pp. 259-163.
[4] See L.A.N.M. Barnhoorn, Netherlands Judicial Decisions Involving Questions of Public International Law, 1989–1990, 22 *Netherlands Yearbook of International Law*, 375 (1991), p. 379.
[5] 参见夏林华:《不得援引国家豁免问题的诉讼》,广州,暨南大学出版社2011年版,第151页。
[6] 参见夏林华:《不得援引国家豁免问题的诉讼》,广州,暨南大学出版社2011年版,第151页。
[7] 参见夏林华:《不得援引国家豁免问题的诉讼》,广州,暨南大学出版社2011年版,第154页。

诉意大利案"（BV v. The Republic of Italy）[1] 中，原告受雇于意大利政府在阿姆斯特丹地区设立的文化研究所，因复职问题与该研究所发生纠纷，于是向法院起诉意大利政府。法院认为，像研究所之类的实体签订的雇佣合同是一种私法性质的交易行为，而不是"典型的主权行为"，因此法院有管辖权。在该案中，法院看重的似乎是工作场所的性质而不是雇员的身份地位。[2]

（三）仲裁协议例外

在仲裁协议方面，荷兰主要强调诉讼事由的性质，而不重视有关仲裁与荷兰之间的领土联系。例如，在 1968 年的"卡伯伦特有限公司诉伊朗国家石油公司案"[3] 中，当事人双方曾订立含有仲裁条款的石油开发协定。争端发生后，卡伯伦特有限公司在瑞士提起仲裁诉讼。仲裁在伊朗国家石油公司缺席的情况下作出，裁决伊朗国家石油公司方面应当赔偿损失。对此，海牙上诉法院认为该案中伊朗石油公司所从事的行为是私法行为，其在荷兰的有关财产也不是用于公共目的，因而判决对该案有管辖权。[4] 1973 年的"欧洲设计和承包公司诉南斯拉夫案"中，涉及 1956 年在瑞士进行仲裁裁决后，原告公司在荷兰法院起诉请求承认仲裁裁决。鹿特丹地区法院在一审中，以南斯拉夫享有豁免为理由拒绝了该公司要求准予承认仲裁认可书的请求。在上诉审中，海牙上诉法院又以南斯拉夫不是《纽约公约》当事国为由驳回了该公司的上诉。最后，该案上诉到荷兰最高法院。最高法院认为准予承认仲裁裁决的认可书并不违反国家根据国际法所享有的执行豁免，虽南斯拉夫不是《纽约公约》当事国，但不妨碍适用该公约。最高法院还指出，国际法上并不要求国内法院只有在和法院地国有领土联系的情形下才能行使管辖权。[5]

第四节 荷兰国家豁免实践中的执行豁免

国家财产的执行豁免，是指一国财产免于在另一国法院诉讼中所采取的包括扣押、查封、扣留和执行等强制措施。国内法院对外国财产的强制措施可以划分为 3 种具体情形：第一，在法院审理前为确立管辖权而进行的查封或扣押外国财产的临时性措施，即财产保全；第二，在审理过程中为确保履行预期的判决而采取的查封或扣押等中间性措施；第三，在法院判决后为执行判决而采取的包括扣

---

[1] See *Netherlands Yearbook of International Law*, 1998, p. 447.
[2] 参见夏林华：《不得援引国家豁免问题的诉讼》，广州，暨南大学出版社 2011 年版，第 154 页。
[3] See *International Law Reports*, Vol. 47, 138.
[4] 参见夏林华：《不得援引国家豁免问题的诉讼》，广州，暨南大学出版社 2011 年版，第 82 页。
[5] 参见夏林华：《不得援引国家豁免问题的诉讼》，广州，暨南大学出版社 2011 年版，第 82 页。

押、没收等各种强制性措施。

国家财产的执行豁免与国家及其财产的管辖豁免有着本质的区别，但两者之间也存在密切的联系。在国家豁免的问题上，两者的对象有所不同，管辖豁免的对象主要是指外国国家的有关行为，而执行豁免的对象仅限于外国国家的财产。执行程序即一国法院的判决的执行和实施，可以视为管辖的一种程序结果。执行豁免是比管辖豁免更加敏感的问题，管辖豁免与执行豁免之间的区别反映了国家在面临指向其财产的强制执行措施时的某种敏感，以及执行措施可能导致在外交层面上的严重争端等问题。即使在奉行限制豁免主义的国家，在执行豁免问题上也总是非常的谨慎。[1]

一、荷兰国家豁免实践中执行豁免的基本原则

关于一国在执行豁免上所持的立场，涉及各国如何处理管辖豁免和执行豁免的关系问题。在各国不同的见解中，"一体说"和"区分说"是最具代表性的两种立场。"一体说"主张，如果国家在一定情形下不享有管辖豁免，同样其财产也不应该享有执行豁免。"区分说"主张管辖豁免与执行豁免在性质、法律根据以及效果上都属于不同领域的问题，因而要对两者作区别对待和处理。在"区分说"立场内部，由于"区分"的适用程度的差异，还可以进一步划分为"完全区分说""部分区分说"等不同观点。"完全区分说"常常表现在对国家的管辖豁免和执行豁免采取截然相反的立场。"部分区分说"表现为区别对待管辖豁免和执行豁免，对外国财产的强制措施问题采取更为严格的限制。1972年《欧洲国家豁免公约》基本采取了"完全区分说"的立场。该公约从第1条至第13条详细列举了国家管辖豁免的各种例外事项，明确表明了其采取限制豁免主义的立场。但在执行豁免方面，该公约原则上禁止了对缔约国财产实行强制执行和诉讼保全措施，而且还将强制执行问题作为国家责任问题来处理。荷兰在这一问题上没有明确表明其立场的法律，从其早期参与的公约实践来看，其基本上采取"完全区分说"的立场。而目前，"部分区分说"为越来越多国家所接受，成为主流趋势。

在荷兰，有关执行豁免的法律规定很少，司法机关在实践中偶然会碰到执行豁免的问题，但还有待深入讨论，荷兰学术界更是长期忽略了这一问题。原则上，外国国家的用于公共用途的财产豁免于扣押措施。[2] 在1968年"凯波伦特有限公司诉伊朗国家石油公司案"中，荷兰海牙上诉法院认为被告公司从事了私法性质的行为，并根据在瑞士作出的关于该争端的仲裁裁决，判决可以对伊朗国家

---

[1] 参见[英]伊恩·布朗利：《国际公法原理》，曾令良等译，北京，法律出版社2007年版，第296页。
[2] See United Nations Publication, *Materials on Jurisdictional Immunities of States and their Property*, ST/LEG/SER.B/20 (1982), p. 589.

石油公司的财产进行扣押。[1] 从荷兰国内的实际情况来看，限定和决定国家豁免适用范围是司法机关的事情，但在涉及送达传票或者执行法院判决时，行政部门即司法部部长必须决定被判决的国家或将被传唤的国家是否享有豁免。如果司法部部长认为送达传票或执行判决与荷兰所承担的国际义务相抵触，并通知了执行官，则执行官可以拒绝采取执行行动。

二、荷兰国家豁免实践中执行豁免的放弃

作为区分管辖豁免和执行豁免的必然结果，国家对于管辖豁免的放弃效力通常不及于执行豁免，对于执行豁免的放弃通常需要国家另行作出。荷兰在长期的司法实践中也一直遵循着这一规则。管辖豁免的放弃不等同于执行豁免的放弃这一规则体现在荷兰法院的判例中，也为近年来一些国家的豁免立法和有关的国际条约所遵循。

荷兰学者布谢曾指出："尚不存在国际法的一般规则要求管辖豁免的放弃同时隐含执行豁免的放弃。这在事实上意味着按照许多国家的实践，放弃管辖豁免的某一外国国家仍然有权援引执行豁免，除非另有协议。"[2]

关于执行豁免放弃的形式，一般而言执行豁免的放弃要比管辖豁免的放弃更加明确，因而明示放弃是原则上的通行做法。明示放弃的形式主要通过国家缔结的国际条约、书面合同以及当事国在法院发表的声明来作出。《欧洲国家豁免公约》第23条亦明确规定，不得对缔约国的财产采取强制措施，除非该缔约国在特定案件中已通过书面形式明示放弃了执行豁免。该规定表明该公约对执行豁免的默示放弃持否定立场，作为公约缔约国的荷兰的否定立场亦不言自明。

三、荷兰国家豁免实践中执行豁免的例外

"二战"前，大多数欧美国家的法院都坚持执行豁免的绝对主义立场，随着战后这些国家在管辖豁免方面全面转向限制主义立场，近年来在执行豁免方面也出现了限制主义倾向，荷兰也不例外。

在1968年"卡伯轮特有限公司诉伊朗国家石油公司案"中，荷兰海牙上诉法院认为被告公司从事了私法性质的行为，并根据在瑞士作出的关于本案争端的仲裁裁决，判决可以对伊朗国家石油公司的财产进行扣押。在1973年"欧洲设计和承包公司诉南斯拉夫案"中，荷兰最高法院也指出，国际法上不存在禁止法院地国对其管辖范围内存在的外国财产强制执行的规则。

---

[1] 《国际法判例汇编》第47卷，第138页，转引自龚刃韧：《国家豁免问题的比较研究——当代国际公法、国际私法和国际经济法的一个共同课题》（第二版），北京，北京大学出版社2005年版，第280页。

[2] Leo J. Bouchez, The Nature and Scope of State Immunity from Jurisdiction and Execution, 10 *Netherlands Yearbook of International Law* 3 (1979), p. 23.

第八章 瑞典的国家豁免理论与实践

第一节 瑞典国家豁免理论与实践概述

瑞典于1995年加入欧盟，是欧洲委员会、北欧理事会和欧洲自由贸易联盟的成员国，积极参与国际合作。拿破仑时期俄罗斯将芬兰从瑞典手中抢走，引发瑞典放弃战争和武器公约。瑞典一直奉行"和平时期军事不结盟，以求邻近地区发生战争时守中立"的外交政策。瑞典宽松的法律制度与和平中立思想对瑞典的国家豁免制度有着一定程度的影响，许多国家间的争端案件都诉讼至瑞典法院，并引起了国家豁免的问题，伊拉克前总统萨达姆也曾表示希望到瑞典服刑。

瑞典没有通用的专门国家豁免立法，仍然停留在司法实践的层面上，因此，关于瑞典国家豁免问题的研究，判例和学术著作具有重要的意义。[1] 瑞典已于2009年12月23日批准了《联合国国家及其财产管辖豁免公约》，虽然该公约尚未生效，没有被纳入瑞典法律，但瑞典的实践或多或少地参考了公约内容。

2014年，克里米亚并入俄罗斯，与俄罗斯相邻的中立国开始担忧，芬兰政府准备公开讨论是否加入北约，瑞典也在考虑是否加入北约，放弃长达2个世纪的中立状态，涉及自卫能力的讨论亦如火如荼。这一中立思想的变化是否会对瑞典的国家豁免状况有所影响，有待日后瑞典实践验证。

第二节 瑞典国家豁免实践中的豁免主体

瑞典实行君主立宪制和多党制。国王是国家元首，作为国家象征仅履行代表性或礼仪性职责，不能干预议会和政府工作。议会是立法机构，由普选产生。政府是国家最高行政机构，对议会负责。法院独立行使司法权。

一、瑞典国王及王室成员的豁免

瑞典王国《政府组织法》第5章第7条规定："国王不因其作为或不作为而受起诉，作为国家元首的摄政也不因其作为或不作为而受起诉。"该条款只涉及国王一人，因为国王既不委任政府也不以其名义处理官方公共事务，因此国王享有豁免权。但这是否暗示国王在不涉及起诉的民事诉讼案件中享有豁免权，尚有

---

[1] See Kristoffer Löf et al., "Quick Answers on State Immunity – Sweden", Mannheimer Swartling, last modified January 25, 2024, https://www.mannheimerswartling.se/app/uploads/2021/07/Quick-Answers-on-State-Immunity-%E2%80%93-Sweden-Kristoffer-Lof-Asa-Waller-Lisa-Hyder.pdf.

争议。陈泽宪教授指出国家元首的豁免权并非是绝对的,瑞典设有专门的弹劾法院弹劾领导人,并审理此类案件。值得注意的是,此条款和王室其他成员无关。2013年,瑞典玛德来娜公主在瑞典首都斯德哥尔摩开车闯入公交车专用道,被处以罚款,公主要求免责失败。在瑞典,王子公主犯法与庶民同罪,只有她的父亲,即国王可以不必接受罚款,享有免责权,其他王室成员没有免责权。唯一的例外是当国王不能处理事务的时候,由其他王室成员运用国王的职权代为处理。

二、国家机构及国家工作人员的豁免

国家和国家机构在瑞典也享有相应的豁免。瑞典在批准《联合国国家及其财产管辖豁免公约》时做出声明,其认为公约第3条关于国家元首的表达不应被理解为其他国家官员在国际法中享有的属人豁免受条约的影响。在"瑞典韦斯特罗斯地方当局与冰岛争端案"中,最高法院以当事双方都是主权实体为由,给予冰岛豁免。相似的案例还有劳资仲裁争议庭审议的"韩国贸易中心雇佣纠纷案"和劳资争议庭审查的"塞浦路斯旅游组织雇员纠纷案"。同样根据瑞典法律,国会议员享有刑事豁免权。同时,在瑞典,针对仲裁员的豁免,采取民事责任制,仲裁员原则上不享有豁免权,瑞典法律规定仲裁员若构成犯罪,需要承担相应的刑事责任。但是从实践来看,针对仲裁员过失追求赔偿责任有着严格的限制。此外,关于外交豁免,瑞典有相关立法实施1961年《维也纳外交关系公约》和1963年《维也纳领事关系公约》。

第三节 瑞典国家豁免实践中的管辖豁免

一、瑞典国家豁免实践中管辖豁免原则的历史发展

关于国家豁免的不同观点导致了司法实践的分歧。在19世纪,欧洲国家如匈牙利等国的国内法院都不同程度地承认了国家豁免原则。到19世纪末,除了瑞典在内的斯堪的纳维亚国家以及荷兰等少数国家,国家豁免原则在欧美得到了一般承认,各国学者也广泛承认。[1] 在此期间,豁免毫无疑问是绝对的。在两次世界大战期间,国家更多地涉及私法性质的活动中,限制豁免原则思想被引入到国家豁免制度中,国家的主权行为和商业交易行为被区分开来。如何区分两种行为以及何时可以援引豁免等在实践中都是困难的问题。法院理论上通常以行为的性质或目的区分公法行为和私法行为,然而实践中,做出判决并非如此简单。更

---

[1] See Clive M. Schmitthoff, Frank Wooldridge, The Nineteenth Century Doctrine of Sovereign Immunity and the Importance of the Growth of State Trading, *The Denver Journal of International Law and Policy*, vol. 2, 1972, pp. 199-216.

关键的是管辖豁免和执行豁免不能混为一谈，但一些国家并没有区分，根据他们的观点，一个国家在另一个国家丧失管辖豁免也就同时意味着丧失法院判决的执行豁免。即使在都采取限制豁免主义的国家之间，实践也很难一致。早期，在瑞典的判例中，似乎没有呈现出限制豁免主义的倾向。法院一般拒绝对外国国家行使管辖权。例如，在1933年"关于博林及其他案"[1]中，瑞典斯德哥尔摩法院就基于国际法上不得使外国国家在瑞典成为被告的豁免原则，驳回了一些瑞典人就苏联没收其财产而提起的诉讼。有些学者认为瑞典并不是采取绝对主义或限制主义，而是采取了其他立场。早期瑞典的国家立场不大明确，但似乎更坚持国家绝对豁免主义。"二战"之后，限制豁免原则成为主流趋势，尽管斯堪的纳维亚国家对外国国家适用限制豁免主义的判例不多，但在1986年联合国国际法委员会一读通过的《关于国家及其财产管辖豁免条款草案》的政府评论中，几乎所有北欧国家包括瑞典政府都明确表示支持限制豁免主义立场，法院也开始明确主张限制豁免主义理论。[2]

在瑞典的具体实践中，瑞典法院涉及国家豁免的判决数目相对有限，主要涉及损害赔偿、支付违约、购买协议的无效和扣押财产等方面。从20世纪30年代开始，大概有30个瑞典最高法院判决的豁免案例，而外国国家的豁免要求只在10%的案件中被反对。[3]除最高行政院在1986年审判的"瑞典哥德堡贸易中心德意志民主共和国（GDR）雇员的工资征税案"外，2004年之前所有的案件判决中要求的豁免都得到了支持。

（一）瑞典国家管辖豁免原则第一阶段的实践（20世纪30年代至21世纪初）

从20世纪30年代中期到21世纪初，瑞典有20个国家管辖豁免的相关案件。这些案件的共同点是法院为了证明他们的限制豁免意识，在判决中解释了主权行为和商业交易行为的区分。然而，即使当争端乍看与商业行为有关或行为具有私法性质，瑞典还是希望给予外国国家豁免，外国国家也因此免于管辖。

在"夏朗德案"[4]中，瑞典最高法院宣称瑞典法自始承认外国国家的豁免。在"卡琳比克曼和阿克比克曼诉中国案"中，中国在斯德哥尔摩购买建筑物用作

---

[1] See H. Lauterpacht, C. J. Greenwood, *International Law Reports: Annual Digest of Public International Law Cases (1933-1934)*, vol. 7, Cambridge University Press, 1940, p. 186.

[2] See *Comments and Observations Received from Governments*, Yearbook of the International Law Commission 1988, U.N. Doc. A/CN.4/410 and Add. 1-5, vol. 2 (1), p. 77.

[3] A comprehensive summary of these cases is provided in Statens offentliga utredningar från Utrikesdepartementet, *Immunitet för stater och deras egendom*, SOU 2008:2, last modified January 25, 2024, https://www.regeringen.se/rattsliga-dokument/statens-offentliga-utredningar/2008/01/sou-20082/.

[4] *The Charente*, Supreme Court of Sweden, *Nytt Juridiskt Arkiv* 1942, p. 65. *The Charente* was one of ten attachment cases concerning as many vessels which had been requisitioned by the Government of Norway and chartered by it to the British Government.

大使馆，在该争端案中中国也被授权豁免。在"瑞典公司和保加利亚使馆合同纠纷案"[1]中，瑞典公司为保加利亚在斯德哥尔摩国际贸易展览会建造展览馆，并签订合同，公司被迫从事额外任务，保加利亚使馆口头承诺支付费用。但随后保加利亚使馆仅支付了合同款项费用，拒绝对额外工作进行支付。在该案中，一审法院认为争端交易不具有主权性质，保加利亚不能援引豁免。但斯维亚上诉法院回避了交易合同的性质，给予保加利亚豁免。在"瑞典和爱沙尼亚轮渡服务案"中，一家瑞典公司于1989年和苏联爱沙尼亚运输委员会达成协议，成立合资公司，被授予在斯德哥尔摩和塔林之间10年的独家轮渡服务权。爱沙尼亚政府随后决定"转移"协议致爱沙尼亚航运公司。瑞典竞争机构根据瑞典《竞争法》调查此事并请求外交部查询有关事项。一方面，外交部得到可靠消息称，争议行为的目的主要是建立商业轮渡服务，因此该行为属于商业行为，很难对爱沙尼亚进行豁免的援引；另一方面，在一份关于联合国国际法委员会草案的声明中，包括瑞典在内的北欧5国（丹麦、芬兰、冰岛、挪威和瑞典）主张"决定合同销售货物或提供服务是否是商业的，只能参考合同的性质，而不是合同的目的"。这个声明和瑞典的实践并不相符。此外，在"瑞典韦斯特罗斯地方当局与冰岛争端案"[2]中，冰岛教育文化部和瑞典韦斯特罗斯地方当局基于1971年《北欧国家文化合作协定》签署了一份向在瑞典的冰岛学生提供飞行技师训练的合同。一审法院认为即使该合同中地方当局保证提供训练的工作在某种程度上属于私法性质，但地方当局和冰岛共和国之间的合同属于公法行为，可以援引豁免。上诉法院则认为合同属于私法性质，冰岛不能援引国家豁免。最高法院首先声明豁免是国际法的一般原则，随后明确了"只有争端涉及真正术语意义上的主权行为才能援引豁免，商业措施或私法行为不能援引"的一般原则。法院承认对国家行为分类标准是有争议的，行为的形式和性质以及国家的目的是两个标准，实践起来很困难，其很难确定一个适用于所有情况的区分方法将该问题模型化。因此，法院的观点是，评估每一个具体案件中授予或不授予豁免的所有情况是实践中的解决方法。据此，法院认为地方当局和冰岛之间的合同行为是典型的主权行为，所以给予豁免。法院在合同目的和教育问题的性质上采取了沉默的态度。例如，在教育问题的性质方面，训练的是军事人员还是民用技师？产生这个问题的原因在于冰岛国家没有空军的特殊性，因此，如果最高法院关注教育目的而不是当事方的法律地位，也许会得出不同的结论。该案中，除了涉及上述协议外，还涉及1992

---

[1] A summary of the case is provided in *Svensk Juristtidning*, 1950, p. 202.
[2] See *Västerås kommun (The Local Authority of the Municipality of Västerås) v. Icelandic Ministry of Education and Culture*, Supreme Court of Sweden, Judgment of 30 December 1999, Nytt Juridiskt Arkiv 1987, Avd I, Case No. 1999: 112.

年的协议，根据1992年协议的规定，合同当事方即北欧国家有支付教育费用的责任。如果瑞典政府有责任向地方当局进行支付，那么争端发生在瑞典政府和地方当局之间。如果瑞典政府有理由不履行1992年协议项下的义务，那么争端就发生在冰岛政府和瑞典政府之间。在双方签订的合同中，第3条的目的是保证在韦斯特罗斯地方的纳税人不会有义务去支付冰岛学生额外的教育费用，无论瑞典政府没有支付给韦斯特罗斯地方当局相应的费用是否构成对冰岛义务的违背。如果冰岛不打算承担对地方当局的财政义务，那么接受合同第3条就毫无意义了。因此，如果最高法院更多关注当事方在合同谈判的解释以及冰岛是否滥用豁免权的问题，也许也会得到不同的结论。无论如何，最高法院此案判决意味着即使法院有很强的意识区分主权行为和商业交易行为，却依旧选择忽视合同的商业性质和目的（购买服务而不是支付），反而将案件的焦点限制到一个事实，双方是公法主权实体，因此冰岛享有豁免。这种做法曲折地体现了绝对豁免主义立场。[1]

值得强调的是，一个国家并不因事实本身而享有豁免权，豁免权需要法院国官方承认。从瑞典的法院实践来看，自20世纪30年代以来直到21世纪初，其在国家管辖豁免问题上较为谨慎，以尊重绝对豁免为特征。这种做法或多或少与东欧和发展中国家实践相类似。在瑞典最高法院审判的豁免案件中，无形中产生了一种模式，即法院会讨论公法行为和私法行为的区别并对行为给予认定，但一般以两个主权公共实体之间的所有事务都是主权行为可以豁免为由，支持预期的判决。如果当事人一方为外国国家，法院会做出巨大的努力去证明该外国国家享有豁免权并给予豁免。瑞典法院对外国国家的豁免权的尊重基本是无限制的，即使争端所涉及的事实仅是商业性质的，法院也不会不愿意向外国国家授权豁免。

（二）瑞典国家管辖豁免原则第二阶段的实践（21世纪初至今）

在21世纪的第一个10年中，瑞典法院的实践表明其态度正在发生重大转变。一方面，瑞典于2005年9月14日签署、2009年12月23日批准了《联合国国家及其财产管辖豁免公约》并将公约内容并入国内法；另一方面，瑞典最高法院在涉及国家豁免的2个案件中作出了具有转折性的判决。尽管如此，和许多西方国家相比，瑞典的国家实践仍显得较为保守。

在2005年"斯德哥尔摩房屋合作案"[2]中，比利时要求援引国家豁免。一审法院和斯维亚上诉法院判决给予豁免。瑞典最高法院于2009年审理此案，瑞典最高法院认为，租赁协议涉及比利时大使馆的处所不应该是比利时援引豁免的依据。最高法院反对上诉法院的判决，否认豁免并将此案发回地区法院重审。和之

---

[1] See Saïd Mahmoudi, International Decisions, *American Journal of International Law*, 2001, vol. 95, pp. 192-197.

[2] See *The Embassy's renovation expense*, Supreme Court of Sweden, *Nytt Juridiskt Arkiv* 2009, p. 905.

前与豁免相关的其他判决相比，瑞典最高法院完全基于争端交易的性质进行判决。比利时修整建筑物、支付费用的行为是私法行为。最高法院在判决理由中认同限制豁免原则，讨论了《联合国国家及其财产管辖豁免公约》，并指出《联合国国家及其财产管辖豁免公约》区分主权行为和商业行为的方法与瑞典拟采取的方法相符。同时，其也指出随着国家实践的发展，区分二者的关键点应该是行为的性质，但有时行为的目的也应该被参考。最高法院改变了瑞典关于豁免的实践，不再只是在判决中凸显限制豁免的意识而实际采取绝对豁免行为，而是确实在依据限制豁免主义进行判决。该判决对于瑞典的国家豁免具有里程碑的意义。[1]

二、瑞典国家豁免实践中管辖豁免的放弃

本部分所涉豁免的放弃针对的是管辖豁免，而非执行豁免。执行豁免的放弃需要另外做出明确声明。很多国家都区分管辖豁免与执行豁免的放弃，瑞典亦是如此。瑞典没有国家豁免的相关专门立法，也就没有关于豁免放弃的相关条款。实践中，瑞典法院认为豁免的放弃（无论是明示还是默示）都必须是清楚的、特定的、具体的、无可争辩的和明确的。[2] 此外，法律选择条款和选择管辖法院条款之间的区别对法院的判决尤其重要。一方在合同项下选择瑞典法解决争端不构成豁免的放弃。在"瑞典韦斯特罗斯地方当局诉冰岛案"中，瑞典最高法院强调，即使合同中包含一个选择瑞典法的法律选择条款，也不应该认为该争端中冰岛的申诉从此受制于瑞典法院的管辖，法律选择条款不是冰岛希望受瑞典法院管辖的一个明确声明。

如果一个国家在诉讼程序的其后阶段撤回同意管辖的声明，会产生什么样的法律后果？关于这个问题，无论是《联合国国家及其财产管辖豁免公约》还是《欧洲国家豁免公约》都没有具体规定。在"瑞典哥德堡贸易中心德意志民主共和国（GDR）雇员的工资征税案"[3] 中，最高行政院认为，德意志民主共和国在听证会、上诉法院审理之前，没有援引豁免，表示已经放弃了豁免，在后一阶段就不能援引豁免。

豁免的放弃也常常与仲裁协议交织在一起。仲裁机构根据性质可分为临时仲裁机构和常设仲裁机构。常设仲裁机构还可进一步分为国内仲裁机构和国际仲

---

[1] See Saïd Mahmoudi, *International Courts and the Development of International Law*, T. M. C. Asser Press, 2013, p. 77-89.

[2] See Xiaodong Yang, *State Immunity in International Law*, Cambridge University Press, 2012, p. 340.

[3] See *DDR v. RFV*, Supreme Administrative Court, Judgement of 4 March 1986, Case No. 1986 ref 66, http://www.infotorg.sema.se.

机构。[1] 瑞典斯德哥尔摩商会仲裁院属于常设仲裁机构中的国内仲裁机构。涉及仲裁协定的纠纷在国家豁免问题中占有较大的比重。在国际条约层面，2004 年《联合国国家及其财产管辖豁免公约》和 1972 年《欧洲国家豁免公约》是有关国家豁免问题最重要的两个公约（尽管前者尚未生效）。《联合国国家及其财产管辖豁免公约》第 17 条规定，如果一个国家签订仲裁协议，那么该国在涉及与仲裁有关的部分法院事项时，不得主张豁免。《欧洲国家豁免公约》第 12 条与前述规定类似。但是，瑞典的判例与之不大一致。瑞典最高法院在 1972 年 "特克诺-法尔玛诉伊朗国案" [2] 中，对于涉及外国使馆的仲裁协定采取了绝对豁免主义的立场。在该案中，原告曾和伊朗签署了一个向伊朗驻瑞典大使馆提供办公设备的租赁合同。合同中载有在瑞典并依瑞典法进行仲裁的条款。争端发生后，伊朗方拒绝仲裁解决，并援引主权豁免。对此，法院认为协议只单一地包含仲裁条款，没有关于伊朗以任何行动执行了仲裁条款从而放弃了援引国家豁免权利的证明，仲裁条款不构成豁免的放弃，仲裁请求并非相当于明确的放弃豁免。瑞典最高法院在判决中确认了上诉庭的判决仍然给予伊朗方豁免。这一判决和瑞典法院对涉及外国使馆一贯采取谨慎态度的传统相符。然而，瑞典斯维亚上诉法院在 1980 年审判的 "利比亚诉利美石油公司案" 中则采取了截然相反的态度。公司和国家之间有一个石油许可证协议，包含一个解决争端的仲裁条款。争端发生后，利比亚要求豁免。法院认为利比亚批准了仲裁协定，放弃了有关管辖豁免，相关问题在瑞典法中是可以仲裁的，因而判决准予执行仲裁裁决的请求。该判决被认为与瑞典法的原则和精神没有矛盾。[3] 在该案中，瑞典法院不仅主张管辖权，甚至主张执行裁决。在技术意义上，豁免承认的程序问题仍然没有被瑞典法院解决。同样的，一个仲裁协议是否可以被瑞典法院解释成构成对扣押财产和执行程序的豁免放弃仍然是一个开放性问题。[4] 签订仲裁协议或含有仲裁条款的合同是否等于放弃了管辖豁免，通过瑞典的案例很难做出单一的判断。在瑞典的判例中，有的案例贯彻绝对豁免的态度，不依仲裁解决争端，援引国家豁免；也有一些案例采用相反的态度，认为通过仲裁协定就等于放弃了管辖豁免，可以执行仲裁裁决。但是从瑞典的管辖豁免原则由绝对豁免向限制豁免转变可以推测在豁免的放弃问题上的仲裁方面，也在进行着如此转变。

---

[1] 参见龚刃韧：《国家豁免问题的比较研究——当代国际公法、国际私法和国际经济法的一个共同课题》（第二版），北京，北京大学出版社 2005 年版。

[2] See Elihu Lauterpacht, C. J. Greenwood, *International Law Reports*, vol. 65, Cambridge University Press, 1984, p. 383.

[3] The English translation printed in 20 *ILM*, 1981, pp. 895-896.

[4] See Kaj Hober, *International Commercial Arbitration in Sweden*, Oxford University Press, 2011, pp. 29-32.

三、瑞典国家豁免实践中管辖豁免的例外

(一) 对商业船舶和飞行器的管辖豁免例外

限制豁免主张得到普遍认同后,豁免例外问题受到关注。1938 年,瑞典在《有关外国政府船舶等若干规定》中作出规定,虽然商业货船不能豁免,但用作主权行为的军舰、此类船舶的货运和外国国家商船非商业目的的货运可以援引管辖豁免和执行豁免。在两次世界大战之间,瑞典就批准了 1926 年《布鲁塞尔公约》及其附加议定书,不承认外国政府商业船舶的管辖豁免。1962 年《统一国有船舶豁免若干规则的公约》中第 2 条、第 3 条规定:"为了实施第 1 条规定的责任和义务,应适用与私有商船、货载及其所有人所适用者相同的法院管辖权、法律诉讼和程序方面的规则。以上规定不适用于军用船舶、政府快艇、巡逻船舶、医院船、辅助船、供应船,以及国家所有或国家经营的,而且在诉权发生时完全为政府使用而非用于商业目的的其他船舶;而且对上述船舶不得以任何法律程序进行拿捕、扣押或扣留,亦不得对其提起物诉讼。"但是,在实践中,瑞典法院却对《布鲁塞尔公约》作了有利于外国政府船舶的解释。瑞典最高法院在 1942 年的"里格莫尔号案"中,承认英国政府租用的运输战争物资的船舶享有管辖豁免。该法院认为国家为向本国居民提供物品而从事的海上运输行为在平时具有商业性质,但战时是纯粹国家的性质。在这一时期,在瑞典与外国商船有关的诉讼案件中,只要外国政府实际占有船舶,瑞典法院都承认了其管辖豁免,[1] 在商船问题上,瑞典理论上采取限制豁免,实践中则采用绝对豁免。与前述规定和做法一脉相承,瑞典议会于 1939 年规定外国国家以主权目的排他地使用飞行器不被禁止,享有豁免。[2]

(二) 雇佣合同问题

"雇佣合同例外"在很多国家的立法和实践中得到承认,但是,在瑞典的实践中则并非如此。针对雇佣合同,瑞典的典型案件有 2 个。一个是劳资仲裁争议庭审议的"韩国贸易中心雇佣纠纷案"[3]。在该案中,韩国贸易中心作为一个公共非营利实体,隶属韩国商务部,员工由国家支付工资。基于被告的主权实体地位,劳资仲裁争议庭给予了雇佣问题上的豁免。另一个案例是 2001 年劳资争议

---

[1] See H. Lauterpacht, *International Law Reports: Annual Digest of Public International Law Cases (1942-1943)*, vol. 11, Cambridge University Press, 1951, p. 153; H. Lauterpacht, *International Law Reports: Annual Digest of Public International Law Cases (1943-1945)*, vol. 12, Cambridge University Press, 1951, p. 112.

[2] See Council of Europe, *State Practice Regarding State Immunities*, 2006, pp. 203-207.

[3] See *Douglas H (individual) v. Korea Trade Centre (KTC)*, Judgment of 4 May 1988, Riksarkivet (National Archives), Arbetsdomstolens arkiv, Inkomna må1987, Vol. EI: 1219, mānr B 41/87; Nytt Juridiskt Arkiv 1987, Avd I, Case No. 1987: 59 (partly published).

庭审查的"塞浦路斯旅游组织雇员纠纷案"[1]。在该案中,前雇员要求对无理由辞退进行赔偿。瑞典劳资法庭审查旅游组织的地位和身份后,认为塞浦路斯以其主权国家的身份雇佣,支持了该组织的豁免请求。雇佣合同作为豁免例外,近年来这方面的争端案例越来越多,瑞典的实践是基于主权地位,同意援引豁免。

第四节 瑞典国家豁免实践中的执行豁免

强制措施是豁免在执行上常涉及的问题。从瑞典的判例中,我们可以得出这样的结论:针对诉前强制措施,瑞典采取绝对豁免态度;针对判决后的强制措施,瑞典则采取限制豁免态度。

"德国企业家诉俄罗斯联邦不动产扣押案"是瑞典最高法院关于国家豁免的执行豁免方面的典型案例。[2] 在该案中,俄罗斯当局没收了在彼得堡的属于德国公民塞德尔迈尔(Sedelmayer)的公司。基于《德意志联邦共和国和苏联社会主义共和国关于促进投资和互惠的条约》,塞德尔迈尔到斯德哥尔摩商会仲裁院要求仲裁。塞德尔迈尔要求瑞典扣押在斯德哥尔摩之外的一个建筑物以及建筑物租客支付给俄罗斯的租金,俄罗斯则要求终止仲裁。该建筑物是俄罗斯贸易代表团的寓所,俄罗斯为注册业主,尚有60多人的注册地址也都是该建筑物,但他们并非受雇于大使馆或代表团的工作人员。此外,一个房地产公司和一个旅游公司的地址也是该建筑物。瑞典外交部声明,俄罗斯解释该建筑物被用于外交目的的一部分,执行当局决定给予俄罗斯豁免权,扣押财产不能执行。塞德尔迈尔上诉至斯德哥尔摩一审法院,法院认为该建筑物虽然只是有限地用于外交目的,但也足以免除对整个建筑物的执行措施。接着案件被上诉至斯维亚上诉法院。上诉法院对豁免与神圣不可侵犯进行区分。法院被提交了一份1927年苏维埃社会主义共和国和瑞典关于贸易代表团在瑞典的权利和义务的协议。[3] 俄罗斯援引此协议要求豁免。法院认为此协议与建筑物执行措施的豁免并不相关。根据法院意见,

---

[1] See *GP (individual) v. Cypriotska Statens Turistorganisation, CST (Cyprus' Tourist Organisation)*, Judgement of 16 November 2001, Arbetsdomstolens domar 2001, Case AD 2001 Nr. 96.

[2] See *Sedelmayer v. Russian Federation*, Nytt Juridiskt Arkiv (NJA), 2011-07-01, p. 475, http://www.hogstadomstolen.se/Avgoranden/2011/#ruling (in Swedish). The case is also available at https://lagen.nu/dom/nja/2011s475, including decisions in the lower courts. For an unofficial and fairly good English translation, see http://www.arbitrations.ru/files/articles/uploaded/SupremeCourtofSweden_01072011.pdf.

[3] SÖ 1928: 8 (Collection of Sweden's International Agreements No. 1928: 8). This agreement and the immunity of the Trade Delegation against executive measures was the subject of another case before the Swedish Supreme Court in 1946. That case was also between a German company and the Soviet Union. The Supreme Court decided in that case that such agreement was applicable and the Soviet Union enjoyed immunity. For the text of that judgment, see *NJA* (Collection of the Judgments of Sweden's Supreme Court), 1946, p. 719.

虽然用于代表团活动的地方不可侵犯，但针对建筑物的真实用途评估，让出公寓和办公室给学生或公司，在当时是非官方目的，因此不成立执行措施豁免，建筑物应被扣押。同时，法院也强调用于贸易代表团的外交处所和档案储存的部分不可侵犯。针对该案，瑞典最高法院的判决考虑到了以下几个方面：第一，关于不动产的扣押，主权行为和商业交易行为的界限是通过评估多少比重的行为或交易实际上是公务性质的而被官方确立的。值得注意的是，在瑞典，关于不动产的争端需要先请求，法院方可受理，但不动产用于外交代表团的财产案件除外。[1] 除本案外，大多数执行案件都与银行账户有关。不动产案件和银行账户案件性质不同，原因大体有两个：其一，金融资产可以被用于各种目的，但不动产不总是如此，建筑物的位置和结构至少大概表明其用作用途；其二，银行账户的使用只能通过会计财务报表确定，但不动产的用途可以通过不定期检查明确。因此，在国家豁免案件中，法院也是不情愿地要求相关国家出示相关证据。第二，最高法院从比利时大使馆案开始向限制豁免态度的转变。第三，扣押财产可能让俄罗斯和瑞典的外交关系变得紧张。瑞典外交部意识到了这一风险，并给执行机关致信表示："外交部评估认为，如果对在瑞典的俄罗斯财产采取执行措施，我们和俄罗斯的关系会受影响，因此，判决和国际法一致很重要。"这个案件说明了仲裁裁决执行的潜在困难。该案中，接受限制使用建筑物于公共目的作为给予豁免的根据是有风险的，最高法院考虑到对财产的实际使用，做出了正确的情况评估。最终，最高法院对斯维亚上诉庭的判决给予支持。在执行豁免方面，瑞典关注外交关系的同时也考虑案件的真实性质做出判决，由绝对豁免向限制豁免方向转变。[2]

---

[1] The Supreme Court so held in Carin Beckman and Ake Beckman v. People's Republic of China, see *NJA*, 1975, p. 195.

[2] See Pal Wrange, International Decisions, *American Journal of International Law*, 2012, vol. 16, pp. 347-353.

第九章　意大利的国家豁免理论与实践

第一节　意大利国家豁免理论与实践的基本立场

意大利在国家豁免方面的司法实践历史上被认为是习惯国际法发展的中心。最为突出的是19世纪末意大利和比利时法院引入了限制豁免理论。[1] 意大利主权豁免的发展也是一个渐进的过程，最初的绝对豁免理论慢慢地被改变。政府活动的复杂性，使绝对规则的优先适用变得不可能，而应区分主权行为和非主权行为。然而，令人吃惊的是，尽管意大利是一个大陆法系国家，但是其从绝对豁免向限制豁免的过渡却是通过法院的司法实践而不是通过立法实现的。事实上，一个外国统治者是否在意大利法院享有豁免的决定，只能由法院作出。如果外国元首想增加豁免，也需要遵循上述决定。意大利没有像美国那样的从外交部取得建议的程序。

外国国家在意大利实施的主权行为和在自己国家法律体系内实施的主权行为享有豁免。然而，当外国国家独立于主权行动时，该行为只能认定为私法行为，应由法院地管辖。意大利法院的判例，尽管在形成主权豁免理论方面并不一致，但总是以国际法上的习惯法律原则为基础。

第二节　意大利国家豁免实践中的豁免主体

一、国家

意大利对于外国国家的行为坚持"双重行为论"。这个观点可以追溯到最高法院在1926年的判决。意大利最高法院指出，即使国家本质上是公法实体，其也可以是私法实体。意大利国家一直坚持限制豁免原则，对于外国国家从事传统的政治、外交及军事活动享有管辖豁免，而对于商业交易活动不享有管辖豁免。

2000年8月3日，意大利最高法院对"意大利工会运输部门诉美国政府案"[2] 作出裁决。该案中的事故发生于1998年卡瓦雷斯附近。在一次低水平的训练任务中，美国一海上航空器服务于一缆车的绳索，而随机的小船垂直下落了将近300英尺，致使20人丧失生命。在这次不幸的事故发生后，意大利工会运输

---

[1] See Andrea Atteritano, Immunity of States and Their Organs: The Contribution of Italian Jurisprudence over the Past Ten Years, 19 *Italian Y. B. Int'l L.* 33 (2009), p. 33. It is enough to highlight that the theory of restrictive immunity was introduced towards the end of the XIX century by Italian and Belgian courts.

[2] See Giuseppe Cataldi, Massimo Lovane, Judical Decisions, 10 *Italian Y. B. Int'l L.* 285 (2000), p. 289.

部门开始在特兰托法庭提出针对美国政府的民事诉讼。其作为公共利益的代表，要求意大利法官命令美国政府停止在特兰托省上空进行的美国航空器训练飞行，或者至少要大大减少这样的飞行。原告认为这些训练任务是对生命、健康和个人安全权利的威胁。美国政府援引国家豁免，并提出由意大利最高法院裁决。意大利政府也提出同样的要求。意大利最高法院同意美国政府的豁免请求。在此案件中，最高法院认为美国的军事训练属于主权行为，享有豁免权。

2009年2月25日，最高法院对"蒂西诺（Tissino）等诉美国案"[1]作出判决。1960年12月3日，意大利政府与美国政府签订协议，允许美国在意大利阿维亚诺部署北约基地，基地的核武器属于美国空军。这些武器用来防御对北约成员的军事袭击。一些居住在阿维诺亚基地附近的居民组成一个名为"阿维诺亚2000"的协会，开展了一系列活动，其目的在于驱逐意大利境内的所有美国核武器。1998年2月，该协会向意大利政府提交了一份书面申请，请求重新协商1960年签订的协议。结果是该申请没有得到意大利政府批准，以失败告终。2005年，该协会一些成员向波代诺内法庭提起上诉，主张作出宣誓性的判决，他们认为美国的核武器属于不法行为并要求驱逐这些核武器离开意大利境内，并且要求精神和物质上的赔偿，因为这些核武器布置在他们居住的周围。美国政府主张意大利法院不享有管辖权，并向最高法院提出就此纠纷作出判决的请求。最高法院认为美国政府部署核武器行为构成主权行为，在意大利法院享有豁免权。

2002年7月22日，在"毛里（Mauri）等诉阿根廷案"[2]中，阿根廷破产的媒体信息一经曝出，全世界的债券持有者为了拿回他们的资金或者至少是一部分资金，他们向阿根廷主张债权。阿根廷44%的私人债务是由一小部分投资者持有的。在他们中，意大利人占多数，总数超过45万。一些债权人提出与阿根廷政府协商解决方案。另一些债权人选择司法解决方式。该案中，一些债权人向罗马法庭提出发布冻结阿根廷海外财产的命令，通过扣押方式赔偿债务和损失。罗马法庭认为一方面，根据平等者之间无管辖权原则，外国国家为实现公共目的实施的行为，在意大利法院享有豁免；另一方面，如果一外国国家参与实施私法行为，在任何案件中该外国国家都不享有豁免权。根据这一原则，罗马法庭得出结论，一外国国家发布债券是非主权行为，其对此案件有管辖权。

二、国家机关

在意大利法院享有管辖豁免的国家机关包括国家元首、政府首脑和外交部

---

[1] See Giuseppe Cataldi, Massimo Iovane, Judicial Decisions, 19 *Italian Y. B. Int'l L.* 405 (2009), p. 414.

[2] See Giuseppe Cataldi, Massimo Iovane, Judicial Decisions, 13 *Italian Y. B. Int'l L.* 225 (2003), p. 225.

长。为了主张享有管辖豁免,必须具备两个条件。首先,个人必须是外国国家的机关。其次,机关操控的实体必须是一国家,即其必须具备地域、人口、有效政府和主权的特征。

在"德约卡诺维奇(Djukanovic)案"[1]中,2004年9月17日,意大利最高法院拒绝了黑山共和国政府首脑的豁免,因为那时黑山共和国不是一个独立的国家,仅仅是南斯拉夫联邦共和国的组成部分。上诉法院总结,只有这个人是独立国家的国家机关,才可享有豁免权利。因为联邦政府成员在发展外国关系中没有独立性,该机关不得享有豁免的权利。

三、国际组织

一般而言,意大利司法实践承认国际组织享有豁免权,是以它们的国际法律人格为基础的,[2]并且符合《意大利宪法》第10条第1款的规定,即意大利的法律规范应该符合被普遍认可的国际法律准则。

在1999年的"皮埃特(Piette)案"[3]中,意大利最高法院通过分析国际实践进行了判决。在该案中,意大利法院否认了欧洲大学学院享有豁免权。法院作出该判决主要依赖以下理由:"依据国际法,一实体是否以及在什么范围内享有豁免权,主要取决于该实体是否是国际法主体,并且在与其他国际实体的关系中主张的国际能力的种类。至于提及的佛罗伦萨的欧洲大学学院,它不得不依赖于与意大利政府签订的一些协议。根据这些文件,只能承认欧洲大学学院具备限定的国际能力,即仅包括与外国缔结公约的能力。受质疑的实体限制的能力是实现文化和科技目标的本质。但它本身不能等同于一个国家。"经由推论,意大利最高法院认为该欧洲大学学院不享有豁免权。

四、其他国际实体

1999年3月18日,意大利最高法院审理的"圭代蒂(Guidetti)诉马耳他骑士团案"[4]起源于1986年。马耳他骑士团与意大利著名钢琴家米凯兰杰利联系,在梵蒂冈城举办一次慈善音乐会。考虑到此次工作的人道主义性质,本次慈善音乐会的所有收入会捐助给一所罗马医院。这次音乐会举办得很成功,但是所得收入并没有捐助给医院。米凯兰杰利强烈地抗议。最终,他提起上诉,要求退还所

---

[1] See Andrea Atteritano, Immunity of States and Their Organs: The Contribution of Italian Jurisprudence over the Past Ten years, 19 *Italian Y. B. Int'l L.* 33 (2009), p. 51.
[2] See Pietro Pustorino, The Immunity of International Organizations from Civil Jurisdiction in the Recent Italian Law, 19 *Italian Y. B. Int'l L.* 57 (2009), p. 58.
[3] See Giuseppe Cataldi, Judical Decisions, 9 *Italian Y. B. Int'l L.* 147 (1999), p. 155.
[4] See Giuseppe Cataldi, Judical Decisions, 9 *Italian Y. B. Int'l L.* 147 (1999), p. 154.

得收入，为医院建一处新病房。在米凯兰杰利死后，他的妻子继续坚持上诉。马耳他骑士团协会请求最高法院，承认它的豁免权。意大利最高法院认为马耳他骑士团具有国际法主体资格，承认其享有管辖权。

第三节　意大利国家豁免实践中的管辖豁免

一、意大利国家管辖豁免的发展历史

19世纪末期以后，随着国际经济交往的日益频繁以及国家经济职能的转变，很多国家对绝对豁免理论产生了怀疑。[1]意大利也由此转向限制豁免主义立场，主张将非主权行为排除在主权豁免范围之外。

在意大利，有关外国国家被诉的判例最早可追溯至1886年那不勒斯最高上诉法院审理的"希腊领事诉阿维萨避难所案"。[2]那不勒斯最高上诉法院在该案的判决中指出，现代国家具有双重职能，作为政治主体不服从国内法院的管辖，但如果在民事交易的领域内从事活动，便应服从国内法院的管辖。外国国家在民事关系中服从国内法院的管辖并不侵害该外国国家的主权。在该案中，希腊领事未支付避难所费用的行为被认为是民事交易行为，因而不享有管辖豁免。这一判决说明意大利法院采用了较为彻底的限制豁免主义立场。[3]

在"波加诉苏联商务代表处案"[4]中，意大利法院面临的问题是苏联是否应受意大利法院管辖，即使它的商务代表处在意大利。在该案中，最高上诉法院确认，在意大利的诉讼中苏联商务代表处不享有豁免。在意大利的交易活动由私人执行，苏联不再享有公法人格，不能享有管辖豁免。法院还指出，如果外国国家在另一国家领域内从事私人也能进行的经营活动，其就失去了公法人格，不能要求对国家管辖豁免。就像意大利政府有时为了达成商业目标，会与私人达成商业关系。意大利政府在该种情形下如果违背合约义务，也应受到法院管辖。同样的原则也适用于外国主权者通过其商务代表处在意大利从事非主权行为。

在1963年一个意大利公司诉美国政府的案件[5]中，上诉法院坚持在来亨港的美国军事总部与意大利公司订立合同的行为是私法行为，美国政府不享有豁

---

〔1〕 参见任明艳：《国家行为原则与主权豁免关系之实证分析》，载《河南大学学报（社会科学版）》2006年第5期，第106页。
〔2〕 参见龚刃韧：《国家豁免问题的比较研究——当代国际公法、国际私法和国际经济法的一个共同课题》（第二版），北京，北京大学出版社2005年版，第38页。
〔3〕 参见龚刃韧：《国家豁免问题的比较研究——当代国际公法、国际私法和国际经济法的一个共同课题》（第二版），北京，北京大学出版社2005年版，第38页。
〔4〕 See Riccardo Gori-Montanelli, David A. Botwinik, Sovereign Immunity-Italy, 10 *Int'l L.* 451 (1976), p. 452.
〔5〕 See Riccardo Gori-Montanelli, David A. Botwinik, Sovereign Immunity-Italy, 10 *Int'l L.* 451 (1976), p. 454.

免。此合同的内容是为军事基地建设下水管道系统。法院否定了美国政府的观点，美国政府认为，鉴于军事活动的公共作用，在意大利，任何外国主权者的军事行政部门实施的行为均应被认为是统治权行为。意大利法院认为，当一外国主权者与意大利私人订立合约，其实施的是非主权行为，不享有主权豁免。

在管辖豁免中，为了区分主权行为和非主权行为，意大利法院继续表明其偏好国家行为的性质标准，而不是目的标准。因此认为国家的主权权力是从事主权行为，而作为私人实体从事的行为被认为是非主权行为。例如，1994年5月7日，热那亚上诉法院针对一个案件作出的判决。该案争议源自伊拉克与意大利芬坎蒂尼（Fincantieri）公司签订的提供军舰的合约。意大利法院认为伊拉克不享有豁免，即使该合约的执行带有明显的公共目的，但伊拉克的管辖豁免还是被否定了，因为提供合约在本质上是非主权行为。意大利最高上诉法院承认此项原则，并在一些其他案件中再次确定。

对于性质标准的偏好，也表现在起草《联合国国家及其财产管辖豁免公约》的过程中意大利政府的评论。事实上，为了确保国家的商业往来不受豁免的影响，《联合国国家及其财产管辖豁免公约》将性质标准作为一般标准。该公约第2条第2款规定，在确定一项合同或交易是否为第1款（c）项所述的"商业交易"时，应主要参考该合同或交易的性质，但如果合同或交易的当事方已达成一致，或者根据法院地国的实践，合同或交易的目的与确定其非商业性质有关，则其目的也应予以考虑。

但是，在2005年"玻利（Borri）诉阿根廷案"[1]中，原告玻利购买了一些阿根廷的债券，但却因为阿根廷政府为面对其金融危机所采取的措施而没有得到承诺的回报。意大利最高法院认为，阿根廷享有豁免权，进而否定原告要求的救济。从阿根廷2002年和2003年颁布的延期支付的法令看，最高法院认为，即使发行债券是非主权行为，但随后的重新支付及最后无法完成支付责任，属于主权目的，并因此具备主权特征。在该案中，最高法院没有考虑债券买卖的合约性质，而是考虑到其面对金融危机所采取的措施的性质。最高法院作出此判决，遭到了一些学者的批评。他们认为意大利最高法院的这种做法为外国国家应负的责任提供了保护伞，并且剥夺了受损害一方获得补偿的权利。

二、意大利国家豁免实践中军队的管辖豁免

在2008年"洛扎诺（Lozano）案"[2]中，洛扎诺是一名美国士兵，其于

---

[1] See Xiaodong Yang, *State Immunity in International Law*, Cambridge University Press, 2012, p. 15.

[2] See Andrea Atteritano, Immunity of States and Their Organs: The Contribution of Italian Jurisprudence over the Past Ten years, 19 *Italian Y. B. Int'l L.* 33 (2009), p. 52.

2005年3月4日在巴格达一处汽车检查站值班。在检查站，他杀死了意大利对外情报官员尼古拉·卡里帕黎（Nicola Calipari）。卡里帕黎为意大利政府工作，目标是释放被绑架的意大利记者朱利亚娜·斯格雷纳（Giuliana Sgrena）。这个任务完成得非常成功，但在二人在朝巴格达机场的行进途中，洛扎诺发起恐怖袭击，开枪打死卡里帕黎。在意大利对洛扎诺的刑事诉讼中，一级法官和意大利最高法院都承认洛扎诺享有豁免权。意大利最高法院认为，洛扎诺作为一名士兵享有的是职能豁免。意大利最高法院对该案的判决表明外国军队享有豁免权。

三、意大利国家豁免实践中国有化行为的豁免

意大利一直承认外国的国有化行为应当享有豁免。在1972年"意大利公司坎皮奥内（Campione）诉匈牙利佩蒂（Peti）公司案"[1]中，意大利上诉法院面对的是匈牙利提起的国家豁免要求。该诉讼由意大利公司提起，其主张匈牙利国有化政策对其造成损害。1947年，意大利公司与匈牙利公司签订一份合约，内容是提供硫，以交换松脂。然而，意大利公司执行了合约义务，但其没有收到应有的报酬。1948年，佩蒂公司被国有化。1952年，意大利公司在意大利提起上诉，要求赔偿违约损害。此时，佩蒂公司是一个政府实体，拥有自己的法律人格。1959年，此上诉仍未裁决。匈牙利一部新的法律限制政府实体对于归于其所有的财产责任，并且消除政府担保，可要求溯及既往。意大利原告诉称，作为国有化法令的结果，匈牙利政府已经成为佩蒂公司的拥有者，并且其拥有公司的绝对财产，所以应该对其义务负责。意大利最高法院指出外国国家的国有化是以主权资格从事的行为，意大利无权管辖，因此否定了对匈牙利的管辖。

在1979年的"利比亚阿拉伯共和国诉海运公司案"[2]中，意大利法院对国有化的立场表现得更为明确。该案中，利比亚在其政权变更后，没收了意大利公司在利比亚海港的设备。这两个意大利公司在意大利法院提起诉讼，并且要求利比亚归还其财产或给予补偿。意大利最高法院认为，利比亚政府没收外国人财产是公法领域的行为，并且是为实现国家的公共目的所从事的行为，所以利比亚政府享有管辖豁免。并且，意大利法院也不能对利比亚的主权行为是否符合国际法作出判断。

四、意大利国家豁免实践中的雇佣关系例外

意大利最高法院对于雇佣纠纷的案件一直坚持限制豁免理论，即以被雇佣者

---

[1] See Riccardo Gori-Montanelli, David A. Botwinik, Sovereign Immunity-Italy, 10 *Int'l L.* 451 (1976), p. 453.
[2] 参见龚刃韧：《国家豁免问题的比较研究——当代国际公法、国际私法和国际经济法的一个共同课题》（第二版），北京，北京大学出版社2005年版，第229页。

实施活动的性质为标准来判断外国政府是否享有豁免权。

1971年,在"德里蒂斯(De Ritis)诉美国政府案"[1]中,德里蒂斯是一名美国在那不勒斯新闻处的工作人员,她的诉讼主张是员工福利。意大利最高法院分析认为,德里蒂斯是一名图书管理员助理,并指出她有效地参与了海外信息宣传的公共活动,这是美国新闻处展示美国主权的作用。在该案中,意大利最高法院认为被雇佣者实施的活动与美国主权职能相联系,判决美国政府在此项争议中享有豁免权。

然而,最高法院在近些年的判决中出现了金钱标准,即如果被告仅被要求金钱上的补救,那么即使原告被委托进行主权活动,外国国家的管辖豁免也经常被法院否认。[2]2008年2月1日,在"S.O.A.诉歌德学院案"[3]中,意大利最高法院确认歌德学院在雇佣纠纷中享有豁免权。该案起源于2005年在巴勒莫法庭提出的一项针对歌德学院的诉讼请求。原告曾在1966年至1997年间在歌德学院工作,担任老师和图书管理员,其要求支付服务报酬3 211 658欧元。歌德学院主张,依照传统的国际法原则,平等者之间无管辖权,意大利法院不享有管辖权。歌德学院认为其本身是一个公共实体。德国政府成立歌德学院是为公共机构目标,包括向海外传播德国文化,其实施的行为是统治权行为,因为它们直接关系到公共机构目标。随后,原告将诉讼请求提交给意大利最高法院,主张最高法院享有管辖权,因为该主张关系到雇佣关系的经济方面。最后,法院确认其在该纠纷中享有管辖权,歌德学院不享有豁免权。

雇佣纠纷比较复杂,主权行为和非主权行为之间的区分会引起严重的问题,因为主权行为的宽泛概念会使外国国家较为容易地援引国家豁免权。所以,意大利最高法院指出,近些年来,承认意大利法院管辖权的判决不再以被雇佣者履行实际职能的性质为基础,而是以外国主权国家竭力追求的司法救济为基础。其结果是为了确立意大利法院的管辖权,致力于劳动纠纷的纯粹金钱本质具有决定意义的重要性。[4]

五、意大利国家豁免实践中的管辖豁免放弃

放弃豁免,就意味着一国要接受他国法院的管辖。豁免的放弃有两种形式,一种是明示放弃,一种是默示放弃。意大利在"一战"后出现了承认默示放弃管辖豁免的情形。

---

[1] See Riccardo Gori-Montanelli, David A. Botwinik, Sovereign Immunity-Italy, 10 *Int'l L.* 451 (1976), p. 455.
[2] See Andrea Atteritano, Immunity of States and Their Organs: The Contribution of Italian Jurisprudence over the Past Ten years, 19 *Italian Y. B. Int'l L.* 33 (2009), p. 43.
[3] See Giuseppe Cataldi, Massimo Iovane, Judicial Decisions, 19 *Italian Y. B. Int'l L.* (2009), p. 410.
[4] See Giuseppe Cataldi, Massimo Iovane, Judicial Decisions, 19 *Italian Y. B. Int'l L.* (2009), p. 411.

在1924年的"斯托莱利诉法国案"[1]中，法国在"一战"期间在意大利建立军事基地，与一些意大利公司签订供应商品的合约，其中一家公司向意大利法院提起诉讼，法国主张其享有管辖豁免。罗马法院在审理该案时指出，默示豁免可以在以下情形中发生，即与该外国在其他国家占有的不动产有关的诉讼，或者当该外国在其他国家领土内通过代理机构进行普通商业交易而产生的复杂关系，罗马法院认为本案中法国的行为属后一种情形，因而判定法国政府已经默示地放弃了管辖豁免。[2] 在1925年"意大利商人诉苏联商务代表案"中，意大利最高法院采取了同样的观点，拒绝了苏联商务代表提出的争辩，其理由是一个外国国家在他国参加商业活动，就已经默示放弃了豁免权。

在1925年意大利热那亚上诉法院审理的"美国航运委员会诉意大利水泥公司案"[3]中，美国航运委员会租给一家私人公司船舶，而这家公司的船舶发生了延误和卸载货物情形。美国航运委员会作为船舶的所有者介入诉讼，上诉法院认为，美国航运委员会自愿出庭，就已经默示放弃豁免权。

意大利的司法实践表明，一外国国家在他国参加商业活动和自愿出庭，应当被视为默示放弃豁免权。这种做法与其他国家所采取的限制豁免理论的解释路径有所不同。其他采取限制豁免主义的国家将国家从事商业活动等私法行为作为国家豁免的例外而不予豁免；而意大利则将国家自愿从事商业活动等视为默示放弃豁免，同样达到了不予豁免的效果。

第四节　意大利国家豁免实践中的执行豁免

在1926年的"罗马尼亚诉特鲁塔案"[4]中，意大利最高法院认为，国家具有公法和私法双重人格，如果国家从事私法行为，就应服从外国法院的管辖。在该案中，意大利最高法院指出，罗马尼亚购买军鞋的行为属于私法行为。同时，最高法院还指出，本案中被扣押的基金没有被预定用于国家的公共目的，对此，意大利法院有权实施扣押。[5]

---

[1] 参见龚刃韧：《国家豁免问题的比较研究——当代国际公法、国际私法和国际经济法的一个共同课题》（第二版），北京，北京大学出版社2005年版，第61页。
[2] 参见龚刃韧：《国家豁免问题的比较研究——当代国际公法、国际私法和国际经济法的一个共同课题》（第二版），北京，北京大学出版社2005年版，第61页。
[3] 参见龚刃韧：《国家豁免问题的比较研究——当代国际公法、国际私法和国际经济法的一个共同课题》（第二版），北京，北京大学出版社2005年版，第180页。
[4] 参见龚刃韧：《国家豁免问题的比较研究——当代国际公法、国际私法和国际经济法的一个共同课题》（第二版），北京，北京大学出版社2005年版，第62页。
[5] 参见龚刃韧：《国家豁免问题的比较研究——当代国际公法、国际私法和国际经济法的一个共同课题》（第二版），北京，北京大学出版社2005年版，第62页。

1926年7月15日，意大利通过了《关于外国财产执行豁免的法律（第1263号）》[1]。该法律规定，未经司法部长的授权，不得对外国国家的动产和不动产、船舶、资金、证券或其他财产直接采取任何没收、扣押等强制措施或执行措施。这一规定适用于实行互惠的国家，并且该条规定不能对司法部长的政令提起诉讼。然而，在1992年，意大利宪法法院判决上述规定违宪并予以撤销。[2] 宪法法院发现，第1236号法律中不能对司法部长的政令提起诉讼这点违宪。该规定违背意大利《宪法》第113条规定，即对国家行政机关的法令不服时，随时可以请求普通司法机关或行政机关对其权利和合法利益进行司法保护。这种司法保护不得以特殊否认办法或以特定法令为理由加以取消或限制。例如，1999年，在"雷法特·阿米安（Refaat Armiaan）案"[3]中，埃及对于意大利法院对其扣押存放在大使馆的资金主张豁免，意大利最高法院认为采取保护性管辖规则是不允许的。该案说明，可以针对执行的司法部长政令提起诉讼。

---

[1] See Gerhard Hafner, Marcelo G. Kohen and Susan Breau, *State Practice Regarding State Immunities*, Brill Academic Pub, 2006, p. 411.

[2] 参见李万强、徐群:《国家财产的执行豁免问题新探》，载《西北师大学报》2002年第5期，第118页。

[3] See Gerhard Hafner, Marcelo G. Kohen and Susan Breau, *State Practice Regarding State Immunities*, Brill Academic Pub, 2006, p. 455.

第十章 瑞士的国家豁免理论与实践

第一节 瑞士国家豁免理论与实践的发展历史

19世纪,除了少数欧洲国家如匈牙利、俄罗斯等,其他国家都不同程度地承认了国家豁免原则,瑞士也不例外。到了19世纪后半叶,国家豁免原则已经为国际法学者广泛承认。然而,由于对这一原则的具体适用范围的见解不同,出现了绝对豁免主义和限制豁免主义两个不同的学派。绝对豁免主义在19世纪得到广泛认可。然而19世纪后期,自由主义崛起,尤其是"二战"以后,随着各国在战后全力振兴经济,有利于保护私人利益的限制豁免主义得到了一些国家的认可。限制豁免主义认为应将国家行为分为两类,即主权行为与非主权行为。根据该理论,国家在国际交往中的主权行为可以在他国享有管辖豁免,但非主权行为不得享有豁免。国家不能仅凭其国家身份即享受国家豁免,其能否享有这项权利的依据在于其行为性质。但是,该理论承认国家豁免是国际法上的一项基本国际法原则,以国家不得享有管辖豁免为例外。

纵观欧洲历史,绝对豁免主义和限制豁免主义这两种立场的对立从未停止过,至第一次世界大战为止,早期的绝对豁免主义占优势;从"一战"结束后至20世纪50年代,绝对豁免主义与限制豁免主义几乎平分秋色;20世纪50年代起至今,限制豁免主义在理论和实践中占据了优势地位。

"一战"以前,瑞士并没有有关国家豁免的司法实践,瑞士国际法学者法泰尔曾经指出:"根据普遍的国际习惯,外交使节完全独立于接受国的司法管辖和权力。"[1] 这说明在瑞士,其理论和实践支持的都是绝对豁免主义。在司法实践方面,1918年联邦最高法院审理的"奥地利财政部诉德雷菲斯案"是瑞士关于外国国家豁免最早的重要判例,[2] 瑞士通过该案走向了限制豁免的道路。随后,瑞士在"土耳其中央银行诉韦斯顿金融和投资公司案""阿拉伯联合共和国诉某夫人案""意大利共和国、意大利运输和铁道部长诉贝塔控股公司案"和"格里桑案"等案件中,都坚持了限制豁免主义立场。1918年7月13日,瑞士为了维护其永久中立国的地位,其联邦议会发布了新的法令,禁止对外国国家采取任何强

---

[1] 参见龚刃韧:《国家豁免问题的比较研究——当代国际公法、国际私法和国际经济法的一个共同课题》(第二版),北京,北京大学出版社2005年版,第2页;Emer de Vattel, *Le Droit Des Gens*, Washington: Carnegie Institution of Washington 1916, p. 324.

[2] 参见龚刃韧:《国家豁免问题的比较研究——当代国际公法、国际私法和国际经济法的一个共同课题》(第二版),北京,北京大学出版社2005年版,第63页。

制措施。[1] 但这一法令到 1926 年又被废止了。1938 年 10 月再次因为国际关系紧张，为了维护其永久中立国的地位，瑞士又通过了一个法令，规定在外国管辖豁免方面授予政府以全权。[2]

在司法实践中，"土耳其中央银行诉韦斯顿金融和投资公司案"较能体现瑞士法院关于国家豁免的立场。在该案中，土耳其的一家普通银行向在苏黎世的一家银行借款，由土耳其中央银行担保偿还。债务到期，土耳其银行并未按照约定履行偿还义务，苏黎世银行便把其债权让与给了韦斯顿金融和投资股份公司，随后该公司便以债权受让者的身份申请扣押土耳其中央银行在瑞士银行的资金，瑞士地方法院发布了扣押令。土耳其中央银行上诉到瑞士联邦法院，请求取消扣押令，并主张国家豁免。瑞士联邦法院考察了德国法院的判例和英国上诉法院于 1977 年 4 月 19 日的判决，并参考了《欧洲国家豁免公约》的规定，采取了限制豁免的态度，认为外国国家从事的非主权行为在瑞士不享有管辖豁免和执行豁免。瑞士联邦法院甚至强调，依私法建立的外国组织即使从事了被视为政府权力的主权行为，也不享有豁免。[3] 由于申请扣押令基础的权利与瑞士领土存在联系，瑞士法院最后驳回了土耳其中央银行的上诉，确认了扣押令。[4]

由该案可以看出，瑞士在国家豁免方面的司法实践体现了如下特点：第一，瑞士法院采取限制豁免主义立场，但由于受政治影响，这种立场也并非绝对；第二，外国国家的行为必须和瑞士领土有联系，法院才予以管辖，在外国国家的行为和瑞士领土没有联系的情形下，即使被认为属于私法行为或仲裁地在瑞士，瑞士联邦法院也拒绝管辖；第三，瑞士法院不仅在审判管辖豁免方面，而且在外国国家财产执行方面同样持限制豁免主义的立场，但瑞士并不严格区分管辖豁免和执行豁免。

第二节　瑞士国家豁免实践中的豁免主体

众所周知，国家是享有国家豁免的主体，但是在国家豁免的领域内，国家的概念有所延伸，因为国家的实际行为往往通过政府部门、元首、君主或外交代表等的行为表现出来。因此，国家范围的大小成为国家豁免领域倍受关注的核心问

---

[1] 参见龚刃韧：《国家豁免问题的比较研究——当代国际公法、国际私法和国际经济法的一个共同课题》（第二版），北京，北京大学出版社 2005 年版，第 63 页。
[2] 参见龚刃韧：《国家豁免问题的比较研究——当代国际公法、国际私法和国际经济法的一个共同课题》（第二版），北京，北京大学出版社 2005 年版，第 64 页；J. F. Lalive, Swiss Law and Practice in Relation to Measures of Execution against the Property of a Foreign State, 10 *Netherlands Yearbook of International Law* 153 (1979), p. 154.
[3] 参见黄进：《国家及其财产豁免问题研究》，北京，中国政法大学出版社 1987 年版。
[4] 参见黄进：《国家及其财产豁免问题研究》，北京，中国政法大学出版社 1987 年版。

题。《联合国国家及其财产管辖豁免公约》第2条规定，国家是指："（1）国家及其政府的各种机关；（2）有权行使主权权力并以该身份行事的联邦国家的组成单位或国家政治区分单位；（3）国家机构、部门或其他实体，但须它们有权行使并且实际在行使国家的主权权力；（4）以国家代表身份行事的国家代表。"本节将针对瑞士国家豁免实践中所涉及的主要豁免主体进行分析。

一、国家政府机关

《联合国国家及其财产管辖豁免公约》将"国家及其政府的各种机关"列为首要的享有豁免权的主体，这是对各国长期实践的肯定，同时也是基于以下两个方面的原因：第一，国家的组织结构是国家作为一个整体的组成部分。第二，国家的组织结构在满足了以下两个条件后又形成了享有豁免权的单个实体。其一，为国家而行为并代表国家的名义；其二，行使主权权力和政府职能。

各国政府机关享有豁免权这个结论在国际社会已经得到普遍的认可，很多国家也以相关立法予以认可。在瑞士的司法实践中，各国政府机关享有豁免权也已成为一项原则。但是，由于瑞士自1918年以来采取的是限制豁免主义。所以，如果外国国家政府机关采取的是主权或统治权行为，这很可能导致援引主权豁免原则；但是，如果该政府机关行使的是一个管理权行为，则瑞士联邦法院要管辖，还必须以与瑞士有领土联系为前提。[1]

二、国家机构、部门或其他实体

《联合国国家及其财产管辖豁免公约》第2条使用了"国家机构、部门或其他实体"这样的概念。但是，实际上，关于国家"机构、部门或其他实体"的概念还缺乏统一的定义。

从各国实践来看，在机构或部门与国家豁免主体之间的关系方面，存在以下两种不同的基本立场：其一是"结构主义"，即指以国家机构或部门和其他实体是否具有法律人格、持有财产的能力、诉讼能力以及政府的控制程度等为主要的判定根据；其二是"职能主义"，即无论国家实体的国内法地位如何，主要根据行为的性质来决定是否能享有管辖豁免。

瑞士曾经采用结构主义立场，[2]但1978年，在"土耳其中央银行诉韦斯顿金

---

[1] Ire Cour de droit civil Droit des contrats.
[2] 例如，1966年"意大利共和国、意大利运输部和意大利运输和铁道部长诉贝塔控股公司案"，参见《国际法判例汇编（第65卷）》，第394页；J. F. Lalive, Swiss Law and Practice in Relation to Measures of Execution against the Property of a Foreign State, 10 *Netherlands Yearbook of International Law* 153 (1979), pp. 153, 156; 龚刃韧：《国家豁免问题的比较研究——当代国际公法、国际私法和国际经济法的一个共同课题》（第二版），北京，北京大学出版社2005年版，第152页。

融和投资公司案"[1]中,瑞士联邦法院对瑞士判例法上有关具有法人资格的实体一概不得要求管辖豁免的传统提出了疑问,因为该做法与《欧洲国家豁免公约》第 27 条相矛盾。随后,在 1985 年"瑞士航空公司诉×等案"[2]中,瑞士联邦法院指出即使是被授予具有独立法人资格的外国实体,对其行使"统治行为"也可以援引管辖豁免。这些事实说明了瑞士联邦法院出现了转向采用"职能主义"的动向。[3]

三、国家代表

国家代表,包括政府首脑、部级行政部门的首长以及其他经授权代表国家行事的人。有学者主张,国家元首也应包括在国家代表中,其理由是国家元首具有双重身份。国家元首既是国家机关也是国家的最高代表人。既然国家元首代表国家,其实施的行为理应在外国法院援引国家豁免。在瑞士,国会议员和联邦委员在职务范围内,享有绝对豁免权,在政府职务范围之外的言行仅享有相对豁免权。

一般认为,国家豁免原则应只适用于国家代表在代表本国时从事的官方行为,而不及于为其个人利益或其他的私人行为。其享有豁免的根据主要是基于其代表身份。基于这种理由国家代表的豁免是给予国家的,所以不受有关代表官方职务变化的影响。另外,国家代表的私人行为不可以享有豁免,但是在各国实践中,对在位的外国君主或国家元首私人行为进行管辖的判例极其少见。国家元首之所以在某些私人行为方面也享有特权与豁免,其依据是"国家的尊严"以及"国际礼让"。[4]因此,国家元首不仅享有基于"属物事由"(ratione materiae)的豁免,由于其特殊的地位,还享有"属人理由"(ratione personae)的豁免。

根据公认的原则,作为国家代表,只有对其在位或任职期间的官方行为才有权援引国家豁免,其依据是基于"属物事由"。在瑞士的司法实践中,瑞士联邦法院 1987 年在"马科斯和合伙人诉日内瓦控告委员会案"中,以外国国家元首丧失职位后不能享有管辖豁免为由,驳回了菲律宾前总统马科斯的上诉。

---

[1] 参见龚刃韧:《国家豁免问题的比较研究——当代国际公法、国际私法和国际经济法的一个共同课题》(第二版),北京,北京大学出版社 2005 年版,第 152 页;《国际法判例汇编(第 65 卷)》,第 417 页。
[2] 参见龚刃韧:《国家豁免问题的比较研究——当代国际公法、国际私法和国际经济法的一个共同课题》(第二版),北京,北京大学出版社 2005 年版,第 152 页;《国际法判例汇编(第 65 卷)》,第 417 页。
[3] 参见龚刃韧:《国家豁免问题的比较研究——当代国际公法、国际私法和国际经济法的一个共同课题》(第二版),北京,北京大学出版社 2005 年版,第 152 页。
[4] 参见龚刃韧:《国家豁免问题的比较研究——当代国际公法、国际私法和国际经济法的一个共同课题》(第二版),北京,北京大学出版社 2005 年版,第 63 页。

第三节　瑞士国家豁免实践中的管辖豁免

一、瑞士国家豁免实践中管辖豁免的基本原则

在瑞士，通常将国家行为依据"主权行为"与"非主权行为"进行区分。瑞士不事先明确或具体列举国家豁免事项或非豁免事项，而是由各个法院根据具体的案情并依据限制豁免主义理论来判断外国国家行为的性质。如果法院认为涉案国家行为是"主权行为"，就给予管辖豁免；如果法院认为涉案国家行为是"非主权行为"，其就可以行使管辖权。此外，当外国国家的行为被认为是非主权行为时，瑞士法院要行使管辖权还需要案件的争议与瑞士领土有"适当的"连接。这种连接要求与诉讼有关的基础权利必须来源于瑞士或必须在瑞士执行；当债务人在瑞士进行某些行为时也会产生这种连接。但是，裁决地在瑞士并不产生这种"连接"。而关于"主权行为"和"非主权行为"的区别，瑞士联邦法院认为，不能仅仅在现有的公法或私法的基础上来判断，关键是国家行为的内在性质。

二、瑞士国家豁免实践中管辖豁免的商业交易例外

在欧洲国家，限制豁免主义中的非主权行为大多数与商业交易有关，而如何界定非主权行为中的商业交易行为，已成为学者的研究重点。

瑞士并没有对商业行为的概念作出准确的定义，但其通常只限于一国政府与另一国自然人或法人之间的合同或交易行为，而不包括两国政府之间或国家与其他国际法主体之间的商业贸易活动。现在一般的趋势是对"商业交易"作广义解释。"商业交易"不仅限于商品买卖以及提供劳务等狭义的商业行为，而且还包括工业、金融、贸易、职业以及营业等相当广泛的内容，可以说包括了国家在经济领域里的所有活动。

关于商业行为的界定标准，瑞士联邦法院认为区分非主权行为与主权行为，考虑行为的性质比考虑行为的目的更为重要，考虑行为的性质即审查行为是否行使公共权力或者是任何私人能够行使的权利。在瑞士看来，所有的主权行为或是非主权行为都是出自国家利益或是公共利益，所以在考虑某个国家行为的性质时，其是否出于国家利益或公共利益这一标准起了决定性的作用。在"阿拉伯共和国诉某夫人案"中，某夫人是瑞士苏黎世的居民，她将其在维也纳的一栋别墅出租给在奥地利的埃及外交代表，这栋别墅被埃及外交使团使用并当做外交代表的住所。双方协议，租金支付给瑞士一家州银行，如果发生争议，苏黎世普通法院有管辖权。埃及一方未按约定履行义务，某夫人通知其中止租约，并要求得到补偿。某夫人在日内瓦一审法院两次取得扣押令，并扣押了埃及存在日内瓦银行

的资金。[1]根据瑞士的司法实践,当外国国家一方以私人身份行事时,如果外国国家主体一方的法律关系与瑞士领土有联系,外国国家一方可以在瑞士法院被诉,并且必须服从强制执行措施。在该案中,由于发生的争议源于一份租赁合同,这是一种非主权行为,准确地说这就是一种商业交易行为。因为,某夫人确实是以营利为目的的,又因为租金的支付是通过一家瑞士银行,与瑞士领土有联系,所以埃及一方不能援引管辖豁免。

除此之外,瑞士联邦法院主张根据有关交易的最初性质来决定,对于后来因被告国家的国内法而发生的变更采取漠视态度。1978年"土耳其中央银行诉韦斯顿金融和投资公司案"就是一个很好的例子。土耳其一家普通银行向瑞士一家普通银行借款,依照土耳其外汇管理法,偿还借款应通过土耳其中央银行的中介来进行。瑞士联邦法院认为,两个普通银行之间根据国际银行的惯例缔结的借款协定属于私法性质的行为,这种性质不因土耳其中央银行的介入而改变。[2]且土耳其中央银行是拥有独立的法人资格的,在瑞士的司法实践中,国家的中央银行是不能够作为一个独立的实体享有国家豁免的。

二、瑞士国家豁免实践中管辖豁免的领土联系要求

瑞士法院一贯以领土联系作为行使管辖权的前提条件。外国国家的某些行为即使被判断为"非主权行为",但如果与瑞士领土没有实质性联系,法院也不对其行使管辖权。当外国国家所从事的"非主权行为"与瑞士领土有实质性联系时,瑞士法院通常才会行使管辖权。

如前所述,在"阿拉伯共和国诉某夫人案"中,瑞士联邦法院认为,埃及外交代表与某夫人是基于一个租赁合同而引起的争端,这是一个非主权行为,而瑞士在以下几种情况下会确定该行为与瑞士领土有联系:第一,外国国家进入的法律关系在瑞士有其起因;第二,行为在瑞士履行;第三,债务人采取以瑞士为履行地的步骤等。[3]租赁合同约定租金支付给在瑞士的一家州银行,即本案履行地为瑞士,因此瑞士法院确定了本案和瑞士的领土联系,判决其对案件享有管辖权。又如,在1918年的"奥地利财政部诉德雷菲斯案"中,瑞士法院行使管辖权不仅是因为奥地利政府在瑞士发行公债是一个私法上的行为,即非主权行为,也因为这个争议的发生与瑞士领土有联系。[4]再如,1980年"利比亚诉利美石油

---

[1] 参见黄进:《国家及其财产豁免问题研究》,北京,中国政法大学出版社1987年版,第178页。
[2] 参见龚刃韧:《国家豁免问题的比较研究——当代国际公法、国际私法和国际经济法的一个共同课题》(第二版),北京,北京大学出版社2005年版,第218页。
[3] See Xiaodong Yang, *State Immunity in International Law*, Cambridge University Press, 2012, p. 72.
[4] See Xiaodong Yang, *State Immunity in International Law*, Cambridge University Press, 2012, p. 70.

案"是一个关于执行仲裁裁决的案件。在该案中,利比亚政府机关的财产因被瑞士地方法院命令扣押,向瑞士联邦最高法院上诉。瑞士联邦最高法院认为,本案当事人之间的法律关系和瑞士领土没有联系,即使仲裁地在瑞士也不能改变这种事实,因此判决无管辖权。

综上所述,不是每一个外国国家行使了非主权行为在诉讼中都会被瑞士法院判决管辖,其还要求该非主权行为所引发的私法关系必须与瑞士领土有一定的联系。换言之,非主权行为并不是决定瑞士法院是否对相关案件行使管辖权的充分条件,其还必须考虑与瑞士领土联系的必要条件。

四、瑞士国家豁免实践中管辖豁免的政府公债例外

所谓的政府公债,主要是指一国政府向外国自然人、公司或金融机构借款的行为,而不涉及政府之间或国家与国际组织之间的贷款协定。[1]

瑞士联邦法院对政府公债的管辖豁免一贯持否定立场。例如,在前述提及的1918年"奥地利财政部诉德雷菲斯案"中,奥地利财政部向瑞士发行公债,公债持有者因为到期未得到本息偿还,在瑞士法院提起诉讼。被指定的银行拒绝偿还到期的公债,奥地利国在该银行的财产被命令扣押。奥地利政府在一审和二审都提出管辖抗辩,但均被驳回。由此可以看出,瑞士联邦法院在该问题上的态度。

五、瑞士国家豁免实践中管辖豁免的放弃

瑞士虽然没有专门的国家豁免立法,但是,其在实践中要求豁免的放弃,无论明示或默示,其放弃行为都必须是明确的、具体的、毫无争议的以及毫不含糊的;豁免的放弃只能由主管部门予以认定,并且这种豁免的放弃不能被推定。

在瑞士的司法实践中,主要有以下几种情形被认为是豁免的放弃:第一,外国国家仅仅是为了宣布豁免权而出席在法庭上,该行为并不代表放弃豁免权;而相反,出现在法庭上而未援引豁免权则会被视为豁免的放弃。第二,外国国家如果在仲裁条款中表示放弃豁免,就代表管辖豁免和执行豁免一并放弃。第三,外国国家如果在合同条款中表明发生争议由当地法院管辖,也表示其放弃豁免权。第四,在法庭上提出与原诉讼相关的反诉以及未在法院管辖该案件时提出管辖权异议等,这些行为都视为豁免的放弃。

---

[1] 参见龚刃韧:《国家豁免问题的比较研究——当代国际公法、国际私法和国际经济法的一个共同课题》(第二版),北京,北京大学出版社 2005 年版,第 218 页。

第四节　瑞士国家豁免实践中的执行豁免

一、瑞士国家豁免实践中执行豁免的基本原则

瑞士至今尚没有调整国家豁免问题的专门国内立法。1949年，瑞士修改《联邦债务和破产诉讼法》时，立法机关也曾拒绝就国家豁免问题作出规定。因此，要分析瑞士在国家豁免问题上的观点和立场，我们只能从瑞士的司法实践和条约实践入手。

在国家豁免制度中，国家财产的执行豁免，是指一国财产免于另一国法院诉讼中所采取的包括扣押、查封、扣留和执行在内的强制措施。对如何处理管辖豁免和执行豁免的关系问题，国际实践中存在"一体说"和"区分说"这两种具有代表性的立场。其中，"一体说"是指如果国家在一定情形下不享有管辖豁免，同样，其财产也不应享有执行豁免。该理论的理由是，不允许执行将对私人当事人带来不公平或不平等的结果。瑞士联邦法院原则上坚持"一体说"，不严格区分管辖豁免与执行豁免的立场。它们认为，法庭采取强制执行措施的权力来源于对案件的管辖权，即执行豁免是管辖豁免的直接结果。只要承认在某些情况下外国国家的行为可能在瑞士引起权利或义务，那么也必须承认，该外国国家在瑞士可能受到法律上的某种措施，以确保判决的强制执行。因为瑞士联邦法院认为，如果不这样规定，判决将缺乏其最基本的属性，这会伤及当事人的利益，这个判决将会成为一个单纯的法律意见，而缺乏强制力的保证。[1]

例如，在1956年"希腊王国诉朱利叶斯·巴尔公司案"中，瑞士联邦法院指出，只要承认外国在瑞士法院可以成为确定其权利和义务的诉讼当事人，那么就必须承认外国在瑞士法院应服从为执行判决的强制措施。在1960年"阿拉伯联合共和国诉某夫人案"中，瑞士联邦法院也指出，如果法院有管辖权，就自动地具有采取执行措施的权限。

但是，有时瑞士法院即使有行使管辖的权力，而当外国国家资产是用于某种公共目的或出于公共利益的考虑时，瑞士法院仍然会考虑执行豁免。并且，"区分说"已被大多数国家所接受，各国都不同程度地区别对待管辖豁免和执行豁免问题，并承认外国国家财产的执行豁免有更多的"绝对性"。瑞士受到这种趋势的影响，也在向"区分说"转变。从相关立法和司法实践来看，基于国家对外关系的考虑，一贯采用"一体说"的瑞士，在两次世界大战期间也曾经两度立法，规定只有在政府的授权下法院才能对外国国家财产采取强制措施。此外，执行程序及外国财产的执行豁免也在一定程度上受到相关国内法律的影响。例如，依据

---

[1] See Xiaodong Yang, *State Immunity in International Law*, Cambridge University Press, 2012, p. 349.

瑞士1947年《关于规定州、郡以及市镇债务程序的联邦法律》第7条至第9条的规定，只有这些地方当局的"继承财产"才能成为扣押的对象，而"行政财产"由于是直接履行公法职能而被使用的财产，不能成为扣押对象。在1966年"意大利共和国、意大利运输和铁道部长诉贝塔控股公司案"中，瑞士联邦法院根据国内法上对财产的分类，认为对外国财产的强制措施只限于"继承财产"，而不及于"行政财产"。瑞士联邦法院认为，该案涉及意大利国营铁路股份是确保铁路设备的必要条件和执行公共职能的财产，因而免于扣押措施。此外，瑞士所坚持采取的限制豁免主义，对瑞士在这个问题上的态度，也有所影响。

二、瑞士国家豁免实践中执行豁免的例外

在"二战"以前，除极个别国家外，大多数欧美国家的法院都坚持执行豁免的绝对主义立场。而这些极个别国家就包括瑞士，其坚持执行豁免的限制主义立场。该立场在1918年"奥地利财政部诉德莱夫斯案"中有所体现。以下部分将针对国家豁免的执行豁免例外情形展开分析。

（一）瑞士国家豁免实践中强制措施的对象

1. 用于商业用途的国家财产

国家财产大体可以分为两类：一类是用于商业用途的财产；另一类是用于主权或公共目的的财产。按照限制豁免主义的观点，前一类财产可以成为国内法院实施强制措施的对象。在瑞士，如果外国国家能够证明该财产是用于主权或者公共目的，那么即使与财产有关的该案件被瑞士法院行使管辖权，瑞士法院也不能因此而行使执行权。

关于国家财产与商业用途的时间关系问题，各国观点不同。具体而言，当外国国家某一财产过去曾被用于商业用途的情况下，有的国家认为可以采取强制措施，但是也有一些国家没有对外国国家财产的"过去用途"给予规定。例如，瑞士联邦法院1960年在"阿拉伯联合共和国诉某夫人案"中，认为外国国家财产的过去用途无关紧要。

关于国家财产与商业用途的地点关系问题，瑞士联邦法院一贯将领土联系作为行使管辖权的基本前提。在执行豁免问题上，瑞士法院也主要强调诉讼事由和瑞士领土之间存在的实质性联系。如果没有这种联系，即使外国财产存在于瑞士领土之上，或即使有关裁决在瑞士作出，瑞士法院也不对外国财产采取执行扣押措施。

此外，瑞士联邦法院虽然根据本国相关法律和实践将外国财产分为商业用途的财产和公共目的的财产，并承认强制措施只限于商业用途的财产。但是，在具体案件中对商业用途的财产还有进一步的分类。例如，在前述提到的"意大利共

和国、意大利运输和铁道部长诉贝塔控股公司案"中，上诉审时，瑞士联邦法院指出外国财产即使不是"行政财产"（即公共目的的财产），如其在被用于执行公共职能等场合，也可以援引执行豁免原则。

2. 外国国家的资金

当一国或其政府存于另一国银行的资金被指定为专项资金时，针对执行豁免的问题还较为容易处理。但是，当外国国家的银行账户具有多种用途或者没有被指定任何用途时，该情形便成为一个很复杂的问题。

为了确定多种用途的资金中哪些部分用于商业用途，法院需要解决举证责任问题。瑞士法院认为，举证责任应在有关国家一方。有关外国国家若能够证明资金用于公共目的则其享有执行豁免权。另外，针对没有被指定任何用途的资金，瑞士联邦法院在1960年"阿拉伯联合共和国诉某夫人案"中，认为该案外国资金在没有指定特别用途的情形下不得豁免于执行和扣押。在1982年"格里桑案"中，瑞士法院还准予对外国名誉领事未确定具体用途的财产采取强制措施。

（二）瑞士国家豁免实践中特定种类国家财产的豁免问题

1. 使馆的银行账户

关于使馆银行账户法律地位的国家实践，瑞士联邦法院1982年在"格里桑案"中，指出外国使团的财产享有执行豁免。为了确保外交使团、使馆履行职能，外国使馆的银行账户理应享有绝对豁免，这已经是各国公认的习惯国际法规则。

2. 中央银行财产

在欧洲大陆法系国家的判例中，一般都没有给予外国中央银行的财产以特殊保护地位。瑞士联邦法院在1978年"土耳其中央银行诉韦斯顿金融和投资公司案"中，对外国中央银行的财产不加区分，仅仅根据争议的私法性质主张对其实施扣押。另外，瑞士联邦法院在1985年"利比亚诉阿克蒂蒙公司案"中，认为不能将外国中央银行的财产都自动地划归为履行主权职能的财产，除了国家的行政财产以外，还有与私法基础上自然人或法人所拥有的财产相当的私属财产。

3. 用于军事目的的财产

通常有关外国军事基地或外国驻军所属财产的法律地位，都是由有关国家之间的双边条约来具体安排的。

4. 其他特定种类的财产

在一个关于历史石碑的争端案中，即1985年"意大利诉×案"中，瑞士联邦法院认为意大利所主张的财产权利不是基于"管理权行为"，而是基于公法上的对有历史和考古价值物品的立法保护，因而可以援引豁免。

此外，瑞士缔结了大量的双边条约，主要是同东欧国家缔结的贸易和支付协议。这些协议确定了国家机关和商号的哪些财产可以被扣押。例如，1953年9月24日订立的《瑞士与捷克的贸易条约》第13条规定："仅就与财产所在国有密切联系的私法请求而言，捷克斯洛伐克可以下令扣押瑞士联邦的财产或瑞士联邦可以扣押捷克斯洛伐克的财产。如果一项请求依有关国家的法律调整，或者履行地在那里，或者该项请求与在这个国家产生或发展的法律关系有密切联系，或者有当地法院行使管辖权的规定，上述密切联系即告存在。如果债权人直接向属于缔约国家双方之一的法人组织，特别是国家企业、中央银行等或参加外贸的企业提出请求，仅能对法人组织以自己的名义所有的财产实施扣押，但以此等财产位于另一国，并非有关国家的财产，也非其中央银行或第三方法人组织的财产为限。"[1] 类似规定还可以在瑞士和其他国家的协议中发现。

（三）瑞士国家豁免实践中的财产保全问题

一般而言，欧洲大陆法系国家在外国执行豁免方面并不严格区别财产保全与判决后的执行扣押，对于用于私法或商业用途的外国财产，只要允许执行，同样也允许采取财产保全措施。瑞士在这个问题上是持允许采取财产保全措施的立场。在前述"阿拉伯联合共和国诉某夫人案"中，驻维也纳的埃及外交使团的瑞士房主以租借方没有履行义务为由，中止租借合同，并在瑞士法院作为临时保全措施获得扣押埃及政府在瑞士银行的存款的命令。瑞士联邦法院在该案上诉审中指出，尽管被扣押的埃及政府在瑞士银行的资金原来曾预定用于国防目的，但在扣押当时并没有被指定用于特定目的，所以不享有财产保全措施豁免。

---

[1] 参见黄进：《国家及其财产豁免问题研究》，北京，中国政法大学出版社1987年版，第181-182页；J. F. Lalive, Swiss Law and Practice in Relation to Measures of Execution against the Property of a Foreign State, 10 *Netherlands Yearbook of International Law* 153 (1979), pp. 164-165.

第十一章 俄罗斯的国家豁免理论与实践

第一节 苏联时期的国家豁免理论与实践

十月革命胜利后,苏联始终坚持绝对豁免主义。苏联没有关于国家豁免的专门法律,因此,苏联的立场是通过在国内民事、刑事相关法律的规定及其在外国法院的政府声明中反映出来的。

一、苏联国内立法中的国家豁免相关规定

诚如前述,苏联并没有关于国家豁免的专门立法,但是,在相关法律中零散地规定了国家豁免的相关内容。1929年,苏联人民委员会和中央执行委员会在有关"扣押和强制执行属于外国国籍的财产程序"的法令中规定:"只有在每个具体案件中经过人民委员会的事先同意,才能对属于外国国家的财产实行扣押和强制执行。"这是苏联最早的关于国家豁免问题的规定。[1]这一规定后来被纳入苏联各加盟共和国的民事诉讼法典中。此外,1961年《苏联和各加盟共和国民事诉讼程序纲要》第61条规定:"如果一个外国国家未对苏联国家及其代表或财产赋予据本条赋予外国国家及其代表或财产的相同的司法豁免,苏联部长会议或其他经授权的机关可以对该外国国家及其代表或财产采取对等措施。"[2]1964年《苏联民事诉讼法》第435条规定:"对外国国家提起诉讼,临时扣押或强制执行位于苏联的外国国家财产只在征得有关国家主管机关的同意,才能进行。外国派驻苏联的代表和其他法律和国际条约中规定的人员,只有在与该国的协定或国际法规定的范围内才会由苏联的民事法庭按照苏联的诉讼程序审判。"[3]《苏联刑事诉讼法》第33条第2款规定:"对于享有外交上不可侵犯权利的人员,刑诉法典所规定的诉讼行为,只有根据他们的要求或取得他们的同意才能进行。对于此种行为的同意,应通过外交部加以征询。"这些法律中的零散规定并不能完整呈现苏联的国家豁免制度的全貌,但是其展现了苏联时期国家豁免的主要原则和立场。此外,苏联著名学者波格斯拉夫斯基(M. M. Boguslavsky)在其1962年出版的《国家豁免》一书中指出:"苏联学说认为豁免原则是绝对的;它属于每个

---

[1] 参见《苏联法律集》(Sobrinie Zakonov SSSR),1929年,第39号,第345项。
[2] See United Nations Publication, *Materials on Jurisdictional Immunities of States and their Property*, ST/LEG/SER.B/20 (1982), p. 40.
[3] See Gerhard Hafner, Marcelo G. Kohen, Susan Breau (eds.), *State Practice Regarding State Immunities*, Martinus Nijhoff Publishers, p. 524.

主权国家并扩及国家的一切活动。"[1]

由此可见,苏联一直坚持国家及其财产和代表享有完全的豁免权,外国国家及其财产不受苏联国内法院的管辖,只有在国家或其代表主动放弃,或国际条约中有例外规定,或是一国未给予苏联对等的豁免权时,该国及其财产或代表才不享受豁免。豁免的放弃也是有条件的,国家对豁免的放弃应由其有权的主管机关做出意思表示,对管辖豁免的放弃并不意味着同时放弃执行豁免,要对外国的财产进行扣押和强制执行,还需取得人民委员会的同意。对不给予苏联豁免的国家采取反报措施要由苏联部长会议或其他有权机关决定。外交代表放弃其豁免权的表示,应由外交部加以征询。

二、苏联时期国家豁免实践中的放弃豁免

为了减少在豁免权问题上的摩擦,苏联在坚持传统的绝对豁免主义立场的同时,采取了原则性和灵活性相结合的做法。一种做法是通过与有关国家订立双边条约对国家及其财产豁免问题做出相应的规定,如我国与苏联1958年缔结的《中苏关于互驻双方的商务代表处的法律地位的协议》。该协议第4条规定:"商务代表处享有主权国家所享有的包括对外贸易在内的一切豁免,但双方同意下列情况作为例外:甲、关于商务代表处代表本国政府与驻在国所签署的对外贸易合同的争议,如果没有仲裁处理或其他有关管辖权保留规定时,由该国法院管辖,但法院不得做出诉讼保全的裁判;乙、关于上述争执商务代表处所做的已生效的法院终审判决,可以强制执行,但执行对象仅限于商务代表处的货物和债权。"这一规定对缔约国双方商务代表处享有的豁免权的范围做了一定的限制。另一种做法是通过协商放弃豁免,即在民商事活动中,争议发生后双方通过协商明示放弃豁免。例如,1982年,上海远洋运输公司的"建德"号轮与苏联水产加工船"日涅兹诺沃斯克"号相撞,造成中方船只受损,苏方船只沉没。两国船舶都属于国有财产。从法律上讲,双方都享有豁免权。为了有利于争议的解决,中、苏双方都主动放弃国有船舶享有的豁免权,协议按第三国即英国的法律处理纠纷,使争议及时得到圆满解决。

三、苏联时期关于商务代表处的豁免问题

在苏联,对外贸易实行国家垄断,通常通过在国外的商务代表进行。苏联在1933年8月13日颁布了《关于苏联国外的商务代表处和商务代理处条例》。该条例规定,苏联商务代表处是苏联的国家机关,是苏联全权外交代表机关的组成

---

[1] 参见丁伟主编:《国际私法学》,上海,上海人民出版社2013年版,第147页。

部分，享受外交机关的特权与豁免。苏联商务代表处有三个主要职能：第一，在对外贸易和促进苏联与驻在国的商业和其他经济关系领域代表苏联的利益；第二，管理苏联与驻在国的贸易；第三，与驻在国进行贸易活动。苏联商务代表处为了实现上述职能，可以缔结协议和合同（包括将争议提交仲裁或法院管辖的协议）、进行担保以及作为原告到法院进行诉讼。但是，苏联商务代表处在外国法院作为被告则需要苏联在条约中加以同意，并且只有在商务代表处缔结和担保的合同引起的案件中才有可能。1933年的关于商务代表处的条例还确定，商务代表处所签订的合同就是苏联国家本身所订立的合同，苏联国库对商务代表处的债务负责。上述规定表明，苏联主张其商务代表处在驻在国享有绝对豁免，只有在苏联同意的情况下，商务代表处才服从驻在国法院的管辖。[1]

苏联在与许多国家的通商航海条约或贸易协定中，都规定了苏商务代表处的商业合同行为不享有管辖豁免的内容。巴基斯坦最高法院1981年在"库雷希诉苏联案"中，就以巴苏两国贸易协定作为主张行使法院管辖权的理由之一。1976年荷兰阿姆斯特丹地区法院在一起以苏联为被告的诉讼案件中，也根据1969年荷苏两国商业运输协定判决其享有管辖权。[2]

第二节　俄罗斯联邦时期国家豁免的立法实践

苏联解体后，俄罗斯在国家豁免方面的法律规定基本继承了苏联的做法。2016年之前，俄罗斯在其民事诉讼法和刑事诉讼法中对国家及其财产和代表享有的豁免权做出了规定，其内容仍是坚持绝对豁免的立场。2016年1月1日，《俄罗斯关于外国国家和财产在俄罗斯联邦的管辖豁免法》正式生效，标志着俄罗斯在国家豁免问题上由绝对豁免主义向限制豁免主义的转变。

一、绝对豁免主义时期的相关立法规定（2016年以前）

2016年以前，俄罗斯联邦关于国家豁免的内容主要零散地规定在民事诉讼与仲裁相关法律中。其中，《俄罗斯联邦民事诉讼法》于2003年2月生效，该法第401条代替了原《苏联民事诉讼法》第435条的规定。[3] 现行《俄罗斯联邦民事诉讼法》第401条规定如下。

---

[1] 参见黄进：《国家及其财产豁免问题研究》，北京，中国政法大学出版社1987年版，第202-203页。
[2] 参见龚刃韧：《国家豁免问题的比较研究——当代国际公法、国际私法和国际经济法的一个共同课题》（第二版），北京，北京大学出版社2005年版，第171页。
[3] See Gerhard Hafner, Marcelo G. Kohen, Susan Breau (eds.), *State Practice Regarding State Immunities*, Martinus Nijhoff Publishers, pp. 525-526.

（1）对外国国家提出索赔，将外国国家作为案件的被告或第三人，没收外国位于俄罗斯境内的国家财产，对外国国家财产采取其他限制措施，为执行法院判决对财产采取的措施，只有在取得相关国家有权机构的同意后才可进行，除非俄罗斯参与的国际条约或国际法中有相反规定。

（2）国际组织所从事的民事行为只有在俄罗斯参加的国际条约和国际法规定的范围内受俄罗斯法院的管辖。

（3）俄罗斯所承认的外交使团的成员或其他俄罗斯法律和国际条约中规定的人员，只有在法律规则及国际法，俄罗斯参加的国际条约中规则的范围内才接受俄罗斯民事程序的审判。

此外，俄罗斯联邦《仲裁程序法》第251条也针对仲裁程序中的国家豁免进行了如下原则性规定。

（1）一国家作为俄罗斯仲裁当事方，或是在程序中作为第三方，享受法院管辖的豁免，其位于俄罗斯境内的国家财产，不受冻结或约束。

（2）由仲裁庭所作出的对财产实行强制执行的裁决，只有在得到该当事国主管当局机关的同意方可执行，除非俄罗斯所参与的国际条约或国际法中有例外规定。

（3）国际组织所享有的司法豁免由俄罗斯参加的国际条约或国际法决定。

（4）对豁免的放弃必须按外国法律或国际组织的规则进行。[1]

以上两条民事诉讼法与仲裁程序法的相关规定，尽管较为简单，但是也体现出了俄罗斯联邦前期对于民事诉讼与仲裁中国家豁免的基本立场。其可以概括为以下几点：第一，俄罗斯联邦前期坚持国家的绝对豁免，除非国家有权机关同意管辖，或者国际法或国际条约中有相反规定；第二，俄罗斯联邦将国家豁免区分为管辖豁免与执行豁免，在两个问题上均原则性地采取绝对豁免主义。

二、限制豁免主义时期的立法实践（2016年以后）

2015年8月，俄罗斯联邦政府向国家杜马（即俄罗斯联邦议会的下议院）提出议案，调整外国国家在俄罗斯所享有的司法管辖豁免。2015年11月3日，第297-FZ号联邦法《俄罗斯关于外国国家和财产在俄罗斯联邦的管辖豁免法》颁布，对国家豁免问题作出了专门规定。俄罗斯联邦该法的颁布标志着俄罗斯在国家豁免方面有了专门立法，并且对其立场进行了明确的阐释，说明俄罗斯联邦在国家豁免问题上从绝对豁免主义转向相对豁免主义。

---

[1] See Gerhard Hafner, Marcelo G. Kohen, Susan Breau (eds.), *State Practice Regarding State Immunities*, Martinus Nijhoff Publishers, p. 524.

该法共有18个条文，包括了调整对象（第1条）、基本概念（第2条）、排除事项（第3条）、对等原则（第4条）、管辖的同意与豁免的放弃（第5条、第6条）、管辖豁免的例外（第7条至第13条）、执行豁免（第14条至第16条）、程序规定（第17条）与生效时间（第18条）。以下针对该法内容作简要的介绍。

第一，该法针对管辖豁免采取了以外国国家及其财产享有管辖豁免为原则，在特定条件下不给予豁免为例外的"原则+例外"的立法模式。该法在第1条中即开宗明义地阐释了"外国国家及其财产享有管辖豁免"，其后在第5条至第13条中详细列举和规定了"不适用司法豁免"的情形。

第二，就"原则"而言，规定较为简单，但是，概念的解释则尤为重要。该法第2条从豁免的主体与对象、豁免的类型和阶段两大方面对基本概念进行了定义。其中，在主体与对象方面，较为重要的是对于豁免主体——"国家"的界定。依据该法规定，"外国"包括四类主体，即俄罗斯联邦及其国家权力机关以外的国家；外国的组成实体（联邦制国家或外国国家的行政区）及其机构，只要它们被授权以行使该国主权权力为目的并以这种身份行事；机构或其他实体，无论其是否为法人实体，只要它们被授权执行和实际执行旨在行使该外国主权权力的行动；以这种身份行事的外国代表。而针对豁免的类型和阶段，该法将国家豁免分为"司法豁免""保全措施方面的豁免"和"执行法院判决方面的豁免"。

第三，前述所谓"不适用司法豁免"的情形，本质上也可以分为两大类：其一，因外国国家的放弃豁免而享有管辖权；其二，因外国国家行为的类型或所涉法律关系的类型而不享有管辖豁免的情形。针对前者，豁免的放弃既包括明示的放弃，即外国对俄罗斯联邦法院行使管辖权的同意[1]，也包括默示的放弃。该法第6条第1款至第4款规定了默示放弃的四种情形。

1. 如果外国在俄罗斯法院提起诉讼，作为案件的参与人在俄罗斯联邦法院就争端的实质内容提起诉讼，或就案件的实质内容采取不同的行动，则被视为放弃司法豁免。

2. 如果外国签订了关于解决因履行义务而产生的或将来可能产生的争端的仲裁协议，则该外国被视为放弃了与仲裁或仲裁协议有关的司法豁免权。

---

[1]《俄罗斯关于外国国家和财产在俄罗斯联邦的管辖豁免法》第5条第1款规定："如果外国以下列任一方式明确表示同意俄罗斯联邦法院对某一争端行使管辖权，则该国在俄罗斯联邦不享有司法豁免权：(1) 国际条约；(2) 非国际条约的书面协议；(3) 在特定争端的司法程序框架内，向俄罗斯联邦法院发出书面通知，或通过外交渠道向俄罗斯联邦发出书面通知。"因此，外国国家同意管辖的意思表示必须采取书面的明确形式予以表达。此外，该法第5条第3款还反向规定了不应视为外国国家同意管辖的情形："以下情况不应视为外国同意俄罗斯联邦法院对某一争端行使管辖权：(1) 外国国家参与司法程序或任何其他程序性行动的唯一目的是主张司法豁免或提供证据证明对作为争端主体的财产方面主张权利；(2) 外国同意就某一特定争端适用俄罗斯联邦的立法；(3) 外国不参与俄罗斯联邦法院的司法程序；(4) 外国代表为提供证据或作为专家出现在俄罗斯联邦法院。"

3. 如果外国在俄罗斯联邦法院提起诉讼，则被视为放弃了对反诉的司法豁免权。

4. 如果外国向俄罗斯联邦法院提出反诉，则该外国被确认为放弃了对本诉的司法豁免权。

第四，第二类"不适用司法豁免"情形的详细列举和规定充分体现了俄罗斯联邦在国家豁免问题上的限制豁免主义立场。依据该法规定，这类管辖豁免的例外主要包括以下几种情形：（1）外国参与商事交易和（或）实施商业和其他经济活动的争端；[1]（2）劳动争议；[2]（3）参与法律实体或其他不具备法律实体地位的实体有关的诉讼；[3]（4）产权纠纷；[4]（5）损害赔偿纠纷；[5]（6）与知识产权有关的争端；[6]

---

[1]《俄罗斯关于外国国家和财产在俄罗斯联邦的管辖豁免法》第7条规定："1. 对涉及外国参与和个人或法律实体或不具有法律实体地位的其他实体或另一国家的商事交易的争议，若此争议根据适用的法律规范应受俄罗斯联邦法院的管辖，且特定的交易与外国行使其主权权力无关，外国在俄罗斯联邦不享有司法豁免。2. 本条第一款规定不适用于商事交易的所有当事方为国家的情况，除非该交易的当事方另有约定。3. 外国在俄罗斯联邦境内以及在另一国家境内从事商业和其他经济活动，如果这些活动的后果将与俄罗斯联邦的领土产生联系，则外国在俄罗斯联邦不享有司法豁免。4. 在决定外国实施的交易是否涉及其主权权力的行使时，俄罗斯联邦法院应考虑交易的性质和目的。"

[2]《俄罗斯关于外国国家和财产在俄罗斯联邦的管辖豁免法》第8条规定："1. 外国在俄罗斯联邦不享有基于该外国与雇员之间的、全部或部分在俄罗斯联邦境内进行的雇佣合同所产生的诉讼的司法豁免。2. 本条第一款规定在下列情况下不适用：（1）雇佣雇员履行涉及行使外国主权权力的具体职务；（2）该雇员是：a）国际条约所定义的外交代表；b）国际条约规定的领事官员；c）常驻国际组织代表团、特别代表团的外交官，或作为外国代表团成员参加国际组织机构或国际会议的外交官；d）其他任何享有外交豁免的人员；（3）诉讼的主题是征聘、延长履行劳动职能或复职；（4）诉讼的主题是终止与雇员的雇佣关系，并且外国元首、外国政府首脑或外国外交部长书面确认该诉讼将影响该外国的安全利益；（5）在俄罗斯联邦法院启动案件程序时，雇员是与他/她签订劳动合同的外国公民，除非该雇员在俄罗斯联邦有住所。"

[3]《俄罗斯关于外国国家和财产在俄罗斯联邦的管辖豁免法》第9条规定："1. 对于涉及外国参与法人或不具有法人地位的其他实体，以及外国与按照俄罗斯联邦法律规定的程序注册的和（或）在俄罗斯联邦境内开展活动的法人之间产生的诉讼，或由外国与不具有法人地位的其他实体在俄罗斯联邦境内开展活动产生的诉讼，若该法人或该机构有其他成员，且不限于国家和（或）国家间和（或）政府间组织，则该外国在俄罗斯联邦不享有司法豁免。2. 本条第一款的规定不应适用于以下情况：（1）有关国家之间的协议另有规定；（2）在创建该法律实体或该实体或规范其活动的文件中另有规定；（3）争端各方以书面形式另行协商。"

[4]《俄罗斯关于外国国家和财产在俄罗斯联邦的管辖豁免法》第10条规定："外国在俄罗斯联邦就以下诉讼不享有司法豁免：（1）该外国对位于俄罗斯联邦境内的不动产的权利和义务；（2）该外国对因继承、赠与或无主财产的存在而产生的不动产和动产的权利和义务；（3）该外国在财产管理方面的权利和义务。"

[5]《俄罗斯关于外国国家和财产在俄罗斯联邦的管辖豁免法》第11条规定："对个人的生命、健康、财产、荣誉和尊严、商业信誉受到损害或法人实体的财产、商业信誉受到损害的赔偿纠纷，如果诉讼请求是由完全或部分发生在俄罗斯联邦境内的作为（不作为）或与其他情况有关的对生命、健康、财产、荣誉和尊严、商业信誉造成损害而引起的，并且损害原因在该作为（不作为）发生时在俄罗斯联邦境内，则外国不享有司法豁免。"

[6]《俄罗斯关于外国国家和财产在俄罗斯联邦的管辖豁免法》第12条规定："外国在俄罗斯联邦就以下诉讼不享有司法豁免：（1）确立和实施外国对知识产权活动和法人、商品、作品、服务和相当于这些成果的企业的个性化手段的权利；（2）外国涉嫌侵犯他人对知识产权活动和法人、商品、作品、服务和相当于法人的企业的个性化手段的权利。"

(7) 与船舶经营有关的诉讼。[1]

第五，该法针对执行豁免也采取了"原则+例外"的立法模式，但是，针对执行豁免例外的规定要远比针对管辖豁免例外的规定严格和谨慎。该法首先区分了针对外国国家的执行豁免和外国财产的执行豁免。其次，该法将广义的外国国家的执行豁免又分为保全措施方面的豁免[2]和执行法院判决方面的豁免[3]两个阶段的豁免。而针对外国财产的保全豁免与执行豁免，该法对享有豁免的外国财产的类型进行了列举："（1）用于或意图用于履行该国外交代表机构或其领事机构、特别使团、驻国际组织代表团、外国代表团在国际组织机构或国际会议的代表团用途的财产（包括银行账户中的款项）；（2）军事财产或用于或意图用于军事目的或俄罗斯联邦承认的维和行动的财产；（3）非供出售或非意图出售的文化价值或档案；（4）构成具有科学、文化或历史价值的物品展览的一部分，并非供出售或非意图出售的财产；（5）外国中央银行或其他具有银行监督职能的监督机构的财产。"而关于管辖豁免与执行豁免的关系，俄罗斯联邦采取了"区分说"，并在第5条、第6条的最后1款分别规强调了"外国同意俄罗斯联邦法院对某一特定争端行使管辖权，并不影响外国的保全措施豁免和（或）外国在执行方面的豁免"以及"外国在某一特定争端中放弃司法豁免，不应视为该外国放弃保全措施豁免，以及执行豁免"。

第六，该法除国家豁免制度的主要原则和规则外，还规定了不受该法影响的外交特权与豁免等其他特权与豁免的情形、适用管辖豁免的对等原则的限制性规定和涉及外国案件的法律程序规定。

第三节　俄罗斯联邦时期俄罗斯国家豁免的司法实践与挑战

一、俄罗斯国家豁免的典型司法实践

（一）俄罗斯某公司诉某国大使馆案

某国大使馆与俄罗斯一公司达成一建筑工程合同，俄罗斯公司向仲裁庭申请

---

[1] 《俄罗斯关于外国国家和财产在俄罗斯联邦的管辖豁免法》第13条第1款规定："如果在诉讼事由产生时，船舶被有关外国用于非商业目的，并且（或）所载货物不是属于外国并被其用于或意图用于行使主权权力的货物，则外国在俄罗斯联邦不享有与外国拥有或经营的船舶或该船舶运输货物有关争端的司法豁免。"

[2] 《俄罗斯关于外国国家和财产在俄罗斯联邦的管辖豁免法》第14条规定："外国应享有保全措施方面的豁免，除非外国：（1）明确同意通过本联邦法第五条第一款规定的方法之一采取相应措施；（2）已经拨出或以其他方式指定相关财产，以便对该诉讼标的请求进行清偿。"

[3] 《俄罗斯关于外国国家和财产在俄罗斯联邦的管辖豁免法》第15条规定："外国享有执行豁免，除非：（1）外国明确表示同意通过本联邦法第五条第一款规定的方式之一采取相应措施；（2）在对诉讼标的进行清偿情况下，一个外国已经拨出或以其他方式指定相关财产；（3）确定外国的财产被该外国使用和（或）打算用于与行使主权权力无关的目的。"

仲裁要求对方履行债务，支付工程款。大使馆向仲裁庭辩称，该合同不是基于商业目的成立，因此该大使馆享有豁免权，不受仲裁庭管辖。高级仲裁庭让下级法庭审查大使馆是否曾有通过缔结合同表示同意接受管辖的意思。如果大使馆没有同意接受管辖，高级仲裁庭建议适用俄罗斯联邦《仲裁程序法》的规定，给予外国国家豁免，停止仲裁程序。回顾仲裁庭适用国家豁免的实践，主要是基于保护外国投资的目的。[1]

（二）卡拉斯尼科娃诉美国驻俄罗斯大使馆案

俄罗斯公民卡拉斯尼科娃（M.Kalashnikova）被美国驻俄罗斯大使馆解雇，她认为大使馆违反了俄罗斯劳动法的规定，她起诉美国大使馆的行为违反了双方之间的劳动合同。俄罗斯法院驳回了她的起诉，法院认为美国大使馆享有《俄罗斯联邦民事诉讼法》第435条规定的豁免权。卡拉斯尼科娃认为《俄罗斯联邦民事诉讼法》第435条的规定与宪法相抵触，她应当享受法律保护，因此上诉到宪法法院。宪法法院首先指出，发生劳动合同争议时《俄罗斯联邦民事诉讼法》的规定视为对劳动法的补充。但它同时声明，如果外国大使馆同意适用俄罗斯的诉讼法是否意味着同意接受俄罗斯法院的管辖，法院对这个问题没有研究。基于此种原因，本案发回低级法院管辖，并且仍然适用《俄罗斯联邦民事诉讼法》第435条的规定。[2]

（三）奥列伊尼科夫诉朝鲜商务部办公室案

1997年，俄罗斯人奥列伊尼科夫（Oleynikov）将1500美元借给朝鲜商务部驻哈巴罗夫斯克（俄罗斯港口城市）办公室，该办公室未能按期归还贷款。奥列伊尼科夫多次写信给俄罗斯外交部，但俄罗斯外交部认为该办公室属于朝鲜政府的驻外机构，因此享有完全豁免权，不受俄罗斯法院管辖，建议奥列伊尼科夫起诉前先征求朝鲜的同意。2004年2月，在未得到朝鲜方面回复的情况下奥列伊尼科夫向哈巴罗夫斯克地区法院起诉朝鲜商务部办公室，法院根据《俄罗斯联邦民事诉讼法》中外国国家享有完全的豁免权为由驳回起诉，2004年3月，上诉法院也以同样理由维持原判。

2004年9月，奥列伊尼科夫向欧洲人权法院起诉俄罗斯，认为俄罗斯法院不经过审查就驳回其起诉的行为侵犯了他的受法律保护的权利。欧洲人权法院认为，它无权审理奥列伊尼科夫和朝鲜商务部之间的债务纠纷，因为朝鲜不是《欧洲人权公约》的缔约国。但就俄罗斯的行为而言，法院认为俄罗斯已于2004年

---

[1] See Gerhard Hafner, Marcelo G. Kohen, Susan Breau (eds.), *State Practice Regarding State Immunities*, Martinus Nijhoff Publishers, p. 527.

[2] See Gerhard Hafner, Marcelo G. Kohen, Susan Breau (eds.), *State Practice Regarding State Immunities*, Martinus Nijhoff Publishers, p. 528.

签署了《联合国国家及其财产管辖豁免公约》，这意味着其接受该公约中的限制豁免原则。此外，俄罗斯总统及最高商事法庭均表示承认限制豁免是习惯法的基本原则，因此，当国家与外国自然人从事商业活动时不应享受豁免。欧洲人权法院认为，俄罗斯法院以国家豁免为由驳回奥列伊尼科夫起诉的行为侵犯了奥列伊尼科夫的基本权利。[1] 该案反映出俄罗斯曾经坚持绝对豁免的传统与当今国际上趋向限制豁免主义的冲突。但是，这种情形在俄罗斯联邦进行专门立法后会得到相应的转变。

二、俄罗斯国家豁免实践中前任国家领导人的豁免问题

2013年，俄罗斯众议院否决了一项由共产党人提出的意在剥夺前总统刑事豁免权的提案。对此，俄罗斯议会成员德米特里·维亚特金（Dmitry Vyatkin）评论说"国家前总统掌握国家机密，具有特殊地位，因此，给予他们刑事豁免权是'理所应当'的"。

俄罗斯在2001年通过了保证前任总统及其家人和财产的豁免权的法律。根据该项法律，国家前任领导人只有在犯下及其严重的刑事罪行，且在议会同意的情况下，才会接受审判。而共产党人认为该法律违背宪法和国际法，在刑法现代化的发展趋势下应予以废除。提案的起草者认为，国家领导人在任期结束后就不应该享有豁免权，如果他构成刑事犯罪，就应该对其罪行负责。[2]

国际上一直有舆论认为苏联领导人戈尔巴乔夫及俄罗斯前总统叶利钦犯有国际法上的罪行并应接受审判。俄罗斯众议院否决该提案意味着这些有争议的政治人物即使其任期内某些行为可能构成国际法上的罪行，但仍享受豁免权，不受外国审判。

三、乌克兰危机后俄罗斯国家豁免面临的新挑战

在乌克兰危机的背景下，美国等西方国家对俄罗斯实施了一系列制裁措施，俄罗斯成为被制裁的对象。2023年4月19日，据俄罗斯卫星通讯社报道，芬兰政府向俄罗斯代表通报，针对在芬兰首都的俄罗斯科学文化中心以及使馆人员居住的几所住宅实行了限制措施。俄罗斯驻芬兰外交部表示，已向芬兰外交部发送关于俄罗斯国有资产豁免问题的照会，要求解释芬兰法警的行为是否违背国际法。可见，在不断变化的国际环境下，国家豁免制度仍面临许多新的挑战。

---

[1] See *Case of Oleynikov v. Russia*, ECHR 079 (2013), European Court of Human Rights, Judgment of 14 March 2013.

[2] See *Communists Fail to Strip Russian Ex-presidents of Immunity*, http://rt.com/politics/communists-immunity-presidents-duma-510/.

第十二章　欧洲部分国家的国家豁免理论与实践对中国的启示

本编选取了英国、法国、荷兰、瑞典、意大利、瑞士和俄罗斯等部分欧洲国家的国家豁免理论与实践作为研究对象,其中既包含普通法系的代表国家英国、大陆法系的主要国家法国、荷兰、意大利,也包含在国际关系中处于特殊中立地位的瑞士和瑞典,还包含了在地缘政治和国际关系方面与中国具有特殊紧密联系的俄罗斯。这些欧洲国家因其各自的特殊地位,在国家豁免方面的理论与实践对中国具有一定的重要借鉴意义。结合前述章节的介绍和研究,本章将对中国的借鉴意义从以下三个方面展开。

一、在立法必要性方面的启示

法理学家将当今各国的法律大致分为两大主要法系,即普通法系与大陆法系(在两大法系之外,也有学者提出尚有伊斯兰法系等其他法系)。从主要依靠制定成文法而非适用判例法的角度来看,中国大致可归类为大陆法系国家。诚然,也有法理学者提出,中国法应归属于中华法系。仅从成文法和判例法的角度进行区分的话,我们姑且可以搁置法系的争议,将中国视为大陆法系国家。作为大陆法系国家代表之一的法国在国家豁免方面的理论与实践可以给中国在立法必要性方面提供重要的启示。

法国虽然是大陆法系的代表国家之一,但是其国内并没有在国家豁免方面制定专门的成文法律,而其在国家豁免问题上的原则立场则主要是通过其法院的司法实践来体现的。这种"矛盾"的做法不免在实践中带来诸多问题。因为,法国是以制定成文法为主的大陆法系国家,并不像英美法系国家那样具有较强的遵循先例的法律传统。在前述章节中,我们不难发现,正因为没有遵循先例这样的法律传统,相似的案件在法国法院会得出前后不一致的判决。法国在最初采取的是绝对豁免主义的立场,随后在司法实践中出现了限制豁免主义的判决,但是,在较长一段时间内,司法实践中绝对豁免主义与限制豁免主义的判决并存,使得法律的明确性和稳定性都受到了挑战。此外,尽管法国的司法实践呈现出向限制豁免主义转变的倾向,但是混乱的司法实践也使得法国在国家豁免方面的立场显得不够确定。这也是法国在国家豁免方面的实践表现出的一个显著的特点。

由此可见,同为以制定成文法为主的中国,应吸取法国在这方面做法的教训。以司法判例的形式展现在国家豁免问题上的立场并不符合中国的实际情况,因为中国没有英美法系判例法那样较强的遵循先例的法律传统。因此,中国《外国国家豁免法》的出台无疑打消了人们这方面的疑虑，为中国在国家豁免方面的立场转向提供了清晰明确的法律支撑。

二、在国家豁免立场方面的启示

本编所涉及的这些欧洲国家，无论是否制定了专门立法，都或早或晚通过司法实践或成文立法表明了在国家豁免问题上的限制豁免主义立场。英国在国家豁免司法和立法实践方面是这些国家的重要先导，其在1978年《国家豁免法》出台之前就已经在司法实践中开始区分主权行为与商业行为，逐渐抛弃了绝对豁免主义而采取限制豁免主义。此外，在执行豁免方面，英国的司法实践也表现出执行豁免并非绝对的倾向。其后，英国通过1978年《国家豁免法》正式明确了其限制豁免主义的立场，并具体规定了豁免例外方面的规则。该法不仅是对英国之前限制豁免主义司法实践的总结和扩展，也是为批准《欧洲国家豁免公约》所制定，但在很多方面显示出比该公约更进一步的限制。此外，法国、荷兰、瑞典、意大利和瑞士等国虽然没有制定国家豁免的专门立法，但是，其在国家豁免方面也明确表现出限制豁免主义的倾向。而俄罗斯作为与中国具有重要历史联系和地缘政治关系的国家，其在2016年也制定了《俄罗斯关于外国国家和财产在俄罗斯联邦的管辖豁免法》，正式以立法的形式改变了其在立法前一直坚持的绝对豁免主义。这些国家的立场转向和限制豁免主义的倾向，都为中国通过制定《外国国家豁免法》而改变其在国家豁免问题方面的立场提供了坚实的支撑。

此外，欧洲不同国家立场转变的时间和原因也各不相同，这也为中国的立场转向提供了解释的基础。意大利在这些国家中采取限制豁免主义的实践较早，早在19世纪末期就开始采取较为彻底的限制豁免主义立场，并在其司法实践中一以贯彻；相对而言，瑞士的限制豁免主义实践也并不晚，其从20世纪初就开始在司法实践中转向限制豁免主义，但是受到政治因素（中立立场等）的影响，其立场在其后几十年间并不稳定；而英国、法国和荷兰的立场转向则集中在"二战"以后的20世纪40至60年代，并且他们的立场转向早期案件都主要是针对船舶或商业合同问题；瑞典在联合国国际法委员会开始研究国家及其财产管辖豁免问题之后才表现出限制豁免主义的倾向，并在21世纪初通过司法实践正式确立了其限制豁免主义的立场；俄罗斯如前所述是通过2016年的国内立法实现了立场转向。这些国家的转向原因主要集中在以下几个方面：第一，国际经济关系的发展。无论是意大利的早期实践，还是瑞士在"一战"后、各国在"二战"后的立场转向，都主要是因为国际经济的不断发展，国家更多参与到国际经济交往之中；第二，受国际法发展进程的影响。瑞典是其典型代表，其限制豁免主义立场的表达初见于联合国国际法委员会对国家豁免问题的研究过程中，而其代表性司法实践则出现在《联合国国家及其财产管辖豁免公约》通过前后。由此可见，瑞典在国家豁免的立场方面相对较为谨慎，与该公约的形成与通过不无关系。这些因素也影响着中国在国家豁免问题上的立场选择。

俄罗斯与其他许多已有国内专门立法的国家不同，其他国家基本都是在制定国内专门立法前就已经在司法实践中尝试或已明确表达了限制豁免主义的立场，而俄罗斯在制定国内法之前则一直坚持绝对豁免主义，恰恰是通过国内立法的形式转变了其国家豁免问题上的立场。在这一点上，俄罗斯和中国的情形颇为相似，中国在制定《外国国家豁免法》之前也一直坚持绝对豁免主义，在实践中从未管辖过其他国家也不接受其他国家的管辖，而《外国国家豁免法》则呈现出限制豁免主义立场。因此，中国在解释立场转向以及国内法的解释适用方面也可以将俄罗斯的实践作为重要参考。

三、在国家豁免主体方面的启示

欧洲许多国家都保有王室，或者极为注重国家元首的豁免问题，因此，这些国家在国家豁免主体方面的实践，对于中国实施《外国国家豁免法》时处理这些国家的国家元首豁免问题有重要的参考意义。例如，瑞典在国家豁免方面区分了国王和其他王室成员，采取不同的豁免态度，对于国王给予豁免权，而对于其他王室成员则不给予豁免权。此外，在国家元首豁免的问题上，我们尚需要区分国家元首作为国家代表所从事的官方行为与其个人行为。而国家元首的特殊性在于无论其从事何种行为都可能获得豁免，只是享有豁免的原因不同。当国家元首作为国家代表从事官方行为时，其基于"属物事由"（ratione materiae）而享有豁免；而当其从事个人行为时，由于其特殊的地位，其还基于"属人理由"（ratione personae）而享有豁免。

另外，在国家机构或部门的判断问题上，欧洲部分国家将判断标准区分为"结构主义"与"职能主义"两种代表性观点。"结构主义"认为具有独立法律人格的国家机构或部门不享有国家豁免；"职能主义"则不问是否具有独立法律人格，只要国家机构或部门所作出的行为具有行使国家权力的性质，就应享有国家豁免的资格。英国、荷兰、瑞士等国家都明确采取了"结构主义"的判断立场。

由此而言，中国在实施《外国国家豁免法》时也需要对国家豁免的主体判断问题予以注意。在国家元首的豁免问题上，一方面，要仔细区分国家元首的范围，对于不同国家而言，国家元首（或其他国家代表）的范围可能有所不同；另一方面，对于国家元首的豁免问题要区分其行为的性质基于不同的原因而给予不同的豁免。而在国家机构或部门的判断问题上，中国也需要考虑采取何种解释的立场来对待外国的机构或部门的豁免问题。判断国家机构或部门的标准同时也会影响到国有企业的豁免主体资格的判断,而国有企业是否具有国家豁免主体资格,不仅仅关系着国有企业本身是否能够作为"国家"而享有豁免,更关系着国家能否从涉及国有企业行为的案件中脱离出来。因此,在该问题上,中国在实施《外国国家豁免法》的过程中也需要谨慎考虑对于国家机构或部门的判断标准解释问题。

第三编
亚洲和非洲部分国家的国家豁免理论与实践及其对中国的启示

本编绪言

在亚洲国家中,本编选取了日本与韩国两个国家作为研究对象。日本、韩国与中国在国际政治和国际关系方面处于复杂但又不可忽视的重要地位。在中国既已缔结的"双边"投资协定(bilateral investment treaties)中,唯与日本、韩国缔结了"三边"的《中华人民共和国政府、日本国政府及大韩民国政府关于促进、便利及保护投资的协定》,足见三国关系的特殊性与重要性。此外,从同处东亚的地缘环境和历史发展角度来看,日本、韩国与中国在传统思想和文化方面也具有某种程度的相似性。因此,对于日本、韩国在国家豁免方面的理论和实践的分析和研究对中国《外国国家豁免法》的解释和适用等都有着与其他欧美国家不同的重要借鉴意义。本编针对日本和韩国国家豁免的理论与实践,从三个方面展开研究:(1)司法与立法的历史沿革或理论的实践发展;(2)豁免主体的特殊问题(主要针对日本);(3)豁免例外的情形及其解释适用。

此外,非洲许多国家与中国同属发展中国家,并且在近现代历史和反殖民的民族独立和民族解放进程中,非洲许多国家与中国在国际政治和国际关系方面具有紧密的联系。1971年,中国恢复联合国合法席位,毛主席曾说:"是非洲兄弟把我们抬到联合国的!"近些年,中国提出了"一带一路"倡议,非洲许多国家也是主要的参与者,在政治、经济等各方面与中国保持着密切关系。因此,对于非洲部分国家在国家豁免方面的理论和实践的分析和研究对于中国在立场转向的解释和例外的解释适用等方面也具有重要的借鉴意义。本编针对非洲国家的国家豁免理论与实践,从英国前殖民地非洲国家和法国前殖民地非洲国家两类在法律发展进程方面采取不同路径的国家展开研究,试图探寻这些国家在法律发展过程和独立后立场选择方面的做法及其理由。

第十三章　日本的国家豁免理论与实践

第一节　日本国家豁免理论与实践的发展历史

在签署《联合国国家及其财产管辖豁免公约》之前的 80 多年里，日本在国家豁免问题上并没有相关专门立法，其对外国国家及财产管辖豁免的规则是通过判例确立的。日本在 1928 年的"松山和佐野诉中华民国案"（Matsuyama and Sano v. The Republic of China）[1]中确立了绝对豁免主义的立场。在之后的很长一段时期内，日本都没有关于国家豁免的最高法院的判决。战后虽然有少数下级法院的判例有适用限制豁免主义的倾向，[2]但多数下级法院的判例[3]基本上都沿袭传统的绝对豁免主义立场。[4]

然而，随着经济的快速发展，国际政治局势处于和平稳定的状态，国家作为民商事主体参与民事、国际经济等活动的情况日趋频繁，国家在国家豁免问题上的态度也随之变化。[5]自这一时期起，绝对国家豁免理论开始受到挑战。西方法院对外国国家及其财产的管辖豁免加以限制的案例也逐渐增多，系统地形成了限制豁免理论。[6]在这种国际背景下，2004 年 12 月 2 日第 59 届联合国大会通过了《联合国国家及其财产管辖豁免公约》，肯定了国家豁免是一项国际法原则，对限制豁免进行了认定。但是，该公约至今未生效。

自 21 世纪开始，日本在国家豁免问题上的态度就有了很大的转变：2002 年

---

[1]　"松山和佐野诉中华民国案"是由日本最高法院审判的最早且很有影响的涉及国家豁免的判例。在这个案件中，原告曾接受由中国代理公使开出的经背书的期票，并持此期票到横滨正金银行东京分行去兑现。但由于该分行依照中国政府的要求拒绝付款，原告便以中华民国（代表为中华民国公使汪宝荣）为被告在日本法院提起民事诉讼。由于原告的起诉在第一审和第二审均被驳回，其又上诉到日本最高法院。日本最高法院认为，因为除自愿接受管辖外，一个国家不服从另一个国家的管辖。故原则上，外国国家在民事诉讼方面不接受日本的管辖。日本最高法院在该判决中所表明的绝对豁免注意立场对日本后来的判例产生了长期的影响。

[2]　例如，2000 年 11 月 30 日东京地区法院在"×诉瑙鲁贷款公司、瑙鲁共和国案"中认为限制豁免主义理论已经被接受。

[3]　例如，1997 年 3 月 14 日东京地区法院在"×诉美国案"中认为日本法庭不能对外国国家行使管辖权。

[4]　参见龚刃韧：《国家豁免问题的比较研究——当代国际公法、国际私法和国际经济法的一个共同课题》（第二版），北京，北京大学出版社 2005 年版。

[5]　See Shusuke Kakiuchi, Foreign State Immunity Viewed from the Perspective of Japanese Procedural Law, 53 *Japanese Yearbook of International Law* (2010), pp. 255-274.

[6]　参见顾慧华：《从国家豁免理论的发展看国家主权内涵的演进》，载《经济与社会发展》2004 年 2 月；何志鹏：《对国家豁免的规范审视与理论反思》，载《法学家》2005 年第 2 期；杨顾：《国家豁免问题探析》，载《科教文汇》2006 年第 1 期。

4月12日，日本最高法院通过"横田基地案"[1]的判决开始由绝对豁免主义转向限制豁免主义；最终通过2006年7月21日作出的"巴基斯坦贷款案"[2]确立了其限制豁免主义的立场。日本于2007年1月11日签署了《联合国国家及其财产管辖豁免公约》，2010年5月11日批准了该公约。其后，日本通过国内立法完成了对该公约的转化，正式确立了其限制豁免主义的立场。日本法务省于2009年4月向日本第171届国会正式提交法律草案，先后经众参两院全体会议表决通过。日本《关于我国对外国国家等的民事裁判权的法律》（「外国等に対する我が国の民事裁判権に関する法律」（平成二十一年法律第二十四号），以下简称日本《外国国家豁免法》）于4月24日颁布，并于2010年4月1日起正式实施。日本《外国国家豁免法》共3章（"总则""外国国家及其财产豁免的范围""民事诉讼程序的特别规定"）22条。

第二节 日本国家豁免立法实践中的豁免主体

日本《外国国家豁免法》第1章对该法的目的、定义以及与国际条约的关系做了具体的规定。根据日本《外国国家豁免法》第1条的规定，该法的目的是规制日本对外国国家的民事管辖权（在日本亦称为民事裁判权）的范围。

关于豁免主体，根据日本《外国国家豁免法》的规定，"外国国家"是国家豁免的主体。关于"外国国家"的概念，日本《外国国家豁免法》指出，外国国家是指除日本和属于日本的实体之外的（1）国家及其政府机构；（2）联邦国家中的国家及任何其他有权行使国家主权权力的国家管理部门；（3）被授权行使主

---

[1] "横田基地案"（Yokota Base Case）是山口等人在日本最高法院诉美国要求对驻扎在横田基地的美军飞机夜间飞行适用禁止令的案件。在本案中，法庭认为，本案所涉及的美军的降落和起飞的行为是美国驻军的公共行为，很明显这是一种主权意义上的行为。因此，根据习惯国际法，日本法庭对美国驻日军队的上述行为没有民事管辖权。See *Yamaguchi et al. v. The United States*, Supreme Court (the Second Petty Bench), Judgment, April 12, 2002, 56 Minshu (4)729, http://www.courts.go.jp/english/judgments/text/2002.4.12-1999.-O-.No.887%2C.1999.-Ju-.No.741.html.

[2] "巴基斯坦贷款案"中，原告方是两家日本贸易公司，被告是巴基斯坦，原告请求巴基斯坦支付其购置电脑的费用。在本案中，法庭认为，由于国家行为的范围的扩展，限制豁免主义的理论得到了支持。如今，许多国家都根据限制豁免主义来限制对外国国家的民事管辖豁免的范围。另外，第59届联大会议在2004年12月2日通过的《联合国国家及其财产管辖豁免公约》也接受了限制豁免主义。在这种情况下，习惯国际法赋予一国的主权行为以豁免是可接受的。至于日本是否能对外国国家的私行为行使管辖权，就必须考虑到对外国国家的民事管辖豁免是来源于所有国家相互尊重主权的基础。基于这种考虑，由于日本对外国国家的这种行为行使民事管辖权不会侵犯外国国家的主权，因此，没有必要对于外国国家的私行为给予管辖豁免。基于上述理由，日本法庭不应给予其他外国国家的私法行为以管辖豁免，除非这种管辖将损害外国国家的主权。See *Trading Corporations in Japan v. The Islamic Republic of Pakistan*, Supreme Court (the Second Petty Bench), Judgment, July 21, 2006, 60 Minshu (6) 2542 [20061], http://www.courts.go.jp/english/judgments/text/2006.07.21-2003.-Ju-.No.1231.html.

权权力的实体；(4) 基于其资格行动的上述三类实体的代表。虽然日本《外国国家豁免法》规定的外国国家的定义已经很详尽，但是在实践中难免存有疑问。本部分将就日本《外国国家豁免法》规定之外的特殊情形在司法实践中的处理进行分析。

一、日本未予承认之实体

从传统国际法角度来看，一个国家的构成要素不包括他国的承认。但是，从实践的角度来看，没有得到其他国家承认的国家或者是实体在国际社会上很难享受一些基本的权利。一个实体一旦被承认为一个国家，在另一个国家内，就会引起权利和义务的考虑，而在不被承认的情况下则未必如此。在国内法院，外国国家享有特权，但外国其他组织和个人则不能享有。[1] 那么，没有被日本承认为国家的实体在日本是否能够享有豁免呢？

1954年，在"林斌忒汀莱（Limbin Hteik Tin Lat）诉缅甸联邦案"中，日本东京地方法院认为，虽然缅甸并没有得到日本的官方承认，但是不可否认的是，缅甸是一个外国国家。而根据国际法规则，日本对缅甸不享有管辖权。[2]

但是，上述早期的司法实践观点被其后新的立法和司法实践所否认。日本《外国国家豁免法》中对日本没有承认的实体是否能够享有豁免并没有做出明确的规定，但是司法部的官员仓吉在法律草案中明确解释了未被日本承认的国家或者实体不能被视为"外国国家"。因此这些实体不能享有国家豁免。仓吉指出，在日本，朝鲜民主主义共和国以及中国台湾地区是不能作为国家享受豁免的。[3] 例如，在中国台湾问题上，日本最高法院在2007年3月27日作出的"光华寮案"判决中写道："由于日本承认中华人民共和国政府而不是'中华民国'政府为中国政府……所以'中华民国'无权向日本派遣大使"。[4] 另外，根据日本法院的见解，只要被控告的外国国家未被日本所承认，即使该外国与日本同为一国

---

[1] 参见 [英] 马尔科姆·N. 肖：《国际法（上）》（第六版），白桂梅、高健军、朱利江、李永胜、梁晓晖译，北京，北京大学出版社2011年版，第350页；See Malcolm N. Shaw, *International Law*, Cambridge University Press, sixth edition (2008).

[2] See *Limbin Hteik Tin Lat v. Union of Burma*, Tokyo District Court, Judgment, June 9, 1954, 5 Kakyu Minshu [Lower Courts Reports (civil cases)] 836 at 839-840 [1954]. 但是实际上，由于本案涉及的是在日本境内的不动产所有权问题，东京地方法院最终并没有给予缅甸管辖豁免的待遇。

[3] See Kimio Yakushiji, State Immunity: U. N. Convention and New Act of Japan - Legislation of the Act on Civil Jurisdiction over Foreign States, Acceptance of the U. N. Convention on Jurisdictional Immunity of States and Their Property, and Their Possible Effects upon the Jurisprudence of Japanese Domestic Courts on State Immunity, *Japanese Yearbook of International Law*, Vol. 53 (2010), pp. 202-242.

[4] See *The Koka Dormitory Case* (case to seek surrender of land and building), The Supreme court (Third Petty Bench), Judgment, March 27, 2007, 61 Minshu (2) 711, at 716 [20071].

际公约的缔约国，原则上也不会在日本与该国之间创设国际法下的义务。因此，虽然日本《外国国家豁免法》并没有对此问题作出明确规定，但是我们可以看出日本司法部门对于未被日本承认的国家或者实体是不主张给予其管辖豁免的。

二、国家的分支机构或部门

根据日本《外国国家豁免法》第2条第3款的规定，被授权行使主权权力的实体也被视作外国国家。在2009年10月16日本最高法院作出判决的"X诉美国佐治亚州案"中，法院认为，由于佐治亚州是被授权行使美国的主权权力的，所以佐治亚州是由于其主权行为而在日本法院享有管辖豁免的。[1]

由此可见，日本《外国国家豁免法》赋予了联邦国家的成员以及国家的一部分、国家的机构或部门以及其他符合该法所规定的标准的其他实体以享有国家豁免的权利。

三、驻日美军

考虑到驻日美军的问题，日本《外国国家豁免法》的起草者有一个共识，即该法的规定不能减损美国根据美国和日本之间的协议以及习惯国际法所享有的特权及豁免。[2] 该协议即《关于在日美军的设备、地区及地位的协议》(Japan-US Agreement Regarding Facilities and Areas and the Status of United States Armed Forces in Japan，以下简称《日美协议》）。

《日美协议》中只有两条涉及管辖豁免。根据《日美协议》第18条第9款以及第18条第5款f项的规定，除职务行为外，美国不能为其军队中的成员或者雇员的行为主张民事管辖豁免。在"横田基地案"中，住在基地附近的居民申请法院禁止美军在晚21时至次日早7时之间飞行，并且向美国要求赔偿。东京高级法院认为，美军是履行职务，因此，根据《日美协议》第18条第5款，赋予了美国管辖豁免。然而，日本最高法院推翻了本案判决。日本最高法院认为，这些规定不能被解释为赋予美国管辖豁免。[3]

---

[1] See *X v. the State of Georgia* (case to seek confirmation of nullity of the dismissal), The Supreme Court (Second Petty Bench), Judgment, October 16, 2009, 63 Minshu (8) 1805[2009].

[2] 具体体现为日本《外国国家豁免法》第3条。

[3] See Gerhard Hafner, Marcelo G. Kohen, and Susan Breau, *State Practice Regarding State Immunities*, Martinus Nijhoff Publishers, 2006; Kimio Yakushiji, State Immunity: U. N. Convention and New Act of Japan - Legislation of the Act on Civil Jurisdiction over Foreign States, Acceptance of the U. N. Convention on Jurisdictional Immunity of States and Their Property, and Their Possible Effects upon the Jurisprudence of Japanese Domestic Courts on State Immunity, *Japanese Yearbook of International Law*, Vol. 53 (2010), pp. 202-242.

由于日本《外国国家豁免法》和《联合国国家及其财产管辖豁免公约》都没涉及驻扎在法院地国家的外国军队的行为的管辖豁免问题，而《日美协议》实际上又无法完全解决驻日美军的行为是否享有管辖豁免的问题。因此，日本法院在判决个案时，就需要考虑习惯规则和国际法在这一问题上的发展。由此可见，在该问题上，日本立法仍存在漏洞。

第三节 日本国家豁免立法实践中的豁免例外

一、日本国家豁免立法实践中的管辖豁免例外

根据日本《外国国家豁免法》的规定，除本法另有规定外，外国国家在日本享有民事管辖豁免。由于日本签署并批准了《联合国国家及其财产豁免公约》，日本在其《外国国家豁免法》中规定的例外情形和前述公约中的规定保持了一致。在该法中，管辖豁免例外情形具体包括：国家同意、商业交易、劳动合同、对个人造成的伤亡或者有形资产的损失、涉及不动产的权利和利益、知识产权权利和存在仲裁协议等情形。

（一）国家同意管辖

根据日本《外国国家豁免法》的规定，外国国家同意接受日本法院的管辖之同意需为明示，并且，此种接受管辖豁免也不包括国家同意接受日本法院之执行管辖。明示的方式具体有以下几种：第一，条约或者其他国际协议；第二，书面合同；第三，进入司法程序的声明或者向法庭或其他当事人提交的书面通知；第四，在诉讼中或者其他司法程序中提交诉状；第五，介入司法程序（但为主张豁免的行为除外）；第六，在司法程序中进行口头辩论或者陈述法律而没有提出异议；第七，外国国家提起反诉。

但是，在上述几种表达国家同意的情形中存在例外情况，即外国国家在具体问题或者案件中同意适用日本法的声明不能被认为是接受司法管辖的同意；外国国家未出庭；外国国家的代表作为证人出庭，以上三种情形不能被解释为外国国家接受日本法院的司法管辖。

（二）商业交易行为例外

根据日本《外国国家豁免法》的规定，外国国家与他国国民的商业交易行为不享有豁免。但是他国国民不包括一国国家，且如果商业交易的双方当事人明示排除日本《外国国家豁免法》第8条第1款规定的，该外国国家仍然享有豁免。

就如何具体判断商业交易行为的问题，日本在法律草案讨论时提出了两种对立的立法模式：一种模式主张无须明文规定判断标准；另一种模式主张应仿

· 163 ·

照《联合国国家及其财产管辖豁免公约》第 2 条第 2 款作出对应性规定,"应主要根据契约或交易的性质作出判断"。日本《外国国家豁免法》最终采用了第一种模式,主要理由是:"虽然我们认为原则上应以性质作为判断的标准,也允许存在例外情形,但如果采用明文规定的方式,那么如何规定例外情形则是十分困难的。如果明确规定将契约或交易的目的作为判断的补充标准,则有可能使国际社会误以为我国采用了所谓的行为目的说。因此,就商业交易的判断标准不作明文规定,而将涉诉契约或交易行为委诸法院的解释较为稳妥"。[1]从中不难看出,日本利用《联合国国家及其财产管辖豁免公约》第 2 条第 3 款的规定,[2]回避了在这一问题上的表态,为日后的司法实践保留了余地。

(三)劳动合同例外

根据日本《外国国家豁免法》的规定,如果劳动合同的全部或者部分发生在日本,则外国国家在涉及其与个人之间劳动合同的纠纷的司法程序中不享有豁免。但是,劳动合同的当事方是下列人员的情形除外:第一,《维也纳外交关系公约》第 1 条第 e 款规定的外交人员;第二,《维也纳领事关系公约》第 1 条第 d 款规定的领事官员;第三,国际组织中实现永久任务或者特殊任务的外交人员,或者在国际会议上代表外国国家的人;第四,其他享有外交豁免的人;第五,为履行安全、保守外交秘密或者外国国家的其他重要利益的职责的人员。

关于劳动者损害赔偿诉讼的管辖权问题,日本《外国国家豁免法》作了如下规定:"一国在与个人间已全部或部分在日本国内进行,或将进行的工作之雇佣合同的诉讼中,不得援引管辖豁免。前款规定不适用于下列情形:……三、关于该雇佣合同或续聘合同是否成立的诉讼或申请(均不含损害赔偿事项);四、关于解聘或该雇佣合同终止的效力的诉讼或申请(均不含损害赔偿事项),且雇佣国的国家元首、政府首脑或外交部长认定相关诉讼程序有碍该国安全利益……"。由此可见,日本《外国国家豁免法》第 9 条第 2 款第 3 项的规定无条件地赋予了外国国家管辖豁免,而该款第 4 项则规定只有在满足该项规定的情况下,外国国家才能享有管辖豁免。此外,日本法还规定了除外情形,即如果涉及因雇佣合同关系导致的劳动者损害赔偿诉讼,则雇佣国在该诉讼中不得享有管辖豁免。

在 2009 年判决的"佐治亚州案"中,一位成年女子起诉了佐治亚州,请求法院确认其享有雇佣合同所规定的权利并且要求佐治亚州在其被解雇之后支付工

---

[1] 参见许可:《日本主权豁免法制的最新发展与启示》,载《北方法学》2014 年第 5 期。
[2] 该款谓"关于本公约用语的第 1 款和第 2 款的规定不妨碍其他国际文书或任何国家的国内法对这些用语的使用或给予的含义",这为日本在国内法中回避相关问题的表态提供了法律基础。参见许可:《日本主权豁免法制的最新发展与启示》,载《北方法学》2014 年第 5 期。

资。原审东京高级法院认为佐治亚州解聘合同符合《联合国国家及其财产管辖豁免公约》第 11 条第 2 款第 c 项的规定，认为不管解聘合同这一行为是私法行为还是行使管理权的行为，本案中存在特殊情况认定，因此判决佐治亚州享有管辖豁免。然而，日本最高法院否定了这一判决，认为远东代表办公室的行为并不是主权行为，双方当事人之间的关系不应当由公法来支配，而应当是由私法支配的平等的合同当事人关系。并且，由于《联合国国家及其财产管辖豁免公约》第 11 条第 2 款 d 项表明外国国家在雇员向其寻求金钱赔偿时是不享有豁免的。尽管该公约第 11 条第 2 款 c 项规定了个人复职问题，但是上诉人所要求的确认其法律地位以及被解雇后要求支付工资的请求符合该公约第 11 条第 2 款 d 项中规定的"解雇个人或者终止对其雇佣"的情形。在这种情形下，只有当雇佣国的国家元首、政府首脑或外交部长认定该诉讼有碍该国安全利益时，该外国国家才能享有管辖豁免。日本最高法院认为，本案中并不存在此种特殊情形。因此，东京高级法院的判决被推翻。该案是在日本《外国国家豁免法》生效之前根据习惯国际法规则所判决的。然而，一名日本最高法院的司法官员指出，最高法院作出的佐治亚州案的判决仍然对法院解释和适用日本《外国国家豁免法》第 9 条有着深刻的影响。[1]

此外，日本《外国国家豁免法》没有规定对支付劳动报酬诉讼的管辖权，其理由为，如果劳动者一而再再而三地提起该类诉讼，且都能获得胜诉，则无异于强迫雇佣国继续雇佣该劳动者，这有违《联合国国家及其财产管辖豁免公约》第 11 条的精神。有鉴于此，日本法排除了该类诉讼在日本法院提起的可能性。

（四）个人伤亡或者有形财产损失例外

根据日本《外国国家豁免法》的规定，在主张由可归因于外国国家的作为或不作为引起的死亡或人身伤害，或有形财产的损害或灭失要求金钱赔偿的诉讼中，如果损害的全部或者部分发生在日本，并且实施行为的人当时在日本国内，该外国国家就不能享有豁免。

（五）不动产诉讼例外

根据日本《外国国家豁免法》的规定，外国国家在涉及下列有关位于日本的不动产诉讼时，不享有豁免：第一，外国国家对位于日本的不动产的任何权利或者利益或者是该外国国家对不动产的占有或者使用；第二，外国国家由于对该不

---

[1] See Kimio Yakushiji, State Immunity: U. N. Convention and New Act of Japan - Legislation of the Act on Civil Jurisdiction over Foreign States, Acceptance of the U. N. Convention on Jurisdictional Immunity of States and Their Property, and Their Possible Effects upon the Jurisprudence of Japanese Domestic Courts on State Immunity, *Japanese Yearbook of International Law*, Vol. 53 (2010), pp. 202-242.

动产的利益或占有或使用而产生的任何义务；第三，外国国家对动产或者不动产由于继承、赠与或无人继承而产生的任何权利或利益。

但是，该条规定并未根据不动产的用途来区分是否享有豁免的情形。那么，在实践中，诉讼中涉及的外国国家的不动产是否有必要按照用途或性质作出区分呢？横滨地方法院在"×诉美国（上濑谷基地）案"[1]中认为，由于本案涉及美国的主权行为，所以，日本无权对美国行使民事管辖权。类似地，东京地方法院在"东京政府被诉案"[2]中认定，为外交职责而使用的不动产应该从日本《外国国家豁免法》第11条的适用范围中排除。这些判决都根据限制豁免主义将国家所有的不动产识别为主权目的而使用的不动产，而由此判决外国国家享有主权豁免。

尽管日本的一些地方法院在案件中区分了不动产的使用目的，但不管是《联合国国家及其财产管辖豁免公约》还是日本《外国国家豁免法》都没有区分外国国家的不动产是用于公共目的还是私人目的。事实上，日本司法部的官员仓吉在法律草案报告中认为，根据日本《外国国家豁免法》第11条的规定，在涉及为大使馆租用不动产而因为未付租金引起的诉讼中，该外国国家是不享有豁免的。[3]如果仓吉的观点代表了日本《外国国家豁免法》起草者的立法目的，那么，日本地方法院所作的这些判决都需要在其后的司法实践中作出相应改变。[4]

（六）知识产权例外

根据日本《外国国家豁免法》的规定，在外国国家主张其享有的是否存在知识产权、影响、所有权或者内容的权利，或者外国国家在日本侵犯知识产权的情况下，外国国家不享有管辖豁免。

（七）国家船舶例外

根据日本《外国国家豁免法》的规定，如果船舶不是用于政府非商业目的，拥有或者操作船舶的外国国家在司法程序中不享有豁免，但是军舰或备用军舰除外；即使是用于非商业目的的船舶发生的船货争端的情形，外国国家也不能享有豁免，但是海军、备用军舰或者是完全为政府非商业目的使用的情形除外。

---

[1] See *X v. the U. S.*, Yokohama District Court, Judgment, August 29, 2002, Hj. (1816) 118 [2002].

[2] See *A et al. v. Tokyo Metropolitan Government* (Request for Suspension of Execution), Tokyo District Court, Decision, January 24, 2007.

[3] See The American Law Institute, *Restatement of the Law Third: The Foreign Relations Law of the United States*, Vol. 1 (1986), p. 412, Comments (b).

[4] See Kimio Yakushiji, State Immunity: U. N. Convention and New Act of Japan - Legislation of the Act on Civil Jurisdiction over Foreign States, Acceptance of the U. N. Convention on Jurisdictional Immunity of States and Their Property, and Their Possible Effects upon the Jurisprudence of Japanese Domestic Courts on State Immunity, *Japanese Yearbook of International Law*, Vol. 53 (2010), pp. 202-242.

（八）仲裁协定的效果

根据日本《外国国家豁免法》的规定，外国国家如果与其他国家的自然人或者法人订立了书面协议，将有关商业交易的争议提交仲裁，则该外国国家就仲裁协议的有效性或仲裁程序的事项不得享有豁免，但是仲裁协议另有规定的除外。

（九）国有企业的豁免问题

国家与国有企业关系的实质在于，国家是否需要为国有企业的商业交易行为承担责任。《联合国国家及其财产管辖豁免公约》对此问题有所规定，但是日本《外国国家豁免法》并未就国有企业的问题作出相应规定，其理由是："根据《联合国国家及其财产管辖豁免公约》第10条第3款之规定，当具有独立法人资格的国营企业成为裁判程序的当事人时，该国所享有的主权豁免不受影响。在我国，除个别场合须适用法人格否定法理的情形外，上述情形下均明确地仅将该国营企业作为当事人，因此，国内法上无需设置专门条款与公约对应。"[1]

日本在相关的司法实践中坚持将国有企业与其母国原则上区分对待的态度，仅在个别情况下否定国家企业的独立法人资格，而追究母国的连带责任。这与英美国家的立场是极为接近的。但是，日本为何没有将该规则明确写入立法？这可能与日本自身的司法实践有很大关系。日本的《公司法》对此问题没有类似规定，主要依靠判例进行解释和规范，而学说判例对相关适用条件的见解又难以取得完全一致。此外，日本学界对该法理还有较为强烈的批判意见，反对在司法实践中将法理作为一般适用性条款。[2] 因此，有学者认为，在日本国内尚未就法人格否定代理形成较为一致的意见之前，通过立法予以明确不是聪明的做法。[3]

二、日本国家豁免立法实践中的执行豁免例外

类似于日本《外国国家豁免法》关于管辖豁免的规定方式，该法在第2章第3部分中规定了对外国国家的财产执行程序中的临时限制令以及民事执行程序的不享受豁免的情形，具体包括：国家同意执行以及为特定目的而使用的财产。

（一）国家同意执行

根据日本《外国国家豁免法》的规定，外国国家通过下列方式明示同意对本

---

[1] 参见许可：《日本主权豁免法制的最新发展与启示》，载《北方法学》2014年第5期；「主権免除法制の整備に関する要綱試案」，第15页，https://www.moj.go.jp/shingi1/shingi_shuken_index.html。

[2] 参见许可：《日本主权豁免法制的最新发展与启示》，载《北方法学》2014年第5期；森本滋「法人格の否認」，江頭憲治郎、岩原紳作、神作裕之、藤田友敬編『会社法判例百選』，东京，有斐閣，2006，p.10。

[3] 参见许可：《日本主权豁免法制的最新发展与启示》，载《北方法学》2014年第5期。

国财产实行临时限制令或者进行民事执行的,不再享有豁免:第一,条约或者其他国际协议;第二,仲裁协议;第三,书面合同;第四,在执行程序中作出声明或者是向法庭或其他当事方发出成文通知。但是,就管辖豁免与执行豁免的关系而言,同意接受日本法院的管辖不意味着同意接受法院的执行措施。

(二)为特定目的使用的财产

根据日本《外国国家豁免法》的规定,除用于政府非商业目的的财产之外,外国国家在民事执行程序中不能享有豁免。同时,日本《外国国家豁免法》对可被执行的外国国家财产的范围进行了否定式的列举,下列财产不能包含在被执行的外国国家财产的范围之内:第一,外交代表、领事代表、特别使团、国际组织的代表或者出席国际会议的代表为行使其职责而使用的财产;第二,军事财产或者为了实现军事职能而使用的财产;第三,外国国家的文化遗产;第四,办公文件或者其他外国国家的记录;第四,有科学意义、文化意义或历史意义的展览品。

除此之外,由于中央银行的特殊职能和地位,日本《外国国家豁免法》还赋予了外国中央银行以特殊地位。根据该法规定,外国国家的中央银行或者相当的财政当局也要被视为外国国家,享有执行豁免。并且,日本《外国国家豁免法》第18条第1款的规定不能适用于外国中央银行。

第四节 日本国家豁免立法关于民事诉讼的特别规定

日本《外国国家豁免法》对于民事诉讼也有一些特别的规定,包括诉状送达、外国国家缺席以及民事程序法不能适用的一些情形等。

一、日本国家豁免案件的诉状送达

根据日本《外国国家豁免法》的规定,诉状可以通过下列方式送达:第一,条约或者其他国际协议规定的方式;第二,外交方式;第三,外国国家能够接受的送达方式,但是限定于《民事诉讼法》的规定。但是,这三种送达方式并不是并列的择一关系,而是具有适用顺序的,即只有在不存在第一种送达方式的情形下,才可以用第二种或第三种方式送达。其中,在以外交方式送达的情况下,外国国家向外交部回应时视为已送达。除此之外,必要的向外国国家送达的其他规则规定在日本最高法院规则中。

二、日本国家豁免案件的缺席判决

根据日本《外国国家豁免法》的规定,不得对外国国家作出缺席判决,除非从依据该法第 20 条第 1 款和第 2 款送达传票或诉讼文书之日或视为已送达之日起算至少已经过 4 个月。

三、日本国家豁免案件的其他程序规定

根据日本《外国国家豁免法》的规定，日本《民事诉讼法》或者其他法律法规规定的传票、没有遵守《民事诉讼法》而产生的非刑事罚款、对证人的传唤规则或者其他民事诉讼程序中的规则不能适用于外国国家。

第十四章　韩国的国家豁免理论与实践

第一节　韩国国家豁免理论与实践的概况

迄今为止，韩国在国家豁免领域还没有相关专门立法，也没有签署《联合国国家及其财产管辖豁免公约》。在这种没有明确立法的情形下，韩国的相关司法实践表明，韩国在 1998 年通过大法院的判决确立了其限制豁免主义的态度。[1]

韩国国内研究国家豁免问题的文献体现出韩国学者在这一领域的研究极其重视美国法律及美国联邦法院的判例。多数学者认为，韩国在国家豁免问题上的立场和有大量相关判例的美国联邦法院相一致，并且希望能够将韩国对外国国家及其财产的豁免的规则、法律成文化，制定一部韩国自己的外国主权豁免法。[2]

第二节　韩国国家豁免理论与实践的发展历史

由于韩国在 1998 年通过大法院的判决确立了其限制豁免的态度，本书以 1998 年为分界点，分两个阶段来论述韩国国家豁免的基本原则。

一、绝对豁免主义时期的实践（1998 年以前）

自 19 世纪以来，韩国在国家豁免领域持绝对豁免主义的主张。韩国大法院在 1975 年 5 月 23 的判决里写道"根据国际惯例，国家无需遵守外国的裁判权。尤其是根据条约，国家都享有外交上的特权，只有放弃特权的情形除外。因此，我国是无法行使裁判权的。"[3] 从这段判决中，我们可以看出韩国当时在国家豁免领域是持绝对豁免主义的主张的。

二、限制豁免主义时期的实践（1998 年以后）

但是到了 20 世纪，随着国家作为私主体进行交易的行为的不断增加，韩国对外国国家行为及其财产的豁免的立场也随之发生了变化，由之前的绝对豁免主

---

[1] 参见장원경, 국가면제와외국국가에대한추심권행사, *Ewha Law Journal*, vol. 17, no. 1 (2012. 9); Kevin Kim, *Arbitration Guide*: *IBA Arbitration Committee* (*SOUTH KOREA*), September, 2012.

[2] 参见장원경, 국가면제와외국국가에대한추심권행사, *Ewha Law Journal*, vol. 17, no. 1 (2012. 9); 양희철, 국가면제의예외로서국가의비상무적불법행위에관한연구：미국의사례를중심으로, *慶熙法學*제 47 권제 4 호.

[3] 대법원은 1975. 5. 23. 선고 74 마 281 에서 "국가는국제관례상외국의재판권에복종하지않게되어있으므로특히조약에의하여예외로된경우나스스로외교상의특권을포기하는경우를제외하고는외국국가를피고로하여우리나라가재판권을행사할수없는것"이라고판시하였다.

义转向了限制豁免主义,即只豁免国家的公行为,而对于国家以私主体身份从事的交易行为,韩国法院是有裁判权的,外国国家不能享有国家豁免。

韩国在国家豁免问题上从绝对豁免主义到限制豁免主义的转变并不是一蹴而就的。韩国首先是在管辖豁免问题上确立了限制豁免主张,进而又对执行豁免也确立了限制豁免主义的态度。

韩国大法院在1998年12月17日的判决中写道"在我国领土内实行的外国国家的私法意义上的行为应当从其主权行为中剔除……外国国家可以因其私法上的行为在我国法院成为被告,我国法院可以对其行使管辖权"。[1] 可以说,韩国大法院通过这一判例确立了其限制豁免主义主张。但是此时,韩国大法院的判决只为个人在国内法院对外国国家提起诉讼提供了法律依据。而当时的韩国还不存在已经被确认的强制执行程序中的国家豁免问题的规则。因此,实际上韩国国内法院对于作为财产债务人的外国国家是否能够发布强制执行命令,权利人是否能够请求执行都是不确定的。在这一情形下,如果个人胜诉,在外国国家自觉履行的情况下,就不存在权利救济的问题;但是,当外国国家拒绝履行韩国法院的判决时,是否能对外国国家财产进行强制执行仍然是一个问题。

2011年,韩国大法院通过另一个判决解决了这一问题。在2011年12月13日的判决中,原告韩国全国汽车运输业工会联合会在韩国法院诉驻韩美军司令部支付债券的诉讼请求得到了承认。在本案中,争议的焦点是诉讼中外国国家作为财产债务人是否能够享有国家豁免的特权。而在本案的判决中,法院认为,对于外国国家在韩国境内的,因其私法行为而负担的债务,韩国可以通过国际条约、政治协议、书面合同等方式进行强制执行。[2] 换言之,在这个案例中,韩国法院确立了强制执行程序的启动也遵从限制豁免理论。但是从另一角度来看,虽然私人有权在韩国法院对其他国家提起强制执行财产的诉讼,韩国法院也有权发布强制执行的命令,但是韩国仍然要通过国际条约、政治协议、书面合同等方式执行。而国际条约、政治协议、书面合同等方式又无一不需要其他国家的同意。也就是说,在强制执行方面,韩国法院虽然有权发布强制执行的命令,但是执行程序仍然是建立在国家同意的基础之上的,只要受诉国家提出反对意见,原告就有可能无法实现其诉讼请求。

---

[1] 1998. 12. 17. 선고 97 다 39216 에서 "우리나라의영토내에서행하여진외국의사법적행위가주권적활동에속하는것이거나이와밀접한관련이있어서이에대한재판권의행사가외국의주권적활동에대한부당한간섭이될우려가있다는등의특별한사정이없는한, 외국의사법적행위에대하여는당해국가를피고로하여우리나라의법원이재판권을행사할수있다" 라고판시하였다.

[2] 2011. 12. 13. 선고 2009 다 16766, 참见장원경, 국가면제와외국국가에대한추심권행사, *Ewha Law Journal*, vol. 17, no. 1 (2012. 9); 서울지방법원 2001. 3. 14, 99 나 85700; 서울지방법원동부지원 2001. 9. 17, 2001 타기 3495; 서울중앙지방법원 2004. 6. 2, 2003 가단 291280; 서울고등법원 2009. 1. 21, 2004 나 43604.

第三节　韩国国家豁免实践中的豁免例外

由于韩国没有国家豁免的专门立法，也没有参加《联合国国家及其财产管辖豁免公约》，针对国家豁免的例外问题，本部分只能参考相关实践和韩国国内学者的态度进行分析。韩国有学者认为，在通常情况下，国家的如下行为不能享有豁免：第一，国家从事的商业活动（commercial activity）；第二，国家从事的违法活动；第三，国家放弃豁免的情形。[1] 其中，对第三种国家放弃豁免的情形，现有文献中并未有明确说明，故本部分仅就前两种国家豁免的例外的情形进行阐述。

一、商业活动例外

虽然韩国大法院在判决里区分了公行为和私行为，但是对于如何界定公行为和私行为，并没有相关的法律依据，而在相关判决里也没有公行为与私行为的区分标准。在一些韩国学者看来，他们认为国家从事商业活动的行为不享有豁免。[2] 而就韩国自身而言，一般认为其在国际商业交易中，在政府本身或者其通过政府机构、国有银行和企业从事的商业活动的情形，一国有义务通过相关协定放弃国家豁免。[3]

二、违法活动例外

传统国际法上由于外国的非法行为造成私人的损害赔偿问题要由受害人本国政府通过外交保护来救济。但是现在，如果一国造成了私人的人身死亡、伤害或者财产的损失（loss of tangible property）或者是金钱损失（money damages），在这些情况下，国家是不享有管辖豁免的。[4] 这种理论是韩国学者通过对美国法的研究而提出的，同时，这种非法行为不区分其为公行为还是私行为，也不区分是故意还是过失。[5]

---

[1] 参见김정수，증권집단소송법상입증책임과시장사기이론 – 미국에서의발전과우리법과의비교분석，한국증권법학회정기세미나발표자료 (2003. 6. 28); 양희철，국가면제의예외로서국가의비상무적불법행위에관한연구：미국의사례를중심으로，*慶熙法學* 제 47 권제 4 호．

[2] 양희철，국가면제의예외로서국가의비상무적불법행위에관한연구：미국의사례를중심으로，*慶熙法學* 제 47 권제 4 호．

[3] See Korean Law via the Internet, *Sovereign Immunity*, http://koreanlii.or.kr/w/index.php/Sovereign_immunity#cite_note-1.

[4] 양희철，국가면제의예외로서국가의비상무적불법행위에관한연구：미국의사례를중심으로，*慶熙法學* 제 47 권제 4 호．

[5] 양희철，국가면제의예외로서국가의비상무적불법행위에관한연구：미국의사례를중심으로，*慶熙法學* 제 47 권제 4 호．

第十五章 非洲国家的国家豁免理论与实践

从法律角度来看,非洲是个非常特殊的地区。在资本主义帝国开启瓜分世界的侵略狂潮之前,历史悠久的非洲有着自己的法律体系。殖民者进入非洲之后,带来了新的法律体系和制度,使得非洲的法律体系和制度发生了本质上的转变。关于国家豁免的相关法律问题也是如此。

第一节 前殖民地时代非洲国家的法律背景

非洲是一片古老的土地,其文明比许多其他文明要更为悠久。通过历史学家的努力,如埃及、埃塞俄比亚、加纳等古老的非洲国家正在一步步被人们认知。而在这些古老的国家存在的时代,非洲就有着自己的法律体系。

古埃及文化曾是非洲最古老的文化,其法老文明可以追溯到公元前3500年,且众所周知,法老的法律地位是神圣的、绝对的。埃及曾拥有强大的王朝,如法蒂玛王朝(公元969年至1170年),其政治权力是绝对的,出台的法令等都是不能被质疑或议论的。由此,古埃及的中央集权可见一斑。埃塞俄比亚文明同样历史久远,是个有着3000年文明历史的古国。从阿拉伯半岛南部移入的含米特人是最早的居民。公元前后,在北方的阿克苏姆建立埃塞俄比亚帝国,又称阿克苏姆王国。埃塞俄比亚王室的封建统治地位是绝对的。法官、将士和许多其他政府机构都由皇帝任命,皇帝和被统治者之间的关系是神圣的、绝对的。西元300年前后,在塞内加尔河至尼日河上游之间建立了古加纳王国。其国王也被赋予了绝对的权力,其他官员直接从国王那里得到他们的权力,服从于国王。

古老的非洲一直沿用"过往不受法律约束"(*princeps legibus solutus est*)这一原则,国王凌驾于法律之上,法律即国王的命令,代表着国王的绝对权威。欧洲人接手非洲以前,这一法律观念就一直在非洲存在。事实上,那时的非洲人不仅不敢在本国内挑战国王的权威,而且他们也不会冒险在另一个国度试图起诉其他国家的国王,因为这样会导致战争。这种行为也从来不会被认可和提倡。

殖民者争夺瓜分非洲和非洲在殖民统治下解放独立的历史,见证了非洲引进成套欧洲法律与国际法走进非洲的全过程。殖民者中英国和法国是最主要的,它们在经济、法律、商业、社会和政治等方面对殖民地影响深远。另外如西班牙、葡萄牙等也在非洲有殖民地。但鉴于英法的殖民地最多,影响最大,故本章主要讨论英语和非洲法语国家的国家豁免理论与实践。

第二节 非洲英语国家的国家豁免理论与实践

一、早期英属非洲国家的国家豁免理论与实践

(一)早期英属非洲国家的法律与国家豁免实践概况

关于早期英属非洲国家的国家豁免理论与实践,我们有必要追溯至英国殖民政策。英国采取的是间接规则模式的殖民统治政策,通过殖民政策在实践中为英国法律原则以及英国法的引入创造空间。与此同时,与这些原则及其实践相关的国际法也被相应引入了殖民地。而英国殖民者对于英属殖民地的非洲法律或者习惯法的承认在一定程度上创制了一种可以被视为"平行可能"的状况,这反过来也就催生了法律冲突的问题,例如,法律的内部冲突和国际私法。

在英属非洲国家,国家豁免的原则主要通过设立政府组织或通过议会和普通法被引入。在殖民地国家,有来自英国的殖民地国务秘书负责日常事务,其被赋予了足够的权力,同时也负有向议会报告的义务,对议会负责。其法律地位让其有权对国王提出一些官员人事任免方面的建议。这些被任命的官员主要从事日常的管理工作,包括立法和执政工作。所以,立法机构的法律制定是要经过管辖官员的认可的,这一过程被管辖官员的自由选择和行动所控制。当然,根据英国法律,这些官员也必须寻求与殖民地管理相关的事务执行委员会的建议。而他们有自己决定是否听取建议的权力。但是,当他们要越权行事时,必须通知殖民地的国务秘书。由于这些官员是代表国家的利益行事,他们在地方法院享有与政府一样的免于诉讼的豁免权。[1]

外来的英国法为非洲国家所接受,并被应用于民事、刑事以及一些程序法中来管理殖民地区。这些英国法律在非洲国家的法律体系中一直被沿用,甚至沿用至这些殖民国家独立。然而,并非所有的英联邦国家都是一样的情况,埃及就是个特殊的例子。"一战"以前,在欧美以外具有涉及外国国家豁免实践的国家大概就只有埃及了。在19世纪,埃及法院就已经有承认外国国家管辖豁免的判例。[2] 这一情况与欧美的殖民扩张也有着历史联系。19世纪后半叶,法国和英国通过对苏伊士运河的开凿和经营活动取得了对埃及内政的支配权。1876年,欧美国家在埃及成立了由欧美各国的法官和埃及法官组成的混合法院。自此,凡涉及外国管辖豁免的案件一般都由这些混合法院进行审理,特别是1912年在"玛

---

[1] See E. K. Bankas, *The State Immunity Controversy in International Law: Private Suits against Sovereign States in Domestic Courts*, Springer Science & Business Media, 2005, p. 143.

[2] 例如,1893年"让瓦桑尼诉马力塞卡夫人案"。See E. W. Allen, *The Position of Foreign States before National Courts, Chiefly in Continental Europe*, New York: Macmillan, 1933, p. 286.

丽戈·基尔丹尼夫人、哈格尔遗孀诉希腊税务机关案"中，埃及混合上诉法院所主张的限制性豁免主义观点，对埃及混合法院后来的案件产生了重要影响。[1]然而，由于早期的英属非洲国家未独立，尽管出现了一些涉及外国国家豁免的司法实践，如埃及、南非等国就有关于国家豁免的实践，但是由于非洲整体落后且被殖民统治的状况，涉及这种调整国家之间关系的法律的案件还是相对较少。

（二）早期英属非洲国家的国家豁免实践中的豁免主体

由于英属非洲殖民地国家大体都遵循英国的政策，故在豁免主体方面基本与英国一致。前文所述英国在殖民地设立管辖当地的官员，且这些官员享有豁免权。因而，在这些殖民地国家，国家机关官员也应当享有豁免权。此外，在1921年的"德霍沃思诉印度汽船案"[2]中，南非最高法院援引英国上诉法院在"比利时国会号案"和"亚历山大港号案"的判决，承认属于外国政府的商船享有管辖豁免。但是，涉及豁免主体的其他方面，由于实践太少，无法进行判断并给出结论。

（三）早期英属非洲国家的国家豁免实践中的豁免原则

由于英国法为非洲国家所接受，或者说被殖民者强加应用，并广泛涉及民事、刑事以及诉讼程序等方面，所以，早期英属非洲国家大体也都跟那时的英国一样，在管辖豁免方面大致遵循传统的绝对豁免原则。并且这一原则的影响较为深远，至今未被磨灭。

殖民时期，尚有英属非洲殖民地国家关于管辖豁免的实践，例如，在前述1921年的"德霍沃思诉印度汽船案"中，南非最高法院援引英国上诉法院在"比利时国会号案"和"亚历山大港号案"的判决。该实践表明南非法院基本遵循了英国的判例法。

但是，并不是所有的英国殖民地国家都与当时的英国一样采取绝对豁免主义，前述部分中埃及即是例外。在两次世界大战之间，限制豁免主义一直是埃及混合法院所采用的基本立场。例如，1920年在"霍尔诉本挂案"[3]中，英国的一艘政府商船因在埃及领水与其他国家船舶相撞而在埃及法院受到起诉。英国商船船长就法院管辖权问题提出了抗辩。埃及混合上诉法院认为国家豁免规则只适用于以公共资格从事的国家权力行为，即主权行为，而不适用于和主权无关的私法行为，即非主权行为，因此驳回了被告的抗辩。又如，在1930年"土耳其烟草

---

[1] 参见龚刃韧：《国家豁免问题的比较研究——当代国际公法、国际私法和国际经济法的一个共同课题》（第二版），北京，北京大学出版社2005年版，第66页；J. Y. Brinton, Suits against Foreign States, 25 *The American Journal of International Law* 50 (1931), p. 52.
[2] 参见《国际公法判例年度摘要：第1卷（1919-1922）》，第156页。
[3] 参见《国际公法判例年度摘要：第1卷（1919-1922）》，第157页。

专卖公司诉土耳其烟草共同利益专卖局案"[1]中,原土耳其一家私人烟草专卖公司的总代表因被该公司解雇而提起诉讼。后来,由于土耳其政府接管了该公司在埃及从事商业活动,因而也被列为共同被告。对此,土耳其政府立即提出了法院管辖权的异议。但是,埃及混合法院则认为国家豁免行为只适用于主权行为,而不适用于外国国家在私法领域内所从事的经营管理行为。本案中,解雇行为属私法行为,不是公法行为。不仅如此,混合上诉法院还认为,当外国国家从事了与私人一样的行为时,其财产也不得免于强制执行。此外,在有关外国铁路经营行为,以及有关外国政府购买粮食合同行为的诉讼案件中,埃及混合法院也都主张行使管辖权。

总体而言,在管辖豁免方面除埃及以外的英属非洲殖民地国家基本遵循英国法律,与当时的英国一样采取绝对豁免主义。然而,在执行豁免方面,由于殖民期间各国难以找到与英国做法相违背的例证,因而也基本遵循了英国的立场。

二、当代非洲英语国家的国家豁免理论与实践

"二战"以前,传统的豁免理论在非洲各国实践中占有绝对优势,这也是长期的殖民历史导致的。但是,在"二战"以后,伴随着非洲国家的独立浪潮,以及英国在国家豁免方面理论与实践立场的转变,这种局面发生了变化。随着英国国家豁免主义立场的改变,其他英联邦国家也相继转向限制豁免主义立场,其中也包括部分非洲英联邦国家。其中,南非的情况较为特殊,其在1961年退出了英联邦,但在有关国家豁免问题上并没有完全脱离英国的影响。另外,由于长期的传统理论根深蒂固且非洲的现实状况具有特殊性,所以,尽管英国转变了在国家豁免方面的立场,曾经的英属殖民地国家也未必会转变立场,因而各国的情况不尽相同。

(一)当代非洲英语国家的国家豁免实践中的豁免主体

在豁免主体方面,殖民时期的做法和立场在这些非洲国家独立之后,也基本得到延续适用。实践表明,享有国家豁免的主体一般包括:国家及其财产、国家元首和政府首脑以及外交代表。此外,国家的部队、军舰、政府的船舶和航空器,作为国家的一部分,也享有国家管辖豁免。

从非洲英语国家的法律和案例可以看出,这些国家一般选择承袭英国的做法,其中南非是最具代表性的。例如,在涉及国家政治区分单位的豁免问题中,英国《国家豁免法》第14条第5款规定,英国政府可以通过枢密院令规定该法第1编中适用于外国国家的其他条款也同样适用于该命令所指定的某联邦国家的

---

[1] 参见《国际公法判例年度摘要:第5卷(1929-1930)》,第123页。

组成单位。但同条第 6 款又规定，如果根据该命令本法第 1 编的条款不适用于某联邦国家的组成单位，则对其适用本条有关单独实体的第 2 款和第 3 款的规定。由此，英国承认联邦国家的组成单位享有管辖豁免，但是，对承认联邦国家组成单位的管辖豁免附加了条件。南非 1981 年《外国国家豁免法》(Foreign States Immunities Act, Act No. 87 of 1981) 第 1 条第 2 款也效仿英国，做出了类似的规定。

再如，关于国家机构或部门的豁免问题，就"机构或部门"这一概念，南非亦遵从了英国的做法，使用了"单独实体"这一概念，即"区别于国家的政府行政机关并能在法院起诉和被诉的任何实体"。另外，从各国实践来看，在机构和部门与国家豁免之间的关系方面，存在着主体标准的"结构主义"与行为标准的"职能主义"两种不同的立场或判断标准。南非也遵从英国的做法，选择了"结构主义"立场。

此外，很多国家都对外交和领事相关的豁免问题十分谨慎。南非的做法同样与英国类似。但是，在与使馆、领馆有关的雇佣问题上，南非最高法院认为，与建立外国大使馆有关的由外国政府正式任命的施工技术人员的相关行为，也是受外交豁免保护的。[1] 另外值得一提的是，尼日利亚于 1962 年颁布了《外交特权和豁免法》，该法规定了驻尼日利亚外国外交代表及其财产的绝对豁免。

(二) 当代非洲英语国家的国家豁免实践中的管辖豁免立场

如前所述，当代非洲英语国家在国家管辖豁免问题上所遵循的立场不尽相同。有的国家遵循了英国的做法，转向了限制豁免主义；而也有国家在独立之后，保持了原有的绝对豁免主义立场。

1. 部分非洲英语国家的限制豁免主义实践

"二战"以前，绝对豁免主义立场在各国实践中占有优势，"二战"以后情况发生了改变。20 世纪 70 年代以前，以英国为首的英联邦国家一般都持绝对豁免主义立场，除埃及以外的非洲英语国家大多也坚持绝对豁免主义。但是，随着英国国家豁免主义立场的改变，很多英联邦国家也相继转向限制豁免主义立场，也包括部分非洲英语国家。

例如，津巴布韦最高法院 1983 年在"巴克·麦科马克有限公司诉肯尼亚政府案"中，就根据英国判例法的演变指出，限制豁免主义已经取代传统的绝对豁免主义而成为现行国际法上的准则。又如，前述提及的南非国家实践，其最高法院 1980 年在"卡夫拉里亚财产有限公司诉赞比亚共和国政府案"中指出，"遵循先例"原则不适用于国际法方面的判例，现在国际法上国家管辖豁免的规则是

---

[1] See *Prentice v. Bolivia*, South Africa, (1978) (3) SA 938; 64 ILR 685.

限制主义，法院有责任适用变化了的国际法规则。该案是一个与赞比亚政府为运送化肥而缔结租船合同有关的争端。最高法院鉴于本案产生于纯粹的商业交易行为，因此判决法院具有管辖权。1981年，南非还效仿英国的立法，制定了《外国国家豁免法》，同样采取了限制豁免主义的立场。

非洲英联邦国家区分主权行为与非主权行为的方式较为复杂，因为英国本身在这方面的做法也有所争议。英国1978年《国家豁免法》在草案中曾经明确规定不以事物的目的作为决定活动的商业性或者主权性的标准，但这一段话在正式法律中被删去。因此，区分国家两类行为的标准问题在司法实践中就不可避免。英国在1981年的"党代会一号"案中确立了行为性质的标准，多数意见也认为应该遵循行为性质标准，但是法官戈夫等却坚持目的标准。非洲部分国家曾经作为英属殖民地，其区分两种国家行为的标准问题就更为复杂。但是，有证据证明南非所采取的是行为性质标准，[1] 即对于豁免问题，其当代立法和实践的主要立场的决定因素是国家行为的性质，而不是目的。这种方式被某些学者称为"性质"方法。[2] 但是，由于南非法律受英国法律体系影响较大，且两者在国家豁免的规则方面极为相似，因而南非是否严格遵守这种方法也受到一定的质疑。

2. 部分非洲英语国家的绝对豁免主义实践

由于各方面原因所限，非洲英语国家并非一定要遵循英国的做法而采取限制性豁免主义。部分非洲英语国家已经明确表示遵循绝对豁免主义，或者通过实践表明其继续遵循绝对豁免主义。

例如，苏丹的《豁免与特权法》[3] 明确规定了外国国家及其财产的管辖豁免问题。苏丹实行绝对豁免，坚持外国国家除非自愿放弃豁免不受苏丹法院管辖的原则，并认为放弃管辖豁免不等同于放弃执行豁免，对外国国家财产予以执行，需要有该外国国家另外的放弃执行豁免的表示。苏丹不把外国国家的行为区分为"主权行为"和"非主权行为"。苏丹法院一般适用《豁免与特权法》、英国普通法和习惯国际法等来处理国家及其财产豁免问题。苏丹行政部门在外国国家及其财产豁免问题上，可以根据具体情况扩大或限制赋予外国国家及其财产的豁免的范围。如果外国国家在苏丹申请专利、特许状、许可证、免税或从事任何其他行政行为，苏丹会对外国国家及其财产在程序法上或实体法上予以特殊待遇。[4]

相较于苏丹，尼日利亚的情况较为特殊。尼日利亚在1963年制定《宪法》

---

[1] See *The Akademik Fyodoro v. South Africa*, 1996 (4) SA 422, 447; 131 ILR 460, 488; *KJ v. Oscar Jupiter, South Africa*, 1997, 1998 (2) SA 130, 136; 131 ILR 529, 535–536.

[2] See Xiaodong Yang, *State Immunity in International Law*, Cambridge University Press, 2012, pp. 86-87.

[3] See United Nations Publication, *Materials on Jurisdictional Immunities of States and their Property*, ST/LEG/SER.B/20 (1982), pp. 601-602.

[4] 参见黄进：《国家及其财产豁免问题研究》，北京，中国政法大学出版社1987年版，第241页。

时废除了向英国枢密院的上诉制度，但是1963年以后尼日利亚最高法院仍然将英国枢密院视为协调机构并将其判决当作自己的判决，因此在有关外国国家豁免方面，尼日利亚理应同英国一样遵循限制豁免主义立场，但是实践中似乎并非如此。尼日利亚中央银行在"特伦德特克斯贸易公司诉尼日利亚中央银行案""德克萨斯贸易和选矿公司等诉尼日利亚联邦共和国和尼日利亚中央银行案"和"纳达公司诉尼日利亚中央银行案"等多次被诉案件中，对外主张绝对豁免主义。尼日利亚于1960年摆脱英国殖民统治取得独立，于1962年颁布了《外交特权和豁免法》。但是该法仅规定了驻尼日利亚外国外交代表及其财产的绝对豁免，对于外国国家本身以及其财产并未做出规定。尼日利亚本身也未审判过涉及外国国家及其财产豁免的案件。在前述提及的"特伦德特克斯贸易公司诉尼日利亚中央银行案"中，尼日利亚中央银行在英国法院声称绝对豁免理论是英国普通法和国际法的一部分，根据这一理论，作为尼日利亚一个部的中央银行不能在英国被起诉，也不能对其财产采取任何法律程序。关于交易的性质，尼日利亚中央银行声称，案件所涉及的合同是由尼日利亚国防部缔结的，按照合同，购买的水泥用于建设军队的营房。因此，缔结该类合同是政府性质的主权行为而非商业性质的非主权行为。关于尼日利亚中央银行是否为尼日利亚政府的一个机构的问题，尼日利亚主张该问题应该由尼日利亚法律决定。设立尼日利亚中央银行所依照的《尼日利亚中央银行法》明确规定，该银行是尼日利亚政府的一个部，其负责发行和管理尼日利亚货币，受尼日利亚联邦政府的直接控制。在联邦德国法院审理的"纳达公司诉尼日利亚中央银行案"中，尼日利亚中央银行同样辩称因为其是政府机构，适用于绝对豁免原则，故其不受西德法院管辖。其还指出在这个案件中，联邦德国法院应适用德国最高法院早先确立的外国国家享有无限制豁免的原则。而且，联邦德国法院对案件的管辖权不能以该银行在西德有财产作为基础，因为这些财产由尼日利亚国家的商业投资的公共资金组成，享有诉讼和执行豁免。此外，尼日利亚中央银行在其他被诉的案件中也提出了类似主张。由于英国、联邦德国法院坚持限制豁免主义，尼日利亚银行最终败诉。但是，尼日利亚中央银行声明立场，反对限制豁免注意，坚持绝对豁免主义，这从某种程度上反映了尼日利亚对于国家及其财产管辖豁免的立场。

由于非洲英语国家关于国家及其财产的管辖豁免案件非常有限，我们很难针对那些既没有国家豁免相关立法又没有相关司法实践的国家的管辖豁免立场进行确定与判断。

（三）当代非洲英语国家的国家豁免实践中的放弃豁免

放弃豁免，是指某一个国家对其特定行为不援引管辖豁免，并表示愿意服从另一国法院的管辖。在放弃豁免问题上的立场,非洲英语国家也基本受到了英国做法的影响,大体遵循了英国的做法。以南非为例,关于默认放弃形式中的独立反诉,各国的实践存在两种截然不同的立场。一种只允许私人或法人对外国国家提出直接反诉,原则上禁止向外国国家提出与主诉无关的独立反诉,即否认独立反诉立场。另一种则是允许独立反诉立场。南非《外国国家豁免法》第3条第5款与英国《国家豁免法》第2条第6款的规定基本一致,即否认独立反诉。

(四)当代非洲英语国家的国家豁免实践中的豁免例外

关于国家豁免例外的问题,非洲国家在很早就有相关的实践。最早被排除在国家豁免之外的国家行为应该是国家的贸易活动。早在殖民时期的埃及就有相关的实践,埃及混合法院一贯沿用意大利和比利时法院的做法,实行限制豁免主义,成为限制性豁免领域的先驱,不给予贸易活动豁免。例如,在1920年对"苏曼特拉号案"的判决中,其就适用了国有海船在运输货物时不适用司法豁免权这一规则。但其他国家的实践相对较少。在殖民时期,大多数国家实行绝对豁免主义;后来,英国由绝对豁免主义转向限制性豁免主义,部分国家跟随英国一起转变立场,这些国家与英国的做法大体一致,也将商业交易、仲裁协定、人身伤害和财产损害、国有船舶和雇佣合同等作为管辖豁免的例外而不给予国家豁免,行使管辖权。

(五)当代非洲英语国家的国家豁免实践中的执行豁免

通常,在一个涉及外国判决的案件中,判决与判决执行的豁免应当是分开的。换言之,法院进行管辖并作出判决的豁免,与对判决执行的豁免应当分别进行认定。因此,对法院判决执行的豁免必须另行做出。其中,国家财产的执行豁免问题最为主要,即指一国财产免于在另一国法院诉讼中所采取的包括扣押、查封、扣留和执行等在内的强制措施。正如前文所述,非洲英联邦国家在管辖豁免方面存在不同的立场,在执行豁免方面依然如此。本书选取这方面法律制度最为发达的南非为例进行分析。

南非在执行豁免方面的规定与做法也与英国基本类似,无论是执行豁免的放弃,还是执行豁免的例外等相关问题。例如,关于执行豁免的放弃,南非《外国国家豁免法》规定,国家对于管辖豁免的放弃效力不及于执行豁免,对于后者必须另行表示放弃。并且只承认明示放弃,而不承认默示放弃。[1] 其还在立法中表明了限制执行豁免的倾向。[2] 在对外国财产的保全问题上,南非也与英国的做法类似,规定除外国书面同意外,原则上禁止对外国财产采取禁令或特定履行令等

---

[1] 参见南非《外国国家豁免法》第14条第2款。
[2] 参见南非《外国国家豁免法》第14条第3款。

措施强制外国作出救济行为。[1]

第三节 非洲法语国家的国家豁免理论与实践

一、早期法国殖民地非洲国家的国家豁免理论与实践

法国的殖民地政策与英国有很多相似之处，但不同于英国的间接规则统治，法国是直接规则统治。法国并没有在其殖民地领土内承认非洲本地法律，因而非洲殖民地本地法在法国殖民之后没有发展空间。

法国的这些海外殖民地在当时成为法兰西的重要组成部分，法国在经济、政治以及社会文化等各方面都对这些国家产生了深远的影响。因而，法国适用的政策、法律和国际法，对这些国家也自然有效。法国不仅在这些国家实施了其本国的程序规则，更是连《拿破仑法典》都严格适用于殖民地国家。前节提到，英国殖民者对于英属殖民地的非洲法律或者习惯法的承认在一定程度上创制了一种可以被视为"平行可能"的状况，这反过来也就产生了法律冲突的问题。但是，法国与英国的做法不同，因而没有产生法律冲突的机会。这些做法充分说明其直接规则（相对于英国的"间接规则"）的殖民地政策。

这些非洲殖民地国家在法国这种直接而又严格的殖民政策下，当地发生的冲突争议，如若无法解决，就会向法国寻求解决。这些非洲殖民地国家会适用法国的法律来解决案件，而法国所接受的国际法，在这些国家也以相同的模式得以适用，包括国家豁免方面的规则与做法。因而，法国殖民地国家在国家豁免方面也都是遵从法国的处理模式。尽管有证据证明早期法国的豁免相关法律受博丹的哲学著作的影响，但最开始在豁免方面，法国并不考虑行为是主权行为还是非主权行为。"一战"以前，法国毫无保留地遵循绝对豁免主义。尽管有人认为"一战"以后法国的态度似乎有些变化，但是"摩洛哥贷款案""哈努克努诉阿富汗部长案"等案件都能证明法国一直都遵循着绝对豁免原则。因而，由于法国政策的同化与直接规则统治，法国国内法院应用的国际法也延伸适用于殖民地。因此，至少在这些非洲国家独立以前，都是遵循《拿破仑法典》，也遵循着绝对豁免主义。直至今日，仍有部分非洲法语国家愿意遵从法国法院所坚持的国际法原则。

二、当代非洲法语国家的国家豁免理论与实践

与非洲英语国家相同，一些位于非洲的法兰西共同体国家或原法国殖民地国家也随着法国的态度的转变而发生转变。在转变过程中，法国的判例也存在着某

---

[1] 参见南非《外国国家豁免法》第14条第1款（a）项。

种潜移默化的影响。尽管这方面的司法实践不多,但是,我们仍能从有限的实践中窥见一斑。

在这些非洲法语国家中,有实例证明多哥、马达加斯加和塞内加尔遵从了限制豁免主义。例如,多哥高等上诉法院1961年在"法兰西诉西非银行案"的判决中指出,多哥虽然从法国获得独立,但是包括外国主权豁免在内的法国法律规则仍然应为多个法院继续适用。多哥政府在答复联合国秘书处有关国家豁免问题的主张时也表明,由于多哥继承法国法,在外国国家及其财产豁免方面遵循法国判例。马达加斯加最高法院1965年在"拉米安德里索诉法国案"中,认为外国商业合同行为不享有管辖豁免。马达加斯加政府在1979年对联合国秘书处有关国家豁免问题的答复中也指出,鉴于外国国家在其领土内各国活动的增加,因此更倾向于采用限制性豁免主义立场。另外,塞内加尔政府在1979年对联合国秘书处有关国家豁免问题的答复中也明确表明支持限制性豁免主义立场。

然而,更多的国家表现出的则是不明确的态度。例如,突尼斯和喀麦隆态度并不明确,但历史表明这些国家曾遵从绝对豁免。还有一些西非法语国家,它们在此类事项上持保留态度,但证据证明他们并不反对国家豁免的传统概念,实践中也遵循绝对豁免,抵制其他国家法院的管辖。[1]

此外,根据《非洲统一组织宪章》,我们也基本可以确定阿尔及利亚、贝宁、布基纳法索、中非共和国、吉布提、加蓬、几内亚共和国、科特迪瓦、马里、毛里塔尼亚、摩洛哥、尼日尔、塞舌尔、乍得、科摩罗和刚果布拉柴维尔等希望绝对豁免能够持续适用。[2]

---

[1] See E K. Bankas, *The State Immunity Controversy in International Law: Private Suits against Sovereign States in Domestic Courts*, Springer Science & Business Media, 2005, p. 149.

[2] See E K. Bankas, *The State Immunity Controversy in International Law: Private Suits against Sovereign States in Domestic Courts*, Springer Science & Business Media, 2005, p. 150.

第十六章 亚洲和非洲部分国家的国家豁免理论与实践对中国的启示

日本、韩国和非洲部分国家作为与中国在传统思想文化、地缘政治、国际关系和经济发展水平等方面具有紧密的国家和地区,在国家豁免方面的理论与实践对于中国具有其他国家所无法比拟的重要意义。纵观前述章节对日本、韩国和非洲部分国家的国家豁免理论与实践的介绍和研究,本章将对前述理论与实践对中国的借鉴意义从以下三个方面展开。

一、在国内法与国际条约关系方面的启示

在本编涉及的这些国家中,只有日本既签署并接受了《联合国国家及其财产管辖豁免公约》,又制定了专门的国内相关立法,即日本《关于我国对外国国家等的民事裁判权的法律》(日本《外国国家豁免法》)。而从时间顺序上来看,日本于2007年1月11日签署《联合国国家及其财产管辖豁免公约》;2009年4月24日制定日本《外国国家豁免法》;2010年5月11日接受《联合国国家及其财产管辖豁免公约》。该时间顺序表明,日本在初步判断并签署《联合国国家及其财产管辖豁免公约》后,对《联合国国家及其财产管辖豁免公约》规定进行了充分的考察和研究,并将该公约的规定有针对性地转化为国内法,并在已有充分认识和立法的基础上接受其约束。因此,关于如何看待国内法与国际条约在适用方面的关系,日本有一些经验,同时也可能有一些教训,而这方面的经验与教训在将来都会对中国批准并适用《联合国国家及其财产管辖豁免公约》有一定的借鉴意义。

日本在签署《联合国国家及其财产管辖豁免公约》之前就已经在其国内法院的司法实践中表明了其向限制豁免主义转变的倾向。但是,直到制定日本《外国国家豁免法》,将该公约转化为国内立法,日本才正式确立了其限制豁免主义的立场及具体规则。然而,日本《外国国家豁免法》并不是对《联合国国家及其财产管辖豁免公约》的完全转化。

在制定国内立法时,日本对一些条款做出了调整,以适应日本国内情况。例如,日本在商业交易的判断标准、给予外国国家豁免的具体情形等问题上对《联合国国家及其财产管辖豁免公约》进行了较大修改。同时,出于与国内法相一致的考虑,日本也并没有规定国有企业是否享有豁免的问题。此外,对劳动者损害赔偿诉讼的管辖权等方面,虽然与《联合国国家及其财产管辖豁免公约》规定不

完全一致，但是是符合其精神的。[1] 对于日本《外国国家豁免法》，中国国内有学者认为其立法的总体方向是扩大日本的司法管辖权。[2]

日本为了扩大司法管辖权，并尽量让其《外国国家豁免法》与国内其他立法协调，以适应其本国的法律体系和国内现实，日本并没有完全地转化《联合国国家及其财产管辖豁免公约》。但是，这种做法也会带来一系列的问题。在国家豁免的问题上，日本的国内法院在司法实践中曾经指出，其需要依照3类法律渊源：第一，日本《外国国家豁免法》；第二，《联合国国家及其财产管辖豁免公约》；第三，习惯国际法。根据日本《宪法》第98条的规定，日本缔结的条约以及已确立的国际法规范的适用优于其国内法。[3] 从理论上来说，日本《外国国家豁免法》是《联合国国家及其财产管辖豁免公约》在日本国内的贯彻，其国内规定应与《联合国国家及其财产管辖豁免公约》相一致。然而，《联合国国家及其财产管辖豁免公约》的文本是各国妥协的产物，因此，日本《外国国家豁免法》也有自己不同的诠释，即使与该公约精神相一致，日本《外国国家豁免法》的一些规定仍然作出了与公约不一致的规定。因此，如果在实践中发生了法律规范的冲突，日本法院应该依据何种法律来作出判决？这在实践中难免会造成混乱。

中国于2005年9月14日签署了《联合国国家及其财产管辖豁免公约》，但是至今未批准。借鉴日本的经验和教训，中国就需要考虑是否在制定《外国国家豁免法》之后批准《联合国国家及其财产管辖豁免公约》，在批准《联合国国家及其财产管辖豁免公约》时是否要对部分条款进行保留，以及如果将来《联合国国家及其财产管辖豁免公约》生效且中国批准了《联合国国家及其财产管辖豁免公约》，我们要如何处理和协调中国《外国国家豁免法》与该公约不一致的规定，如对等原则等。

二、在立场选择与经济发展关系方面的启示

在本编涉及的这些国家中，非洲部分国家与中国同属发展中国家，在经济发展和需求方面可能存在某种程度的相似性。而经济基础决定上层建筑，国家豁免

---

[1] 相关论述，参见 Kimio Yakushiji, State Immunity: U. N. Convention and New Act of Japan - Legislation of the Act on Civil Jurisdiction over Foreign States, Acceptance of the U. N. Convention on Jurisdictional Immunity of States and Their Property, and Their Possible Effects upon the Jurisprudence of Japanese Domestic Courts on State Immunity, *Japanese Yearbook of International Law*, Vol. 53 (2010), pp. 202-242；许可：《日本主权豁免法制的最新发展与启示》，载《北方法学》2014年第5期。

[2] 许可：《日本主权豁免法制的最新发展与启示》，载《北方法学》2014年第5期。

[3] Kimio Yakushiji, State Immunity: U. N. Convention and New Act of Japan - Legislation of the Act on Civil Jurisdiction over Foreign States, Acceptance of the U. N. Convention on Jurisdictional Immunity of States and Their Property, and Their Possible Effects upon the Jurisprudence of Japanese Domestic Courts on State Immunity, *Japanese Yearbook of International Law*, Vol. 53 (2010), pp. 202-242.

问题上的立场选择与经济发展和需求不无关系。在该问题上，非洲部分国家在民族独立与民族解放之后，在法律方面的选择对于中国的立场选择与规则的解释适用也有着重要的借鉴意义。

如前所述，20世纪中期，随着传统国际法向现代国际法的发展，非洲反对殖民主义，要求独立解放的浪潮越发汹涌。传统国际法使非洲和亚洲受殖民主义和帝国主义统治，而现代国际法为亚非国家铺平了独立之路。非洲国家独立解放之后，摆脱了英国、法国等国家的殖民统治，但是，也随之带来了国家法律的选择问题。在此之前，英国采取的是间接规则模式的殖民统治政策，即在保留后国家传统法律或者习惯法的基础上，引入英国法；而法国采取的是直接规则模式的殖民统治政策，即以法国法取代原有非洲国家的法律，不承认非洲国家本土法律。在独立解放之后，无论是英国前殖民地非洲国家还是法国前殖民地非洲国家，都面临着继续沿用英国法或法国法还是重新选择自己的法律的问题。只是，由于殖民统治政策不同，英国法和法国法对相应国家的影响程度不同，相较而言，法国法的影响更加彻底和深远。在国家豁免问题上，这些非洲国家亦要做出自己的立场选择。

然而，前述章节已经表明，关于非洲国家的国家豁免立场问题，实践中能找到的直接证明这些非洲国家关于国家豁免立场的实践非常有限，无论是非洲英语国家还是非洲法语国家。因此，要通过立法或司法实践来证明所有非洲国家在独立解放之后的国家豁免原则立场，是几乎不可能的。我们只能通过有限的实践和其他证据对部分国家的立场选择进行总结。

我们知道，限制豁免主义首先在欧美地区提出并兴起，是欧美国家通过其国内法院的司法实践推动形成的。从国家豁免的最初实践，到从绝对豁免主义向相对豁免主义的转变，整个过程都是欧美国家推动的，并基于充分的司法实践。在这个国际法规范的变化过程中，绝大部分非洲国家对其没有产生影响，更无所贡献。因而，如果没有特殊的外界因素介入，这些非洲国家还是会坚持在殖民时期英国法或法国法曾经采取的绝对豁免主义，而不予变化。实践也在某种程度上反映出，除了尼日利亚、利比亚、埃及、南非、马达加斯加和多哥等少数国家以外，其他很多非洲国家本国法院都没有机会去考虑有关国家豁免的问题，因此，传统的绝对豁免主义依然适用于这些国家。

此外，站在发展中国家的角度来看，大部分非洲国家无疑是欠发达地区的代表，他们虽然取得了独立解放，但在经济上仍处于落后阶段，并不像发达国家那样有足够的经济实力参与到平等的经济交往之中。对于他们而言，非洲很多国家更需要国家豁免的绝对主义来避免其在外国法院被管辖或执行，而造成国家财产的损失。因此，我们有理由相信限制豁免主义在某种程度上会对部分非洲国家，尤其是欠发达国家产生不利影响。关于该结论，我们可以在非洲国家独立后成立的一些组织或签订的一些可能涉及国家豁免的条约中得到相应的证据支撑。例如，在 1959 年西非倡导的协议委员会（Conseil de l'Entente）、1962 年西非货币联盟 [West African Monetary Union，现被西非经济货币联盟（West African Economic and Monetary Union）取代]、1961 年东非共同事务组织（East African Common Services Organisation）以及 1967 年取代该组织的东非共同体（East African Community）、1961 年非洲与马尔加什（后改名为马达加斯加）联盟（African and Malagasy Union，于 1985 年解体）等区域组织的相关文件和条约中均涉及国家豁免的基本原则和理念，[1] 尤其是《非洲统一组织[2]宪章》（*Organisation of African Unity Charter*）第 3 条[3] 的相关规定反映出非洲国家一直遵守平等者之间无管辖权的基本原则。由此，除埃及、多哥、莱索托、马达加斯加和南非等少数非洲国家外，绝大部分非洲国家并不支持限制豁免主义。

总结而言，由于历史原因和经济发展情况，限制豁免主义可能对大部分非洲国家产生不利影响，因而除了部分明确在实践中践行了限制豁免主义的国家外，传统的绝对豁免主义仍在大部分非洲国家适用。限制豁免主义在非洲并没有得到普遍认可。而这种现象反映出了历史文化和经济发展水平对法律或立场的选择产生的重要影响。中国在选择立场以及解释适用中国《外国国家豁免法》时也应当时刻以本国国情和经济发展需要为落脚点进行思考和研究。

三、在处理历史遗留问题方面的启示

在本编涉及的这些国家中，韩国（或朝鲜半岛国家）在近现代战争中的境况与中国最为相近，因此，也有一系列与中国密切相关的案件值得关注。"二战"后期，日本强征了至少 80 万名"朝鲜人"劳工，在煤矿、大坝、隧道、飞机场、造船厂、钢厂等地从事重体力劳动。他们在极端艰苦的环境中承受着非人道的待遇，其中还包括被征入"勤劳挺身队"的 12 岁至 16 岁的女童。在"二战"时期被强征为日本劳工的韩国受害者及（或）其家属曾向韩国法院提交诉状，要求日本三菱重工、新日本制铁、不二越会社、住友重工和昭和电工日本企业作出赔偿，以解决强征劳工受害者问题。针对韩国劳工的索赔诉讼，日本企业坚称在 1965 年日韩邦交正常化之际已经在索赔权协定中"解决了"这一问题。

---

[1] See E K. Bankas, *The State Immunity Controversy in International Law: Private Suits against Sovereign States in Domestic Courts*, Springer Science & Business Media, 2005, p. 170.

[2] 非洲统一组织（Organisation of African Unity）于 2002 年根据 1999 年的决定正式被非洲联盟（African Union）取代。

[3] 该条规定的相关内容在非洲联盟成立后被《非洲联盟组织法》（*Constitutive Act of African Union*）第 4 条所吸收并丰富。

第十六章　亚洲和非洲部分国家的国家豁免理论与实践对中国的启示

2012 年 5 月 24 日,韩国大法院作出裁决,判定日本企业应该向在日本强占时期被强制征用的受害者给予损害赔偿。驳回原告败诉的原审判决,将案件分发到首尔高级法院和釜山高级法院。大法院对驳回征用受害人请求的日本最高裁判所的判断逻辑进行逐条反驳,并特别指出,日方主张的承认殖民统治合法为前提的日本帝国主义的《国家总动员法》和国民征用令的效力的虚构性,"这和把日本对朝鲜半岛统治属非法强占的大韩民国宪法的核心价值相冲突",并称,"1965 年缔结的韩日请求权协定并不是个人请求权"。之前在日本进行的诉讼以"强制动员本身不属违法"为由被驳回。美国法院也以"政治性问题"为由,不受理诉讼请求。2013 年 7 月 10 日,韩国首尔高等法院裁定,新日铁住金(二战时的日本制铁)向在日本服劳役的 4 名劳工支付 1 亿韩元赔偿(约合人民币 53.97 万元)。1997 年强征劳工受害者对日诉讼开始后,受害者及其家属 2000 年建立了"太平洋战争受害者补偿推进协议会",推动韩国出台《日本强制动员真相查明和赔偿特别法》。2014 年 10 月 30 日,韩国首尔中央地方法院当天就"二战"劳工起诉日本机械制造商不二越公司案做出判决,勒令不二越做出赔偿。

韩国并没有国家豁免相关专门立法,也没有签署《联合国国家及其财产管辖豁免公约》,而仅仅通过韩国大法院的判例确立了其对于国家豁免的立场。对此,韩国国内学界也在呼吁韩国将国家豁免相关规则成文化,希望韩国在此问题上能够向美国学习,和美国联邦法院的立场保持一致。另外,韩国也有学者希望韩国能够尽早成为《联合国国家及其财产管辖豁免公约》的缔约国。[1]

由此可见,尽管韩国没有通过立法成文化的方式解决国家豁免的立场和规则问题,但是,其在实践中还是通过一些特别法和司法实践对国家豁免问题进行了处理并表明其基本立场,尤其是在"二战"遗留问题的赔偿处理方面。中国同韩国一样,在"二战"中人民和财产受到了大规模的侵害,其中也包括强制劳动等类似事件。中国也应当在《外国国家豁免法》实施后,更加关注利用国家豁免的例外规则处理和解决此类事件。

---

[1] 최태현, UN 국가면제협약의채택과가입의필요성.

第四编
国家豁免的国际条约实践

本编绪言

  1972年5月16日，在巴塞尔召开的第七届欧洲司法部长会议期间，《欧洲国家豁免公约》（*European Convention on State Immunity*）及其附件正式开放供欧洲委员会成员国签署。现有奥地利、比利时、塞浦路斯、德国、卢森堡、荷兰、瑞士和英国8个国家批准《欧洲国家豁免公约》而成为其成员国。尽管其成员国不多，但是成员国中包含了英国、德国等在国际政治、法律和法学方面具有重要影响的国家。并且，其订立的时间比美国的国内立法更早。因此，对于《欧洲国家豁免公约》条约实践的研究也能为我们提供最早的关于国家豁免成文规则的相关理论与实践，对于认识国家豁免的立法发展具有重要意义。

  2004年12月2日，联合国大会第65次全体会议作出大会决议（A/59/38）通过了《联合国国家及其财产管辖豁免公约》。现有28个国家签署了该公约；23个国家批准、接受、核准或加入了该公约。但是，依据其第30条之规定，该公约尚未生效。中国签署了该公约，但是尚未批准。因此，该公约不仅本身尚未生效，且即使其本身生效了也不对中国生效。然而，尽管该公约对中国没有法律上的约束力，中国签署的行为本身也在某种程度上表明了中国的立场及对公约的态度。在将来公约生效后，中国也必然面临是否要批准而接受其法律约束力的问题。进而，中国也就会面临如何处理《外国国家豁免法》与公约的关系的问题。此外，公约是在联合国国际法委员会和各成员国经过长期的研究和讨论之后所形成的，其也在某种程度上代表了世界各国、各法系的主要观点和立场（但同时也必须认识到，其中的部分规定可能是各国妥协的产物）。因此，对于《联合国国家及其财产管辖豁免公约》的历史和发展的研究对于中国在解释和适用本国法以及将来处理本国法与国际条约的关系方面具有极其重要的意义。

第十七章　欧洲的国家豁免条约实践

近代国际法以欧洲大陆为中心展开，在国家豁免的实践领域，欧洲国家同样是主要的先行者。目前，欧洲国家在国家豁免的立法或司法实践方面呈现出一个明显的发展趋势，即国家豁免的立法与司法实践在欧洲大陆上越来越趋同化。而在这种"趋同化"的背景下，欧洲区域性的国家豁免规则也随之产生，即表现为"一体化"。这主要体现在《欧洲国家豁免公约》和《欧洲人权公约》的国际造法实践与欧洲人权法院的司法实践。

第一节　《欧洲国家豁免公约》的相关规定与实践

一、《欧洲国家豁免公约》的造法过程

欧洲国家在法学理论和司法实践方面均表明，它们在绝对豁免主义和相对豁免主义两种理论之间最终偏向了限制豁免主义。在这种背景下，欧盟观察国澳大利亚在第三届欧洲司法部长会议[1]上提出："应当在欧盟理事会[2]框架下研究国家豁免所有方面的问题。"所谓"所有方面"显然是意图充分理解被判决的国家对判决的执行问题，尤其是是否允许在审判地国领土内对国家财产实施强制执行的问题。会议接受了澳大利亚的提议。随后，欧盟理事会建立了专家委员会，研究第三届欧洲司法部长会议上观察国提出的国家豁免问题，以期寻找解决现存问题的最好的办法，通过详细的说明公约或者其他方式得出合理的研究结果。

专家委员会在1965年至1970年间召开了14次会议，详细说明了《欧洲国家豁免公约》草案及其附件。最终于1972年5月16日，在巴塞尔召开的第七届欧洲司法部长会议上，《欧洲国家豁免公约》及其附件正式开放签署。公约文本、附件及其解释报告发布为第5081号命令。奥地利、比利时、德意志联邦共和国、卢森堡、荷兰、瑞士、和英国签署了该公约。

《欧洲国家豁免公约》赋予国家免于缔约国国内法院管辖的豁免。目前，该公约还不是一个被广泛签署的公约，只有8个缔约国，但是大部分缔约国在欧洲政治、经济舞台上占据着重要地位。中欧、东欧国家也逐渐放弃了绝对豁免主义。在这个意义上，《欧洲国家豁免公约》证明了一个更具吸引力的主张——扩宽该公

---

[1] 该会议于1964年5月26日至28日在都柏林召开。
[2] 欧盟理事会是欧盟两院制立法机关的上议院。由来自欧盟成员国各国政府部长所组成的理事会，主要任务是协调欧盟各个国家间事务，制定欧盟法律和法规。在预算方面，其与欧洲议会共同拥有决策权。在货币方面，它负责引导货币交易率方面的政策。

约的管辖范围，尤其在《联合国国家及其财产管辖豁免公约》尚未生效的情况下。

《欧洲国家豁免公约》为欧洲区域性国家豁免政策的形成提供了重要的规则基础。随后，以判例法为主的英美法系国家的英国制定了《国家豁免法》，而以成文法为主的大陆法系国家的法国、德国在其本国没有国家豁免专门成文立法的背景下，在各国最高法院的引领下开始限制豁免主义的司法实践，他们在国家行为的区分标准、执行豁免的例外等方面的规则日益趋同。

二、《欧洲国家豁免公约》的体系特征

（一）兼顾管辖豁免与执行豁免问题

《欧洲国家豁免公约》体系的第一个也是最重要的特征是其不仅解决管辖豁免问题，还解决判决的承认与执行问题，这是专家委员会工作阶段的争议之一。专家委员会很快认识到《欧洲国家豁免公约》是为了处理国家不适用豁免的情况，而对已经区分"统治权行为"和"管理权行为"实行豁免的国家，《欧洲国家豁免公约》并不感兴趣。对于这些国家来说，主要的困难在于确保被判决的国家承认和执行判决。[1]

《欧洲国家豁免公约》如此复杂是有十分必要的，因为其有必要结合构成管辖权基础的非豁免连结点，以保证在国际层面上判决得到承认和执行。

（二）划定豁免与不予豁免的界限

《欧洲国家豁免公约》体系的第二个特征是解决可以主张豁免的案件和不可以主张豁免的案件的边界问题。解决这一问题的可行方法有三个：第一，使外国在本国法院持有与审判地法院相同的立场；第二，建立"统治权行为"和"管理权行为"的清单；第三，一般情况下给予外国国家豁免，但对特殊行为设定例外。在重大案件中，第一种方法的适用结果并不令人满意，其将外国置于一种尴尬的法律立场，审判国往往会越过外国法，直接行使管辖权。第二种方法很快就被抛弃了，因为很难清晰地界定"统治权行为"与"管理权行为"。第三种方法是

---

[1] Consideration was given to the question whether the Convention could not have been confined to immunity from jurisdiction, by simply determining the cases in which a State could not invoke immunity. It was argued in support of this proposition that such a Convention would represent in itself a considerable step forward compared with the present situation, and that difficulties concerning execution of judgments given on the basis of the Convention would not be so great that they could not in due course be overcome by the application of the provisions of treaties on the recognition and enforcement of foreign judgments; the result would then be an identical regime applicable to States and private persons. This approach did not, however, commend itself. For States which already draw the distinction between *acta jure gestionis* and *acta jure imperii*, the drawing-up of a catalogue of cases in which the State could not invoke immunity would have represented no advance over the present situation. See European Convention on State Immunity - Explanatory Report, [1972] COETSER 2 (16 May 1972), *European Convention on State Immunity (ETS No. 074)*, para. 9.

《欧洲国家豁免公约》最终选择的方法，其第 1 条至第 14 条包含了不得主张国家豁免的情形，第 15 条是绝对豁免的具体化。

我们很容易得出一个结论，或许可以用来解释欧洲大陆法系国家的法学理论在涉及国家豁免的问题上试图偏离英国法院的原因，即英国法并不了解"公法"和"私法"的区别。然而，恰恰是这种区别被大陆法系国家作为原则性标准多次应用于实践，其决定了一个行为划归为"统治权行为"还是"管理权行为"。[1] 对于区别适用"公法"和"私法"的国家来说，更容易将外国行为分为"主权行为"和"非主权行为"。

（三）为判决的执行设立保障措施

《欧洲国家豁免公约》体系的第三个基本特征是其为判决执行设定了特殊保障措施，因为执行判决意味着审判国可以对缔约国的财产进行强制执行。如果案件在《欧洲国家豁免公约》项下属于不可主张豁免的情形，并且判决不可搁置、不可上诉、不可撤销，那么每一个缔约国必须承担执行另一缔约国做出的对自己不利的败诉判决的义务。[2] 这项保障措施经常被运用在国际公约中，以确保判决的相互承认与执行。

（四）任意性规则

《欧洲国家豁免公约》第 24 条允许缔约国声明不适用豁免例外的情形，该缔约国法院有权受理缔约国对非缔约国提起的诉讼。正如缔约国在第 24 条项下的声明，缔约国有义务执行判决，[3] 并且，当国家像私人一样参与该项活动时，依据判决应当在判决国境内强制执行专门用于商业或工业活动所涉及的国家财产。[4] 公约之所以包含了这种任意性制度，是因为一些已经适用限制豁免权的国家担心某些"管理权行为"可能超出《欧洲国家豁免公约》规定的豁免例外情形，从而限制了法院的管辖权，而且该公约第 1 条至第 13 条的例外情形并没有精确对应缔约国之间的管辖权。[5]

---

[1] 德国国家豁免工作组建议，划定国家豁免的第一级标准是区分"统治权行为"和"管理权行为"；第二级标准是：(a) 根据法院地法或者外国法对行为和事实进行的法律分类（区分是公法范围还是私法范围）；(b) 行为的目的；(c) 根据外国法将行为或事实行为划分为具体行为领域（管理行为、经济或商业行为）；(d) 根据国际标准对行为或者固有性质进行评估。

[2] 参见《欧洲国家豁免公约》第 20 条。

[3] 参见《欧洲国家豁免公约》第 25 条。

[4] 参见《欧洲国家豁免公约》第 26 条。

[5] Certain States which at present apply rules of qualified State immunity considered that Article 15, which provides that immunity must be accorded to States in all cases other than those falling within Articles 1 to 13, was too rigid either because some *acta jure gestionis* fall outside the cases covered by these articles, or because the connecting links prescribed in these articles do not correspond, with rules of jurisdictional competence applied in those States. Article 24 permits States to derogate from the provisions of Article 15. See European Convention on State Immunity - Explanatory Report, [1972] COETSER 2 (16 May 1972), *European Convention on State Immunity (ETS No. 074)*, para. 96.

值得注意的是，在第 24 条项下做出声明的缔约国法院有权对没有作出声明的国家在所谓的"灰色地带"行使管辖权，而后者没有义务执行判决，后者在审判地所在国的国家财产也不得遭到强制执行。

三、《欧洲国家豁免公约》中不予豁免的情形

《欧洲国家豁免公约》为了确保判决的承认与执行，在第 1 章"司法管辖的豁免"中规定了缔约国享有免受另一缔约国法院管辖权的权利，同时列举了不得主张管辖豁免的例外情形。该公约第 1 条至第 13 条设立了指引管辖权的连结点。显然，这些连结点试图阐述一个标准——证明审判地所在国法院对外国行使管辖权有正当基础，且在必要范围内，与"对管理权行为有权行使管辖权"的概念保持一致。《欧洲国家豁免公约》规定的不予豁免情形包括两个方面，一是自愿接受管辖的情形，二是禁止主张管辖豁免的情形。

（一）自愿接受管辖的情形

《欧洲国家豁免公约》规定，当缔约国向另一缔约国起诉、参加诉讼、反诉、基于国际条约或书面合同存在接受管辖的义务，和明示同意管辖的情形下，无论对于本诉还是反诉，均属于自愿接受管辖，不得主张管辖豁免。但是如果有事实证明主张豁免以参加诉讼为前提，或者参加诉讼以主张豁免为目的，则不视为放弃豁免。

《欧洲国家豁免公约》第 1 条至第 3 条规定了上述一般不予豁免的情形，不区分统治权行为与管理权行为。因此在另一国法院起诉或应诉的缔约国，有权出于诉讼目的主张管辖权，而且不得就任何出于法律或事实基础提出的反诉主张豁免。并且，在另一缔约国法院提出反诉的缔约国不仅有权针对反诉主张豁免，还有权针对本诉主张豁免。

（二）禁止主张管辖豁免的情形

禁止主张管辖豁免的情形主要表现为特殊的管辖"连接点"。通过分析《欧洲国家豁免公约》第 4 条至第 13 条，我们可知特殊"连接点"主要包含以下情况：第一，涉外债务合同诉讼中，国家不得对债务履行地法院主张管辖豁免；第二，涉外雇佣合同中，缔约国与外国个人订立的雇佣合同，缔约国不得对劳务履行地主张管辖豁免；第三，跨国公司或法律实体诉讼；第四，缔约国在法院地设立的代理机构或办事处，因从事商业、工业或金融业活动引起的相关诉讼，不得主张管辖豁免；第五，缔约国对在法院地国申请的知识产权的相关侵权诉讼不得主张管辖豁免；第六，缔约国不得对因不动产权利引发的纠纷，向不动产所在地法院主张管辖豁免；第七，缔约国不得对涉及继承、赠与或取得无主物而发生的

动产或不动产的权利纠纷,主张管辖豁免;第八,缔约国不得对涉外人身损害或财产损失引发的赔偿请求权诉讼,向侵权事实发生地法院主张管辖豁免;第九,缔约国书面同意提交民事或商事仲裁的,不得再针对仲裁协议的效力、解释、仲裁程序、仲裁裁决的废弃等问题,向仲裁地法院主张管辖豁免。

上述不予豁免的管辖连接点集中在民商事领域,禁止主张的对象是与案件有直接联系的法院。但是,在不予豁免情形的个别项目下,仍有"例外的例外":第一,涉外债务合同诉讼中,如果合同是国家间订立的,或者合同双方另有书面规定、抑或合同义务受法院地行政法支配,国家仍享有管辖豁免权;第二,涉外雇佣合同中,如果受雇佣者在起诉时是该国国民,或者受雇佣者在订立合同时不是法庭地国民或惯常居住户、抑或法庭地法律规定该合同专属于该缔约国,该缔约国仍享有管辖豁免权;第三,跨国公司或法律实体诉讼中,如果国家与公司或法律实体之间有相反的书面约定,国家仍享有管辖豁免权;第四,在民商事仲裁领域,如果国家间存在仲裁协定,将争议交付法院所在地仲裁机构,则法院依然有豁免权。

实际上,为了保证判决的承认与执行的管辖连结点限制了不予豁免条款的适用。如果《欧洲国家豁免公约》只关注管辖豁免,可能被局限在一般性条款的框架内——国家参与私人、商业或金融活动的案件构成审判地所在国的领土连结点。但是,拥有连结点的迫切需要意味着不予豁免规则的适用要求审判地所在国领土内存在外国的办公机构或其他机构。这一限制已经在很大程度上被涉及合同义务的条款所补偿,国家在另一国境没有办公机构或其他机构,其大部分私人、金融或商业活动会引起合同义务,在审判地所在国清偿。[1]

四、《欧洲国家豁免公约》中的豁免主体

《欧洲国家豁免公约》中包含一些程序性规定(第16条至第19条),例如,如被诉国在程序中的权利、应诉期限等。显然,该公约并不是为了在起诉国家机

---

[1] This article covers the principal activities of a State *jure gestionis*. Had the Convention dealt simply with questions of jurisdictional immunity, it might have been possible to frame the article in more general terms so as to extend, it to cover all cases where a State engages in industrial, commercial or financial activities having a territorial connection with the State of the forum. As the Convention requires States to give effect to judgments rendered against them, it was necessary to insert a connecting link to found the jurisdiction of the courts of the State of the forum, namely the presence on the territory of this State of an office, agency or other establishment of the foreign State. This limitation is counter-balanced by the broad terms of Article 4: most industrial, commercial or financial activities carried on by a State on the territory of another State where it has no office, agency or establishment would probably give rise to contractual obligations which are dealt with by Article 4. See European Convention on State Immunity - Explanatory Report, [1972] COETSER 2 (16 May 1972), *European Convention on State Immunity* (*ETS No. 074*), para. 35.

构的时候适用这些程序，也不是为了适用国家承认判决的义务的规则和在审判国境内执行判决的规则。[1] 鉴于国家结构的多样性，和许多国家的非政府核心机关的实体从事公共职务的现实状况，应如何区分国家财产和国家机构呢？这个问题长期困扰着《欧洲国家管辖豁免公约》的起草者。一方面，一些专家认为解决这个问题应该从"豁免是否应该将争议行为依附于属物事由"着手，认为国家豁免问题的研究常常受到属人原则的影响。另一方面，一些专家认为应当规定，除非根据国内法，国家机构或政治分支以国家名义或者代表国家行事，否则国家机构或政治分支无权享有豁免。其他专家认为决定因素应该是寻求豁免的实体是否具有独立的法律人格。专家组不赞成规制国家机构或者政治分支在《欧洲国家管辖豁免公约》项下享有豁免。[2] 最后，专家组找到了可以调和所有观点的解决方法，即在《欧洲国家豁免公约》中，享有国家豁免的主体是"缔约国"。

《欧洲国家管辖豁免公约》第27条限定"缔约国"为"不包括与其有区别的、可以起诉或被起诉的缔约国的任何法律实体，亦不因该实体已经被授予公共职能而有所不同"。简言之，"缔约国"不包括法律实体，即使该法律实体被授予了行政职能。该条款包含了3个不同规定。

第一，"缔约国"的定义。根据《欧洲国家管辖豁免公约》的目的，"缔约国"不包含任何法律实体（独立存在，区别于国家机构；有权起诉和应诉）。[3] 这一条款在初次运用中就反映出极大的重要性。例如，在英国，个别政府部门有权以自己的名义独立起诉和应诉。在"克拉伊纳诉塔斯社案"（Krajina v. Tass Agency）[4] 中，英国法院表示："在某些外国法律体系下这种独立存在的实体可能被认为与豁免不一致，但是我们的议会法案清楚地表明政府部门有独立的法律人格与政府部门可以主张豁免之间不矛盾。"[5] 这种双重检验保留了英国政府部门在其他缔约国享有的豁免，以防止适用公约非豁免性条款。

---

〔1〕 I. M. Sinclair, *The European Convention on State Immunity*, p. 25. This article is the expanded text of a lecture given in London at the invitation of the British Branch of the International Law Association on November 21, 1972.

〔2〕 See Suy, Les bendficiaries de I'immunite de l'Etat, *Brussels/Louvain Joint Colloquium* (1969), pp. 259-269.

〔3〕 For the purpose of defining these entities, the criterion of legal personality alone is not adequate, for even a State authority may have legal personality without constituting an entity distinct from the State. On the other hand, it was considered that a dual test comprising (1) distinct existence separate and apart from the executive organs of the State and (2) capacity to sue or be sued, i. e. the ability to assume the role of either plaintiff or defendant in court proceedings, could provide a satisfactory means of identifying those legal entities in Contracting States which should not be treated as the State. See European Convention on State Immunity - Explanatory Report, [1972] COETSER 2 (16 May 1972), *European Convention on State Immunity (ETS No. 074)*, para. 108.

〔4〕 See All E. R. in 1949, p. 274.

〔5〕 See [1949] 2 All E. R. 274, 283; but note the dissenting judgment of Singleton L. J. in the Baccus case.

第二，可以向另一缔约国法院针对起诉个人的事项上起诉上述所称法律实体，但是如果法律实体的行为是行使主权的行为（或统治权行为），法院可以不受理。法院不受理起诉的条件是，被诉的这种法律实体的行为属于行使政府、国家授予的职能。《欧洲国家管辖豁免公约》没有进一步明确和精确划定统治权行为的定义和范围，留给法院巨大的自由裁量权。

第三，不言自明的限制。当事人可以向法院提起针对法律实体与其情况相适应的诉讼程序，向法院起诉讼将赋予法院诉讼管辖权。这项限制使得法律实体无法享受更多有利的豁免性待遇。

关于"缔约国"的定义还存在一个特殊问题，即能否仅凭国家组织结构即断言豁免。欧洲广泛承认豁免制度不适用于一元制国家的政治分支，例如，直辖市和地方当局，至少当这些政治分支行使被授予的行政权力情况。[1] 长久以来，对于联邦国家的组成部分是否有权主张属人豁免一直存在争议。那些国家的法学家主张限制豁免主义，否认联邦国家组成部分享有豁免。因此，在"费尔德曼诉巴伊亚州案"（Feldman c. Etat de Bahia）中，巴伊亚州（巴西联邦共和国的一个州）服从于比利时法院的管辖，尽管在巴西宪法中，各州主要行使国家主权。[2] 在法国的一系列案件中再次涉及巴西某个州主张豁免，巴西的豁免主张不断被拒绝，因为各州缺乏国家人格和外部主权。[3] 1969 年，巴黎上诉法院否决了黑森州（联邦德国的一个州）的豁免主张。[4] 在意大利，巴西主张的豁免同样遭到拒绝。[5]

针对该问题，《欧洲国家管辖豁免公约》第 28 条对于联邦国家的组成单位做出了规定，原则上"组成联邦国家的各邦（或组成国）不享有豁免"；"但作为本公约缔约国的联邦国家，得向欧洲理事会秘书长发出通知，声明其所属各邦可以援引适用于缔约国的规定并承担相同的义务"；"在联邦国家依据第 2 款作出声明后，对联邦各邦送达文件应依据第 16 条向联邦国家的外交部进行"。由此看出，只有在作为联邦制的缔约国依照公约规定作出声明或通知的前提下，才能对其组成单位援引管辖豁免。

《欧洲国家管辖豁免公约》第 28 条第 1 款表明联邦国家的组成部分不享有豁

---

[1] See *Schneider v. City of Rome*, 83 N. Y. S. 2d 756 (1948), City Court of the City of New York.
[2] 本案判决意见表明，联邦国家各州只要实施了主权行为，且是宪法规定的专属行为，该行为可以享有豁免。See *Feldman c. Etat de Bahia*, Pasicrisie Beige, 1908, II, 55; see comment by Suy (1967) 27 Z. a. o. r. v., pp. 670-672.
[3] See *Etat de Ceara c. Dorr et autres*, Annual Digest (1927-28), Case No. 21; *Ceara c. D'Archer de Montgascon*, Annual Digest (1931-32), Case No. 84; *Dumont c. Etat d'Amazonas*, Annual Digest (1948), Case No. 44.
[4] See *Etat de Hesse c. Jean Neger*, noted in (1970) 74 R. G. D. I. P., 1108-1111.
[5] See *Somigli c. Stato di Sao Paulo di Brazil*, noted in (1910), Revue de Droit International Prive, p. 527.

免。但是，第2款立即作出限制，允许联邦国家的缔约国通过通告声明其各州可以援用该公约，承担相同的义务。声明意味着所有的《欧洲国家管辖豁免公约》条款（包括其余豁免规则）可以适用于针对联邦组成部分的诉讼程序，也就是说各州直接享有联邦国家的豁免权。[1]专家委员会德国代表团极力推崇第2款。这一条款无疑会使得豁免覆盖于德国各组成部分，允许德国各州行使联邦权利。[2]

五、《欧洲国家豁免公约》中的判决承认

《欧洲国家豁免公约》体系中关于判决的承认与执行的规则规定在第20条至条22条。其中第20条要求缔约国应当给予另一缔约国做出的判决以法律效力，即承认另一缔约国的判决。但是，此项规定列举了诸多例外，即在如下情形中，可以不予承认：第一，承认判决效力将违反本国公共政策；第二，相同当事人、基于相同的事实和目的，已另有诉讼；第三，判决结果相互矛盾或不一致；第四，送达或缺席审判程序违法；第五，对涉及继承、赠与或取得无主物而发生的动产不动产权利的诉讼，法院因适用被诉国司法管辖权的规定而丧失管辖权，或者因适用法律不当而导致判决结果不一致，除非两国间存在承认与执行判决的协定。《欧洲国家管辖豁免公约》第22条要求缔约国对该国作为当事人一方在另一缔约国法院进行诉讼中所作的和解应给予效力，而第20条规定不适用于此项和解。

应该指出，《欧洲国家管辖豁免公约》体系建立在缔约国接受承认适用不予豁免条款所做出的败诉判决的国际义务的基础之上。由此，可能产生一个不可避免的问题，即被判决国家的法院缺乏直接执行判决的机构，这与1971年海牙《民商事管辖权及外国判决公约》在这方面的局限性一致。[3]

起草公约的专家委员会非常关注判决执行机构的缺失，担心被判决的国家过于宽泛地解释拒绝承认判决的理由，危及当事人的利益。因此，《欧洲国家管辖豁免公约》第21条建立了"司法控制"程序。受到判决的当事方不承认判决，援用判决的一方有权要求该审判国法院做出应否依第20条赋予效力的决定。审判国根据国内法决定是否在国内法院启动该程序。更详尽的保障措施在附件中具体化：第一附件提供给私人当事人选择权，向适用该公约第21条的国家法院或者由欧洲人权法院的7个成员国组成的欧洲仲裁法庭，要求启动程序。

---

[1] See Cf. Schaumann and Habscheid, p. 44.
[2] See Cf. Schaumann and Habscheid, pp. 41-47.
[3] See European Convention on State Immunity - Explanatory Report, [1972] COETSER 2 (16 May 1972), *European Convention on State Immunity (ETS No. 074)*, paras. 76-83.

六、《欧洲国家豁免公约》中的判决执行

目前，对于持限制豁免主义的国家来说，最大的难题是对外国的判决的执行。很难在逻辑上顺理成章地承认，只要国家拒绝豁免，就得对国家财物强制执行。[1] 古老的法谚告诉我们，"法律的生命不在于逻辑而在于实践"。然而实践证明，为执行外国财产所做的努力，不断遭遇强硬外交，外国基于国际法在执行方面的争议，阻碍在审判地所在国领土内的执行其财产。国际社会，包括秉承限制豁免理论的权威学者们广泛认可管辖豁免与执行豁免之间存在区别。[2] 英国法院在实践中适用的规则是，即使国家在诉讼中放弃豁免，也不能强制执行国家财产。[3] 法国法院过去也承认执行豁免，[4] 但是在实践却中模棱两可，法国法院在实践中认为没有外国明示放弃豁免时，可以执行外国用于商业或非主权行为的财产。[5] 比利时、意大利、德国在解决这一问题时，最终还是借助于外交的力量。[6]

然而，《欧洲国家管辖豁免公约》并没有妥协，其不试图决定是否存在一项国际法规则阻碍执行外国财产或者该规则仅仅阻碍执行用于公共目的的财产，而是承认现实的外交和执行外国财产时所面临的困境。为解决这一困境，《欧洲国家管辖豁免公约》建立了应对阻碍执行的基础规则，并结合国家抗辩体系，在该体系中，国家拒绝承认外国法院适用不豁免性条款所做判决。因此，《欧洲国家管辖豁免公约》不排除为了建立管辖权而扣押船舶或扣押财产。[7]

---

[1] See Lalive, Limmunited de Juridiction des Etats et des Organisations Internationales, (1953) 84 *Recueil des Cours* 273.

[2] See Venneman, L'immunited de 'execution de I'Etat Stranger, *Brussels/ Louvain Joint Colloquium* (1969), pp. 135-136; Lalive, Lalive, Limmunited de Juridiction des Etats et des Organisations Internationales, (1953) 84 *Recueil des Cours* 273, p. 211; Berber, *Lehrbuch des Volkerrechts* (1960), Vol. 136 I, p. 221. But, for a contrary view, see conclusions of the German working group on State Immunity (Schaumann and Habscheid, op. cit. pp. 304-305).

[3] See *Dufi Development Co. v. Government of Kelantan*, [1924] A. C. 797.

[4] See Castel, Immunity of a Foreign State from Execution: French practice, (1952) 46 *A. J. I. L.* 520.

[5] See *U. R. S. S. c. Association France Export*, Annual Digest (1929-30), Case No. 7. And, much more recently, *Englander c. Statni Banka Ceskoslavenska*, where the Cour de Cassation reversed the decision of a lower court granting immunity from execution. The lower court had granted immunity from execution on the ground that it was impossible to distinguish between the moneys held by the Bank for settling commercial debts and those held for the purposes of maintaining diplomatic missions; the Cour de Cassation held that the simple possibility of a confusion between public and private funds was not sufficient to justify immunity from execution - it had to be proved that the moneys sought to be attached were State funds, (1969) 73 R. G. D. I. P., 1148-1151.

[6] See I. M. Sinclair, *The European Convention on State Immunity*, p. 23.

[7] The term "preventive measures" in Article 23 extends only to such measures as may be taken with a view to eventual execution. See European Convention on State Immunity - Explanatory Report, [1972] COETSER 2 (16 May 1972), *European Convention on State Immunity* (*ETS No. 074*), para. 93.

《欧洲国家管辖豁免公约》第 23 条规定了法院地国不得对缔约国在另一缔约国领土内的财产采取任何执行措施或保全措施,除非缔约国书面表示同意。该公约第 26 条对第 23 条进行了补充规定,如果败诉国按照第 24 条的规定,在批准公约之外另行声明法院有权受理对另一缔约国的诉讼、诉讼请求在司法管辖权范围内,并且判决已生效且不得上诉或撤销,则法院有权对败诉缔约国从事的商业或工业活动的财产予以执行。

《欧洲国家管辖豁免公约》第 29 条规定其不适用于下列问题的诉讼:第一,社会保险;第二,原子事件造成的财产损失或人身伤害;第三,进出口税收、国内税收或罚金。该公约排除社会保险是因为在区分公法和私法的国家,将社会保险划分为公法行为还是私法行为是不确定的;[1] 不予执行原子事件造成的财产损失或人身伤害是因为该损害受制于国际公约;排除关税、税收、处罚也是因为很难界定其属于公法行为还是私法行为。

《欧洲国家管辖豁免公约》第 30 条规定其不适用于涉及关于缔约国所有或经营的航行远洋的船舶的活动,或关于此项船舶的货运及客运,或关于缔约国所有的货物通过商船货运所发生的请求权的诉讼。

七、《欧洲国家豁免公约》规则与外交和领事的特权与豁免间的关系

最后一个问题是关于国家豁免和外交与领事关系豁免之间的关系。[2]《欧洲国家管辖豁免公约》第 32 条保留了涉及外交代表机构和领事馆及其人员的一般特权与豁免。专家委员会正确地指出,外交和领事特权与豁免已经受到国际法的调整,包括两个《维也纳公约》和双边协议,而《欧洲国家豁免公约》不妨碍外交和领事特权与豁免。专家组报告进一步宣称,《欧洲国家豁免公约》和其他国

---

[1] This article excludes certain matters from the field of application of the Convention. The Convention is essentially concerned with "private law" disputes between individuals and States. In some countries social security forms part of public law, in others part of private law, in still others it falls somewhere between the two; and finally, there are States in which no distinction is made between public and private law. In the absence of an express exclusion a question might have arisen whether or not disputes concerning social security would fall within Articles 4 and 7. Damage and injury in nuclear matters have been excluded so as to render Article 11 inapplicable. Other conventions deal with nuclear damage. Customs duties, taxes, penalties and fines have been excluded because in some countries they do not fall exclusively under public law or because the dividing line between public and private law is ill-defined or non-existent. Article 9 in particular might otherwise have been applicable. See European Convention on State Immunity - Explanatory Report, [1972] COETSER 2 (16 May 1972), *European Convention on State Immunity (ETS No. 074)*, para. 113.

[2] See Salmon, Les relations entre l'immunitd de juridiction de l'Etat et les immunitds diplomatiques et consulaires, *Brussels/Louvain Joint Colloquium* (1969), pp. 73-117.

际协定的外交或领事特权与豁免发生冲突时,以后者的规定为准。[1]

《欧洲国家豁免公约》第 33 条规定,其任何条款均不影响与外交使团、领事馆及其有关人员的执行职务有关的特权和豁免权。显然,这是本公约关于判决的承认与执行规则和早期一般公约(无论是双边还是多边)关于执行与豁免规则的互动。专家委员会报告中明确指出,《欧洲国家豁免公约》规则优先于一般公约关于执行与豁免的规则,《欧洲国家豁免公约》属于特别法。但在其他领域,国际协定仍不受该公约的影响。

八、《欧洲国家豁免公约》的条约实践小结

欧洲之所以会发生从绝对豁免主义到限制豁免主义的转变,是因为自由资本主义向垄断资本主义的过渡。在特殊行业,国家占据垄断地位,国家大规模参与商业交易也使豁免问题复杂化,争端增多。

《欧洲国家豁免公约》是第一个在国家之间为解决过去在国家实践和法学理论上有关国家豁免的分歧所做出的重大尝试。严格来说,其并不是对一般国际法规则的编纂,但是,公约的起草者们声称《欧洲国家豁免公约》与一般国际法和国家实践的趋势一致。从这个意义上讲,过去在国家豁免领域缺少一个统一的公约,而《欧洲国家豁免公约》可以看作是欧洲国家,尤其是西欧国家可以据以主张豁免的重要依据。当然,判决的效力主要是基于对欧洲理事会的特殊信心,欧洲理事会应确保成员履行这些规则。

第二节 《欧洲人权公约》与欧洲人权法院的相关实践

1959 年设立的欧洲人权法院是根据《欧洲人权公约》所设立的区域性国际人权司法机构。随着《欧洲人权公约》第 6 条的解释与适用,逐渐产生了欧洲人权法院与国家豁免的关系问题。欧洲人权法院在晚近的系列案例中,通过判决对国家豁免的发展和现状进行了理性的总结,例如,"2001 年福格蒂诉英国案""2002 年迈克尔希尼诉爱尔兰案"等。欧洲人权法院的这些判决成为对国际

---

[1] Diplomatic and consular immunities and privileges are already governed by rules of international law, notably those contained in the Vienna Conventions of 18 April 1961 and 24 April 1963, and in bilateral agreements. The considerations which underlie these privileges and immunities are different from those underlying the present Convention. The Convention cannot prejudice diplomatic and consular immunities, directly or indirectly. It is clear from Article 32 - and this is confirmed by Article 33 - that in the event of conflict between the present Convention and the instruments mentioned above, the provisions of the latter shall prevail. See European Convention on State Immunity - Explanatory Report, [1972] COETSER 2 (16 May 1972), *European Convention on State Immunity* (*ETS No. 074*), para. 117.

社会具有一定指导意义的实践。

在《欧洲人权公约》及其议定书中，没有直接规定国家豁免，但是规定了欧洲人权法院的管辖权。并且，其在第6条中规定了公平审判权，目的在于赋予欧洲人权法院强有力的管辖权，追究缔约国在人权领域的国家责任。

一、欧洲人权法院的管辖权

欧洲人权法院行使管辖权的条件有3个。第一，缔约国向欧洲理事会秘书长交存书面声明，承认欧洲人权法院的强制管辖权。第二，经缔约国同意按下列方式提交的案件：（1）欧洲人权委员会收到缔约国提交的申诉，3个月内未能通过友好协商的方式解决，从而将案件提交法院；（2）受害人所在缔约国；（3）将案件提交欧洲人权委员会的缔约国；（4）被指控的缔约国；（5）向欧洲人权委员会提出诉愿的个人、非政府组织或者是个人团体。第三，公认的国际法准则已经穷尽了所有的国内法救济手段的事项。目前，除了土耳其之外，《欧洲人权公约》缔约国均承认接受欧洲人权法院的强制管辖。《欧洲人权公约》在第49条规定关于管辖权的争议由欧洲人权法院通过判决加以解决。

《欧洲人权公约》关于管辖权的规定排除了缔约国以国家豁免为由逃避管辖的可能，因为在公约要求之下，缔约国均做出了接受强制管辖的声明，而且对于管辖问题的最终解释权归欧洲人权法院。

二、欧洲人权法院的审判与国家豁免

《欧洲人权公约》第6条第1款规定："在决定某人的公民权利和义务或者在对某人确定任何刑事罪名时，任何人有理由在合理时间内受到依法设立的独立且公正的法院的公平且公开的审讯。"从文本上看，欧洲人权法院有公平审判的权力。后来，欧洲人权法院通过判例发展出了"诉诸法院之权利"。[1] 但是，在实践中，各国政府经常指出，第6条不能适用于国家豁免的案件。在早期的判例中，欧洲人权委员会也支持这一观点；但是，直到2001年，欧洲人权法院大审判庭在相关案件中认定第6条与国家豁免是一致的。[2]

三、欧洲人权法院判决的执行

《欧洲人权公约》第52条至第56条规定了欧洲人权法院判决的效力与执行问题。根据该公约，欧洲人权法院的判决具有终局性，缔约国必须服从法院的判

---

[1] See *Golder v. United Kingdom*, (1979) 1 EHRR 524, paras 28-36.
[2] See *Fogarty v. United Kingdom*, (2002) 34 EHRR 12; *Al-Adsani v. United Kingdom*, (2002) 34 EHRR 11; *McElhinney v. Ireland*, (2002) 34 EHRR. 13.

决，缔约国对判决的执行有部长委员会监督。

四、欧洲人权法院在国家豁免方面的司法实践

很多判例表明，欧洲人权法院虽然承认限制豁免主义，但是并不认可限制豁免主义作为习惯国际法而适用，个人向欧洲人权法院提起针对国家的诉讼时，国家依然享有豁免权。

（一）福格蒂诉英国案

在"福格蒂诉英国案"（Fogarty v. United Kingdom）中，美国大使馆的行政助理玛丽·福格蒂（Mary Fogarty）于1995年被解雇，其随后以"性别歧视"为由向伦敦工业法庭起诉。1996年，法庭要求美国向福格蒂赔偿。尽管其被再次聘用，但是性别歧视问题仍悬而未决。其由于先前的胜诉而无法成功申请晋升，于是再次提起诉讼。此次，美国主张1978年《外交豁免法》中的豁免。福格蒂的律师建议其撤诉，其随即依据《欧洲人权公约》向欧洲人权法院起诉英国。法院无疑采取了务实的解决方法，[1]分析了《欧洲人权公约》第6条的重要性。法院还裁定，国家豁免规则阻止法院管辖适用显然是合法的，主权豁免是一项既定国际法原则。[2]法庭还表明："国际法授予主权国家在民事诉讼享有豁免，符合国际法促进国家之间的团结和友好关系的合法目的。"[3]

欧洲人权法院驳回了申请人的诉讼请求。法院指出，在与雇佣有关的争议中，限制国家豁免正得到越来越多的支持，但关于国家豁免是否以及多大程度上适用于外国大使馆的雇佣问题，国家实践标准并不统一，这一做法并未超越既有的国际标准，因此对申诉人第6条"诉诸法院的权利"的限制并不违法。[4]

（二）迈克尔希尼诉爱尔兰案

在"迈克尔希尼诉爱尔兰案"（McElhinney v. Ireland）中，迈克尔希尼（McElhinney）早期在爱尔兰法院针对英国国防部部长提起诉讼。在该案件早期，英国国防部长提出了豁免主张。随后，迈克尔希尼对爱尔兰最高法院的判决十分不满，遂援引《欧洲人权公约》第6条同时对爱尔兰和英国提起了诉讼。

欧洲人权法院同样驳回了申请人的诉讼。法院指出，虽然在人身损害赔偿事

---

[1] See Magdalini Karagiannaki, State Immunity and Fundamental Human Rights, 11 *Leiden J. Int. L.* 9 (1998).

[2] Since sovereign states are judicially equal on the international plane, no state can "lord it over" the other or exercise jurisdiction over the other. See Kuhn, (1927) 21 *AJIL*; Fitzmaurice, (1933) 14 *BYIL*, pp. 101-124; *The Schooner Exchange*, (1812) 7 Cranch 116; Klein, *Sovereign Equality Among States* (1974).

[3] See David Lloyd Jones, Article 6 ECHR and Immunities Arising in Public International Law, (2003) 52 *ICLQ* 463, 468.

[4] See *Fogarty v. United Kingdom*, (2002) 34 EHHR 12, para 37.

项上国际法和比较法的研究都表明存在限制国家豁免的趋势，但爱尔兰法院授予英国以国家豁免并不违反当前国际社会接受的标准。[1]

（三）阿尔-阿德萨尼诉英国案

在"阿尔-阿德萨尼诉英国案"（Al-Adsani v. United Kingdom）[2]中，阿尔-阿德萨尼具有英国和科威特两国的双重国籍，其声称1992年遭受了酷刑和非人道待遇，向英国政府起诉。但是，英国政府认为科威特享有豁免。阿尔-阿德萨尼随即向欧洲人权法院提起诉讼。

欧洲人权法院以9∶8的多数意见驳回了诉讼请求。法院认为，对于原告主张的虐待行为符合《欧洲人权公约》第3条的规定，但是，必须区分该规则在民事程序和刑事程序中的不同作用。在因酷刑行为而产生的刑事责任中，禁止酷刑应被视为强行法，但是不适用于民事程序。多数法官认为，没有足够的证据证明在民事程序中，禁止酷刑的规则限制了国家豁免规则的适用。因此，国家豁免在该案中的适用符合国际法。此后，欧洲人权法院在"卡罗盖洛波乌罗斯诉希腊和德国案"（Kalogeropoulou v. Greece and Germany）中，再次确认国家豁免与《欧洲人权公约》第6条相一致。法院指出，在所谓反人类罪事项上不存在国家不享有豁免的国际规范，因此，授予国家以豁免并不构成对诉诸法院之权利的不当限制。

（四）库达诉立陶宛案

2004年，联合国大会通过的《联合国国家及其财产管辖豁免公约》，对欧洲人权法院处理国家豁免问题产生了较大的影响。通过判例，我们可以看出，当被诉行为不涉及国家主权行为时，国家不再享有豁免权。

在"库达诉立陶宛案"（Cudak v. Lithuania）中，尽管案情与前述"福格蒂案"基本相同，但是欧洲人权法院做出了不同的处理。法院指出，"福格蒂案"发生在《联合国国家及其财产管辖豁免公约》通过之前，而且涉及的是雇佣，英国授予美国国家豁免符合国际法。而"库达案"涉及的是解雇，申诉人的工作与波兰行使主权无关，因而立陶宛授予波兰国家豁免不符合国际法。可见欧洲人权法院受到《联合国国家及其财产管辖豁免公约》的影响，将限制豁免主义融入审判之中。[3]

---

[1] See *McElhinney v. Ireland*, (2002) 34 EHHR. 13, para 38.

[2] See *Al-Adsani v. United Kingdom*, (2002) 34E. H. H. R. 11.

[3] See *Cudak v. Lithuania* (application No. 15869/02), unreported March 23, 2010 (ECHR, Grand Chamber).

第十八章 联合国国家豁免的国际造法实践

第一节 联合国对国家豁免专题的工作与公约形成

一、确定研究主题与条款草案的形成（1949年至1991年）

1949年，联合国国际法委员会在其第一届会议上，即将"国家及其财产的管辖豁免"这一课题作为一个立法主题。[1]

在1977年12月19日的第32/151号决议中，联合国大会邀请国际法委员会在适当的时机，比照其在日程表中其他主题上所取得的进展，开始对国家及其财产的管辖豁免这一课题进行研究。

在1978年的第30届会议上，国际法委员会成立了一个工作小组，正式开始对"国家及其财产的管辖豁免"这一课题进行研究。同时，任命泰国专家宋蓬·素差伊库（Sompong Sucharitkul）为特别报告员，并邀请他准备一份初级阶段的初步报告供委员会研究。另外，国际法委员会还请求联合国秘书长邀请联合国成员国政府提交有关该课题的材料，包括国内立法、国内法院的决定、外交和官方函件。

在1979年的第31届会议之前，国际法委员会已经收到关于该课题的初步报告。该报告由特别报告员素差伊库先生提交，报告意图就该课题呈现一个全景的画面，但未对任何一个实体问题提出解决方法。在该次会议的讨论上，国际法委员会一致同意，在不久的将来，特别报告员应该继续他的研究，将注意力集中于一般原则，并且因此将最初的兴趣范围限制在实质内容和国家管辖豁免一般原则的构成要件上。同时，国际法委员会认为，国家豁免的程度问题或称是限度问题，以及对国家豁免规则的适用要求走一条极为谨慎和平衡的道路，因此，由于缺乏对于其在国家实践中重要性的评估，初步报告中所认定的例外仅仅可以作为可能的限制。另外，国际法委员会还同意，就国家豁免这一主题应给予优先对待，特别报告员应当继续他在国家不受司法管辖这一方向上的研究，而暂时不考虑执行豁免的问题。值得注意的问题是，国家的功能不断扩展，使得国家豁免的问题更加复杂。过去，在以下问题上存在争议，即国家功能的可分性或现代国家在原来只能由个人从事活动之领域所开展的活动之间的多种多样的区别，例如贸易和金融领域。对于识别在何种情况下或哪些领域中可以援引或给予国家豁免，尚不存在已获得普遍接受的标准。因此，本问题应当获

---

[1] 参见联合国国际法委员会官方网站，https://www.un.org/law/ilc/。

得最大程度的注意。

在1980年的第32届会议上，国际法委员会开始对草案条款一读，一读在1986年的第38届会议上结束。在第38届会议上，根据《国际法委员会章程》第16条和第21条的规定，国际法委员会将根据一读修改形成的草案条款经由联合国秘书长转交给联合国各成员国政府，以便评论和观察。

在1989年的第41届会议上，国际法委员会在新的特别报告员小木曾本雄提交的3份报告的基础上开始了对草案条款的二读，并在其1991年的第43届会议上结束。在其第一份报告中，特别报告员分析了成员国政府提供的评论和观察，并提议根据这些评论修改一些条款。在其第二份报告中，特别报告员基于成员国政府的书面评论与观察报告以及他自己对于相关条约、法律和国家实践的分析，对某些草案条款给予了进一步的考虑，并对其第一份报告的内容做出了修改、添加和删除。应一些国际法委员会成员的要求，特别报告员还提供了一份近年来国家豁免一般国家实践的简述。在其第三份报告中，特别报告员再次审查了整个草案条款，并在考虑了国际法委员会成员在1989年第41届会议上提出的观点和成员国政府在书面报告中提出的意见以及联合国大会第六委员会第44届会议上讨论的基础上，提出了改良意见。

在1989年的第41届会议上，就草案条款的二读，国际法委员会同意特别报告员的意见，即避免再次陷入对国家豁免一般原则的理论论战，这场论战曾在国际法委员会内部激烈展开，并且始终没有形成一致意见。相反，国际法委员会应将其讨论集中在各条条款上，以便在国家的哪些活动应该或不应该获得其他国家的司法管辖豁免这一问题上达成一致。在国际法委员会看来，这是制定一个能够获得普遍支持的公约的唯一实际可行的办法。国际法委员会还注意到，由于一些国家正在修改或者已经修改了它们的基本法，国家司法管辖豁免的法律处于变动的状态，因此，条款草案的一个重要任务就是反映出以上政府实践，此外，条款草案还需要为国家司法管辖豁免的进一步发展留出空间。

在1991年的第43届会议上，就国家及其财产的管辖豁免问题，国际法委员会确定了一份拥有32条条款草案并附有评论的最终文本。根据《国际法委员会章程》第23条，国际法委员会向联合国大会提交了条款草案和一份建议，即请求大会召集一次由全权代表出席的国际会议，以审查条款草案，并缔结关于该课题的公约。

二、成立新的机构与公约的通过（1991年至今）

在随后的几年中，联合国大会就由条款草案产生的实体问题，建立了新的工作组，邀请各国提交书面评论和观察报告，并在第六委员会的工作框架下组织了非正式磋商。[1]

在 1999 年的第 51 届会议上，委员会根据联大 53/98 号决议就国家及其财产的管辖豁免问题成立了工作组。根据 1994 年联大第六委员会非正式磋商的主席报告，工作组的工作集中以下五个方面：第一，为豁免的目的界定国家的概念；第二，确定合同或交易商业特征的标准；第三，有关商业交易的国营企业或其他国营组织的概念；第四，雇佣合同；第五，国家财产的强制措施。工作组还研究了以下问题，即在国家违反国际强行法规则的场合，国家豁免是否存在。工作组认为应该根据近年来的国家实践研究这一问题。在工作组对委员会的报告中，工作组对于解决以上五方面的问题提出了一系列的建议。委员会注意到了该份报告，并采纳了其中的建议。

在 2000 年 12 月 12 日的第 55/150 号决议中，联合国大会考虑过第六委员会的报告，决定建立一个"国家及其财产管辖豁免的临时委员会"。该委员会向联合国的所有成员国和联合国专门机构的所有成员国开放。联合国大会授权其进一步深化已完成的工作，已达成协议的领域，解决重要的实体问题，以基于条款草案和第六委员会工作组的研究和结论制定一项普遍可接受的文件。根据其 2001 年 12 月 12 日的第 56/78 号决议，联合国大会决定临时委员会应当在 2002 年 2 月开会，并在联大第 57 届会议上报告研究成果。

2003 年，临时委员会以一个工作组的形式继续对上述问题展开研究。工作组建立了两个非正式协商小组。其讨论并解决了上述所有的重要实质问题。临时委员会通过了一份报告，包括以下内容：条款草案的文本；对于条款草案第 10 条（商业交易）、第 11 条（雇佣合同）、第 13 条（所有权、财产的所有和使用）、第 14 条（智力和工业产权）、第 17 条（仲裁协议的效力）和第 19 条（原来的第 18 条）（强制措施的国家豁免）的理解；以及该条款草案不包括刑事诉讼的总体理解。临时委员会建议联合国大会就条款草案的形式做出决定，并提请联合国大会注意：如果联合国大会决定以公约的形式通过条款草案，那么还需要为条款草案配备前言和最后条款，其中包括一项解决该条款草案与其他关于该问题的国际协议关系问题的条款。

在 2003 年 12 月 9 日的第 58/74 号决议中，联合国大会决定再次召集国家及其财产管辖豁免的临时委员会，为制定一部关于国家及其财产管辖豁免的公约拟定前言和最后条款。临时委员会于 2004 年 3 月 1 日至 5 日召开了第 3 次会议，就国家豁免公约草案的前言和最后条款达成了一致意见。同时，临时委员会支持其工作组的建议，认为应当适当反映公约草案不适用于刑事程序的总体理解的情

---

[1] 参见联合国国际法委员会官方网站，https://www.un.org/law/ilc/。

况，如体现在联合国大会决议中。基于此，临时委员会通过了一份含有国家及其财产管辖豁免公约草案的报告，并建议联大通过该报告。

在 2004 年 12 月 2 日的 59/38 号决议中，联合国大会同意了临时委员会认为国家豁免公约不适用于刑事诉讼的意见，并且通过了《联合国国家及其财产管辖豁免公约》。

《联合国国家及其财产管辖豁免公约》于 2005 年 1 月 17 日开放签署。目前，共有 28 个国家签署了该公约，23 个国家因批准、核准、接受或加入而成为公约的缔约国。[1] 根据该公约第 30 条第 1 款的规定，其将在第 30 份批准书、接受书、核准书或加入书交存联合国秘书长之日起第 30 天生效。因此，到目前为止，该公约尚未生效。我国于 2005 年 9 月 14 日签署了该公约，但尚未批准。

三、《联合国国家及其财产管辖豁免公约》的结构

2004 年 12 月 10 日，联合国大会第六委员会就《国家及其财产管辖豁免公约》提交了一份报告，建议大会通过该公约的决议草案，并邀请各国成为公约的缔约国。[2] 在该报告中，《联合国国家及其财产管辖豁免公约》以附件的形式列于其中。

《联合国国家及其财产管辖豁免公约》包括前言和 33 个条款。在前言中，公约规定了国家及其财产豁免是一项"被普遍接受的习惯国际法原则"，申明习惯国际法的规则仍然适用于公约没有规定的事项，并指出了公约的制定参考了国家及其财产管辖豁免方面的国家实践的发展。而作为公约主体的条款则被划分在 6 个部分中，即导言、一般原则、不得援引国家豁免的诉讼、诉前强制措施豁免、杂项规定和最后条款。关于该公约具体条款的一系列理解被归纳在附件中，作为一个独立的完整部分，规定在联大 59/38 号决议的生效部分，独立于公约不适用于刑事程序的理解而存在。[3]

第二节 《联合国国家及其财产管辖豁免公约》的适用范围

一、《联合国国家及其财产管辖豁免公约》适用的主体

根据《联合国国家及其财产管辖豁免公约》第 1 条的规定，该公约适用于

---

[1] See United Nations Treaty Collection, Status of Treaties: Chapter III 13. United Nations Convention on Jurisdictional Immunities of States and Their Property, https://treaties.un.org/Pages/ViewDetails.aspx?src=TREATY&mtdsg_no=III-13&chapter=3&clang=_en.
[2] 参见《国家及其财产管辖豁免公约 第六委员会的报告》，联合国大会第五十九届会议议程项目 142，A/59/508，2004 年 11 月 10 日，第 4 页。
[3] 参见联合国国际法委员会官方网站，https://www.un.org/law/ilc/.

"国家及其财产在另一国法院的管辖豁免。"第2条第1款即对"国家"这一用语做出了界定,即包括:第一,国家及其政府的各种机关;第二,有权行使主权权力并以该身份行事的联邦国家的组成单位或国家政治区分单位;第三,国家机构、部门或其他实体,但须它们有权行使并且实际在行使国家的主权权力;第四,以国家代表身份行事的国家代表。

"国家豁免",顾名思义,其适用的主体应当是"国家"。对于"国家"的具体内涵,应根据其所出现的场合进行具体的界定。例如,1933年《蒙得维的亚国家权利义务公约》将国家定义为具备"固定的居民""确定的领土""政府""与他国交往的能力"这4个构成要素的实体。[1] 这个定义是为了满足在国际法层面,将"国家"这个概念与其他具有国际法律人格的国际法主体,如国际组织、解放运动或个人区别开来的需要。[2]

而对于"国家豁免"这个课题而言,定义何为"国家"的目的在于界定哪些主体可以被视为国家的组成部分或代表而享有赋予国家的特权与豁免。对于外国国家而言,明确这一点,才可以明确自己的哪一些机构和人员在另一国法院有权主张特权与豁免;对于法院地国而言,法院和法官才有一条初步的标准,判断应将授予国家的特权与豁免授予哪一些在本国法院被起诉的被告。

出于这一考虑,在国家豁免问题上,各国理论与实践多从组成机构和代表人员的角度对"国家"进行界定,《联合国国家财产及其豁免公约》也不例外。由于《联合国国家财产及其豁免公约》对于国家的定义关系到国家豁免适用的主体,是国家豁免问题中一个需要详细阐述的重要问题,本章将在第三节专门就此展开分析。

二、《联合国国家财产及其豁免公约》适用的情形

《联合国国家及其财产管辖豁免公约》第5条、第6条第1款规定了公约适用范围的一般原则,即"一国本身及其财产遵照本公约的规定在另一国法院享有管辖豁免";"一国应避免对在其法院对另一国提起的诉讼行使管辖,并应为此保证其法院主动地确定该另一国享有的豁免得到尊重"。总结这两条规定,我们可以发现,《联合国国家财产及其豁免公约》适用于一个国家在另一个国家被起诉的情形。在该情形中,国家及其财产应享有管辖豁免。

此时,"管辖豁免"一词不仅指主权国家有权避免通常由领土国法制内法官或裁判官行使的审判权力,还指不在司法程序中以任何措施或程序或由领土国的任何当局对其行使一切其他的行政权力和执行权力。因此,这个观念包括整个司

---

[1] 参见1933年《蒙得维的亚国家权利义务公约》第1条。
[2] 参见李颖:《国家豁免例外研究》,知识产权出版社2014年版,第18页。

法程序，从诉讼的提起或成立、传票的送达、调查、审查、询问、能够构成暂时或临时措施的命令，到开列判决之各种情况的决定、这些判决的执行或加以延缓和进一步加以豁免。还应指出的是，本条款的范围不仅包括国家不受另一国法院审判的豁免，而且涉及国家财产在另一国法院的诉讼中不应受到扣押和执行令状等强制措施的豁免，如同《联合国国家管辖豁免公约》第4部分的规定。[1]

除了对适用情形做出原则性规定外，《联合国国家管辖豁免公约》还在第3部分中规定了不得援引国家豁免的8种诉讼，分别是商业交易、雇佣合同、人身伤害和财产损害、财产的占有、所有和使用、知识产权和工业产权、参加公司或其他集体机构、国家拥有或经营的船舶以及订立仲裁协定的情形。[2]此外，《联合国国家管辖豁免公约》第7条和第9条分别规定了国家以明示或提出反诉的方式放弃豁免的情形。这10种情形共同构成了国家及其财产豁免的例外。

三、《联合国国家管辖豁免公约》适用的时间

《联合国国家及其财产管辖豁免公约》第4条对于公约适用的时间范围做出了不溯及既往的规定。根据《维也纳条约法公约》的规定，如果一个条约中不存在相反规定，不溯及既往是一条通则。[3]《联合国国家及其财产管辖豁免公约》第4条的特殊之处在于，该条款适用于公约在有关国家生效后在法院提起的诉讼。为此，该公约第4条无意触及在其他方面的不溯及既往问题，例如，关于一国按照国际法规则给予另一国管辖豁免是否违背了其根据国际法承担的义务。

另外，由于该条中存在"在不妨碍本公约所述关于国家及其财产依国际法而非依本公约享有管辖豁免的任何规则的适用的前提下"，公约的效力方不得溯及既往的规定。该条款也不妨碍国家及其财产的管辖豁免按照国际法均应遵守的其他规则的适用，不论本条款是否有规定。该条款也无意妨碍国际法目前和今后在这个领域或在其没有包括的任何其他有关领域的发展。[4]

四、《联合国国家管辖豁免公约》不适用于刑事诉讼程序

在2004年第59届联大会议上，第六委员会在其关于《国家及其财产豁免公约》报告的"建议"部分提到：联大同意其特设委员会达成的一般性谅解，

---

[1] 参见《国际法委员会第四十三届会议工作报告》，大会正式记录（第四十六届会议）补编第10号（A/46/10），1991年，第13页。
[2] 参见《联合国国家及其财产管辖豁免公约》第7、9、10至17条。
[3]《维也纳条约法公约》第28条规定："除条约表示不同意思，或另经确定外，关于条约对一当事国生效之日以前所发生之任何行为或事实或已不存在之任何情势，条约之规定不应对当事国发生拘束力。"
[4] 参见《国际法委员会第四十三届会议工作报告》，大会正式记录（第四十六届会议）补编第10号（A/46/10），1991年，第41页。

即该公约不涉及刑事诉讼程序。[1] 这并不意味着国家在刑事诉讼中不享有豁免。在谈判过程中，一些国家之所以提出应规定公约"不涉及刑事诉讼"的内容，是为了明确其规定的是民事、行政诉讼中的国家及其财产管辖豁免的问题。[2] 在实践中，刑事诉讼与民事诉讼的划分在国内法律体系中可能并不是那么明确。为公约目的，对何为刑事诉讼的判断将由各国内法院根据各自的国内法自由裁量。[3]

第三节 《联合国国家及其财产管辖豁免公约》中的豁免主体

一、国家豁免主体的基本问题

（一）确定豁免主体的意义

谁有权代表国家享有国家豁免，是国家豁免这一课题的前提。国家豁免的主体问题主要涉及哪些实体以及个人有权在外国法院代表国家并援引管辖豁免。对于国内法院而言，豁免主体又意味着什么是"外国国家"的问题。因此，确定国家豁免主体具有以下几方面的现实意义。

第一，主体的确定是在特定案件中适用豁免的前提。对于外国国家而言，主体问题涉及哪些国家实体及其个人有权在另一国法院代表国家并援引豁免。对国内法院而言，法院首先需要对被告的法律地位进行准确判断，确定被告是否可以代表外国国家，随后才能决定是否准予被告享有管辖豁免。

第二，主体的确定是在特定案件中给予特权的前提。在国内法院，被告若被认定为可以代表国家，则不仅可以享有豁免，还可以在诉讼程序诸如送达、提供证据方面享有某些特权。外国法人组织或私人则不能享有这些特权。[4] 此外，即使法院判定其不能享受管辖豁免，其仍可以享受一些诉讼程序上的特权，例如《联合国国家及其财产管辖豁免公约》第24条规定："如一国未能遵守另一国法院为一项诉讼目的所下达的关于要求它……提供任何文件的命令，……不应因此对该国处以任何罚款或罚金。"

---

[1] 参见《国家及其财产管辖豁免公约 第六委员会的报告》，联合国大会第五十九届会议议程项目142，A/59/508，2004年11月10日，第4页。
[2] 参见江国青:《〈联合国国家及其财产管辖豁免公约〉——一个并不完美的最好结果》，载《法学家》2005年第6期，第15页。
[3] See Joanne Foaks, Elizabeth Wilmshurst, *State Immunity: The United Nations Convention and Its Effect*, International Law Programme, May 2005.
[4] 参见龚刃韧:《国家豁免问题的比较研究——当代国际公法、国际私法和国际经济法的一个共同课题》（第二版），北京，北京大学出版社2005年版，第128页。

(二)国际主权资格与国家豁免主体的关系

正如前文所述,顾名思义,国家豁免的主体应当是"国家"。《联合国国家及其财产管辖豁免公约》第2条第1款对于哪些实体和个人有权代表国家作出了规定。但是,在此之前,还存在着这样一个问题,即所谓的"半主权国家"、殖民地以及非自治领土等具有某些国际人格者要素的实体是否可以被认定为国家,进而享有国家豁免。

对此问题,国际上存在两类不同的实践,一类是否认非主权实体享有豁免,另一类则承认非主权实体享有豁免。[1]《联合国国家管辖豁免公约》对于该问题并没有制定明确的条文,但国际法委员会在其对于《联合国国家管辖豁免公约》第2条第2款的评述中给出了一个折中的说明,即"'国家'一词包括完全自主和独立的外国,但是也包括有时并非真正是外国,有时是并非完全独立或仅具有部分主权的国家。"在脚注中其又进一步解释道:"有些国家的惯例似乎支持以下观点,即虽然半主权国家或甚至殖民地可能属于国家本身的同一宪政组别,但均被视为外国主权国家。例如,英国法院就一贯拒绝对控告英联邦成员国和附属于联合王国的半主权国家的诉讼行使管辖权。"[2] 可见,对于非主权实体,"何时"应被认定为国家而享有管辖豁免,《联合国国家管辖豁免公约》似乎把裁量权交给了各国的国家实践。

二、《联合国国家管辖豁免公约》中享有管辖豁免的"国家"

(一)国家及其政府的各种机关

一个国家在其绝大部分的国际关系和事务上,通常都由政府代表。对以政府为名的诉讼同对国家直接提出的诉讼也就无法分开。长久以来,国家惯例都承认,对外国政府的诉讼的实际效果与对该国的诉讼一样。[3] 因此,国家的政府构成了国家豁免的基本主体。由于在对外关系中,只有中央政府才有权代表本国,而地方政府通常不具有此种资格。因此,此处所谓"政府"专指一国中央政府,原则上不包括地方政府。[4]

就哪些机关构成一国的中央政府,"政府的各种机关"这一用语是想把政府的

---

[1] 参见龚刃韧:《国家豁免问题的比较研究——当代国际公法、国际私法和国际经济法的一个共同课题》(第二版),北京,北京大学出版社2005年版,第129-131页。
[2] 参见《国际法委员会第四十三届会议工作报告》,大会正式记录(第四十六届会议)补编第10号(A/46/10),1991年,第17页。
[3] 参见《国际法委员会第四十三届会议工作报告》,大会正式记录(第四十六届会议)补编第10号(A/46/10),1991年,第19页。
[4] 参见龚刃韧:《国家豁免问题的比较研究——当代国际公法、国际私法和国际经济法的一个共同课题》(第二版),北京,北京大学出版社2005年版,第140页。

所有部门包括在内，而不限于行政部门。首先，君王、当政国王、君主国家元首，甚至是国家元首都可等同于中央政府，因此，他们依其作为国家的主要机关的名义，有权享受豁免。其次，政府各部门、部或副部级部门、署和局以及附属机构一般都可以归类于中央政府。最后，为《联合国国家管辖豁免公约》的目的，代表国家的使团，包括外交使团和领馆、常驻代表团和使节，也可以被归类于"政府的各种机关"。[1] 例如，使馆就是派遣国外交部的一部分。另外，该款项中的国家还包括武装部队以及国家的其他主要机关，例如，立法机关和司法机关。其也被视为与国家本身互为一体，如果对其提出的诉讼是与其的公共或官方行为有关的话。[2]

除了上述可以被归为中央政府机构组成部分的典型机关之外，实践中还存在一类实体，其既能承担某些政府部门的职能，同时又具有独立的法人资格。这种实体是否应被视为国家豁免的主体呢？对于该问题，国际法委员会国家豁免课题小组的第一任特别报告员素差伊库提供了一种判断的思路，即看该机构在宪法上是否构成该国中央政府的必要组成部分。若其被视为一部分，则原则上应享有豁免，例外地适用管辖；若其不属于中央政府的一部分，则原则上不能享有管辖豁免，只是在执行政府权力的特殊情况下才能援引豁免。[3]

（二）联邦国家的组成单位或国家政治区分单位

关于"政治区分单位"（political subdivision）的概念，人们有不同的看法。这一概念原来主要是指联邦国家中的各邦或组成单位以及某些所谓的"部分组成单位"。近年来，出现了将政治区分单位扩大为包括单一制国家地方政府的倾向。[4] 国际法委员会在1991年条款草案的二读中，将联邦国家的组成单位与政治区分单位加以区分，[5] 但在2004年提交给第59届联合国大会的报告中，又将两者统一到了同一个条文中。[6]

在草案二读中，对于联邦国家的组成单位，条款草案给予了无条件承认的立场。[7] 本来，在国际法委员会1986年一读通过的关于"国家"定义的第3条第1款

---

[1] 参见《国际法委员会第四十三届会议工作报告》，大会正式记录（第四十六届会议）补编第10号（A/46/10），1991年，第17页。
[2] 参见《国际法委员会第四十三届会议工作报告》，大会正式记录（第四十六届会议）补编第10号（A/46/10），1991年，第20页。
[3] See Sompong Sucharitkul, *State Immunities and Trading Activities in International Law*, Praeger, 1959, p. 149.
[4] 参见龚刃韧：《国家豁免问题的比较研究——当代国际公法、国际私法和国际经济法的一个共同课题》（第二版），北京，北京大学出版社2005年版，第142页。
[5] 参见《国际法委员会第四十三届会议工作报告》，大会正式记录（第四十六届会议）补编第10号（A/46/10），1991年，第21-25页。
[6] 参见《联合国国家及其财产管辖豁免公约》第2条第1款第2项第2目。
[7] 参见龚刃韧：《国家豁免问题的比较研究——当代国际公法、国际私法和国际经济法的一个共同课题》（第二版），北京，北京大学出版社2005年版，第144页。

中,并没有为联邦国家的组成单位单独做出规定,但在二读过程中,国际法委员会根据一些来自联邦制国家的委员和政府的意见,在条款草案关于"国家"定义的第2条第2款第2项中专门设立了"联邦国家的组成单位"。这样,"联邦国家的组成单位"与"国家及其政府的各种机关"一样,都被列为国家管辖豁免的主体。

对于国家政治区分单位,公认的是,市、镇、郡县等低级别的地方政府一般不享有国家豁免。但对于一级行政区划,如中国的省、自治区、直辖市,或日本的都、道、府、县等是否应享有与联邦国家组成单位同样程度的管辖豁免,还存在着不同的见解。[1]对此,《联合国国家管辖豁免公约》的态度基本如下,即联邦国家的组成单位与其他国家行政区分单位有着根本区别,只有前者在外国法院具有援引管辖豁免的资格,对于后者,只有在"授权为行使国家主权权力而行为"的例外条件下才可以援引豁免。[2]

不过,国际法委员会在其对《联合国国家管辖豁免公约》的评注中也承认,对于是否应当区别联邦国家的组成单位和其他政治区分单位各国还有分歧,因此联邦国家的组成单位是否被作为一个"国家"还要取决于特定国家的宪政惯例或历史背景。[3]

另外,就依国内法有权为行使国家主权而行为的国家区分单位而言,国际法委员会的一些委员认为:"主权权力"通常是与国家的国际人格相联系,依国内法有权为行使主权权力而行为的国家自治区域也可以在这一类别下援引主权豁免。[4]然而,也有学者认为,2005年最终形成的《联合国国家管辖豁免公约》并不强调国家的组成形式,而是强调某一实体是国家行使主权权力的组成部分。[5]本书同意该种观点。首先,根据二读文本的表达,无论是"联邦政府的组成单位"还是"国家政治区分单位",都只有在满足了"有权行使主权权力"和"以该身份行事"下,才有权援引国家豁免。其次,国家才是国际法上的主体,采用联邦制或单一制属于内政问题,不应导致国际法上的不同结果。因此,《联合国国家管辖豁免公约》第2条第2款第2项应理解为:无论是联邦国家组成单位还是其他国家政治区分单位,原则上都不应享有国家豁免,除非其在例外的情况下经授权行使主权权力。

---

[1] 参见龚刃韧:《国家豁免问题的比较研究——当代国际公法、国际私法和国际经济法的一个共同课题》(第二版),北京,北京大学出版社2005年版,第145页。
[2] 参见《联合国国家及其财产管辖豁免公约》第2条第1款第2项第3目。
[3] 参见《国际法委员会第四十三届会议工作报告》,大会正式记录(第四十六届会议)补编第10号(A/46/10),1991年,第23页。
[4] 参见《国际法委员会第四十三届会议工作报告》,大会正式记录(第四十六届会议)补编第10号(A/46/10),1991年,第24页。
[5] 参见李颖:《国家豁免例外研究》,北京,知识产权出版社2014年版,第18页。

(三) 国家机构、部门或其他实体

根据国际法委员会的评述,"国家机构、部门或其他实体"的概念从理论上说可能包括国家企业或国家设立的从事商业交易的其他实体。并且,在国家的机构或部门与政府主管部门之间,是没有什么严格划分的界限的。"机构或部门"表示这两个用语是可以交换使用的。[1]

"其他实体"这个用语是在二读中加入该条的,其目的是要包括在特殊情况下被赋有政府权力的非政府实体。这是指在某些情况下,国家将一些政府权力赋予民间实体,让其为行使国家的主权权力而行为。例如,有些商业银行得到政府的授权负责核发进出口许可证,这种业务完全属于政府权力的范围。因此,在民间实体履行着这种政府职能的情形下,为了本条款的目的,就应该将其视为"国家"。[2]

国家机构、部门或其他实体有权援引国家豁免是存在条件限制的,在《联合国国家管辖豁免公约》中,这种限制被表述为"需有权行使并且在实际行使国家的主权权力"。从这样的表达方式中,我们可以看到其中蕴含着两种基本的判断标准,即结构主义和职能主义。[3] 判定一个实体是否是国家,一方面要看该实体是否是国家机构的组成部分;另一方面,即使该实体不是国家机构的组成部分,只要该实体"拥有"并且必须是"在实际行使"这种授权,则也被视为《联合国国家管辖豁免公约》意义上的国家。因此,《联合国国家管辖豁免公约》扩大了"国家"这个定义的范围,将那些被授权行使国家主权权力的机构、部门和其他实体也定义为国家,体现了结构主义与职能主义的折中。[4]

在该条项下,还有一个需要特别强调的问题,即国有企业的定位。根据各国的实践,可以看出绝大多数国家都将国有企业和国家本身相区别,一般都否认国有企业是国家豁免的主体,除非被授权或代表国家行使主权权力,否则原则上不应享有管辖豁免。[5]

---

[1] 参见《国际法委员会第四十三届会议工作报告》,大会正式记录(第四十六届会议)补编第10号(A/46/10),1991年,第26-27页。
[2] 参见《国际法委员会第四十三届会议工作报告》,大会正式记录(第四十六届会议)补编第10号(A/46/10),1991年,第26页。
[3] 结构主义,是指以国家机构或部门和其他实体是否具有法律人格、持有财产的能力、诉讼能力以及政府的控制程度为主要判断依据。结构主义的主要表现是严格区分国家机构或部门与国家本身的关系,原则上不承认具有独立法人资格的外国机构或实体享有管辖豁免。职能主义,是指无论国家实体的国内法律地位如何,主要根据行为的性质决定其是否有权享有管辖豁免。职能主义突出地体现在将外国机构或部门与外国国家同等对待。参见龚刃韧:《国家豁免问题的比较研究——当代国际公法、国际私法和国际经济法的一个共同课题》(第二版),北京,北京大学出版社2005年版,第148页。
[4] 参见李颖:《国家豁免例外研究》,北京,知识产权出版社2014年版,第20页。
[5] 参见龚刃韧:《国家豁免问题的比较研究——当代国际公法、国际私法和国际经济法的一个共同课题》(第二版),北京,北京大学出版社2005年版,第158页。

《联合国国家管辖豁免公约》的用语也反映了这一国际惯例。国有企业只能在其行使"政府权力"所实施的行为范围内援引国家豁免。如果它们超出了为行使国家主权权力而行为的范围，就不享有任何管辖豁免。为了该条款的目的，一般假定国有企业无权执行政府职能，因此，通常无权在另一国法院援引管辖豁免。[1]

另外，对于国家对国有企业行为的责任问题，即国家对于一家国有企业的行为是否需要承担责任，《联合国国家管辖豁免公约》第10条第3款中做出了规定，即国家不需要为其具有独立法人资格并满足特定条件的国有企业之行为承担责任。这条规定基本澄清了国有企业与国家之间的责任关系，有利于防止对有关国有企业所属外国滥用国内司法程序。

（四）国家代表

《联合国国家管辖豁免公约》第2条中，将"以国家代表身份行事的国家代表"规定为"国家"的最后一类主体。这类主体包括受权代表具有国家一切表现形式的自然人。

"国家代表"至少可以区分为国家元首和其他国家代表。对于国家元首，国际法委员会的评注中认为，具有官方身份的国家元首既可归类于国家机关，也可归类于以国家代表身份行事的国家代表。[2] 而其他国家代表，则包括政府首脑、部级行政部门的首长以及其他经授权代表国家行事的个人，等等。这些作为国家代表的人员，对其官方行为自然也有权在外国法院援引国家豁免。[3]

《联合国国家管辖豁免公约》对国家代表援引国家豁免的条件做出了限定，即其应当以"国家代表身份行事"。这意味着国家代表所享有的管辖豁免，其背后所依据的原理是基于属物事由（ratione materiae）的豁免。这意味着国家代表所享有的豁免是基于国家的，因此不受有关代表官方职务的变动或终止所影响。[4] 另外，这种豁免只能使国家代表的官方行为免受外国法院的管辖，却不能适用于国家代表的私人行为。

与基于属物事由的豁免相对的另一种管辖豁免的原理，被称为基于属人理由（ratione personae）的豁免。属人理由的豁免主要存在于国家元首行为的管辖

---

[1] 参见《国际法委员会第四十三届会议工作报告》，大会正式记录（第四十六届会议）补编第10号（A/46/10），1991年，第45页。

[2] 参见《国际法委员会第四十三届会议工作报告》，大会正式记录（第四十六届会议）补编第10号（A/46/10），1991年，第29页。

[3] 参见龚刃韧：《国家豁免问题的比较研究——当代国际公法、国际私法和国际经济法的一个共同课题》（第二版），北京，北京大学出版社2005年版，第135页。

[4] 参见《国际法委员会第四十三届会议工作报告》，大会正式记录（第四十六届会议）补编第10号（A/46/10），1991年，第29页。

豁免之场合。在各国长期交往中形成的习惯国际法中，国家元首根据国家的尊严和国际礼让，其私人行为也往往得到管辖豁免，这就落入了基于属人理由的豁免的范围。考虑到国家元首个人特权与豁免的特殊性，《联合国国家管辖豁免公约》第3条第2款中规定："本条款同样不妨碍根据国际法给予国家元首个人的特权与豁免"。根据国际法委员会的解释，这一条款所做的保留专指在国家实践中所承认和给予的国家元首的私人行为或个人的特权与豁免、国家元首的地位不受《联合国国家管辖豁免公约》的影响，现行习惯法仍应得以维持。[1]

另一个需要澄清的问题是国家豁免与外交豁免的区别与联系。以国家代表身份行事的国家代表的行为可以归因于国家从而受到国家豁免的保护，但历史上，国家元首和外交代表及使团所享有的外交特权与豁免制度却是独立地发展起来的，特别是这种豁免亦可延伸适用于他们在任职期间的私人行为。这两种国家代表的豁免尽管不可避免地有些重叠，但它们现在仍是在各自独立的体制下运作的。在当代国际法中，外交特权与豁免已经发展得相当成熟，并早已经有相关国际公约（如1961年《维也纳外交关系公约》、1963年《维也纳领事关系公约》和1969年《特别使团公约》）予以调整。有鉴于此，《联合国国家及其财产管辖豁免公约》第3条明确规定，其并不妨碍国家外交代表机构、领事机构、特别使团、驻国际组织代表团，或派往国际组织的机关或国际会议的代表团及与上述机构有关联的人员根据国际法享有的特权与豁免。[2]

第四节 《联合国国家及其财产管辖豁免公约》中的管辖豁免

一、《联合国国家及其财产管辖豁免公约》关于管辖豁免的规定模式

国内法院确定能否对外国国家行使审判管辖权，除了要判断特定的被告是否有资格被视为国家外，还需要确定被诉行为是否属于国家豁免的适用范围。在管辖豁免范围的确定方式上，存在多种不同的实践。[3] 国际法委员会在《联合国国家及其财产管辖豁免公约》中选择了规定原则并单独列举不予豁免事项的规定模式。

---

[1] 参见《国际法委员会第四十三届会议工作报告》，大会正式记录（第四十六届会议）补编第10号（A/46/10），1991年，第40页。

[2] 参见江国青：《〈联合国国家及其财产管辖豁免公约〉——一个并不完美的最好结果》，载《法学家》2005年第6期，第14页。

[3] 例如，依据"统治权行为"与"管理权行为"进行区分、单独列举非豁免事项、单独列举豁免事项以及同时列举豁免事项与非豁免事项。参见龚刃韧：《国家豁免问题的比较研究——当代国际公法、国际私法和国际经济法的一个共同课题》（第二版），北京，北京大学出版社2005年版，第206-210页。

根据《联合国国家及其财产管辖豁免公约》的表述,其首先在第 2 部分中明确了国家及其财产在外国法院享有管辖豁免是其所规定的原则。随后,在第 3 部分中列举了不得援引国家豁免的 8 种情形。这种规定方式有两个特征:第一,将不予豁免事项作为国家豁免原则的"例外"加以规定;第二,以"商业交易"为非豁免事项的核心内容。

对于《联合国国家及其财产管辖豁免公约》第 3 部分标题的拟定,在 1986 年一读时曾经出现过两种不同的立场。一些国家认为现行国际法在第 3 部分所涉领域中不承认国家管辖豁免,因此,该节的标题应拟定为"国家豁免的'限制'";而另一些国家则认为国家管辖豁免是国际法规则,该规则的例外需要国家明示同意,因此,该节的标题应拟定为"国家豁免的'例外'"。因此,在一读中,该节的标题最终呈现出两个备选标题同时出现的局面,即"国家豁免的'限制''例外'"。[1] 为了调和这种矛盾,在二读中,委员会最终使用了"不得援引国家豁免的诉讼"这一折中的表达方式。

二、《联合国国家及其财产管辖豁免公约》中管辖豁免的一般原则

《联合国国家及其财产管辖豁免公约》第 2 部分规定了适用该公约的一般原则。其中,第 5 条意在说明国家豁免的主要原则,第 6 条则试图明确实现国家豁免的方式。

《联合国国家及其财产管辖豁免公约》第 5 条试图为国家豁免的性质和理论基础做出界定。由于在这方面存在很多不同的观点,该条文最后的文本是妥协与融合的产物。一些人认为,豁免是法院地国遵循领土主权原则的一个例外,因此在每个情况下均需有具体的根据。另一些人则认为,国家豁免是国际法的一般规则或一般原则。这一规则在任何情况下都不是绝对的,因为即使所有豁免理论中最绝对的理论也承认一项重要例外,即同意的例外,同意也构成国际法其他原则的基础。还有一些人则坚持认为,国家豁免规则是单一规则,其本身就受到现有限制的制约。豁免与不予豁免都是同一规则的一部分。换言之,豁免与其固有的条件和限制是并存的。[2]

最后,在 1986 年的一读中,第 5 条的规定是:"一国本身及其财产遵照本条款的规定〔和一般国际法的有关规则〕在另一国法院享有管辖豁免。"从这一表述中至少可以得出两个结论,第一,《联合国国家及其财产管辖豁免公约》并未

---

[1] 参见《国际法委员会第四十三届会议工作报告》,大会正式记录(第四十六届会议)补编第 10 号(A/46/10),1991 年,第 75 页。

[2] 参见《国际法委员会第四十三届会议工作报告》,大会正式记录(第四十六届会议)补编第 10 号(A/46/10),1991 年,第 43 页。

明确将国家豁免认定为国际法上的基本原则,实际上隐含了将国家豁免视为领土国行使管辖权例外的意义;[1]第二,国际法委员会在二读中删去了"国家豁免也受到一般国际法规则制约"的表述,这是由于一些委员担心该表述会不当扩大国家豁免例外的范围。而且,《联合国国家及其财产管辖豁免公约》条款所给予的豁免或豁免的例外都不会影响一般国际法,并且不至于影响国家实践的未来发展。

在《联合国国家及其财产管辖豁免公约》第 5 条对国家豁免做出了原则性的规定之后,第 6 条又从法院地国的角度,规定了国家豁免义务的内容和履行该义务的方式,即该国应"避免对在其法院对另一国提起的诉讼行使管辖权"。同时明确了"应当被视为对国家提起的诉讼"的两种类型。

值得注意的是,人们在使用"国家豁免"这一概念时,有时会忽略适用这一概念的前提,即被要求授予豁免的国家的法院对相关争议具有管辖权。正如"管辖豁免"这个术语所表现出来的那样,国家豁免由两部分构成:"管辖"——被要求授予豁免的国家对相关争议具有管辖权;"豁免"——由于该争议的一方当事人是一个主权国家,它应该享有不受该国法院管辖的豁免。可见,牵涉到管辖豁免的任何一个问题,第一个先决条件就是一项有效"管辖"的存在。[2]至于如何决定这种管辖是否存在,则由该国内法院根据其自己的国际私法规则、法院组织规则等内国法规则决定。

三、《联合国国家及其财产管辖豁免公约》中不得援引国家豁免的诉讼

(一)国家同意行使管辖权

1. 国家同意行使管辖的效果

对于主张豁免的国家而言,其可能享有的豁免是一种程序性权利。[3]由于国家的主权和平等,一国国内法院可能无法对另一国的国家行为进行审判,但这并不意味着国家的行为不受法律约束。因此,国家有权放弃豁免,同意由另一国的国内法院对自己行使管辖权。从性质上分析,国家放弃自己享有的豁免是对自己的权利进行处分的行为,可以说,放弃豁免从本质上是国家行使主权的一种方式。

---

[1] 参见龚刃韧:《国家豁免问题的比较研究——当代国际公法、国际私法和国际经济法的一个共同课题》(第二版),北京,北京大学出版社 2005 年版,第 125 页。
[2] 参见《国际法委员会第四十三届会议工作报告》,大会正式记录(第四十六届会议)补编第 10 号(A/46/10),1991 年,第 45 页。
[3] See Joanne Foaks, Elizabeth Wilmshurst, *State Immunity: The United Nations Convention and Its Effect*, International Law Programme, May 2005.

国家同意管辖权具有以下几方面的效果：第一，该同意使得法院地国法院行使管辖权的障碍得以消除。根据国际法委员会的评述，被提起诉讼程序的国家"未作出同意"是国家豁免得以适用的必要条件。那么依据严格推理，该国家如果做出同意，管辖的实施和行使这一大障碍就应随之消除。[1] 而且，不管管辖豁免是基于什么样的原理存在（管辖豁免是国家主权的例外或其本身就是国际法原则），同意都能排除其适用，使另一国法院能依照其一般权限行使管辖。

第二，同意在另一国法院提起的诉讼中行使管辖，也包括同意上诉法院在该诉讼的任何后来阶段中行使管辖，直到并包括终审法院做出裁决、再审和复审，但不包括判决的执行。[2] 另外，外国国家放弃管辖豁免虽然形成了国内法院行使管辖权的基础，但是否行使这种管辖权最终还是要由国内法院自行裁量。换言之，一国放弃管辖豁免未必能对其他国家产生法律上的拘束力。因此，即使在外国国家放弃豁免的情形下，国内法院仍然有权决定对该外国法院是否行使管辖权。

第三，就国家放弃管辖豁免的同意是否可以撤回的问题，国际法委员会认为"一旦外国国家明示或基于行为默示地给予同意，在此后诉讼的任何阶段都不能撤回。"[3]

2. 国家同意行使管辖的方式

《联合国国家及其财产管辖豁免公约》第7条至第9条规定了一国同意另一国对自己行使管辖权的3种主要方式。

（1）明示同意。

明示同意是国家放弃管辖豁免同意行使管辖最直接的方式。所谓明示同意，是指国家通过书面或者口头声明明确表示接受外国法院管辖的形式。《联合国国家及其财产管辖豁免公约》第7条第1款规定，一国可以通过"国际协定""书面合同""在法院发表声明""在特定诉讼中提出书面函件"这4种方式做出允许另一国法院对自己行使管辖权的意思表示。根据国际法委员会的评释，这4种同意的方式可以被划分为两个类型，即事前的明示同意和事后的明示同意。[4]

事前同意，是指当事国预先以缔结国际条约的方式，就一类或多类争端或案

---

[1] 参见《国际法委员会第四十三届会议工作报告》，大会正式记录（第四十六届会议）补编第10号（A/46/10），1991年，第51-53页。

[2] 参见《国际法委员会第四十三届会议工作报告》，大会正式记录（第四十六届会议）补编第10号（A/46/10），1991年，第58页。

[3] See *Report of the International Law Commission on the Work of Its Thirty-Fifth Session*, General Assembly Official Records (Thirty-Eighth Session) Supplement No. 10 (A/38/10), 1983, p. 55.

[4] 参见《国际法委员会第四十三届会议工作报告》，大会正式记录（第四十六届会议）补编第10号（A/46/10），1991年，第54-58页。

件表示同意。这种同意的表示按照做出同意的方式和情况，对于做出同意的国家一方具有拘束力，但以同意表示中所规定的限制为条件。条约的其他缔约方有权援引这种同意的表示，因此，如未参与条约，非缔约国无法援引条约的利益和好处。另外，个人或公司是否能够成功援引条约或国际协定中的一项规定，通常取决于同执行条约有关的本国法律的规定。对于法院地国的法院而言，另一国事先在国际条约中做出了放弃管辖豁免的声明，并不意味着该法院在遭遇相关案件时必须要对该另一国行使管辖。法院可以拒绝承认预先、不在诉讼进行时、不在主管当局面前做出的同意，或不是在出庭时做出的同意。

若一国在争端发生之后采取某种行为表示同意行使管辖，则被称为事后同意。国家订立书面合同、在法院发表声明或在特定诉讼中提出书面函件的方式都可以构成事后的明示同意。其中，在法院发表声明常常是由国家派出的代表以口头形式在法庭上做出，而书面函件则是通过外交渠道或其他一般公认的通讯渠道做出。

不论是事前同意还是事后同意，一国对某一事项的同意都可能只适用于特定的案件，因此不至于影响该国在另一案件中就同一事项享有的管辖权。

（2）参加法院诉讼。

默示同意，是指通过某一国家在另一国家法院中与特定诉讼直接相关的积极行为来判断该外国同意接受法院的管辖。默示放弃与明示放弃的区别在于有关国家并没有事先或事后通过书面或口头形式表示接受法院的管辖。[1]《联合国国家及其财产管辖豁免公约》对默示同意的规定表现在第8条"参加法院诉讼"和第9条"反诉"中。

关于参与诉讼，最典型的方式是一国作为原告而提起诉讼。显而易见，若一个国家主动以原告的身份在另一国法院提起诉讼，那么它显然是愿意接受该另一国法院的管辖权的。另外，参与诉讼还可以通过出庭应诉和介入诉讼的方式进行。国家出庭应诉必须是无条件的，在法庭中对一项权利主张进行了答辩或对案情实质进行了争辩，并且并未提出管辖豁免主张。若国家介入诉讼是有条件的，如是为了援引豁免，或对一项有待裁决的财产主张权利或利益，则不能认定为国家放弃了自己的管辖豁免。此外，同意不得仅仅由于一国的沉默、默示或不行为而推定存在，因此，一国未在另一国法院的诉讼中出庭不应被解释为前一国同意法院行使管辖权。[2] 除了出庭应诉外，《联合国国家及其财产管辖豁免公约》还规定了外国国家因与某一特定诉讼具有利益关系而介入诉讼或采取与案情实质有关的其

---

[1] 参见龚刃韧：《国家豁免问题的比较研究——当代国际公法、国际私法和国际经济法的一个共同课题》（第二版），北京，北京大学出版社2005年版，第178页。

[2] 参见《联合国国家及其财产管辖豁免公约》第8条第2款、第4款。

他步骤的情况。需要注意的是，若一国在采取与诉讼的案情实质有关的步骤之前，不知道可据以主张豁免的事实，则该国仍可以主张豁免。此时，该国可以根据两个条件援引豁免：其一，其只是在介入了诉讼或采取了有关案情实质的措施之后才取得可据以援引豁免的事实；其二，该国必须尽早提出这方面的证据。[1]

(3) 反诉。

若一国提出反诉，也构成默示同意法院地国法院行使管辖权。依据《联合国国家及其财产管辖豁免公约》第9条关于"反诉"的规定，若一国在另一国法院提起或介入一项诉讼，则不得就反诉主张管辖豁免；而如果一国在另一国法院对该国提起的诉讼中提出反诉则不得就本诉主张管辖豁免。

当一国在另一国法院提起诉讼，或为了提出实质主张而参与在另一国进行的诉讼时，该国在什么程度上同意了该法院对针对自己提起的反诉进行管辖呢？一国提起民事诉讼这一事实本身显然并不默示表示它同意恰巧应受法院地国同一法院或另一法院审理或管辖向其提出的一切民事诉讼。对于这一问题，《联合国国家及其财产管辖豁免公约》第9条第1款、第2款给出的回答是以与"本诉相同的法律关系或事实关系引起的反诉"为限。

将《联合国国家及其财产管辖豁免公约》第9条第1款、第2款与第3款作对比，我们可以发现当一国作为反诉原告时，其可以提起的诉讼范围并没有一个"以与本诉相同的法律关系或事实关系引起"的限制。这就引出了反诉的分类以及《联合国国家及其财产管辖豁免公约》对待不同类型反诉之态度的问题。

反诉可以分为"直接反诉"和"独立反诉"。简而言之，直接反诉就是由与主诉相同的法律关系或事实引起的反诉，而"独立反诉"则是由与主诉不同的法律关系或事实而产生的反诉。[2] 根据该定义，《联合国国家及其财产管辖豁免公约》第9条第1款、第2款将提起诉讼或实质性参与诉讼的国家就反诉受另一国法院管辖的范围限定在了直接反诉的范围内，而对于一国作为反诉原告提起的反诉则没有这样的要求（第9条第3款）。根据国际法委员会的评释，这是因为虽然被告外国提出的反诉，通常被地方法律限于与主诉相同的法律关系或事实关系所引起的事项，但是从寻求的补救的程度或范围看，或者从所要求的补救方法或性质看，却是没有限制的。实际上，如果反诉产生于与主诉不同的法律关系或产生于另外一些事实，或者它们确实是新的、单独的或独立的反诉，那么它们仍然可以作为

---

[1] 参见《国际法委员会第四十三届会议工作报告》，大会正式记录（第四十六届会议）补编第10号（A/46/10），1991年，第62页。

[2] 参见龚刃韧：《国家豁免问题的比较研究——当代国际公法、国际私法和国际经济法的一个共同课题》（第二版），北京，北京大学出版社2005年版，第184页。

独立的诉或甚至作为完全与针对该国的主诉或无联系的单独诉讼而存在。[1]

3. 仲裁协议与同意行使管辖

在分析国家通过同意放弃自己在另一国法院享有的管辖豁免这一问题时，存在这样一个理论争议，即国家与另一个自然人或法人订立仲裁协议的行为是否构成对国家豁免的放弃。

《联合国国家及其财产管辖豁免公约》第17条针对另一国原应管辖的法院在决定有关仲裁协议的问题，如实行仲裁或诉诸仲裁或强行通过仲裁解决争议的义务之效力、仲裁条款或协定的解释和效力、仲裁程序和撤销仲裁裁决等问题时拥有的监督管辖权，规定了无豁免原则。[2] 这一规定似乎使得法院地国法院得以对仲裁的某些方面行使管辖，因此具有与国家放弃管辖豁免，同意法院行使管辖相同的效果，或者应当被视为国家表示同意的一种方式。然而，仔细分析，这一看法并不准确。

一方面，仲裁协议表达了缔约方将争议提交仲裁解决的愿望，而仲裁是一种区别于法院诉讼的争端解决方式。可见，国家与外国私人签订的仲裁协议具有排斥和回避法院管辖的一般性作用，因而与国家在有关合同中的"放弃豁免条款"有着本质的区别。因此，仲裁协议显然不属于前述的明示放弃管辖豁免的形式。[3] 另一方面，由于法院地国的法院对仲裁程序的某些内容具有监督权，在与仲裁事项直接有关的限定条件下，仲裁协议也隐含着当事国默示放弃管辖豁免的意义。正如特别报告员素查依库所指出的："一旦国家以书面形式同意将与私人当事人之间有关交易的已经发生或可能发生的争议提交仲裁，则该国对有关仲裁程序的所有有关问题放弃了管辖豁免，从开始到司法确认以至于仲裁裁决的执行。"[4] 但是，值得注意的是，由于国家通过仲裁协议放弃的豁免，只涉及与仲裁有关的特定事项，[5] 因此，这和一国通过在另一国法院提起诉讼或参与诉讼等行为而表示出来的默示放弃形式也有着本质区别。

考察该公约对仲裁协议效果的规定，我们可以发现其对仲裁与法院的管辖

---

[1] 参见《国际法委员会第四十三届会议工作报告》，大会正式记录（第四十六届会议）补编第10号（A/46/10），1991年，第72页。

[2] 参见《国际法委员会第四十三届会议工作报告》，大会正式记录（第四十六届会议）补编第10号（A/46/10），1991年，第139页。

[3] 参见龚刃韧：《国家豁免问题的比较研究——当代国际公法、国际私法和国际经济法的一个共同课题》（第二版），北京，北京大学出版社2005年版，第191页。

[4] See *Sixth Report on Jurisdictional Immunities of States and their Property*, by Sompong Sucharitkul, Special Rapporteur, Yearbook of the International Law Commission 1984, Vol. II, Part 1, U.N. Doc. A/CN.4/376 and Add. 1 and 2, para. 255.

[5] 此处特定事项即仲裁协议的有效性、解释或适用、仲裁程序、裁决的确认或撤销。参见《联合国国家及其财产管辖豁免公约》第17条。

范围做出了严格的划分。首先,该公约将争议的范围限定为"有关商业交易的争议";其次,"原应管辖的法院"是指"一法院在有关仲裁协议的诉讼中,根据法院地国的国内法,其中尤其根据其国际私法的规则,行使监督管辖权力的法院";"在正常情况下,法院可因仲裁地位于法院地国境内或因仲裁协定选定法院地的国内法作为仲裁适用法而拥有此种管辖权,此外,由于扣押或查封的财产处在法院地国国境内,也可以有此管辖权"。另外,在仲裁协议的主体方面,《联合国国家及其财产管辖豁免公约》只规范"一国与另一国自然人或法人订立的"仲裁协议,这就排除了国家与国际组织之间订立的"仲裁协议"以及国家间的条约或责成各国解决其与其他国家国民间的争议的条约(如1966年《华盛顿公约》)。[1]

(二)商业交易

规定于《联合国国家及其财产管辖豁免公约》第10条的"商业交易"是该公约第3部分"不得援引国家豁免的诉讼"的第一个实质性条款。国家在商业交易中可否援引国家豁免,可能是国家豁免理论在实践中最常遇到的问题。另外,对于这一问题的态度,也能反映出国家豁免领域的两大主要理论——限制豁免主义与绝对豁免主义的本质区别。

1. 商业交易的概念

对国家作为一个行为主体参与商业贸易领域活动的行为,国际法委员会在草拟公约研究国家豁免问题时最初使用的是"商业活动"的提法,但在1986年一读中通过的条款草案中,将第2条第1款第2项中的相关内容改成了"商业合同"。这一改动显然缩小了商业行为的范围。随后,在1991年通过的二读中,"商业合同"又被改成"商业交易"。这是因为"商业交易"的范围比"商业合同"更广泛,包括了商业谈判等订立合同以外的行为。[2]

就商业交易的内容,《联合国国家及其财产管辖豁免公约》第2条第1款第3项做了3类区分:第一类是"为出售货物或提供服务而订立的任何商业合同或交易";第二类是"任何贷款或其他金融性质之交易的合同,包括与任何此类贷款或交易有关的任何担保义务或赔偿义务";第三类是"商业、工业、贸易或专业性质的任何其他合同或交易,但不包括雇佣人员的合同"。

根据国际法委员会的评释,第二类合同是指任何贷款或其他金融性质之交易的合同,包括与任何此类贷款或交易有关的任何担保义务或保赔义务。其中,担保义务是指承担义务的国家对主合同原缔约方合同义务可以采取比较直接或比较

---

[1] 参见《国际法委员会第四十三届会议工作报告》,大会正式记录(第四十六届会议)补编第10号(A/46/10),1991年,第141页。
[2] 参见《国际法委员会第四十三届会议工作报告》,大会正式记录(第四十六届会议)补编第10号(A/46/10),1991年,第32页。

迅速的补救方法；保赔义务则是指承担义务的国家愿意或准备向原缔约国一方赔偿由于另一方不履行其合同义务所造成的开支或损失，而且可以附有或不附有相应的代位权。第三类合同则涉及相当广泛的国家活动领域，尤其是制造业，而且还可能涉及投资及其他交易。但"雇佣合同"不在本定义的范围内，因为这种合同可以成为另一条规则的主体。[1]

2. 商业交易的检验标准

在哪些行为属于商业交易行为的检验标准上，联合国国际法委员会在起草国家豁免条款草案的过程中经历了一些变化。最初，第一任专题报告员素差依库1980年在第二次报告中，曾建议在有关解释条款的第3条中加入这样一段内容，即"在决定贸易或商业活动的性质时，应根据行为过程或特殊交易或行为的性质，而不是根据目的来判断。"[2] 但是，由于许多来自发展中国家的委员主张在确定国家商业行为时也应考虑到行为的目的，[3] 例如，中国代表认为："在决定交易的性质时，有必要考虑交易的目的。因为国家的交易行为常常不是为了利润，而是为了公共利益而进行的；不考虑目的就将一国的国际交易视为商业交易，可能导致国内管辖权的滥用，对国家间关系造成不利影响"。[4] 所以，素差依库1982年在第四次报告中开始提出在有疑问的案件或某些敏感的国家行为方面，确定商业行为也需要参考目的标准。[5]

1986年，国际法委员会在一读通过的条款草案中采用了双重标准，即在确定某一合同是否属于商业合同时，首先应根据合同的性质，同时在特定条件下也应考虑合同的目的。[6] 在委员会1991年二读通过的条款草案中继续采用双重标准。《联合国国家及其财产管辖豁免公约》第2条第2款规定："在确定一项合同或交易是否为第1款（c）项所述的'商业交易'时，应主要参考该合同或交易的性质，但如果合同或交易的当事方已达成一致，或者根据法院地国的实践，合同或交易的目的与确定其非商业性质有关，则其目的也应予以考虑。"

在判断行为的商业性质时使用目的的标准，对于限制豁免原则将产生一定的冲击，因为它必然会提高将所争议的行为认定为主权行为的概率，适用国家豁免，

---

[1] 参见《国际法委员会第四十三届会议工作报告》，大会正式记录（第四十六届会议）补编第10号（A/46/10），1991年，第33-34页。
[2] 参见《国际法委员会年鉴》，1980年第2卷（第1部分），第211-212页。
[3] 参见《国际法委员会年鉴》，1980年第1卷，第59页。
[4] See Sixth Committee, *Summary Record of the 26th Meeting*, General Assembly Official Records (Fifth-Second Session) A/C.6/52/SR.26, 2 February 1998, p. 5.
[5] See *Fourth Report on Jurisdictional Immunities of States and Their Property*, by Mr. Sompong Sucharitkul, Special Rapporteur, Yearbook of the International Law Commission 1982, Vol. II (1), U.N. Doc. A/CN.4/357 and Corr. 1, paras. 47-48.
[6] 参见《国际法委员会年鉴》，1980年第2卷（第2部分），第4页。

使得限制豁免原则的一个重要功能——保护私人交易者的利益被削弱。对此，国际法委员会做出了如下评述："首先应主要根据合同或交易的性质，如果确定是非商业性质的或者是政府性质的，则不必再进一步调查其目的。""但是，如果应用'性质'检验标准后表明该合同或交易属于商业性质，则被告国可根据合同或交易的目的，对这种检验结果提出异议的双管齐下办法不仅考虑到合同或交易的性质，有时也考虑到它的目的。"[1]

由此可见，国际法委员会所提出的双重标准并不是平行的。首先，性质是主要标准，而目的标准只是在特定情况下的辅助手段。其次，国际法委员会之所以会提出目的标准，主要是为了照顾到发展中国家的利益。最后，提出目的标准只是给予被告国提出证明的机会，对于某项合同或交易是否属于商业性质的最后决定权仍然在主管法院手中。[2]

对于引入目的标准而可能产生的实践中的困境，将其与性质标准规定适用上的顺位可能仍然不足以解决问题。有学者认为："将性质和目的标准结合适用可能是复杂而微妙的，可能需要良心来平衡主权国家和私人交易者之间的利益。"[3]

（三）雇佣合同

《联合国国家及其财产管辖豁免公约》第 11 条规定了在外国涉及雇佣合同的诉讼中的豁免问题。该例外是为受雇于外国国家机构的非该国雇员设计的，以便帮助这些雇员维护自身的权利。[4] 该条第 1 款和第 2 款分别规定了国家在哪些情况下不得在另一国法院内援引国家豁免，以及在哪些情况下应当保持国家豁免规则。

1. 不得援引管辖豁免的规定

《联合国国家及其财产管辖豁免公约》第 11 条第 1 款规定了有关雇佣合同的不得援引管辖豁免的规则，即"除有关国家间另有协议外，一国在该国和个人间关于已全部或部分在另一国领土进行，或将进行的工作之雇佣合同的诉讼中，不得向该另一国原应管辖的法院援引管辖豁免。"

该条款主要包含两层意思：原则上，外国国家在有关雇佣的诉讼中不得享有管辖权。但是，国家之间可以另订协议，从而采取另一种解决方法，放弃当

---

[1] 参见《国际法委员会第四十三届会议工作报告》，大会正式记录（第四十六届会议）补编第 10 号（A/46/10），1991 年，第 15 页。
[2] 参见龚刃韧：《国家豁免问题的比较研究——当代国际公法、国际私法和国际经济法的一个共同课题》（第二版），北京，北京大学出版社 2005 年版，第 215 页。
[3] See E K. Bankas, *The State Immunity Controversy in International Law: Private Suits against Sovereign States in Domestic Courts*, Springer Science & Business Media, 2005, p. 187.
[4] 参见李颖：《国家豁免例外研究》，北京，知识产权出版社 2014 年版，第 75 页。

地劳工法而实行豁免。在国家间通过特别协议做出另外约定的情况下,若相关事项由于公共利益属于法院地国专属管辖的范围,其专属管辖权不因另有约定而丧失。

从该款规定看,有关雇佣合同的诉讼,法院地国主管法院行使管辖的基础是工作地点,而根据雇佣合同,就是在法院地国领土内。公约规定的行使管辖权的条件比较宽泛,无论雇佣合同全部还是部分在法院国领土内履行,也无论是已经履行完毕还是即将履行,法院都有管辖权。

该款中的"个人"的国籍范围要结合第 2 款的规定来理解。二读草案中,曾经把"合同签订时既非法院地国的国民也非其长期居住民"的人排除在第 1 款所指的"个人"之外,后因有国籍歧视之嫌,这一项内容被删除了。[1] 因此,从第 2 款的规定来看,只有一种国籍的人被排除在了"个人"之外,那就是"非长期居住在法院地国"的"雇佣国国民"。也就是说,雇员的国籍并不妨碍法院地国的管辖,只有在雇员是非长期居住在法院地国的雇佣国国民时,雇佣国才可以在诉讼中援引管辖豁免。另外,属于本条范围内的雇员包括普通雇员和短期的独立经营承包商。[2]

2. 不适用雇佣合同例外的情况

《联合国国家管辖豁免公约》第 11 条第 2 款以列举的方式说明了在雇佣合同中应当保留国家豁免的情况,即雇员履行政府权力职能的行为;根据《维也纳外交关系公约》或《维也纳领事关系公约》而受到外交或领事保护的外交人员、领事官员或其他享有外交豁免的人员;涉及对个人的招聘、解聘、复聘的事由;雇佣国是自己本国的公民;涉及安全利益的诉讼。归纳起来就是两点:第一,从属人理由上看,享有外交豁免的人员和雇佣国国籍的公民;第二,从属事理由上看,涉及国家权力职能和国家安全以及个人的招聘、解聘、复聘的,被诉的外国国家仍享有豁免权,除此之外的其他诉讼则不享有豁免权。[3]

根据《联合国国家管辖豁免公约》第 11 条第 2 款第 4 项、第 5 项的规定,雇佣国可以以"国家安全利益"为由主张国家豁免。该公约附件中有一条对于"安全利益"的解释,即针对国家安全事项和外交使团和领事馆的安全而言。

由于雇佣合同涉及雇佣国和法院地国这两个国家,因此两种法律体系中的规则可能竞相被适用。一方面,雇佣国在人员雇佣方面会优先考虑本国的安全和

---

[1] 参见夏临华:《不得援引国家豁免的诉讼——国家及其财产管辖豁免例外问题研究》,广州,暨南大学出版社 2011 年版,第 141 页。
[2] 参见《国际法委员会第四十三届会议工作报告》,大会正式记录(第四十六届会议)补编第 10 号(A/46/10),1991 年,第 107 页。
[3] 参见李颖:《国家豁免例外研究》,北京,知识产权出版社 2014 年版,第 76 页。

利益，另一方面，法院地国也有责任对在其境内履行的劳动合同适用自己的劳动法。因此，《联合国国家管辖豁免公约》第11条试图确立和提供适当的平衡。例如，在人员的雇佣与否、薪酬，甚至保密协定方面，第11条第2款将决定权单方面地留给了雇佣国；而在关于执行劳动法与劳动标准的方面，第11条第1款隐含了应由法院地国法院管辖的含义。

（四）人身伤害和财产损害

1. 人身伤害和财产损害例外的基本内容

《联合国国家及其财产管辖豁免公约》第12条规定："除有关国家间另有协议外，一国在对主张由可归因于该国的作为或不作为引起的死亡或人身伤害，或有形财产的损害或灭失要求金钱赔偿的诉讼中，如果该作为或不作为全部或部分发生在法院地国领土内，而且作为或不作为的行为人在作为或不作为发生时处于法院地国领土内，则不得向另一国原应管辖的法院援引管辖豁免。"该条国家豁免的例外，涉及对自然人造成人身伤害或对有形财产造成损害或灭失的作为或不作为所产生的侵权行为或民事赔偿责任方面的例外。

根据国际法委员会的评释，人身伤害和财产损害例外在适用时需满足以下限制条件：第一，侵权发生的行为地为接受国的领土内；第二，侵权行为主要是指各种交通事故造成人员死伤和财产损失，这主要是为了避免那些保险公司逃避赔偿的责任；第三，必须是"有形的"人身伤害和财产灭失，至于名誉、经济权利或者社会权利的损失都不在这个范围之内；第四，该侵权是一般含义上的侵权行为，对于那些由于边境冲突或者跨界行为造成的人身伤害和财产损失不包括在本条界定的范围之内；第五，侵权行为发生的"统治权性质"或"管理权性质"在所不问；第六，造成侵害行为的行为人在起诉时应该出现在法院地国的境内，如果起诉时被诉人离开了该国，那么法院地国无权发出命令强制被诉人回到法院地国参加诉讼。[1]

2. 人身伤害和财产损害例外与国家责任

根据《联合国国家及其财产管辖豁免公约》第12条的规定，国家不得对其在外国造成的人身伤害和财产损害援引国家豁免，那么紧接着就会产生这样一个问题，即该国是否需就自己的侵权行为承担国家责任。在国际法委员会对该公约的评注中，仅仅提到"本条只处理一国在关于其代理人或雇员的行为或不行为所造成的损害的诉讼中不受另一国法院管辖的问题，而不涉及国家责任问题。"[2]

---

[1] 参见《国际法委员会第四十三届会议工作报告》，大会正式记录（第四十六届会议）补编第10号（A/46/10），1991年，第114-118页。
[2] 参见《国际法委员会第四十三届会议工作报告》，大会正式记录（第四十六届会议）补编第10号（A/46/10），1991年，第118页。

要说明这个问题，首先要区分国家豁免与国家责任之间的区别与联系。[1] 首先，两者之间的联系体现在以下两个方面：第一，两者都与国家主体密切联系。国家的行为不是抽象的，而是由具体的机构、组织或个人来进行的，这些机构、组织、个人是否是国家的组成部分或者代表国家，是确定这些机构、组织或个人能否享有豁免特权或承担国家责任的前提条件。第二，在侵权行为例外方面由于不要求区分主权行为与非主权行为，所以就会造成国家承担国家责任的法律后果。侵权行为已不再限于交通事故的私法性质行为，而是扩展至国家的公务行为。国家享有豁免特权的范围缩小了，而国家要为其违法行为承担的责任更加落实了。

国际法规则可以分为初级规则（primary rules）和派生规则（secondary rules）。初级规则包括诸如国家豁免、外国人待遇，外交和领事豁免等习惯国际法和条约；派生规则包括：（1）在哪些条件下可以认定行为违反了基本规则；（2）违反基本规则的法律后果。派生规则包含了独立和相对自治的国际法，这就是国家责任规则。国家豁免属于初级规则，但是国家实施的侵权行为引起的侵权责任属于次级规则。因此两者之间的区别也是显而易见的，主要体现在以下几方面：第一，行为的对象不同。侵权行为的对象限定于国家对个人或法人的权益的损害，而国家责任中受到损害的对象不仅包括个人、法人，还包括其他国家。第二，行为发生地不同。侵权行为是外国国家在法院地国内因作为或不作为而产生的损害。在国家责任中，国家的作为或不作为既可以发生在国内，也可以发生在国外。第三，解决的方式不同。侵权例外中的侵权行为限于发生在法院地国境内，法院地国法院行使管辖权。而在国家责任中，国际上通行的做法是国家间组成委员会共同解决，或者由受害国提交国际仲裁或国际诉讼。第四，责任的侧重点不同。侵权行为例外涉及的主要问题是外国国家主权和法院地国属地管辖权之间的冲突，而国家责任强调的是国家行为的违法性。第五，管辖豁免是一个程序规则，而国家责任是实体法上的范畴。国家豁免可以使得国家免于在外国法院受到审判，但这并不意味着可以免除国家应当承担的（民事）责任。

至于国家承担责任的基础，根据班克斯的说法，是基于"替代责任"（vicarious liability）。并且，只有在有清楚的证据表明外交官的被诉行为是其公务范围内的行为时，才可以要求国家承担责任。而为了界定公务行为与非公务行为，可能需要援引《维也纳外交关系公约》第 37 条第 2 款、第 38 条第 1 款和第 32 条。[2]

---

[1] 参见李颖：《国家豁免例外研究》，北京，知识产权出版社 2014 年版，第 75 页。
[2] See E K. Bankas, *The State Immunity Controversy in International Law: Private Suits against Sovereign States in Domestic Courts*, Springer Science & Business Media, 2005, pp. 185-187.

（五）不得援引管辖豁免的其他情形

《联合国国家及其财产管辖豁免公约》第3部分"不得援引国家豁免的诉讼"中还规定了其他几种不享有豁免的情形，即第13条"财产的所有、占有和使用"、第14条"知识产权和工业产权"、第15条"参加公司或其他集体机构"和第16条的"国家拥有或经营的船舶"。这几种情形有一个共同特点，就是都属于"商业例外"。[1] 由于具有明显的共同特点，这4个例外可以综合起来分析。

第一，《联合国国家及其财产管辖豁免公约》中的4个条款都有"原应管辖的法院"的规定。这4种豁免例外都属于民商法的领域，在法院的管辖方面也都涉及国际私法的问题，具体来说，就是存在法律适用的冲突问题。在这种情况下，在多个法院都有管辖权时，不论哪个法院最终行使管辖权，这类诉讼中外国主权国家不得主张国家豁免。但是，该公约没有规定各国法院如何解决管辖权的冲突，而是将这个问题留给了各国法院根据本国的国际私法规则去解决。

第二，这4个条款涉及的多是民商事权利。第13条是关于动产或不动产的占有、所有和使用，涉及物权权利；第14条是关于知识产权；第15条是关于成员与法人或非法人之间的关系；第16条是关于政府在船舶商业用途中发生的诉讼。第13条至第15条规定的是民事权利，第16条规定的是商事权利。当国家成为这些民商事权利的主体时，在此类民商事诉讼中，国家不得主张国家豁免。因为在民商事的法律关系中，最基础、最根本的原则是主体之间的平等身份和意思自治。当国家从统治者、管理者的角色转变成参与者时，国家就要放弃其原来的"主权"身份，以及这种身份带来的特权——国家豁免。

第五节 《联合国国家及其财产管辖豁免公约》中的执行豁免

一、国家执行豁免的基本问题

国家财产的执行豁免，是指国家财产免于在另一国法院诉讼中所采取的包括扣押、查封、扣留和执行等在内的强制措施。国内法院对外国财产的强制措施可以具体分为3类：第一种是在法院审理之前为确立管辖权而进行的查封或扣押外国财产的临时性措施，即财产保全；第二种是在审理过程中为确保履行预期的判决而采取的查封或扣押等中间性措施；第三种是在法院判决执行后为执行判决而采取的包括扣押、没收等各种强制措施。[2]

---

[1] 参见李颖：《国家豁免例外研究》，北京，知识产权出版社2014年版，第113页。
[2] See *Seventh Report on Jurisdictional Immunities of States and Their Property*, by Mr. Sompong Sucharitkul, *Special Rapporteur*, Yearbook of the International Law Commission 1985, Vol. II (1), U.N. Doc. A/CN.4/388 and Corr.1 (E only) & Corr.2 (F only), pp. 20-21.

在任何国家的法院，管辖程序与执行程序都存在基本的差别。就两者的区别而言，首先，管辖豁免的核心问题在于判断已经发生的国家行为的性质，而执行豁免的核心问题在于判断国家财产在未来的使用目的。其次，从诉讼程序上来讲，管辖豁免在诉讼的最初始阶段，这个阶段中，如果法院裁定自己没有管辖权的话就不会产生后续的执行问题，除非是审判前的临时措施；而执行程序可以看作与诉讼程序相对独立的一个阶段，这个阶段是从实质上满足权利人诉讼请求的一种法定程序。如果被执行人是自然人或法人，就不存在是否同意执行的问题。但是，当被执行人是一个国家时，就会存在这样的问题，即外国国家同意当地法院行使管辖权并不意味着也同意法院可以依据裁决对其采取强制执行，除非该国明示或默示地放弃了执行豁免。

所以，必须对执行豁免做出特别规定，以区别于管辖豁免。《联合国国家及其财产管辖豁免公约》第19条"免于判决后的强制措施的国家豁免"就旨在为某些特定财产种类提供保护措施，将其排除在任何推定或默示同意强制措施的范围之外。这样做是为了避免因执行外国国家财产而给外国国家行使国家职能带来妨碍，从而损害被执行国家的利益。

当然，管辖豁免与执行豁免之间也有联系。管辖在前，执行在后，没有法院判决就不存在执行问题。对国家来说，其所承担的只能是民事责任，国家不可能承担刑事责任，也不能要求国家割让其领土。

之所以要将管辖豁免与执行豁免相区分，还有一个重要原因，就是执行豁免比管辖豁免更加敏感，因此，各国对于它的态度也更加保守，更加倾向于绝对豁免的立场。[1]

二、《联合国国家及其财产管辖豁免公约》中执行国家财产的条件

对一个外国国家的财产采取强制措施时，要满足一些基本条件，否则就会对国家间的外交关系产生实质性的影响。

（一）存在可执行的司法判决

只有在法院做出了对国家从事的行为不享有司法管辖豁免的终局裁决之后，对该国财产进行强制执行的前提条件才能得到满足。这不仅是逻辑上的必然结论，也可以从《联合国国家及其财产管辖豁免公约》的结构上推断出来。

（二）国家放弃执行豁免

正如管辖豁免那样，作为国家的一种权利，执行豁免可由国家自行放弃。《联合国国家及其财产管辖豁免公约》第19条第1款第1项规定了放弃执行豁免

---

[1] 参见李颖：《国家豁免例外研究》，北京，知识产权出版社2014年版，第119页。

的方式:"国际协定""仲裁协议或书面合同"和"在法院发表声明或在当事方发生争端后提出的书面函件"。从这样的规定中可以看出,国家放弃执行豁免的方式必须是明示的放弃。

另外,根据《联合国国家及其财产管辖豁免公约》第20条的规定,针对执行豁免的放弃必须单独做出,外国国家同意国内法院行使司法管辖权并不能包括也同意对其行使强制措施。

(三)用于商业目的的财产无需国家的同意

在强制执行阶段,被指向的财产是用于商业目的的财产的,不享有执行豁免,也就不需要国家的同意。《联合国国家及其财产管辖豁免公约》第21条规定,免于被判决后强制执行的财产不包括那些"已经证明财产被用于或者意图用于政府非商业性用途以外的目的的财产"。《联合国国家及其财产管辖豁免公约》第21条列举了五类财产不得作为判决前、后的强制措施的标的,因为这五类财产被认为是政府的非商业用途,对于这类财产需要国家明确表示放弃执行豁免才可以采取强制措施。这五类财产是外交财产、军事财产、银行财产(账户)、文化遗产和用于展览的科学、文化和历史价值的物品。

(四)被执行的财产与法院地国的联系

《联合国国家及其财产管辖豁免公约》第19条第3款规定,被执行的财产应"处于法院地国的领土内"。这是因为,一国法院做出的判决,其效力仅限于法院地国领土范围内,不得延及被告国领土或第三国领土。

(五)被执行的财产与被诉实体之间的联系

强制执行问题的复杂性在于,一是判决被执行的财产的商业用途的标准并不确定,二是判决的执行将给被告国造成比行使司法管辖权更具实质性的影响,各国因此也对判决的执行抱持更加审慎的态度,附加了更加严格的条件,其中之一就是被执行的财产与被诉实体之间要有联系。《联合国国家及其财产管辖豁免公约》第19条第1款第3项规定了"只可对被诉实体有联系的财产采取判决后强制措施"。但是,该公约本身并未对"联系"的具体含义做出解释。

上述五项前提条件是采取强制执行措施时必须同时满足的条件,缺一不可。

三、《联合国国家及其财产管辖豁免公约》中强制措施的其他问题

针对外国国家财产而采取的强制措施不仅包括判决后的强制执行,还包括判决前的查封、扣押等强制措施,这种行为同样会给国家间的外交关系带来影响,因而也是国内法院必须面对的问题。

（一）判决前的扣押措施

针对国家财产采取的审判前的扣押是案件进行实质审理前采取的临时性措施。但即使是临时性的强制措施，对一个主权国家也会产生实质性的损害。《联合国国家及其财产管辖豁免公约》第 18 条规定，不得在另一国法院的诉讼中针对一国财产采取判决前的强制措施，例如查封和扣押措施，除非该国以公约规定的方式明示同意采取此类措施。该公约第 21 条第 1 款中列举的五类财产，即外交财产、军事财产、中央银行或者货币当局的财产、文化遗产以及非供出售的科学、文化或历史价值的展品，不仅不得在判决后被采取强制措施，也不得被采取判决前的强制措施。只有经过外国国家明示同意或者该国已经拨出或专门制定了用于清偿诉讼请求的财产的情况下，国内法院才可以对外国国家的财产采取审判前的强制措施。

（二）国有企业财产的执行豁免问题

国有企业的财产能否享有执行豁免取决于国有企业的法律地位，即国有企业要证明在与诉讼有关的活动中，其是像一个国家那样行为，还是一个区别于国家的独立实体。国有企业只有像一个国家那样行为时，它的财产才能享有国家财产应该享有的执行管辖的豁免的特权。在《联合国国家及其财产管辖豁免公约》中的强制措施部分，没有区分国有企业财产和国家财产，而是在第 2 条第 1 款第 2 项中规定了何为"国家"，在确定了国家的范围之后，国有财产的地位也就相应确定了。

国有企业的财产是国家所有或者国家出资这个事实本身并不能作为国有企业财产免于强制措施的理由，国有企业的司法豁免和执行豁免的前提是国有企业取得了类似于国家的地位，否则就不能享有豁免。

第六节 《联合国国家及其财产管辖豁免公约》中的争端解决

1991 年，国家豁免条款草案并没有规定处理争端的机制。有的国家在对 1991 年条款的评论中提出了应建立争端解决机制。例如，阿根廷在 1997 年提交给联合国秘书长的评论意见中提出设立"争端解决机制"的建议，以处理对公约的解释和适用的争议。黎巴嫩在 1999 年提交给联合国秘书长的评论意见中指出，条款草案有一重大忽略，可能造成受控国和法院所在国之间的冲突。条款草案规定了司法管辖豁免原则，同时又规定了许多例外。如果对条款草案的解释产生歧义，进行诉讼的法院在名义上和实际上有权加以审议，以便能够根据基本规则来解决争议。但是，当争议涉及两国之间是否有豁免时，关于豁免问题的决定是由进行诉讼国家的法院做出。问题变得复杂，两国间关系也变得重要。因此，黎巴嫩建议草案增加有关通过两国谈判和提交国际法院解决管辖权问题的规定。[1]

经过讨论和协商，国家及其财产管辖豁免问题的特设委员会在 2004 年 3 月的报告中提出新的草案，增加了第 27 条"争端解决"这一新规定。

《联合国国家及其财产管辖豁免公约》第 27 条的规定与 2003 年《联合国反腐败公约》第 66 条"争端的解决"的规定内容基本相同，都是 4 款规定。其主要内容是：争端是指"关于公约的解释、适用方面的任何争端"；解决方式包括谈判、仲裁和提交国际法院审理；允许对仲裁和提交国际法院审理解决争端的规定进行保留；规定了提交仲裁和提交国际法院解决的期限限制。[2]

---

[1] 参见《国家及其财产管辖豁免公约 秘书长的报告》，联合国大会第五十二届会议临时议程项目 146，A/52/294，1997 年 8 月 20 日；《国家及其财产管辖豁免公约 秘书长的报告》，联合国大会第五十四届会议临时议程项目 153，A/54/266，1999 年 8 月 19 日。

[2] 参见邵沙平：《〈联合国国家及其财产管辖豁免公约〉对国际法治和中国法治的影响》，载《法学家》2006 年第 6 期，第 24-28 页。

第五编
国家豁免的国际趋势与中国实践建议

本 编 绪 言

在前述各编对各国在国家豁免方面的理论与国家实践以及国际条约实践的考察基础上，本编对国家豁免的国际发展趋势进行总结和归纳。此外，在结合对中国既有国家实践的总结的基础上，本编分析和总结中国国家豁免立法的原因与背景，并对国家豁免立法的立场选择进行依据的论证，创造性地提出中国在国家豁免立法方面的立场应定位为"确认例外的国家豁免法"。

本编在对中国《外国国家豁免法》的基本框架结构和重要意义进行研究的基础上，针对中国《外国国家豁免法》与国际条约的关系、商业活动判断标准问题与国有企业的豁免、对等原则等方面，提出在实践中解释适用《外国国家豁免法》时需要关注的重点问题，并为中国司法实践提供理论支撑。

第十九章 国家豁免的国际趋势总结

一、国家豁免的基本原理及其重要意义

作为国际法诸领域的共同关注点[1],作为全球化与全球治理格局之下国家主权与行为方式的重要方面,国家主权豁免这一具有古老历史渊源的问题在 21 世纪仍然具有重要的影响。[2]特别是近年来,一系列新问题的出现,将豁免问题推向了前台。从全球的角度看,2005 年初开放签字的《联合国国家及其财产管辖豁免公约》获得了理论家和实践者的兴趣,[3]2012 年国际法院审理的德国诉意大利案更引起了学界的关注和争论。20 世纪末至 21 世纪初,美国法院审理了很多涉及国家豁免的案件,也受到了美国公众及法学专家的关注。[4]从中国的角度看,若干以中国国家、地方政府或国有企业为被告的案件也使得国家豁免在国际法上的基本规范、国内立法与实践的总体方向引起了人们的关注。在这方面,不仅有很多学者的分析,也有来自实践领域的思考。[5]

---

[1] 国际公法的大多数综合性的论著都会阐述国家豁免问题,例如 Rebecca MM Wallace and Olga Martin-Ortega, *International Law*, 7th ed., Sweet & Maxwell, 2013, pp. 140-143;[德]W. G. 魏智通主编:《国际法(第五版)》,吴越、毛晓飞译,北京,法律出版社 2012 年版,159-164 页;周鲠生:《国际法》,武汉,武汉大学出版社 2007 年版,第 190-196 页;白桂梅:《国际法(第二版)》,北京,北京大学出版社 2010 年版,第 154-160 页。国际私法对于国家豁免问题的关注也体现在各种对于国际私法基本问题的著作之中,例如 James Fawcett and Janeen M. Carruthers, *Cheshire, North & Fawcett Private International Law*, 14th ed., Oxford University Press, 2008, pp. 491-511; David McClean and Kisch Beevers, *Morris: The Conflict of Laws*, 7th ed., Sweet & Maxwell, 2009, pp. 145-153; John O'Brien, *Conflict of Laws*, 2nd ed., Cavendish Publishing, 1999, p. 166;韩德培主编、肖永平副主编:《国际私法(第二版)》,北京,高等教育出版社、北京大学出版社 2007 年版,第 72-75 页;李双元主编:《国际私法(第三版)》,北京,北京大学出版社 2011 年版,第 372-377 页。国际经济法学者对此问题的阐释,参见曾华群:《国际经济法导论(第二版)》,北京,法律出版社 2007 年版,第 55-57 页;车丕照:《国际经济法概要》,北京,清华大学出版社 2003 年版,第 54-56 页。中文专门论著,参见黄进:《国家及其财产豁免问题研究》,北京,中国政法大学出版社 1987 年版;龚刃韧:《国家豁免问题比较研究——当代国际公法、国际私法和国际经济法的一个共同课题》(第二版),北京,北京大学出版社 2005 年版。关于在国家豁免问题上国际私法与公法的交叠,参见 Joan E. Donoghue, The Public Face of Private International Law: Prospects for a Convention on Foreign State Immunity, 57 *Law and Contemporary Problems* 305 (1994).
[2] Hazel Fox and Philippa Webb, *The Law of State Immunity*, 3rd ed., Oxford University Press, 2013; Xiaodong Yang, *State Immunity in International Law*, Cambridge University Press, 2012.
[3] 邵沙平主编:《国际法》,北京,高等教育出版社 2008 年版,第 86-103 页。
[4] Christopher Shortell, *Rights, Remedies, and the Impact of State Sovereign Immunity*, State University of New York Press, 2008, pp. 1-4.
[5] 2013 年 4 月 26 日,外交部条法司马新民参赞在北京大学法学院"王铁崖国际法系列讲座"作了国家豁免法的发展动向的报告,证明我国外交部门一直高度重视国家豁免的问题。

国家豁免，或称主权豁免、国家及其财产豁免，[1]是国家在领土内实施法律的一种例外，[2]同时也是国家责任的一种免除。[3]具体包括管辖豁免和执行豁免两个方面：管辖豁免，即除非一国明示或默示放弃，另一国司法机关不得受理和审判以该国家、国家财产、国家元首和政府首脑等代表国家的高级官员为被告的民事和刑事诉讼；执行豁免，是指即使一国已放弃了司法管辖豁免，如未经该国放弃执行豁免，另一国法院不得对该国国家财产采取强制措施，不得对该国的政府高级官员采取民、刑事强制措施。[4]外交与领事豁免、国际组织豁免与本问题具有密切联系，但仍有很多差异，本书的主旨并不在于讨论此类问题。[5]

当前和未来一段时间内，由于全球化的不断推进，国家之间的交往和联系日益增加，政府介入经济活动日趋频繁，国家豁免的问题会不断发生。在这样的背景下，对国际法中国家豁免的观念与制度的发展及现状进行探究，特别是对国际实践进行系统梳理，以实证主义的方法对国内外案例进行分析，同时对区域性和全球性关于豁免的公约及其背景进行比较，有效地把握国际社会各主要国家在主权豁免上的实践和理论导向，从国际立法与习惯形成的意义上研判国家豁免的基本状态，从理论分析的角度对于国际社会豁免制度的总体情况予以清晰地梳理，具有深刻的理论价值和鲜明的现实价值。在审慎考察的基础上研判如何在理论上看待国家豁免的问题，对于通观性地理解国家豁免的基本规范具有重要价值。基于前述分析，探讨如何在实践中确立对于国家豁免的立场，即显得十分必要。本书即围绕国际法律秩序的实践与理论，解析国家豁免制度现有的体制及其成因、构建未来国际法律机制的理想、提供国际法律体制改革的建议，特别是在此基础上分析中国立场对于国家豁免制度的影响，理解中国在豁免方面所面临的国家利益，并提供立场和对策选择。

二、走向限制豁免主义已成为明显国际趋势

为了梳理国家豁免方面的基本实践，需要对其历史发展与现状进行实证分

---

[1] 主权豁免是国家豁免更妥当的提法，参见 Leo J. Bouchez, The Nature and Scope of State Immunity from Jurisdiction and Execution, 10 *Netherlands Yearbook of International Law* (1979) 3, at 32.

[2] Rosalyn Higgins, *Problems & Process: International Law and How We Use It*, Oxford University Press, 1994, p. 78；郭玉军、徐锦堂：《论国家豁免的相对性》，载《武大国际法评论》2003年第1卷。

[3] William Slomanson, *Fundamental Perspectives on International Law*, 6th ed., Wadsworth, 2011, pp. 75-76.

[4] 参见 Peter Malanczuk, *Akehurst's Modern Introduction to International Law*, 7th ed., Routledge, 1998, p. 118；段洁龙主编：《中国国际法实践与案例》，北京，法律出版社2011年版，第1页。

[5] 当今，外交、领事豁免已经按照功能和需要进行了重新审核，在1961年《维也纳外交关系条约》和1963年《维也纳领事关系条约》中规定得很清楚，值得争论的问题并不显著。有关论述，参见 Ivor Roberts, *Satow's Diplomatic Practice*, 6th ed., Oxford University Press, 2009, pp. 97-193；黄德明：《现代外交特权与豁免问题研究》，武汉，武汉大学出版社2005年版；[印]B. 森：《外交人员国际法与实践指南》，周晓林、薛捍勤、丁海华、党苏云、刘力扬译，北京，中国对外翻译出版公司1987年版，第76-151页。

析。尽管现存的国际法对于豁免问题并没有形成总体一致的习惯,[1] 很多机构和学者仍然试图从本国、区域、国家比较的维度上理清这个问题,因而存在一些周密而细致地爬梳国际法的历史文献和现实资料,特别是对一系列国内立法、国内司法机构的裁决以及国际条约、国际司法机构和仲裁庭的裁判的研究,[2] 基本揭示了主权豁免的制度概貌。

(一) 绝对豁免作为早期国际法的普遍实践

主权豁免来自西方国家的学说与实践。根据古典的国际法,国家及其政府在其他国家的领土管辖范围内被赋予豁免的资格。19世纪末以前,绝对豁免是各国的普遍实践。[3] 欧洲大陆国家的早年实践,不问外国国家财产的用途都给予豁免;在英美法系国家,"绝对豁免原则"最初是通过的判例逐渐形成的,而对该原则的形成最有影响的案件是1812年美国联邦最高法院判决的"交易号案"。[4] 早期的主权豁免主要是针对战舰和公务船舶,以及主权者的其他财产,这在英美

---

[1] 梁西主编:《国际法(第三版)》,武汉,武汉大学出版社2011年版,第89页;车丕照:《国际经济法概要》,北京,清华大学出版社2003年版,第55页。

[2] 在此问题上的早期研究,参见Gamal Moursi Badr, *State Immunity: An Analytical and Prognostic View*, Martinus Nijhoff Publishers, 1984; 对于欧洲有关国家及日本对豁免的法律规范及实践的研究,参见Council of Europe and Gerhard Hafner, Marcelo G. Kohen, and Susan Breau (eds.), *State Practice Regarding State Immunities*, Martinus Nijhoff Publishers, 2006, pp. 168-704; 其他各个法域实践的研究研究,参见Council of Europe, *European Convention on State Immunity: Convention Européenne Sur L'immunité Des États*, 1972; Australia Law Reform Commission, *Foreign state immunity*, Australian Govt. Pub. Service, 1984; Burkhard Heß, The International Law Commission's Draft Convention on the Jurisdictional Immunities of States and Their Property, 4 *The European Journal of International Law* 26 (1993); Andrew Dickinson, Rae Lindsay, James P. Loonam, and Clifford Chance, *State Immunity: Selected Materials and Commentary*, Oxford University Press, 2004.

[3] 参见Sompong Sucharitkul, *State Immunities and Trading Activities*, New York: Frederick A. Praeger, Inc., 1960, pp. 3-23; Gamal Moursi Badr, *State Immunity: An Analytical and Prognostic View*, Martinus Nijhoff Publishers, 1984, pp. 9-20.

[4] "交易号"原是一艘由两个美国公民拥有的私人帆船,其中一个所有者为约翰·麦克法登(John McFaddon)。1810年12月,该船在法国水域上航行时被法国军队拿捕,并被装上军用设备充作法国的战舰,改名"Balaou"。1812年,该船在一次航行过程中,由于天气恶劣,被迫进入美国宾夕法尼亚州费城港。麦克法登在联邦地区法院起诉,声称对该船拥有所有权。因为船舶已为法国战舰,麦克法登就在美国法院体系内起诉法国。法国没有派人出庭应诉,宾夕法尼亚州检察官代表美国政府到庭陈述意见,认为即使该船是从原告那里非法没收的,其所有权也已于没收时转属法国皇帝,因而请求法院驳回原告起诉并释放该船。地区法院驳回了原告的请求。原告上诉到联邦巡回法院,巡回法院推翻了地区法院的判决。宾夕法尼亚州检察官遂上诉至联邦最高法院。联邦最高法院于1812年作出判决,认为"Balaou"具有公船的性质,作为法国财产享有在美国法院免于管辖。宾夕法尼亚地区法院不具有管辖权,因为该船是根据法国法在法国的水域被征用的。对于麦克法登的财产,最高法院爱莫能助,因为船舶被另一主权实体合法捕获,从技术上讲,法国政府遵守了法律,并无任何可以控告之处。故最高法院撤销巡回法院的判决,并确认了地区法院的判决。*The Schooner Exchange v. McFaddon*, 11 U. S. 116 (1812); 中文简介,参见梁淑英主编:《国际法教学案例》,北京,中国政法大学出版社1999年版,第31页。

法上称为对物诉讼（actio in rem），进而延伸到基于侵权和合同对于君主个人的诉讼（actio in personam），[1] 当时采取绝对豁免原则的具体方式是凡涉及君主的财产、行为的诉讼，法院一概尊重被诉者的主权，驳回诉讼请求，不予审理。[2]

（二）限制豁免的兴起与蔓延

然而，随着国家越来越多地参与国际商事交易，绝对国家豁免的做法受到越来越多的质疑。19世纪以来的实践证明，限制豁免（或称职能豁免、资格豁免）越来越成为各国立法或者法院在审判时接受的豁免原则，[3] 这一倾向在"一战"后更为明显。限制豁免区分统治行为（acta jure imperii）和商业行为（acta jure gestionis），前者属于公共职权的实施，仍旧享受豁免；后者属于商业性的私法行为，不享受豁免。比利时法院和意大利法院在19世纪末、20世纪初时转向限制豁免，[4] 1918年瑞士联邦法院在德雷菲斯案件中采用限制豁免；奥地利最高法院在20世纪20年代转向限制豁免；"一战"之后，法国、希腊、爱尔兰高级法院以及埃及混合仲裁法庭都相继发展了有限豁免的实践。1951年，联邦德国地方法院和高等法院也开始采用限制豁免的方式，并在此后的判决中一直坚持。[5]

英美法系国家的转向晚于大陆法系诸国。最初，美国原采取国家绝对豁免原则，即国家的一切行为和财产，不论性质如何，均享有豁免。[6] 经过一系列案件的冲击，[7] 自1952年"泰特公函"[8] 开始，美国转而采取限制豁免主义的做法。[9] 1976年10月21日，美国制定了《外国主权豁免法》，该法明确规定，外

---

[1] 根据英美法的一般原则，对物诉讼以被诉物在其境内作为管辖基础；对人诉讼以被诉者在境内出现（无论临时还是永久）为管辖基础。Robert L. Felix, Ralph U. Whitten, *American Conflicts Law: Cases and Materials*, 5th ed., LexisNexis, 2010, pp. 774-776; 更加细致的管辖权区分与新发展，参见 Peter Hay, Patrick J. Borchers, and Symeon Symeonides, *Conflict of Laws*, 5th ed., West, 2010, pp. 349-374.

[2] 关于国家豁免的历史起源和国家豁免原则的形成，参见龚刃韧：《国家豁免问题比较研究——当代国际公法、国际私法和国际经济法的一个共同课题》（第二版），北京，北京大学出版社2005年版，第1-20页。

[3] Sompong Sucharitkul, *State Immunities and Trading Activities in International Law*, Frederick A. Praeger, 1959; 黄世席：《国际投资仲裁裁决执行中的国家豁免问题》，载《清华法学》2012年第6期。

[4] Xiaodong Yang, *State Immunity in International Law*, Cambridge University Press, 2012, pp. 19-22.

[5] 赫尔姆特·斯泰恩贝格：《联邦宪法法院对外国豁免权问题的判决》，载《当代联邦德国国际法论文集》，论文集编译委员会译，北京，北京航空航天大学出版社1992年版。

[6] Gary B. Born and Peter B. Rutledge, *International Civil Litigation in United States Courts*, 5th ed., Aspen Publishers, 2011, pp. 231-232.

[7] *Ex parte Peru*, 318 U. S. 578 (1943); *Republic of Mexico v. Hoffman*, 324 U. S. 30 (1945).

[8] 泰特公函，是美国国务院代理法律顾问泰特于1952年5月19日写给美国司法部的一封信，其中说明美国国务院决定改变政策，对某些案件，即有关主权私法上的行为的案件，不给予豁免，宣布采取有限制豁免主义的做法。该公函指出，以后遇有外国政府要求豁免时，国务院将随时向司法部提出劝告并将国务院所采取的行动通知司法部。*Department of State Bulletin* 26 (June 23, 1952).

[9] Rosalyn Higgins, *Themes & Theories: Selected Essays, Speeches, and Writings in International Law*, Oxford University Press, 2009, pp. 332-334.

国从事的商业活动不能在美国法院获得管辖豁免,该外国国家应受美国法院的管辖。[1] 此后该法经过了数次修订,2008 年的修订增加了外国从事酷刑、境外杀人、航空器破坏、劫持人质,以及对上述活动的物质、资源支持,都被视为国家支持的恐怖主义,不再享受豁免。[2] 美国在主权豁免方面的实践数量多,也非常值得关注。[3] 20 世纪 70 年代,英国在国家豁免领域的实践也发生了立场的变化,在对物诉讼(actio in rem)中,改变以往绝对豁免的方式,而采用限制豁免的方式;在对人诉讼(actio in personam)中,也同样采取这一原则,不再统一赋予主权豁免,丹宁勋爵明确表示主权者的商业行为不应享有豁免。1977 年,枢密院在"菲律宾将军号案"的判决中拒绝赋予豁免而且为执行与其商业活动有关的判决,可以扣押外国财产。[4] 英国于 1978 年 7 月 20 日批准了《国家豁免法》,该法于同年 11 月 22 日生效。[5] 其主要规定有:(1)外国国家在英国法院享有司法管辖豁免。(2)豁免的例外:从事商业行为或在英国履行的合同义务(不问该合同是否商业行为)须接受英国法院管辖;并提供了一个对"商业行为"较为细致的描述。(3)起诉书通过外交途径送达外国的外交部;从送达日起 2 个月内外国国家出庭,过期作缺席判决;外国收到判决后 2 个月内可申请撤销判决。(4)外国国家财产不受法院判决或仲裁裁决的强制执行,在对物之诉中也不得予以扣押、留置或出售。但已获得该外国书面同意执行或该外国国家财产正用于或准备用于商业目的的不在此限。这一法案标志着英国正式转变为采取限制豁免原则的国家。澳大利亚 1985 年《外国国家豁免法》,同样确立了以豁免为一般原则,商事交易、雇佣合同、人身与财产损害、澳大利亚境内的不动产为例外的限制体例。[6]

---

[1] 28 U. S. C. A. §§ 1330, 1602-1611,有关评论见肖永平、张帆:《美国国家豁免法的新发展及其对中国的影响》,载《武汉大学学报》2007 年第 6 期; Christopher C. Joyner, *International Law in the 21st Century: Rules for Global Governance*, Roman & Littlefield Publishers, 2005, p. 52.

[2] Jordan J. Paust, Jon M. Van Dykes, and Linda A. Malone, *International Law and Litigation in the U. S.*, 3rd ed., West, 2009, pp. 419, 514;黄世席:《国际投资仲裁裁决执行中的国家豁免问题》,载《清华法学》2012 年第 6 期。

[3] 关于美国国家豁免实践的主要案件和基本问题,参见 Lori F. Damrosch, Louis Henkin, Sean D. Murphy, and Hans Smit, *International Law: Cases and Materials*, 5th ed., West, 2009, pp. 851-953; Jordan J. Paust, Jon M. Van Dykes, and Linda A. Malone, *International Law and Litigation in the U. S.*, 3rd ed. , West, 2009, pp. 764-849;黄世席:《国际投资仲裁裁决执行中的国家豁免问题》,载《清华法学》2012 年第 6 期。

[4] *The Philippine Admiral* [1979] A. C. 373.

[5] Text of the Act, see http://www.legislation.gov.uk/ukpga/1978/33, for comments, see Georges R. Delaume, The State Immunity Act of the United Kingdom, 73 *Am. J. Int'l L.* 185 (1979).

[6] Foreign States Immunities Act 1985, Act No. 196 of 1985 as amended up to Act No. 8 of 2010. Donald R. Rothwell, Stuart Kaye, Afshin Akhtarkhavari, and Ruth Davis, *International Law: Cases and Materials with Australian Perspectives*, Cambridge University Press, 2011, pp. 364-367.

针对上述案例的研究揭示出大多数国家对于限制豁免的倾向性。[1] 经过一个多世纪的发展，当前多数西方国家对于商业行为不再享受豁免已经基本达成一致；人们讨论的更多的是，如何区分管理行为和商业行为，[2] 哪些行为属于商业行为，[3] 以及仲裁协议是否意味着放弃豁免，豁免规范适用于契约与侵权是否一致，国有企业是否属于国家，雇佣契约是否也适用豁免，中央银行与其他银行在豁免上有何差异，管辖豁免与执行豁免的区别与联系，等等。[4] 在商业行为的标准上，存在着行为目的论和行为性质论两种观点，单纯从区分的角度分析，行为性质论更有价值，因为几乎国家所有的行为都可以归结为公共目的。[5] 澳大利亚联邦法院和高等法院在2009年的"迦楼罗（Garuda）案"中，印证了对国家控股企业的商业行为不予豁免的立场；法国高等法院（Cour de cassation）在2011年审理了涉及国家的外交财产但明示放弃豁免的案件，在2013年3月又核查了涉及阿根廷税收和社会收入但据称放弃豁免的财产，认为没有明示的放弃不视为真正的放弃；新加坡法院也根据契约中放弃豁免的条款对马尔代夫的国家财产进行了扣押；德国法院在处理一件与泰国双边投资条约相关的案件中，则否定了国家没有反对涉及管辖权的仲裁裁决意味着放弃豁免的观点，认为放弃必须意图明确，证据充分。英国法院的一份裁决认为，当时用于或者意图用于商业目的的财产并不构成豁免的例外，相关财产构成商用并非"与商事交易相关"（"relating to" or "in connection with"），而是考虑其来源（origin）。[6] 日本法院1928年的判例采用了绝对豁免主义，但2000年的判决则采取限制豁免立场。[7] 相较而言，俄罗斯和一些东欧国家长期承递了苏联的传统，主张国家财产不受另一国管辖，

---

〔1〕 August Reinisch, European Court Practice Concerning State Immunity from Enforcement Measures, 17 *The European Journal of International Law* (2006) 803.

〔2〕 Sienho Yee, Foreign Sovereign Immunities, Acta Jure Imperii and Acta Jure Gestionis: A Recent Exposition from the Canadian Supreme Court, 2 *Chinese Journal of International Law* 649 (2003).

〔3〕 例如，詹宁斯曾经尝试提出一个标准，即如果一项活动，私人也可以从事，则国家为此种行为属于商业行为。Robert Jennings, The Place of the Jurisdictional Immunity of States in International and Municipal Law, *Vorträge, Reden und Berichte aus dem*, vol. 108, Europa-Institut der Universität des Saarlandes, 1988, p. 8; 中文学界对这一问题的详细分析，参见黄进、曾涛、宋晓、刘益灯：《国家及其财产管辖豁免的几个悬而未决的问题》，载《中国法学》2001年第4期；夏林华：《不得援引国家豁免的诉讼：国家及其财产管辖豁免例外问题研究》，广州，暨南大学出版社2011年版。

〔4〕 Michael W. Gordon, *Foreign State Immunity in Commercial Transactions*, Butterworth Legal Publishers, 1991; Rosalyn Higgins, *Problems & Process: International Law and How We Use It*, Oxford University Press, 1994, p. 85.

〔5〕 Jan Klabbers, *International Law*, Cambridge University Press, 2013, p. 101.

〔6〕 Leon Chung, Erin Christlo, Alexandra Payne, Herbert Smith Freehills, Recent Trends in Sovereign Immunity, http://www.herbertsmithfreehills.com/insights/legal-briefings/recent-trends-in-sovereign-immunity, last visited on Oct. 9, 2013.

〔7〕 [日]松井芳郎等：《国际法（第四版）》，辛崇阳译，北京，中国政法大学2004年版，第88页。

除非财产所属国自愿放弃豁免,⁽¹⁾但其立场21世纪后有所改变。⁽²⁾第三世界国家在这方面的实践很少,在观念上倾向于对国家及其财产赋予豁免。当然,新出现的实践情况似乎使得走向一致的规范变得扑朔迷离。

(三)主权豁免的国际立法努力

从国际立法而言,各国最早在航海领域开始进行限制豁免的合作努力。随着从事海洋运输和对外贸易的国家日益增多,1926年,德国、比利时、丹麦、西班牙、法国、英国、意大利、挪威、荷兰、葡萄牙、瑞典、匈牙利、波兰、罗马尼亚、爱沙尼亚、南斯拉夫、巴西、智利、日本、拉脱维亚、墨西哥等国在布鲁塞尔签订了《统一关于国有船舶豁免的某些规则的公约》,规定载运货物和旅客的国有或国营船舶以及对此项船舶有所有权或经营其业务的国家,均应承担与私有船舶同样的责任,并应适用同样的法院管辖权规则和诉讼程序;专供政府用途的国有或国营船舶不受影响。⁽³⁾1958年4月,由80多个国家在日内瓦签订的《领海及毗连区公约》规定,沿海国有权对在其领海内停泊或驶离其内水而通过其领海的从事商业用途的外国政府船舶加以扣押或执行。当时,苏联对此作出声明,认为在外国领海内的政府船舶应享有豁免,因此,仅在船旗国同意的情况下,方可对上述船舶实施强制措施。保加利亚、捷克斯洛伐克、民主德国、匈牙利、罗马尼亚也作了类似的声明或保留。在第三次联合国海洋法会议上,苏联代表对海洋法公约草案中类似条款仍表示反对,其他一些东欧国家代表也持相同立场。此后在一些区域形成了关于豁免的规范,但影响并不广泛;全球性的立法努力还没有受到国际社会普遍认可的公约。1972年《欧洲国家豁免公约》⁽⁴⁾的接受者只有8个国家,效力范围极其有限;⁽⁵⁾2005年初开放签字的《联合国国家及其

---

〔1〕 Ekaterina Bykhovskaya, *State Immunity in Russian Perspective*, Wildy, Simmonds and Hill Publishing, 2008, p. 99.

〔2〕 Daniel J. Michalchuk, Filling a Legal Vacuum: The Form and Content of Russia's Future State Immunity Law Suggestions for Legislative Reform, 32 *Law & Pol'y Int'l Bus.* 487 (2001); *Oleynikov v. Russia*, ECtHR App. No. 36703/04, 1st Section, 14 March 2013, para. 67; *Sedelmayer v. Russian Federation*, Supreme Court of Sweden, 1 July 2011, Pal Wrange, 106 *AJIL* 347 (2012).

〔3〕 Brussels Convention for the Unification of Certain Rules relating to the Immunity of State Owned Vessels, 179 LNTS 199 / UKTS No. 15 (1980), Cmnd. 7800, 至今该公约有30个缔约国。

〔4〕 European Convention on State Immunity 1972, 16 May 1972, ETS No. 74, reprinted in 11 ILM 470 (1972); comments see I. M. Sinclair, The European Convention on State Immunity, 22 *The International and Comparative Law Quarterly* 254 (1973).

〔5〕 该公约规定,3个国家批准时生效。故该公约于1976年6月11日生效(迄2013年10月1日,参加国包括奥地利、比利时、塞浦路斯、德国、卢森堡、荷兰、瑞士、英国)。与该公约同时出现的、规定有关诉讼程序的议定书于1985年5月22日生效,现在有6个参加国(奥地利、比利时、塞浦路斯、卢森堡、荷兰、瑞士)。相关评述,参见Jan Klabbers, *International Law*, Cambridge University Press, 2013, p. 101.

财产豁免公约》[1]至 2023 年 12 月 31 日，仅有 28 国签署（中国于 2005 年 9 月 14 日签署），23 个国家批准，[2]与其自身规定的 30 个国家批准的生效要求还有一定的距离。尽管联合国国际法委员会和第六委员会经过长期努力，试图通过这一文件为国际社会形成一个新的关于豁免的国际条约，[3]但是，其未来是否可以生效仍然颇值得怀疑。

---

[1] Roger O'Keefe and Christian J. Tams (eds.), *The United Nations Convention on Jurisdictional Immunities of States and Their Property: A Commentary*, Oxford University Press, 2013; David P. Stewart, The UN Convention on Jurisdictional Immunities of States and Their Property, 99 *The American Journal of International Law* 194 (2005).

[2] http://treaties.un.org/Pages/ViewDetails.aspx?mtdsg_no=III-13&chapter=3&lang=en.

[3] Doc. A/59/508; depositary notification C. N. 141. 2005. TREATIES-4 of 28 February 2005. 有关评论，参见 Gerhard Hafner and Ulrike Köhler, The United Nations Convention on jurisdictional immunities of states and their property, 35 *Netherlands Yearbook of International Law* 3 (2004); David P. Stewart, The UN Convention on Jurisdictional Immunities of States and Their Property, 99 *The American Journal of International Law* 194 (2005); David P. Stewart, The Immunity of State Officials under the UN Convention on Jurisdictional Immunities of States and Their Property, 44 *Vanderbilt Journal of Transnational Law* 1047 (2011); 马新民:《〈联合国国家及其财产管辖豁免公约〉评介》；黄进、杜焕芳:《国家及其财产管辖豁免立法的新发展》；江国青:《〈联合国国家及其财产管辖豁免公约〉——一个并不完美的最好结果》；张乃根:《国家及其财产管辖豁免对我国经贸活动的影响》，均载《法学家》2005 年第 6 期；王立君:《国家及其财产管辖豁免规则的新发展》，载《法商研究》2007 年第 3 期；宋锡祥、谢璐:《国家及其财产管辖豁免的国内法调整到国际公约的转变》，载《政治与法律》2007 年第 1 期；王虎华、罗国强:《〈联合国国家及其财产管辖豁免公约〉规则的性质与适用》，载《政治与法律》2007 年第 1 期。

第二十章　国家豁免的中国立场与建议

第一节　中国在国家豁免方面的既有实践概况

中国对于国家豁免的问题一直很关注，也有过一些实践，还有过一些国内立法和国际造法的经验。1927年9月，上海临时法院民事庭对"李柴爱夫兄弟诉苏维埃商船队案"（Rizaeff Freers v. The Soviet Merchantile Fleet）的判决是中国最早接触主权豁免的案件，此案中采取了绝对豁免的态度。[1]

"湖广铁路债券案"[2]是我国政府与国家豁免问题的一次正式接触。在该案审理过程中，中国政府明确阐述了在国家豁免问题上我国的立场，采取了恰当有效的措施维护了我国利益，同时也取得了宝贵经验。

我国香港法院审理的"刚果金案"是在国家豁免问题上明确阐释我国立场里程碑式的案件。[3]在该案中，美国基金公司FG半球联营责任有限公司（FG Hemisphere Associates LLC）[4]以刚果债权人身份在香港法院以刚果民主共和国、中铁股份有限公司等公司为被告，要求将中铁1.02亿美元采矿入场费用抵债。刚果认为其在香港享有"绝对豁免权"。刚果方观点获得初审法官支持，裁定香港法院对本案没有管辖权。上诉阶段，上诉庭坚持香港特区沿用普通法制度，有关交易不能得到绝对豁免，推翻刚果胜诉判决。刚果不服，向终审法院上诉。外交部通过驻港特派员公署向香港特区政府发函，指出我国一贯坚持的国家豁免原则并统一适用于全国，包括香港特别行政区；香港特别行政区如果实行与中央立场不一致的国家豁免原则将对国家主权造成损害。2011年8月26日，全国人大常委会作出了《全国人民代表大会常务委员会关于〈中华人民共和国香港特别行政区基本法〉第十三条第一款和第十九条的解释》，认为国家豁免直接关系到一国与外国国家的关系和该国对外政策的实施，直接涉及国家的对外关系和利益，属于《香港基本法》第13条第1款规定的"外交事务"，因此，中央人民

---

[1] 案情及法院判决梗概，参见丘宏达：《现代国际法》，台北，三民书局（台北）2008年版，第685-700页。
[2] Russell Jackson, et al. v. The People's Republic of China, 550 F. Supp. 869 (N. D. Ala. 1982); Jackson v. People's Republic of China, 794 F. 2d 1490 (1986); Jackson v. People's Republic of China, United States Court of Appeals, Eleventh Circuit, 801 F. 2d 404 (9/3/86).
[3] James Crawford, Brownlie's Principles of Public International Law, 8th ed., Oxford University Press, 2012, p. 504.
[4] FG半球联营责任有限公司（FG Hemisphere Associates LLC）是美国纽约的一家专门对新兴国家和不良资产进行投资的有限公司。FG在其他法院执行程序中已受偿到278万美元，在向香港法院申请强制执行仲裁裁决时仍有约1.02亿美元的债权没有收回。

政府有权决定此方面规则或政策并在全国范围内统一实施。香港特区终审法院于 2011 年 9 月 8 日就刚果金案遵循全国人大释法,作出最终判决,认为香港特区法院对刚果金并无司法管辖权。[1] 该案将"一国两制"制度下国家豁免规则的适用问题以及中国的国家豁免立法问题提上了议程,并为国家豁免立法及其区际适用问题提供了一定的解决路径和实践经验。

我国自 1949 年以来先后制定了若干与国家豁免相关的法律法规和法律文件,包括 2005 年 10 月 25 日全国人大常委会通过的《中华人民共和国外国中央银行财产司法强制措施豁免法》(以下简称《外国央行财产豁免法》)、2007 年 5 月 22 日最高人民法院发布的《关于人民法院受理涉及特权与豁免的民事案件有关问题的通知》[2] 以及 2011 年 8 月 26 日全国人大常委会通过的《关于〈中华人民共和国香港特别行政区基本法〉第十三条第一款和第十九条的解释》(以下简称《香港基本法解释》)等。[3]

中国曾缔结或参加了一些双边和多边的涉及国家豁免的国际条约。中国 1980 年参加的 1969 年《国际油污损害民事责任公约》第 11 条规定,缔约国就油污损害赔偿案件放弃对油污损害所在缔约国法院的管辖豁免;1993 年批准的《国际救助公约》也承认用于商业目的之国有船舶或国有货物不得享有豁免权;1996 年批准的 1982 年《联合国海洋法公约》第 32 条、第 95 条、第 96 条规定了军舰、政府公用船舶的豁免权。中国积极参与了 2004 年《联合国国家及其财产管辖豁免公约》的起草,并予以签署;在一些双边的条约中,也体现出了放弃豁免的意愿。[4]

第二节 中国制定国家豁免立法的原因背景与立场选择

一、中国制定国家豁免立法的原因与背景

中国在制定《中华人民共和国外国国家豁免法》(以下简称《外国国家豁免

---

[1] *FG Hemisphere Associates LLC v Democratic Republic of Congo*, CACV 373/2008 & CACV 43/2009; *DRC v. FG Hemisphere Associates LLC*, Hong Kong Court of Final Appeal, Judgment of 8 June 2011.
[2] 该《通知》建立了涉及特权与豁免的案件建立报告制度。在中国享有特权与豁免的主体为被告或第三人向人民法院起诉的民事案件,人民法院应在决定受理之前,报请本辖区高级人民法院审查;高级人民法院同意受理的,应当将其审查意见报最高人民法院。在最高人民法院答复前,一律暂不受理。
[3] 其他一些涉及国家主权豁免的立法包括 1986 年 9 月 5 日全国人民代表大会常务委员会制定的《中华人民共和国外交特权与豁免条例》、1990 年 10 月 30 日全国人民代表大会常务委员会制定的《中华人民共和国领事特权与豁免条例》以及《中华人民共和国民事诉讼法》中就享有外交特权与豁免的外国人、外国组织或者国际组织提起的民事诉讼的相关规定等。
[4] 段洁龙主编:《中国国际法实践与案例》,北京,法律出版社 2011 年版,第 3 页。

法》)之前虽然已经制定了一些有关国家豁免的法律法规，但它们都不是有关国家豁免的完整立法，其作用范围都相当有限。"这种立法状况远远落后于我国对外交往的实际需要，并使我国法院在处理涉及国家及其财产的诉讼案件上无法可依，在不断发展的国际交往中处于被动的地位。"[1] 因此，中国有必要制定一部完整的国家豁免专门立法。制定这样一部法律的必要性原因可概括为以下几点。

首先，中国对外交往的增多要求制定一部国家豁免法。随着中国对外交往的增多，以国家为主体或以国家财产为标的的纠纷逐渐增多。为了保护国家和国民的利益，中国亟须制定一部国家豁免法。对内，其可以为中国法院审理相关案件提供法律依据；对外，其可以明确中国在主权豁免问题上的立场，以促进相关纠纷的妥善解决。

其次，国际社会需要知晓中国在国家豁免问题上的明确立场。虽然通常认为中国坚持的是"绝对豁免"的立场，但这并不是一个准确的概括。从中国的国家实践来看，我们从来没有主张毫无限制或毫无例外的国家及国家财产的豁免。中国所坚持的立场其实历来是一种"有例外"的国家豁免立场。在中国签署了《联合国国家及其财产管辖豁免公约》和刚果（金）案件结案之后，中国尤其有必要通过立法将中国在主权豁免问题上的立场准确地传达给国际社会。

再次，依法治国的理念要求对国家豁免问题要从"外交解决"转向"法律解决"。以往中国在处理与国家豁免相关的国际纠纷时，主要通过外交渠道。"外交解决"虽然通常可以达到公平解决纠纷的目的，但成本高、不确定性高，也无法为此后相关事件的解决提供可预见的依据。《中共中央关于全面推进依法治国若干重大问题的决定》要求全面推进依法治国，要求加强涉外法律工作。适应对外开放不断深化，完善涉外法律法规体系，促进构建开放型经济新体制。积极参与国际规则制定，推动依法处理涉外经济、社会事务，增强我国在国际法律事务中的话语权和影响力，运用法律手段维护我国主权、安全、发展利益。这意味着中国要更多地通过法律程序（而不是或不仅是行政程序）来解决有关国家豁免的问题。

此外，制定国家豁免法亦是"争取全球经济治理制度性权力"的需要。2014年12月5日中共中央政治局进行第十九次集体学习时，习近平总书记提出要"积极参与国际经贸规则制定、争取全球经济治理制度性权力的重要平台"，并要求"在国际规则制定中发出更多中国声音、注入更多中国元素，维护和拓展我国发展利益"。所谓"争取全球经济治理制度性权力"是指就全球治理获得制度设计方面的话语权或优势，主导或引导国际经济新规则的制定。在国家豁免问

---

[1] 黄进、杜焕芳:《国家及其财产管辖豁免立法的新发展》，载《法学家》2005年第6期，第13页。

上,中国需要通过国内立法来准确表达中国的立场和诉求,并以国内立法对相关国际规则的完善给予积极影响。

最后,制定一部国家豁免法也是中国应对法律斗争的需要。已有学者指出:"制定《外国国家豁免法》是反制外国政府、加强涉外法律斗争的需要。改革开放以来,美国等国家已受理多起以中国政府、领导人为被告的诉讼,而中国并没有对等反制的立法,导致中国在涉外法律斗争中缺少国家豁免例外的工具、抓手和经验。"[1] 在国际社会中,国家间既有合作也有冲突。国家间的冲突经常表现为法律冲突。虽然一国的国内法不能作为确立国际关系的法律依据,却可以成为国际习惯法的存在证明,并可作为国家之间博弈的工具。以新冠疫情中出现的西方国家少数人滥诉我国国家的情况为例,在我国缺少有关国家豁免的立法的情况下,在与西方的博弈过程中,就会处于比较被动的地位,缺少牵制和制约对方的法律工具。

二、中国制定国家豁免立法的立场选择及其依据

制定中国的国家豁免法首先要明确中国在"绝对豁免"和"限制豁免"之间做出什么样的选择。在回答这一问题之前,我们需要对中国现行的相关立法与实践加以梳理。

尽管中国在国家豁免方面的立场通常被贴上"绝对豁免"的标签,但事实上,"绝对豁免"并非中国一贯的立场。

中国于2005年制定的《外国央行财产豁免法》显然采取了限制豁免的立场。该法第1条规定:"中华人民共和国对外国中央银行财产给予财产保全和执行的司法强制措施的豁免;但是,外国中央银行或者其所属国政府书面放弃豁免的或者指定用于财产保全和执行的财产除外。"该条前半句说明了对外国央行财产给予豁免的原则,后半句则规定了对自愿"放弃豁免"或"指定用于财产保全和执行的财产"不予豁免的例外,体现了限制豁免的立场。时任外交部副部长于2005年8月23日在第十届全国人民代表大会常务委员会第十七次会议上做《关于提请审议对在华外国中央银行财产给予司法强制措施豁免的议案的说明》时,明确指出:"目前,国际上给予主权国家及其财产以豁免,已普遍从最初的绝对豁免转为对主权国家及其财产实行相对豁免,即有限豁免。比如主权国家用于商业交易的财产不予豁免,对主权国家承诺放弃或者指定用于财产保全等的财产也不给予豁免。草案根据有限豁免的原则……"[2] 可见,无论是从《外国央行财产

---

[1] 李庆明:《美国新冠疫情诬告滥诉的违法性分析》,载《法律适用》2020年第21期,第68页。
[2] 外交部副部长武大伟《关于提请审议对在华外国中央银行财产给予司法强制措施豁免的议案的说明》,2005年8月23日。

豁免法》的条文本身去理解，还是参考外交部的议案说明，该项立法都表明了我国在外国央行财产的管辖豁免方面选择了限制豁免主义。

中国人大常委会于 2011 年所做的《香港基本法解释》主要是确定在国家豁免规则或政策问题上中央政府和香港特别行政区的关系，没有直接说明中国中央政府在国家豁免方面的具体立场。但是时任全国人大法工委副主任 2011 年 8 月 24 日做关于《全国人民代表大会常务委员会关于〈中华人民共和国港特别行政区基本法〉第十三条第一款和第十九条的解释（草案）》的说明时，对中国采取的国家豁免的立场做了概括："我国坚持奉行国家豁免这一维护国家间关系正常发展的重要法律原则，即我国法院不管辖、实践中也从未处理以外国国家为被告或针对外国国家财产的案件；同时，我国也不接受外国法院对以我国国家为被告或针对我国国家财产的案件享有管辖权。我国采取的这种国家豁免立场，通常被称为'绝对豁免'。"[1] 依据该解释草案的说明中的表述，在国家主权豁免问题上，中国政府坚持绝对豁免主义。

从相关实践看，在外国法院审理的以中国中央政府、政府部门或地方政府为被告的案件中，包括 1979 年"湖广铁路债券案"、1985 年"美国空难家属诉中国民航总局案"、2003 年"仰融案"、2005 年"莫里斯诉中华人民共和国案"等，中国政府均主张了国家豁免。例如，就"湖广铁路债券案"，中国外交部在向美国国务院提交的备忘录中指出："中国政府曾多次照会美国国务院，提出交涉，申明中国根据国际法，享有主权豁免，不受任何外国法院审判；……国家主权豁免是国际法的一项重要原则，其根据是联合国宪章所确认的国家主权平等的原则。中国作为一个主权国家无可非议地享有司法豁免权。美国地方法院对一个主权国家作为被告的诉讼，行使管辖权，作出缺席判决甚至以强制执行其判决相威胁，完全违反国家主权平等的国际法原则，违反联合国宪章。对于这种将美国国内法强加于中国，损害中国主权、损害中国民族尊严的行为，中国政府坚决拒绝。如果美方无视国际法，强制执行上述判决，扣押中国在美国的财产，中国政府保留采取相应措施的权利。"[2] 在"仰融案"中，辽宁省政府主张无论是适用美国《外国主权豁免法》第 1605（a）（2）项的商业活动例外还是第 1605（a）（3）项的征收例外，都因为缺乏对事管辖权而提议驳回起诉。[3] 在"莫里斯诉中华人民共和国案"中，中国政府以其享有主权豁免并且美国《外国主权豁免法》所列

---

[1] 全国人大常委会法制工作委员会副主任李飞关于《全国人民代表大会常务委员会关于〈中华人民共和国香港特别行政区基本法〉第十三条第一款和第十九条的解释（草案）》的说明，2011 年 8 月 24 日。

[2] 参见《中华人民共和国外交部备忘录（一九八三年二月二日）》。

[3] See *Yang Rong, et al., v. Liaoning Province Government, a subdivision of the People's Republic of China*, United States Court of Appeals, District of Columbia Circuit, 452 F.3d 883, 371 U.S. App. D.C. 507.

举的例外均不适用为由主张驳回起诉。[1]

在《联合国国家及其财产管辖豁免公约》的起草过程中，中国代表就国家主权豁免的立场选择问题多次表达了中国立场。首先，中国政府认为"管辖豁免是一项得到国家实践支持的国际法基本原则，已有充分一致的意见。"[2] 其次，在管辖豁免方面，虽然中国在实践中坚持绝对豁免的原则立场，但是国家豁免制度作为一个涉及国家主权和国际关系的重要问题，中国在国际经济交往发展的前提下本着维护国际关系的和谐与稳定的理念可以接受在该问题上将来采用限制豁免论。中国代表强调"我们原则上并不反对就国家管辖豁免原则规定一些'例外'条款，……然而，值得注意的是，这些'例外'条款应当作为国家管辖豁免原则的补充，而不能使之成为该原则本身的否定……国家豁免从来就不是所谓'绝对'的。因为，国家完全可以通过明示或默示的同意而自愿接受外国法院的管辖，或者由于双方同意采取其他解决纠纷的途径，而不需要司法解决。"[3] 最后，在执行豁免方面，中国仍然坚持绝对豁免论，即国家财产除国家明示放弃外不得扣押或执行，放弃管辖豁免不等于放弃执行豁免。[4]

综上所述，尽管中国一贯坚持国家主权豁免原则，但中国并不认为国家及其财产总是享有管辖豁免。基于中国以往的实践，并考虑到国际社会的现实情况，中国的国家豁免法应定位为"确认例外的国家豁免法"，从而放弃中国对之前的"绝对豁免"的认定。提出"确认例外的国家豁免法"的主要理由在于以下几点。

第一，"有例外的豁免"或"有限制的豁免"的合理性已逐渐被国际社会所接受。中国代表在《联合国国家及其财产管辖豁免公约》谈判过程中多次肯定"限制豁免"具有"合理的内核"。相反，采取"绝对豁免"的立场则可能使中国处于被动地位。如同有学者所指出的那样："一国采用绝对豁免的原则等于授柄于人，减少了主张者自身的操控性。这种论断的机理在于：在当今国际法尚无统一的豁免规范的前提下，国家豁免主要是各国立场与态度的问题，而不是一个国际习惯的问题。如果我们不将国家豁免视为一项习惯国际法的规范，而是看成各国分别的、具有约束力的规则，就不难看出，国家在决定主权豁免的限制和范

---

[1] See *Marvin L. Morris, Jr., v. the People's Republic of China, et al.*, United States District Court, S.D. New York, 478 F.Supp.2d 561.
[2]《黄嘉华在第三十九届联大第六委员会关于国际法委员会报告的发言（1984年11月9日）》，载中国国际法学会主编：《中国国际法年刊（1985）》，北京，中国对外翻译出版公司1985年版，第642页。
[3]《黄嘉华在第三十九届联大第六委员会关于国际法委员会报告的发言（1984年11月9日）》，载中国国际法学会主编：《中国国际法年刊（1985）》，北京，中国对外翻译出版公司1985年版，第642-643页。
[4]《中国代表在第四十八届联大六委关于〈国家及其财产的管辖豁免〉条款草案的发言（1993年11月15日）》，载中国国际法学会主编：《中国国际法年刊（1994）》，北京，中国对外翻译出版公司1996年版，第433页。

围方面具有很大的自由。"[1]

第二，中国以往的实践其实也一直是"有例外的豁免"，而非"绝对豁免"。首先，中国的一些立法，如《外国央行财产豁免法》采用的就是"限制豁免主义"。该法在规定："中华人民共和国对外国中央银行财产给予财产保全和执行的司法强制措施的豁免；但是，外国中央银行或者其所属国政府书面放弃豁免的或者指定用于财产保全和执行的财产除外"的同时，还规定了"对等原则"："外国不给予中华人民共和国中央银行或者中华人民共和国特别行政区金融管理机构的财产以豁免，或者所给予的豁免低于本法的规定的，中华人民共和国根据对等原则办理。"这也意味着中国政府保留对外国央行财产不予豁免的权力，也是一种"有例外"的豁免。其次，依据中国所缔结或参加的公约（如《国际油污损害民事责任公约》和《联合国海洋法公约》），中国放弃了某些国有财产的豁免。再次，对于国家所有企业经营的国家财产，中国并不主张豁免。最后，中国在一些具体的对外交易中，通过协议放弃了主张豁免的权利。

第三，确立主权豁免原则适用的"例外"不会损害中国的国家主权。国家主权是主权豁免的基础；与此同时，国家主权也是国家管辖权的基础。两者之间是此消彼长的关系。承认主权豁免必然限制国家管辖权，而限制主权豁免则必然扩大国家的管辖权。在中国立法确立"有例外的国家豁免"立场之后，中国国家及其财产获得外国法院"豁免"的范围会有所收缩，相应地，中国法院行使管辖权的范围则会得以扩展。

第四，在社会主义市场经济体制下，中国国家及国家直接经营的国家财产受到外国法院管辖的机会变小，确认管辖的例外不会带来太大的不利变化。国家之间的国际关系不会涉及国内法院的管辖问题。因此，与国家豁免相关的只是国家与他国国民之间的关系。在国家与他国国民的关系中，属于国家行使主权性权力的，仍享有豁免权，美国等国家的立法以及美国法院就"仰融案"的判决可作为佐证；属于商事交易关系的比重很小，因为中国以国家名义与外国国民从事商业交往的情况极为有限。而且，国家出资由企业经营的财产，严格说来不能称作"国家财产"。对于国有企业，国家是出资者。依据《中华人民共和国公司法》，国家出资所形成的财产应界定为公司的财产，国家对公司财产没有所有权，国家所拥有的是公司的股权。因此，对国家具有股权的中国公司的诉讼，不应认定为对中国国家财产的诉讼。

第五，"确认例外的国家豁免法"的称谓可以避开"绝对豁免"与"限制豁免"的争执。所谓"确认例外的国家豁免法"是指："在明确国家及其财产享有

---

[1] 何志鹏：《主权豁免的中国立场》，载《政法论坛》2015年第3期，第77页。

豁免的原则下，明确不适用国家及其财产豁免的具体情形。"这样一种定位，可以避开"绝对豁免"和"限制豁免"之争，有助于缓解中国从"绝对豁免"转向"限制豁免"的突兀和可能由此带来的尴尬。既然中国此前可以自主地确定或接受国家豁免的例外，中国自然也可以通过国内立法来明确或扩大主权豁免例外的范围。因此，中国的国家豁免立法定位为"确认例外的国家豁免法"，并不构成立场的根本转变或重大转变。未来的立法只是将中国以前所承认的豁免例外的范围明确下来，同时将某些以前未加明确的豁免例外也确定下来。

以上对中国在国家豁免方面既有立场的回顾、立法立场表述的选择及其理由和论据，为我们从原则立场的角度理解中国《外国国家豁免法》提供了宏观指引和理论依据的支持，为我们在立法之后更好地向国际社会宣传和表达中国立场提供了国际话语的支撑。

第三节　中国国家豁免立法的新发展：《外国国家豁免法》

一、中国《外国国家豁免法》的实践推进

国家豁免领域的学术研究对于中国相关工作机构的认知提升具有重要意义。近十余年间，中国学者的研究指出，国家开放发展的战略格局对于构建中国豁免立法的要求日益强烈，相关机构对于国家豁免立法问题也予以高度重视。外交部委托项目组针对国家豁免立法展开背景研究，并广泛比较各国的国内立法和国际条约，拟出外国国家豁免法的草案。嗣后邀请直接相关的国家机构曾召开过数次部级联系会，研讨中国国家豁免的立场和立法的必要性问题。这种长达数十年的关注和学术推进，无疑为中国的立法实践奠定了坚实的基础，也为立法的模式和框架提供了资料和理论准备。

2021年4月，外交部会同最高人民法院等单位形成了《中华人民共和国外国国家豁免法（送审稿）》并上报国务院。司法部进入立法审查程序，征求了有关中央和国家机关、地方政府和国有企业的意见，形成《中华人民共和国外国国家豁免法（草案）》（以下简称《草案》）。2021年12月29日，国务院第160次常务会议讨论并原则通过该立法《草案》。十三届全国人大常委会第三十八次会议对《外国国家豁免法（草案）》进行了初次审议。会后，法制工作委员会将《草案》印发中央有关部门、部分省（区、市）和高等院校、法学研究机构等征求意见；2022年12月，在中国人大网全文发布《草案》，在2022年12月30日至2023年1月28日间面向社会公众征求意见，引起了社会和学者的广泛关注。

就"中国人大网"法律草案征求意见[1]的官方网络系统统计,共收到70人提交的104条意见。2023年7月26日,全国人民代表大会宪法和法律委员会召开会议,根据常委会组成人员的审议意见和各方面意见,对草案进行了逐条审议。外事委员会、外交部、最高人民法院有关负责同志列席了会议。2023年8月23日,宪法和法律委员会召开会议,再次进行了审议认为,为了健全外国国家豁免制度,维护国家主权,促进对外友好交往,制定外国国家豁免法是必要的,《草案》经过审议修改,已经比较成熟,并于8月28日形成《草案二次审议稿》提请十四届全国人大常委会第五次会议审议。8月28日当晚,宪法和法律委员会召开会议,逐条研究常委会组成人员和列席人员的审议意见,对草案进行了审议,形成了《草案修改稿》并于8月31日建议常委会会议审议通过。

2023年9月1日,第十四届全国人民代表大会常务委员会第五次会议通过了《中华人民共和国外国国家豁免法》,并于2024年1月1日起施行。同日,还通过了全国人民代表大会常务委员会关于修改《中华人民共和国民事诉讼法》的决定,增加了第305条:"涉及外国国家的民事诉讼,适用中华人民共和国有关外国国家豁免的法律规定;有关法律没有规定的,适用本法。"相关修改与《外国国家豁免法》相配套,同样自2024年1月1日起施行,促动了中国涉外民事诉讼体系的扩容。

二、《外国国家豁免法》的基本框架结构与重要意义

(一)《外国国家豁免法》的基本框架结构

《外国国家豁免法》是国际法理论界与国家的外交、司法、立法部门反复积极沟通、良性互动、正向反馈所取得的成果。虽然立法条文不多,但是反映了立法背后的专家团队长期认真研讨的成果,也体现了国际社会在这一问题上积累的智慧和经验。

《外国国家豁免法》结构较为清晰,思路较为明确,主要包括以下几方面的内容,具体见下表。

《外国国家豁免法》的结构和主要内容

事项类别	主要条目	核心内容
立法目的	第1条	健全外国国家豁免制度,明确人民法院对涉及外国国家及其财产民事案件的管辖,保护当事人合法权益,维护国家主权平等,促进对外友好交往

---

[1] http://www.npc.gov.cn/flcaw/.

续表

事项类别	主要条目	核心内容
外国国家的界定	第2条	主权国家、国家机关、国家组成部分、国家授权行使主权权力且基于该项授权从事活动的主体
管辖豁免的基本原则	第3条	管辖豁免为原则，不豁免为例外
管辖豁免的例外	第4-12条	（1）明示或默示接受管辖（第4-6条） （2）商业活动（第7条） （3）劳动或者劳务合同（第8条） （4）人身伤害与财产损失（第9条） （5）财产诉讼（第10条） （6）知识产权诉讼（第11条） （7）商事仲裁、投资仲裁相关事项的诉讼（第12条）
强制措施豁免	第13条	强制措施豁免为原则，放弃管辖豁免不视为放弃强制措施豁免
强制措施豁免的例外	第14-15条	1. 不享有强制措施豁免的情形（第14条） （1）明示放弃 （2）拨出或者专门指定财产用于强制措施执行 （3）位于中国领域内、用于商业活动且与诉讼有联系的财产 2. 不视为用于商业活动的财产的情形（第15条） （1）使馆、领馆、使团的公务财产 （2）军事性质的财产 （3）中央银行或者其他金融管理机构的财产 （4）非供出售的文化遗产活着档案 （5）非供出售的具有科学、文化、历史价值的展览物品 （6）法院裁定
默认的审判执行程序	第16条	适用民事诉讼法律以及其他相关法律的规定
关于送达的特别规定	第17条	送达方式：按照国际条约规定；外国接受且中国法律不禁止的方式；外交照会作为补充方式 诉讼文书译本语言：依照国际条约；外国国家官方语言 送达时通知答辩期间：3个月 送达方式在外国国家就实体问题答辩后视为合法有效
关于缺席判决的特别规定	第18条	外国国家未出庭，法院应当主动查明管辖豁免 外国国家不享有管辖豁免，法院可以缺席判决（送达6个月后） 缺席判决送达方式同第17条 外国国家对缺席判决的上诉期限：6个月

续表

事项类别	主要条目	核心内容
专业意见	第19条	外交部对于事实问题、涉及外交事务等重大国家利益的问题的证明地位
特殊主体豁免	第20条	使领馆、外交使团，根据中国法律和国际条约享有特权和豁免 外国国家元首、政府首脑、外交部长等，根据中国法律、国际条约以及国际习惯享有特权与豁免
对等豁免原则	第21条	实行对等原则的豁免方式
参加条约不同规定时的做法	第22条	国际条约优先，声明保留的除外
施行日期	第23条	2024年1月1日

其中有很多规则都蕴含着理论纵深，或者在实践中经常出现的难点或困境。

首先，外国国家豁免的立法目标，是中国政府长期关注的问题，中国一直关心豁免例外的合理性、正当性、必要性。1988年，中国政府对联合国国际法委员会指出："中国政府坚持认为，国家及其财产的管辖豁免是建立在国家主权平等基础上的公认的国际法原则。委员会拟订的关于这一主题的条款草案需要阐明这一原则在国际法中的地位。条款草案应确认上述原则，并在深入研究包括社会主义国家和发展中国家在内的国家实践的基础上，在不动产的所有权、占有和使用、从事商业服务的船舶方面务实地确定那些'例外情况'的必要性和合理性，以适应国际关系，特别是国际经济和商业联系的现状和发展。""限制豁免"，或者"确认例外的国家豁免"，是我国长期观察和研讨所做出的选择。

其次，关于外国国家的范围，是国家豁免问题在实证法层面、技术层面、理论研讨层面富有纵深的问题。其中主要的关切点是国有企业的资格[1]、主权财富基金[2]等特殊行为体或者行为、物品。[3]

再次，我国法律确立"以管辖豁免为原则，不豁免为例外"的规范，意味

---

[1] 梁一新：《论国有企业主权豁免资格——以美国 FSIA、英国 SIA 和 UN 公约为视角》，载《比较法研究》2017年第1期，第82-94页；崔航：《国家豁免中的国有企业问题研究》，载《河南师范大学学报（哲学社会科学版）》2015年第3期，第61-66页；张玲：《论国有企业与国家豁免原则》，载《时代法学》2003年第2期，第76-79页；黄韬、陈儒丹：《国家豁免：并非中航油的庇护所》，载《法人杂志》2005年第7期，第104-105页。
[2] 张磊：《试析主权财富基金的国家豁免问题》，载《兰州学刊》2008年第11期，第124-127页。
[3] 并参见2005年《中华人民共和国外国中央银行财产司法强制措施豁免法》第2条。

着中国认可了豁免的相对性。[1]与此同时，我国法律确立的"对等豁免原则"[2]已经为学者所关注、讨论，并提出建议。[3]这里的"对等豁免"，主要是从消极、限制的意义上讲的，很多涉外事务中的"互惠"也是这个含义。[4]具体体现为，如果外国法院在我国本该享有豁免的情况下未予认定豁免资格，则我国会同样降低该国的豁免资格。这种对等是默认豁免的，即"无相反事实，视为外国赋予我国豁免资格"。由此，法律列举了以下管辖豁免例外的情形，这是外国国家豁免立法的核心内容。

（1）明示接受管辖，在人们耳熟能详的拉丁谚语"法律权威与主权相连、属于主权、是主权不可或缺的一部分，平等的主权者之间不能管辖"[5]中看到，国家主动、自愿、同意外国管辖是传统国际法理论所认可的。明示"接受管辖"的具体方式包括签订国际条约、书面协议、向受理案件法院提交书面文件、通过外交渠道等方式提交书面文件、其他方式。

（2）默示接受管辖，当事国虽然没有明确表达接受我国法院管辖，但是下述行为等同于认可我国法院的管辖权，即作为原告在我国法院提起诉讼；作为被告在我国法院参加诉讼，并就案件实质问题（merits）答辩或提出反诉；作为第三人在我国法院参加诉讼，以及作为原告、第三人在我国法院提出诉讼请求之时因同一事实被提起反诉。在应诉和反诉的情况下，如果外国国家作出答辩前不知可主张豁免，可以在得知或应知此事实后合理时间内主张豁免。与此相对，不视为接受管辖的情况则包括：虽参加应诉答辩，但其目的仅为主张豁免；外国国家代表在我国法院出庭作证；同意适用我国法律调整特定事项或者案件。

（3）商业行为。"限制豁免"这一法律原则最初就是针对商业交易行为的，[6]

---

[1] 并参见2005年《中华人民共和国外国中央银行财产司法强制措施豁免法》第1条，相关研讨，参见郭玉军、徐锦堂：《论国家豁免的相对性》，载《武大国际法评论》第1卷，武汉，武汉大学出版社2003年，第90-117页。
[2] 此前的立法例为2005年《中华人民共和国外国中央银行财产司法强制措施豁免法》第3条。
[3] 对等豁免将对等原则作为主张或给予国家豁免的适用条件，作为应对国家豁免规则冲突的法律工具，能够灵活调整国家豁免范围，兼具防御性与进攻性功能。实践中，越来越多的国家将对等豁免的政策主张予以法律化，适用空间不断扩大。中国国家豁免立法应结合自身的利益定位，明确规定对等原则，充实法律工具箱，防范他国恣意否定国家豁免。徐树：《中国国家豁免立法中的对等原则：概念内涵、法理依据及制度设计》，载《国际法研究》2022年第2期，第21-39页；王欣濛、徐树：《对等原则在国家豁免领域的适用》，载《武汉大学学报（哲学社会科学版）》2015年第6期，第127-134页。
[4] 杜涛：《互惠原则与外国法院判决的承认与执行》，载《环球法律评论》2007年第1期，第110-119页；李旺：《外国法院判决的承认和执行条件中的互惠原则》，载《政法论坛》1999年第2期，第92-98页。
[5] The Latin expression is "*jurisdiction inhaeret, cohaeret adhaeret imperio par in parem non habet judicium.*" See Lakshman Marasinghe, The Modern Law of Sovereign Immunity, 54 *The Modern Law Review* 664, 666 (1991).
[6] 金晓晨：《限制豁免论中判断国家商业行为的障碍及解决》，载《当代法学》2003年第2期，第120-122页。

所以如何认定商业行为是外国国家豁免法中的重点。[1] 我国法律将商业活动界定为"非行使主权权力的关于货物或者服务的交易、投资、贷款以及其他商业性质的行为"。这是一种排除式的定义方法，最后的司法认定显然取决于诉辩双方的博弈和司法机关的认定。就商业行为认定的"性质说"和"目的说"，我国立法要求法院综合考虑。我国立法在允许法院管辖外国国家的商业行为时，既包含行为地属于中国境内，也包括了行为结果位于中国的情况。

（4）劳务关系。劳动雇佣关系是常见的民商事关系，而且涉及受雇佣人的劳动权，故而近年来各国立法均不赋予豁免资格。我国立法体现了这一趋势，同时规定了不可管辖或者不视为劳务关系的关系，包括劳务目标系履行该外国国家的主权权能；提供劳务者享有外交豁免；提供劳务者在提起诉讼时具有该外国国家的国籍，且在我国无经常居所（无中国连结点）；该外国国家与我国另有协议。

（5）人身伤害及财产损失（侵权行为）。与劳务关系相似，侵权行为也是无资格豁免的事由。[2]《外国国家豁免法》对于何种情况构成侵权进行了判断，但是在所列举的情况中仅限于"外国国家在中华人民共和国领域内的相关行为"，并没有提到外国国家在外国实施侵权行为而使中国公民法人和其他组织在中国境内受到损失的情况。这种情况在当前的网络空间的条件下是非常有可能发生的，而且有很多法律关系确定侵权行为地实际上是较为困难的。跨界侵权是当前比较常见的一种情况，尤其在交通通讯等活动跨境影响非常明显，而且信息的传输速度和物品、人的运输速度效率比起以往都大幅度提升，尤其是在网络空间的情况下，构成跨境侵权、超越物理边境非常容易。因而，如果能够以侵权结果和行为与结果之间的因果关系作为判断尺度，则对于更好地维护我国公民法人和非法人组织的诉权，有更为明确的意义。

（6）财产关系。我国立法将外国国家对位于我国境内不动产的权益或义务，外国国家对动产、不动产的赠与、遗赠、继承或者因无人继承而产生权益或义务，在管理信托财产、破产财产或者进行法人、非法人组织清算时涉及外国国家的权益或义务。

---

[1] "在国家豁免领域内，各国的国内立法和国际条约都规定国家从事以追求利润为目的的商业交易不得援引豁免。但是，如何建立一个公认的法律标准来认定商业交易则并非易事。由于所有对商业交易的定义都是难以捉摸和模糊不清的，很难清楚和准确地将某一行为归于商业行为或非商业行为。在确定一个行为是否是商业交易时，法院通常将行为的目的或性质确定为验证行为特征的辅助手段。但不论是行为的目的或性质都不能提供完全满意的区分标准，因而产生了另一种更广义的区分标准，即混合标准。鉴于目前尚未找到共同的国际标准，在区分商业行为和主权行为时，联合国国际法委员会所提倡的混合标准说仍不失为一个较为理想的折中之道。"张露藜：《论国家豁免中商业交易的认定》，载《现代法学》2006年第2期，第150-156页；陆寰：《国家豁免中的商业例外问题研究》，武汉，武汉大学出版社2016年版，第37-45页。
[2] 张露藜：《论国家豁免在国家从事侵权行为中的适用》，载《四川理工学院学报（社会科学版）》2005年第4期，第20-24页。

（7）知识产权诉讼，即确定外国国家受我国法律保护的知识产权归属及相关权益、外国国家在我国领域内侵害受我国法律保护的知识产权及相关权益，外国国家无豁免权。

（8）商事仲裁、投资仲裁引致的关涉仲裁协议效力、仲裁裁决的承认和执行、仲裁裁决撤销诉讼，以及法律规定我国法院应予审查的其他事项诉讼，不得豁免。

继而，法律规定了强制措施豁免及其例外。强制措施豁免是大多数国家都认可的规则。当外国国家提起诉讼，或者类似的司法行为之时，在外国国家等于已经放弃了豁免的资格。但是如果在外国国家是受诉一方，则该外国国家面临着行为方式的选择，它既可以选择参与相关的诉讼或者仲裁行为，也可以选择不参与相关的司法进程。从仲裁法运行的方式看，即使外国国家不参与相关的进程，也不妨碍仲裁庭针对该案件进行审理，但是显然没有任何权利强制该外国出庭、参与仲裁程序。进而，当外国国家在诉讼案件之中缺席，而法院又做出了不利于该外国国家的判决裁定之时，则面临下一步的问题，那就是判决是否可以强制执行？如果判决不能够强制执行（当该外国国家不履行判决，例如不愿履行，或者由于各种理由怠于履行该判决之时），则外国国家的法律义务即无法通过司法强制的方式要求实现。也就是说尽管当事人从诉讼的角度取得了案件的权利，却不能够真正去执行国家的财产或强制要求国家采取某种行动。这种不能够强迫国家采取行动的弱点是所有国际法的共同问题。正如在国际法里，即使存在所谓的强行法，也不能够真正要求国家采取某些措施或者不采取某些措施，至多是国际社会享有对于违背和触犯强行法的行动进行负面评价的权利；或者，对于强行法自身而言，主要确立一种法律之间的位阶关系，即与强行法相抵触的规范无效。强行法表面上的"强行"却无法真正实现。虽然美国、英国、加拿大、巴基斯坦、新加坡和南非的立法对于强制执行豁免进行了限制，但大多数国家均授予执行豁免。[1] 当然，如同很多国家的立法和实践一样，我国立法也列举了强制措施豁免的例外，包括放弃强制措施豁免、划拨财产、在我国境内有可执行的商业财产。因为商业财产是一个高度技术性的概念，我国立法又进一步说明了哪些财产不属于商业财产，很多学者关心的文物问题[2]可以在这里找到依据。令很多研究者扼

---

〔1〕 See Ernest K. Bankas, *The Development of Sovereign Immunity*, 2nd edition, Springer, 2022, p. 176.
〔2〕 霍政欣、陈锐达：《跨国文物追索诉讼的国家豁免问题》，载《国际法研究》2022年第4期，第73-95页。

腕的是，强制执行豁免会使得商事仲裁⁽¹⁾、投资仲裁⁽²⁾的私人当事方失去权利有效救济的机会。

复次，《外国国家豁免法》的法律归属问题。我国法律关于一般审判执行程序按民事诉讼法实施的条文，体现了不享有豁免即按一般民事案件处理的基本原则，说明在国内法的体系与位阶中，《外国国家豁免法》归属于民诉法序列，⁽³⁾属于民事诉讼法等相关法律的特别法。

最后，在法律中明确规定外交部对于事实问题、涉及外交事务等重大国家利益的问题的证明地位，充分反映了涉外法与外交的密切联系。法律是调整社会关系的规范体系，它不是自足的，而必须与社会环境相适合，与社会需求相应对，与社会规律相符合。涉外法治的起点目标是维护国家的主权安全与发展利益，终极目标则是促进国际社会的团结合作，实现人类命运共同体。这种起点与终极目标的判断、利益比重的衡量，都需要超越法律的技术层面，上升到政治智慧与外交抉择。故而此种规范既符合外国国家豁免问题所具有的国际法特性，也表明了在这一问题上司法与外交的密切关系，⁽⁴⁾其具体工作方式也符合相关国家的实践经验。⁽⁵⁾

值得说明的是，我国的立法虽然对于一些问题尚未充分展开，例如恐怖主义

---

〔1〕 仲裁过程中国家豁免的放弃并不同于诉讼过程中管辖豁免和执行豁免的放弃，后者需要单独的声明。外交财产、央行财产以及军事、文化等财产一般享有执行豁免权，其他的财产则可能因为商业用途或者非主权目的而不能得到豁免。杨玲：《国际商事仲裁中的国家豁免》，载《法学》2013年第2期，第127-133页。

〔2〕 投资仲裁与国家豁免的关系纽结在于执行豁免。《华盛顿公约》和《纽约公约》为投资仲裁裁决提供了强大的执行保障机制，但二者均未解决仲裁裁决的国家财产执行豁免问题。如果国际投资仲裁保护了投资者的利益，东道国不主动遵守裁决，投资者可能会在国内法院起诉，此时东道国即可援引国家豁免为抗辩理由导致裁决无法执行。豁免对投资仲裁裁决的顺利执行构成严峻挑战，已被视为裁决执行的"致命弱点"。范晓宇：《投资仲裁裁决执行的国家豁免困境、成因及出路》，载《武大国际法评论》2021年第3期，第118-140页；孙南申、李思敏：《国际投资仲裁裁决执行中的国家豁免适用问题》，载《上海对外经贸大学学报》2021年第6期，第99-110页；杨玲：《论条约仲裁裁决执行中的国家豁免——以ICSID裁决执行为中心》，载《法学评论》2012年第6期，第72-78页；王佳：《论国家豁免原则对国际投资仲裁裁决执行的影响》，载《岭南学刊》2014年第2期，第76-81页；黄世席：《国际投资仲裁裁决执行中的国家豁免问题》，载《清华法学》2012年第6期，第95-106页；Zixin Meng, *State Immunity and International Investment Law*, Springer, 2022.

〔3〕 孙劼：《论国家主权豁免与我国民事诉讼管辖制度的衔接》，载《武大国际法评论》2018年第4期，第36-57页。

〔4〕 孙昂：《国家豁免案件的管辖权问题研究——在司法与外交复合语境中的探讨（上）》，载《国际法学刊》2020年第4期，第1-57页；孙昂：《国家豁免案件的管辖权问题研究——在司法与外交复合语境中的探讨（下）》，载《国际法学刊》2021年第1期，第1-49页；以及孙昂：《国家豁免案件的法律适用问题研究——在司法与外交复合语境中的探讨》，载《国际法研究》2021年第2期，第3-43页。

〔5〕 郭华春：《外交介入国家豁免诉讼之"补缺"功能与结构安排》，载《法商研究》2017年第6期，第166-175页。

与国家豁免的关系问题,[1]作为一个积极反对恐怖主义的国家,我国在法律之中是可以考虑涉及恐怖主义的行为体、行为、财产不享有豁免的。

(二)《外国国家豁免法》的重要意义

国家豁免问题具有法律与外交的双重属性。全国人大常委法制工作委员会原副主任李飞强调,"国家豁免……既是一个法律问题,又是一个涉及国家对外关系的政策问题。"[2]传统上,中国主要通过外交谈判的方式处理国家豁免问题。随着中国开放发展水平的日益提升,海外利益的不断丰富,以法律的方式,符合时代要求地确立主权豁免规范尤为重要。[3]中国制定《外国国家豁免法》是贯彻习近平法治思想,推进全面依法治国、促进高水平对外开放的重要举措。[4]

第一,《外国国家豁免法》是我国加强涉外领域立法的重要成果。党的二十大报告将法治建设作为单独的章节进行了专门论述,加强涉外立法工作,是统筹推进国内法治与涉外法治的基础和前提。[5]国家豁免制度关系到国家对外关系与利益,是涉外法律体系的重要制度之一。制定国家豁免立法,有助于在涉外法治实践中更好地维护国家、人民利益,对于开展法律斗争具有重要的促进作用,这集中体现在两个方面:其一,标志着我国在国家豁免问题立场上的转变。在当前历史阶段,中国采取"限制豁免"立场,或称"确认例外的国家豁免"立场,不仅仅是由于限制豁免主义已经为世界上绝大多数国家所接受,成为更普遍的实践;也不仅仅是因为中国签署了《联合国国家及其财产管辖豁免公约》,更主要的是这种态度对中国自身有利而无弊。我国对外交往的深度与广度不断提升,我国公民和企业与外国的经济往来日益频繁,《外国国家豁免法》为中国法院管辖涉及外国国家及其财产的民事案件提供了法律依据,将发挥实质性扩大中国涉外民事司法管辖权的作用。[6]其二,纳入对等原则,充实法律工具箱。尽管越来越多的国家转向限制豁免,但无论是在绝对豁免与限制豁免的国家之间还是在坚持限制豁免的国家之间,仍然存在豁免范围上的不一致性。《外国国家豁免法》明

---

[1] 王佳:《美国反恐进程中的国家豁免立法研究:实践与挑战》,载《国际法学刊》2020年第2期,第99-116页;王蕾凡:《美国国家豁免法中"恐怖主义例外"的立法及司法实践评析》,载《环球法律评论》2017年第1期,第168-178页。

[2] 全国人大常委会法制工作委员会副主任李飞2011年8月24日在第十一届全国人民代表大会常务委员会第二十二次会议上关于《全国人民代表大会常务委员会关于〈中华人民共和国香港特别行政区基本法〉第十三条第一款和第十九条的解释(草案)的说明》。

[3] 参见何志鹏:《涉外法治中的管辖攻防》,载《武汉大学学报(哲学社会科学版)》2022年第6期,第140页。

[4] 李庆明:《加强涉外领域立法的重要成果——〈外国国家豁免法〉草案述评》,载《人民日报》2023年01月09日第15版。

[5] 参见刘敬东:《加强涉外领域立法的理论思考与建议》,载《国际法研究》2023年第2期,第16页。

[6] 参见刘敬东:《加强涉外领域立法的理论思考与建议》,载《国际法研究》2023年第2期,第16页。

确纳入了对等原则,在《联合国国家及其财产管辖豁免公约》尚未生效的情况下,双边对等原则是应对国家豁免规则冲突的重要工具,有利于保留在国家豁免范围问题上的灵活性,同时防范他国肆意否定我国所享有的豁免。[1]

第二,《外国国家豁免法》是我国推进高水平对外开放的重要支撑。"开放是人类社会繁荣进步的必由之路"[2]同各国一样,在全球化深度推进、国家间依赖程度加深的情况下,中国需要深化开放发展,中国开放发展的过程中会与国际社会产生充分的涉外联结。[3]随着中国对外开放水平不断提升,有必要为市场主体打造国际化、法治化、便利化的营商环境,国家豁免立法将为市场主体提供更多保障权利救济的渠道。[4]长期以来,中国国家豁免立法的空缺制约了中国处理相关争议的法治化水平。制定国家豁免立法进一步充实了中国的涉外法律体系,有助于在推进高水平对外开放中为中国境内外自然人、法人、非法人组织维护与保障自身合法权益提供更多保障。[5]限制主义的立场也更有助于境内外自然人、法人和非法人组织在与外国国家发生争议时在中国境内的司法裁判机构解决争议。

《外国国家豁免法》的制定是中国在百年未有之大变局下法治建设工作的重大突破。与此同时,在后续的实践中,中国也应继续对相关立法进行发展完善。中国可以通过最高人民法院发布司法解释的形式应对实践中的新情况,或者通过最高人民法院发布指导性案例的形式为各级人民法院审判类似案例提供参照,必要时通过全国人大常委会法律解释的途径加以补充。[6]

三、《外国国家豁免法》的解释适用重点问题

在明确《外国国家豁免法》宜定位为"确认例外的国家主权豁免法"且明晰其基本框架结构和重要意义后,在解释适用《外国国家豁免法》中还应当坚持以下几个原则。

(一)与国际条约相一致原则

中国政府已经签署了《联合国国家及其财产管辖豁免公约》,但中国人大常委会尚未批准该公约,该公约本身也没有正式生效。依据《维也纳条约法公约》

---

[1] 参见徐树:《中国国家豁免立法中的对等原则:概念内涵、法理依据及制度设计》,载《国际法研究》2022年第2期,第35页。
[2] 《习近平在亚太经合组织工商领导人峰会上的主旨演讲》,载求是网,http://www.qstheory.cn/yaowen/2021-11/11/c_1128052696.htm,2023年4月14日访问。
[3] 参见何志鹏:《涉外法治:开放发展的规范导向》,载《政法论坛》2021年第5期,第186页。
[4] 参见李庆明:《美国新冠疫情诬告滥诉的违法性分析》,载《法律适用》2020年第1期,第68页。
[5] 参见刘晓红:《推进高水平对外开放的法治维度》,载《政治与法律》2023年第4期,第10页。
[6] 参见杜焕芳、徐传蕾:《美国外国主权管辖豁免中的商业例外及其实践发展》,载《中国高校社会科学》2016年第3期,第118页。

的规定,如果条约已对一国生效,则"凡有效之条约对其各当事国有拘束力,必须由各该国善意履行。"还需要注意的是,依据《维也纳条约法公约》的规定,如果一国签署某条约但尚未批准条约,而该条约已经生效,则该签署国"负有义务不得采取任何足以妨碍条约目的及宗旨之行动"。因此,"《联合国国家及其财产管辖豁免公约》一旦生效,中国无需采取进一步行动,自动承担'不得采取任何足以妨碍条约目的及宗旨之行动'的国际法义务。"[1]

为了不使国内法的规定成为将来履行条约义务的可能障碍,中国应使国内立法在解释适用时尽量与条约内容保持一致。这也是我们从前述其他国家国内的立法与实践中所得到的经验和教训。此外,《联合国国家及其财产管辖豁免公约》历经多年谈判,吸收了多国的立法经验,也反映了中国政府立场,因此,中国《外国国家豁免法》的解释适用与《联合国国家及其财产管辖豁免公约》保持一致具有现实的基础。

《联合国国家及其财产管辖豁免公约》在确认一国及其财产在另一国法院享有司法管辖豁免和财产执行豁免的权利的同时,也明确规定,一国在因《联合国国家及其财产管辖豁免公约》所列事项而引发的诉讼中,不得向另一国原应管辖的法院援引管辖豁免。所列事项包括:商业交易、雇佣合同、人身伤害和财产损害、财产的所有、占有和使用、知识产权和工业产权、参加公司或其他集体机构、国家拥有和经营的船舶。《联合国国家及其财产管辖豁免公约》同时还规定,一国如以国际协定、书面合同或在法院发表的声明或在特定诉讼中提出的书面函件等方式明示同意另一国法院对某一事项或案件行使管辖,就不得在该法院就该事项或案件提起的诉讼中援引管辖豁免。上述内容在中国《外国国家豁免法》中都基本有所反映,且相较而言,中国《外国国家豁免法》中所列豁免例外情形并没有超出《联合国国家及其财产管辖豁免公约》所列豁免例外情形。因此,中国的国内立法对豁免范围的限制要小于该公约,换言之,中国《外国国家豁免法》为外国国家提供了比该公约更为宽泛的国家豁免待遇。这种规定虽然从条文上看并不与该公约完全一致,但是在国内法中提供更优惠的待遇并不会导致对国家条约义务的违反。

(二)反映特别利益关切原则

中国《外国国家豁免法》在解释适用时除尽量与《联合国国家及其财产管辖豁免公约》保持一致外,还应该反映并特别关注中国对某些特别利益的关切,通过对国内法的解释适用表达中国的特别立场,发挥《外国国家豁免法》的司法功能与话语功能。

---

[1] 孙昂:《国家豁免案件的法律适用问题研究》,载《国际法研究》2021年第2期,第7页。

1. 关于商业交易的判断标准问题

国家主权豁免例外的重要情形之一是"商业活动"（在其他规范中亦有称"商业交易"或"商业行为"等）的例外，而如何判断一项行为是否为商业活动却是一个有争议的问题。如前所述，许多国家认为，判断一项行为是否属于"商业活动"的标准是行为的"性质"，而不是行为的"目的"；而中国政府在《联合国国家及其财产豁免公约》谈判中则提出，不应将"性质"作为唯一标准，应兼顾行为的"性质"与"目的"。在1993年第四十八届联大六委会上，中国代表指出："把合同或交易的目的也作为确定管辖豁免的标准，反映了国际生活中一个早已存在的现实。国家签订的合同可能属于商业活动，也可能是国家行使其主权权利的表现。把合同或交易的性质作为确定管辖豁免的唯一标准是不合理的。"[1] 在随后的一些场合，中国政府代表都重申了这一立场，即"判断一项交易是否属于商业交易，毫无疑问应首先考虑该项交易的性质。但是，将交易目的作为判断国家交易行为是否具有非商业性质的辅助手段也是必要的，此举并非为了扩大国家享有的司法管辖豁免权范围，而是为了避免和解决由于各国法律制度的不同而产生的法律冲突。"[2] 经过各国的讨论和协商，最终提交各国开放签署的《联合国国家及其财产豁免公约》文本中对于商业交易的判断标准大体上采取了中国政府的观点，其规定："在确定一项合同或交易是否为第1款（c）项所述的'商业交易'时，应主要参考该合同或交易的性质，但如果合同或交易的当事方已达成一致，或者根据法院地国的实践，合同或交易的目的与确定其非商业性质有关，则其目的也应予以考虑。"[3]

中国《外国国家豁免法》在规定中基本坚持了其在"商业活动"判断标准问题上的一贯立场，规定"本法所称商业活动是指非行使主权权力的关于货物或者服务的交易、投资、借贷以及其他商业性质的行为。中华人民共和国的法院在认定一项行为是否属于商业活动时，应当综合考虑该行为的性质和目的。"该规定虽然同《联合国国家及其财产豁免公约》一样兼顾了"商业活动"判断标准上的"性质"标准和"目的"标准，但是与《联合国国家及其财产豁免公约》的规定

---

[1]《中国代表在第四十八届联大六委关于〈国家及其财产的管辖豁免〉条款草案的发言（1993年11月15日）》，载中国国际法学会主编：《中国国际法年刊（1994）》，北京，中国对外翻译出版公司1996年版，第433页。

[2] 参见《中国代表在第四十九届联大六委关于〈国家及其财产的管辖豁免〉的发言（1994年11月11日）》，载中国国际法学会主编：《中国国际法年刊（1994）》，中国对外翻译出版公司1996年版，第469页；高燕平：《联大六委1997年工作情况》，载中国国际法学会主编：《中国国际法年刊（1997）》，法律出版社1999年版，第427-428页；石午虹：《第55届联大法律委员会会议》，载中国国际法学会主编：《中国国际法年刊（2000/2001）》，北京，法律出版社2005年版，第439页。

[3]《联合国国家及其财产管辖豁免公约》第2条第2款。

又并非完全一致。《联合国国家及其财产豁免公约》对于行为的"性质"和"目的"在判断过程中是有主次或先后顺序的,即主要参考合同或交易的性质,而将合同或交易的目的作为补充。但是,中国《外国国家豁免法》则将行为的性质和目的并列规定。在实践中法院如何对"商业活动"进行判断,性质和目的在考量过程中孰主孰次,考量的分量比例如何分配,这些问题都为人民法院将来在实践中解释适用该条款提出了挑战。此外,美国等国家关于"商业活动"的判断标准始终坚持"性质"标准,中国要想通过《外国国家豁免法》充分展现本国立场并引领国际话语,对于该条款典型案例的解释适用所形成的具体标准与规则就显得尤为重要。

2. 关于国有企业的豁免问题

国有企业虽然通常都是具有独立法人资格的公司,但是其财产来自国家,因此,在国有企业是否享有国家财产豁免的问题上一直存在争议。

在《联合国国家及其财产管辖豁免公约》的起草过程中,中国政府代表就国企问题曾表明中国的立场。

首先,中国政府认为具有独立法人资格的公司不享有司法管辖豁免。在1984年第三十九届联大第六委员会上,中国代表指出:"现在许多国家……从事国际商业和其他民事活动,主要是通过具有独立法人资格的公司或法人进行的。它们在这类活动中,如果同对方发生法律纠纷,并不主张管辖豁免,即既可作为原告向法院起诉,又可作为被告出庭应诉。……我国具有独立法人资格的公司和企业,也不主张或要求享有司法管辖豁免。"[1]

其次,中国主张在争端诉讼中应区分国家与国有企业,使国家免于在国有企业与外国人之间因商业合同引起的争端诉讼中在外国法庭出庭。在1993年第四十八届联大六委会上,中国代表特别指出:"将国家和国有企业之间在管辖豁免问题上的法律地位加以明确区别的规定,对于维护国家主权原则具有十分重要的意义。这种企业和实体以其独立的法人资格从事商业活动,并不代表国家,不论从法理角度还是从事实方面都不能被认为是国家机构的组成部分。因此,它们从事商业交易所引起的诉讼不应牵连它们的国籍国,该国籍国所享有的管辖豁免不应受到任何影响。反之,国家从事商业活动所引起的诉讼也不应该波及这些企业。这些规定有助于防止在外国法院对有关企业的国籍国滥用司法程序的事件发生,也有利于具有独立法人地位的国有企业从事正常的商业交易,使国际关系包

---

[1] 参见《黄嘉华在第三十九届联大第六委员会关于国际法委员会报告的发言(一九八四年十一月九日)》,载中国国际法学会主编:《中国国际法年刊(1985)》,北京,中国对外翻译出版公司1985年版,第643页。

括经贸关系得以正常发展。"[1]

在一些涉及国有企业的诉讼中，中国政府也多次申明，国有企业是独立的法人，应当对其自身的行为负责，与国家无关。例如，在"中国马牌烟花案"中，司法部曾于1996年7月1日复函美国法院："中华人民共和国作为主权国家，根据国际法享有国家主权豁免，不受任何外国法院的管辖，依照中国法律成立的公司是中国法人，在其核准和登记的范围内独立享有民事权利和承担民事义务。您请求送达的司法文书将中华人民共和国列为被告之一，是不符合国际法关于国家主权豁免原则的，也不符合中国的法律。根据《关于向国外送达民事或商事司法文书和司法外文书公约》第十三条的规定，不予安排送达。"[2]

联合国《联合国国家及其财产管辖豁免公约》的相关条文与中国政府表达的立场一致。依据该公约第2条第1款第2项第3目的规定，"国家"是指："国家机构、部门或其他实体，但须它们有权行使并且实际在行使国家的主权权力。"第10条第3款规定："当国家企业或国家所设其他实体具有独立的法人资格，并有能力：（a）起诉或被诉；和（b）获得、拥有或占有和处置财产，包括国家授权其经营或管理的财产，其卷入与其从事的商业交易有关的诉讼时，该国享有的管辖豁免不应受影响。"据此，如果国有企业有独立法人资格、能独立参与诉讼，并有独立财产承担法律责任时，国家便不对企业与商业交易有关的行为负责。

中国《外国国家豁免法》在国有企业的问题上与《联合国国家及其财产管辖豁免公约》的规定并不完全相同，其仅在第2条第3款中规定，"外国主权国家授权行使主权权力且基于该项授权从事活动的组织或者个人"属于"外国国家"。换言之，其要求国有企业要享有国家豁免的资格，就必须行使国家授权的主权权力，而一般情形下，国有企业则不能成为国家豁免的主体。但是，中国《外国国家豁免法》并没有如《联合国国家及其财产管辖豁免公约》那样针对国有企业作出特别的规定。这也为实践中国有企业的豁免问题带来了不确定性。

长期以来，一些西方国家经常故意混淆中国国有企业的身份，将中国的国有企业认定为"公共机构"。虽然这一认定可能导致国有企业在外国法院具有了免受管辖的资格，但却可能在反补贴、反倾销等领域使中国处于不利地位。因此，在《外国国家豁免法》将来的司法实践中，中国在解释适用该法的时候必须

---

[1]《中国代表在第四十八届联大六委关于〈国家及其财产的管辖豁免〉条款草案的发言（1993年11月15日）》，载中国国际法学会主编：《中国国际法年刊（1994）》，北京，中国对外翻译出版公司1996年版，第433页。

[2] 中华人民共和国司法部《致美国南卡罗莱纳州哥伦比亚地区联邦法院书记官琼·P.波帕奥斯基先生（Jon P. Popowski）的信函》，文号：S96278，1996年7月1日，转引自何培华：《历史"重演"，结局迥异："中国马牌"烟花在美国爆炸伤害案述评》，载《国际经济法论丛》2000年第3卷，第491页。

对国有企业的地位或身份加以准确定位，并注意管辖豁免与其他相关法律制度的协调。

（三）对等原则

对等原则，是指可以采取与对方国家同样的做法来对待对方国家，即使是与法律的一般规定不同。例如，如果对方国家在某种情形下对我国国家及其财产不予管辖豁免，我国也将在相同情形下对对方国家及其财产行使管辖，即使依照法律规定本不应该行使管辖权。这一原则反映在了《外国国家豁免法》第21条[1]之中。

实行对等原则具有国际法上的依据。由于国家主权豁免并非强行法，因此，"一国有权依据对等原则对外国国家决定是否给予管辖豁免。如果某一外国国家在特定情形下对一国不给予管辖豁免，则一国在相同情形下对该外国国家也可对等地不给予管辖豁免。"[2] 已有国家豁免专门立法的国家中，针对对等原则作出特别规定的国家不多，例如，俄罗斯于2015年出台的《外国国家及其财产在俄罗斯联邦的管辖豁免法》明确规定了对等原则条款。[3] 此外，英国1978年《国家豁免法》虽然没有明确规定对等原则，但是其第15条"豁免权与特权的限制与扩大"的条款中赋予了英国女王在其认为英国《国家豁免法》"赋予任何所涉国家的豁免与特权，……超过了依该国法律赋予联合王国的豁免与特权"时，其得以枢密院命令依英国女王认为适当的范围予以缩减豁免的权力。该条款的规定实际反映了对等原则的理念。另外，尽管美国1976年《外国主权豁免法》和加拿大1982年《外国国家在加拿大法院豁免法》等其他国家立法中没有对等原则的规定，但这也并不妨碍这些国家在法律适用过程中实施对等原则，至少可以将其作为一个报复手段。

中国在制定《外国国家豁免法》之前，就已经在其他的国内法中有对等原则的规定。例如，《外国央行财产豁免法》第3条规定："外国不给予中华人民共和国中央银行或者中华人民共和国特别行政区金融管理机构的财产以豁免，或者所给予的豁免低于本法的规定的，中华人民共和国根据对等原则办理。"由此可见，中国对在国家豁免问题上适用对等原则早就给予重视。

在相关的司法实践中，中国政府也多次表达了适用对等原则的立场。例如，

---

[1]《外国国家豁免法》第21条规定："外国给予中华人民共和国国家及其财产的豁免待遇低于本法规定的，中华人民共和国实行对等原则。"
[2] 王欣濛、徐树：《对等原则在国家豁免领域的适用》，载《武汉大学学报（哲学社会科学版）》2015年第6期，第128页。
[3] 参见徐树：《中国国家豁免立法中的对等原则：概念内涵、法理依据及制度设计》，载《国际法研究》2022年第2期，第22页。

就"中国、中央两航空公司案",1949 年 12 月 3 日,中国政务院总理周恩来于 1949 年 12 月 3 日发表严正声明提到:"两航空公司留在香港的资财,只有我中央人民政府和我中央人民政府委托的人员,才有权处置,决不容许任何人以任何手段侵犯、移动或损坏……如两航空公司留港资财,被非法侵犯、移动或损坏情事,则香港政府必须负完全责任,并将引起相应的后果。"[1] 这里所说的"引起相应的后果"即是指中国可能采取的相应的报复措施。事实也是如此。在英国上议院于 1952 年 7 月 28 日就该案宣判后仅半个月,中国政府就征用了上海英资英联船厂及马勒机器造船厂的全部财产。[2] 针对香港高等法院同年 10 月 8 日将中国航空公司所属 31 架飞机及其他财产判给"美国民用航空公司"的非法行为,中国政府于 11 月 20 日征用了上海英资电车公司、自来水公司、煤气公司以及上海、天津和武汉的英资隆茂洋行的全部财产。[3] 在"湖广铁路债券案"中,中国外交部在向美国国务院提交备忘录也明确提出:"如果美方无视国际法,强制执行上述判决,扣押中国在美国的财产,中国政府保留采取相应措施的权利。"[4]

适用对等原则不仅有助于公平地解决相关纠纷,也可为中国处理管辖豁免问题提供灵活有效的工具。

---

[1]《中华人民共和国对外关系文件集》(第 1 集),北京,世界知识出版社 1958 年版,第 88 页。
[2] 参见王海虹:《国家豁免问题研究》,中国政法大学博士学位论文 2006 年 3 月,第 131 页。
[3] 龚刃韧:《国家豁免问题的比较研究——当代国际公法、国际私法和国际经济法的一个共同课题》(第二版),北京,北京大学出版社 2005 年版,第 121 页。
[4]《中华人民共和国外交部备忘录(一九八三年二月二日)》。

结　　语

　　无论是在国家豁免司法方面走在前面的意大利等国家的实践，还是在国家豁免立法方面引领变革的美国、英国等国家的实践；无论是在历史传统和地缘政治关系等方面与中国具有紧密联系的俄罗斯、日本、韩国等国家的实践，还是在经济发展水平方面与中国具有一定关系的非洲部分国家的实践；无论是各国的国内实践，还是欧洲和联合国的国际条约实践，所有这些在国家豁免方面既有的国家实践和国际实践都为中国制定自己的国家豁免立法、选择国家豁免立场和在将来实践中解释适用国内立法提供了充足而坚实的资料、参考和依据。

　　中国在充分考察国际实践、他国国家实践和本国既有实践的基础上，通盘考虑，全面考量，在 2023 年 9 月 1 日通过了《中华人民共和国外国国家豁免法》。该法的通过是对中国学术界在国家豁免方面既有研究和努力的一种总结与肯定，是具有里程碑意义的重要法治时刻，更是中国在国家豁免方面新的起点。如何发挥好《外国国家豁免法》的司法功能与话语功能，让其他国家理解中国立场的转变以及引领国际话语，将是中国在国家豁免方面新的课题。本书通过对中国既有立场和国家实践的回顾与总结，并参考国际实践与各国国家实践，将中国《外国国家豁免法》的立场定位为"确认例外的国家豁免法"，而与"绝对豁免"和"限制豁免"相区分。这种定位符合我国以往实践中"有例外的豁免"的一贯做法，并不构成立场的根本转变或重大转变，更有利于缓解中国转变立场在国际社会上带来的突兀或尴尬。此外，结合国际实践和其他国家的经验与教训，本书还指出了中国《外国国家豁免法》在解释适用过程中应当注意的问题，为《外国国家豁免法》将来在实践中的解释适用提供了重点方向指引。

　　然而，国际关系与国际法并不是一成不变的，考量中国在国家豁免问题上的立场与解释适用，不仅要充分了解国际社会在这方面的实践，也应当对于豁免的理论基础和制度目标予以明确认识，更应当谨慎判断国际法的未来发展趋势，并有效分析中国自身的价值观念和利益取向。中国作为国际社会中不断发展壮大的新兴大国，中国在国际法治上的立场既关乎自身的利益，也关乎世界发展的方向。不仅存在很多的利益需要确立国家豁免的立场；也需要通过中国的立场来引导国际法的发展未来。因此，从价值的维度对于国家豁免应当具有何种规则予以预期，构建全球性的国家豁免规范，是中国参与国际法治的重要方面。